Die

Heimatskunde für Berlin.

Von

Theodor Cotta.

Zweite vermehrte und verbesserte Auflage.

Mit 44 in den Text gedruckten Abbildungen.

Berlin.

Druck und Verlag von Georg Reimer

1873.

Vorwort zur ersten Auflage.

Im Stundenplane der Elementarschule ist die Heimatskunde noch neu; die pädagogische Literatur hat noch keine eingehende Bearbeitung dieses Gegenstandes in dem von mir gefassten Sinne für Schüler aufzuweisen; genügende Hülfsmittel stehen dem Lehrer nicht zu Gebote; er ist genötigt den Unterrichtsstoff nach eignem Ermessen zu ordnen und zu bearbeiten. Das erfordert Zeit und Liebe.

Die Heimatskunde wurzelt in der Anschauung alles dessen, was der Schüler um sich her wahrnimmt, und gipfelt in dem Verständnis des Angeschauten. Die Denkkraft der Schüler, die meistens an der Grenze des zehnten Lebensjahres stehen, ist schon geübt, wenn sie zur Aneignung neuer Begriffe auf diesem Gebiete hingewiesen werden.

Der von mir entworfene Plan zu einer Heimatskunde hat sich durch Zusätze und Zeichnungen zu einem Leitfaden erweitert, nach welchem ich seit Jahren nicht ohne Erfolg unterrichtete. Derselbe giebt Anleitung, wie sich der Schüler im Raume orientiren kann, wie das Angeschaute als Bild im verjüngten Maaßstabe erkennbar ist, wie staatliche Verhältnisse den Schülern zum Bewusstsein gebracht werden, und was sich der Schüler bei den Denkmälern und Bildern zu denken hat, deren Bedeutung nicht immer in's Auge fällt.

Die Vergangenheit spricht zu uns in Bildern und Bauten und beschäftigt unsere Einbildungskraft auf's Lebendigste. Wenn es auch nicht zu den Erfordernissen gehört, die Schüler mit dem Bilderschmucke der Heimat eingehend zu beschäftigen, so ist es doch wünschenswert, ihnen den Lapidarstil der Geschichte annähernd zum Verständnis zu bringen. Die zwanzig Kapitel dieses Buches enthalten Übungsstoff und Besprechungsstoff; der erstere steht mit den Figuren in genauer Verbindung. Diese Figuren lässt der Lehrer vor den Augen der Schüler an der Tafel entstehen; ihre Einfachheit macht das Nachbilden möglich und giebt mit den beigefügten Erläuterungen reichlichen Stoff zur Selbstbeschäftigung.

Das Buch in der Hand des Schülers kommt vor das Auge der Eltern, und der Übungsstoff wie der Besprechungsstoff werden in der

Häuslichkeit ihre Unterstützung finden. Die Sicherheit in der Angabe der Himmelsgegenden wird nur durch die mannigfaltigsten Übungen erzielt. Ich habe gefunden, dass die von mir angegebene Kreuzbehandlung die Schüler fesselt, während die Übung in dem Alphabete der Ortsbestimmungen ihnen Sicherheit giebt. Den Anfang mit der Bekanntschaft des Planbildes macht eine Darstellung auf der Tischplatte oder auf der Wandtafel, der ich eine wagerechte Lage gebe. Ich bezeichne sie den Schülern als die mit Häusern besetzte Horizontebene der Stadt Berlin, mit genauer Angabe der Himmelsgegenden. Indem ich auf dieser Ebene vier Reihen Stecknadeln gleichlaufend neben einander stelle, in der Richtung von Osten nach Westen, dann durch aneinandergelegte Kantel zu beiden Seiten Begrenzungslinien herstelle, verschaffe ich den Schülern die Vorstellung von der Straße; „Unter den Linden," die alle kennen. Die Kantel bilden die Häuserreihen; irgend ein Gegenstand am Ostende der Nadeln aufgestellt, vertritt die Stelle des Friedrichsdenkmales; ein anderer Gegenstand an ihrem Westende die Stelle des Brandenburger Thores. Die Kantelreihen zu beiden Seiten der Nadeln werden in der Mitte durchbrochen von zwei anderen Kantelreihen, die in der Richtung von Norden nach Süden die Friedrichsstraße vorstellen, an deren Endpunkten der Oranienburger- und Hallesche Platz zu markiren sind. Die Angabe der Rheinischen Ecke und der Weidendammer Brücke als Richtungspunkte dürfen nicht fehlen. Während sich nun die ganze Klasse still mit der Lösung einer Aufgabe beschäftigt, z. B. mit dem Alphabete der Ortsbestimmungen, treten die Schüler bankweise der Reihe nach vor die Tischplatte oder vor die auf dem Fußboden liegende Wandtafel und empfangen von dem Lehrer die an der gedachten Stelle angegebene Unterweisung. In kurzer Zeit ist die Verständigung vermittelt, und die ganze Klasse ist im Besitze ein nnd derselben Vorstellung. Jetzt entferne ich Nadeln und Kantel, um ihre Stelle durch eine Kreidezeichnung zu ersetzen. Die Schüler werden noch einmal veranlasst abwechselnd vorzutreten, um die Zeichnung zu erklären. Nach dieser Übung wird die Tafel mit dem Bilde aufgestellt. Indem die Schüler genöthigt sind, die Anschauung der wagerechten Lage mit der senkrechten zu vertauschen, wird dem Verständnisse mit dem Planbilde Bahn gebrochen. Nach dieser Üebung erinnere ich an einige Personen und Ereignisse aus der vaterländischen

Geschichte, denn hier ist der Boden, aus dem die Blumen sprießen, an deren Farbenspiel sich das Auge des Patrioten ergötzt. Die beigefügten Denkverse sind ein Versuch, den Schülern das Behalten der Namen und ihre Aufeinanderfolge zu erleichtern. Die geographische Formenlehre findet ihre Unterstützung in einem Spaziergange durch den Seepark und den zoologischen Garten. Bei größern Schülern sind in dieser Beziehung Ausflüge nach den Müggels- und Pichelsbergen zu empfehlen.

Bei der Betrachtung des Spreelaufes ist die Localisirung eine wichtige Übung, damit die Begriffe oberhalb und unterhalb, rechtes und linkes Ufer, ausgeprägt werden. Ebenso lege ich auf die nähere Bestimmung der Örtlichkeit, durch ein doppeltes Attribut ein großes Gewicht; der in der Geographie so notwendige Namenvorrat wird dadurch unmerklich vermehrt, ich gewinne aber auch dadurch die Anknüpfungspunkte zu einer weiteren Orientirung. Mit dem Namen Breslau z. B. verbinde ich die Angabe: „an der Oder, in Schlesien." Füge ich hinzu: 45 Meilen südöstlich von Berlin," so setze ich den Schüler in den Stand, nach einem angenommenen Maaßstabe auf der Schiefertafel die Lage dieses Ortes, so wie anderer Orte auf den verschiedenen Richtungslinien anzugeben, wenn ich Berlin zum Mittelpunkt einer 8 oder 16 strahligen Windrose mache.

Die Definitionen in dem Kapitel „Vaterland" haben nach mannigfaltigen Übungen und Versuchen diese Form angenommen. Indem ich die Schüler an diese bestimmte Form des Ausdruckes gewöhnte, machte ich es ihnen möglich, sich über staatliche Begriffe in einer Reihe von Erläuterungssätzen auszusprechen.

Ungleich schwerer ist die Erklärung von Sinnbildern. Es war von jeher gebräuchlich Erscheinungen, welche nicht aus der geistigen Sphäre treten, dem gewöhnlichen Verstande durch sinnige Bilder zu verdeutlichen, denn dem kindlichen Gemüte sind die Bilder wie der Thau, unter deren befruchtendem Einflusse die Wurzeln der Erkenntniss wachsen und wuchern. Die Jugend liebt Bilder, lebt in Bildern und die jugendliche Denkkraft übt sich auf dem Felde vielfarbiger Bildertafeln, die dem Anschauungsunterrichte gleichsam wie ein Teppich untergebreitet sind. Um aber etwas äußerlich Geschautes mit einem innerlich Gedachten in Verbindung zu bringen, dazu gehört ein geübterer Blick. Des Lehrers Interpretation soll den Schüler für die Lesegeschicklichkeit der Bilder befähigen, um das Auge und das Herz desselben für das Ideale empfänglich zu machen. Viele Figuren sind Räthseln zu vergleichen, sie erregen die Wißbegiede, sie bahnen aber auch den Weg zu irgend einer Entdeckung in den verschiedenen Zweigen des Wissens. Die Erklärung soll den Schüler zum Nachdenken reizen und ihn gewöhnen jeden Gegenstand mit Aufmerksamkeit zu betrachten. In der Besprechung so mannigfaltiger Dinge erschließt sich eine nicht zu bewältigende Menge unterrichtlichen Stoffes. Viele Denkmäler verlieren ihren Reiz, wenn nicht Bilder den denkenden Beschauer beschäftigen. Die Entzifferung ihres geheimen Sinnes, oder mit anderen Worten: des Rätsels Lösung bereitet Freude.

Die Heimatskunde soll den Patriotismus beleben. Der Kreis ist eng für das große Feld der Geschichte, aber dennoch lassen sich Funken streuen, an denen sich die Vaterlandsliebe entzünden kann. Religion und Geschichte sind die beiden Handhaben mit denen der Lehrer das Gemütsleben des Schülers erfasst und emporhebt; die Religionsstunde wie die Geschichtsstunde sind die köstlichsten des Lehrerberufs, weil sie die Brust mit dem Berufssegen erfüllen. Der Blitz des lebendigen Wortes schlägt in die Tiefe des jugendlichen Gemüthes, das Herz wird warm, und die Samenkörnchen der Erkenntniss fassen Wurzel unter dem Einflusse träufelnder Gnade von oben; ein frischer Hauch belebt das Antlitz der Schüler, ihr Auge leuchtet, und der Reflex dieses Wunderliches röthet die Wangen des Lehrers, der in solchen Weihestunden den ganzen Reichthum des göttlichen Segens über sich ausgegossen fühlt.

Die Heimatskunde soll auf einem kleinen Gebiete Materialien sammeln, die dem Schüler recht viel Vergleichungsstoff für den späteren geographischen und historischen Unterricht liefern. Sollte ich die engen Grenzen dieses Gebietes überschritten haben, so muss es der Mannigfaltigkeit der Gegenstände, die bei einem Orte von solcher Bedeutung unserer Betrachtung sich aufdringen, zugeschrieben werden. Wenn der von mir eingeschlagene Weg vor dem Urtheile meiner Mitarbeiter besteht, wenn er der Schule zum Segen gereicht, und wenn die Mängel desselben Andere zur Darlegung einer besseren und zweckmäßigeren Behandlungsweise veranlassen, dann wird die Freude, mit der ich diese Arbeit unternahm, ihre Weihe empfangen.

Es sei hiermit das Buch der Lehrerwelt zur nachsichtigen Beurtheilung freundlichst empfohlen.

Vorwort zur zweiten Auflage.

Seit dem Erscheinen der ersten Auflage sind zehn Jahre verflossen und große Veränderungen hat unsere Stadt in diesem Zeitraume erfahren. Mitten in diesem Umwandlungsprocesse eine neue Heimatskunde vorzubereiten, war mit vielen Schwierigkeiten verbunden. Ich habe die mir freundlichst ertheilten Winke bei Herstellung dieser neuen Auflage möglichst berücksichtigt, doch ließ sich der Plan, den Unterichtsstoff stufenförmig bearbeitet in einzelnen Heften den Schülern in die Hand zu geben, diesmal noch nicht ausführen; ich habe deshalb einen Unterrichtsgang in dreißig Besprechungen gleichsam als leitenden Faden beigefügt, ohne dem Dafürhalten sachverständiger Amtsgenossen entgegentreten zu wollen. Die Besprechungen, Orientirungsübungen sind sogar schon in der vierten Klasse von gutem Erfolge begleitet. Die Heimatskunde, welche den Unterricht in Erdkunde und Geschichte vorbereitet, geht in den Oberklassen mit diesen Lehrgegenständen Hand in Hand; es muss dem Ermessen des Lehrers überlassen bleiben von dem Gegebenen mitzutheilen, was für ersprießlich erachtet wird. Als eines der frühesten Mitglieder des Vereins für die Geschichte Berlins habe ich mich stets bestrebt in meinem Berufe den Sinn für Alles, was die Heimat betrifft, bei meinen Schülern zu beleben, und es würde mir Freude bereiten, wenn mein Buch, das durch die Schule in die Familie gelangt, auch aus dem Kreise der Erwachsenen diesem Vereine neue Mitglieder zuführte.

Der Verfasser.

Inhalt.

Verzeichnis der Holzschnitte.

Unterrichtsgang

für eine sechsklassige Schule.

Erste Stufe. Klasse 4.

1. Besprechung. Betrachtung der Schulstube als Raum; begrenzter Raum; Decke, Fußboden, Wände. Fenster-, Riegel-, Karten-, Katheberwand; Raum, Platz; begrenzter, unbegrenzter, ermesslicher, unermesslicher Raum; Himmelsraum, Weltraum, Firmament. Seite 1.

2. Besprechung. Umschau; beschränkte, unbeschränkte; im Hofe, im Freien; Gesichtsebene, Gesichtskreis, Mittelpunkt, Standpunkt; höherer Standpunkt, erweiterter Gesichtskreis; Himmelsstriche, Himmelsgegenden. Seite 3 und 4.

3. Besprechung. Hauptgegenden, Hauptpunkte; Tagesbogen, Nachtbogen Seite 5 und 6; Sonnenstände im Tagesbogen: Morgen, Mittag, Abend. Auffinden der Himmelsgegenden im Freien, im Zimmer. Magnetnadel Seite 13. Zeichnung der Gesichtsebene auf der wagerecht liegenden Schiefertafel; Haupt- und Zwischengegenden. Zeichnung auf der stehenden Wandtafel, Vergleichung und Übertragung der Vorstellung auf die Landkarte. Zeichnung der einfachen, achtstrahligen Windrose; Einübung der andronikischen Himmelsgegenden; stehendes und liegendes Balkenkreuz; Schraffirzeichnung. Seite 8 bis 12. Die Himmelsgegenden müssen auf dieser ersten Stufe der Heimatskunde beständig geübt und befestigt werden.

4. Besprechung. Angabe der Himmelsgegenden im Schulzimmer, im Schulhofe. Lage des Zimmers im Hause, des Hauses im Hofe; des Hofes oder Grundstückes im Viertel, des Viertels im Stadttheil Orientirung vom Zimmer nach außen, Wand- und Eckenrichtung. Bestimmung der Richtung der das Viertel umschließenden Straßen. Grundriss des Schulhauses im Viertel, und des Wohnhauses im Viertel; der Zeichnung ist die Windrose beizufügen. Seite 18 bis 22.

5. Besprechung. Orientirung auf den Straßen, vor dem Schulhause; Verlauf derselben Seite 20. In welcher Richtung liegt das Königliche Schloss, das Berlinische Rathaus, die Straße: „Unter den Linden" Seite 23. Schlosslage, Rathauslage Seite 25 und 28. Zur Orientirung „Unter den Linden" empfiehlt sich das im Vorworte angegebene Kantelverfahren.

6. Besprechung. Wege, Stege; Gänge, Gassen; Baumwege, Steinwege; Thorstraßen, Uferstraßen; Durchgänge, Sackgassen; Fahrdamm, Bürgersteig; Gosse, Rinnstein; Straßennamen, Straßennummern; Unterscheidung gleichklingender Namen, genaue Angabe der Wohnung auf Briefen. Stadtpostbezirke, z. B. An N. N. Berlin S. W. Wilhelmstraße 117. S. W. heißt Südwestbezirk. Für die Bewohner der Friedrichs-

stadt empfiehlt sich eine genaue Bekanntschaft mit der Königgrätzer=, Wilhelm=, Friedrich=, Linden=, Leipzigerstraße. Gedächtnisvers zum Behalten der Straßen Seite 30 bis 36. Ordnungsruf: „Immer rechts!“ (fahren, gehen, reiten, ausweichen.)

Zweite Stufe. Klasse 3.

7. Besprechung. Ansiedlung, Niederlassung; Marktplatz, Ring; Benennung der Plätze nach Entstehung, Gegenständen, Personen, Ereignissen. Ursprung Berlins aus zwei Orten von zwei Plätzen aus. Hauptplatz der Friedrichstadt, Schillerplatz, Lage desselben; Orientirung von da aus. Seite 36 bis 42. Andere Plätze der Friedrichstadt.

8. Besprechung. Begrenzung der alten Städte Kölln und Berlin; die sieben alten Thore und Brücken. Zeichnung des Planbildes. Vorwerk, Vorstadt; Meierei, Weiler. Notwendigkeit der Mauern und Thore in früherer Zeit; Grund ihrer Beseitigung in neuer Zeit, offene Stadt. Das Brandenburger Thor, Orientirungspunkt und Knotenpunkt geschichtlicher Erinnerungen. Seite 42 bis 48.

9. Besprechung. Fließendes, stehendes Wasser; natürliche, künstliche Wasserwege; Bestimmung der Ufer; rechtes, linkes Ufer; oberhalb, unterhalb; Wassergrund, Wasserspiegel; Breite, Tiefe; Untiefe, Gefälle; flößbar, schiffbar; Leitungswasser, Brunnenwasser; weiches und hartes Wasser; Wasserverzweigung; Bilderverständnis. Seite 48 bis 53.

10 Besprechung. Brücken; Wegeleiter, Wasserleiter; Wasserwaage, Waagerichtung; Zug=, Joch=, Ketten=, Pfeiler=, Fliegende Brücken. Angabe der wichtigsten Brücken über Spree, Schleusenstrom und Kanäle; offne und verdeckte Brücken. Seite 53 bis 58.

11. Besprechung. Weichbild, Grenzbezug; Eintheilung der Stadt in zwanzig Gebiete; Namen und Lage derselben vom Schlosse aus. Versuch einer Zeichnung des Planbildes; Lage und Begrenzung der Friedrichstadt. Angabe der Straßen, Plätze, Gebäude, Denkmäler, Kirchen, Schulen, Anlagen, Begräbnisplätze und Bahnhöfe in der Friedrichstadt. Seite 59 bis 66.

Dritte Stufe. Klasse 3.

12. Besprechung. Umgegend von Berlin; Flussbett, Flussthal; Niederung, Tafelland; Verlauf der nördlichen und südlichen Hügelkette, oder der vorspringenden Abhänge des Tafellandes. Grunewald und Jungfernhaide; Havellauf vom Wannsee bis Tegelersee; geographische Formenlehre: Insel, See; Inselgruppe, Seegruppe; Inselkette Seekette; Halbinsel, Wasserbusen; Landzunge, Wasserarm; Landspitze, Wasserbucht; Landenge, Wasserenge. Seite 81 bis 89.

13. Besprechung. Das Spreethal oberhalb Berlin; Wuhlhaide und Köllnische Haide; Müggelhorn und Müggelberge; die letzteren ein Gebirgsmodell aus Sand. Grat, Kuppe, Thal, Schlucht, Abhang, Pass, Knoten, Wasserscheide, u. s. w. Der Besuch der Müggelberge und Pichelberge ist den größeren Schülern zu empfehlen; die jüngeren empfangen Belehrungen im Seepark und dem zoologischen Garten. Darstellung geographischer Formen aus Sand oder Lehm mit Steinen. Seite 89 bis 91.

14. Besprechung. Die nördliche und südliche Umgegend Berlins, Seite 92, 93. Bekanntschaft mit den zwanzig Chausseen, die von Berlin auslaufen; Anschluss,

Richtung und Verlauf. Seite 96 bis 100 z. B. Die Tempelhofer Chaussee ist eine Fortsetzung der Belleallianceстraße, sie führt in südlicher Richtung durch Tempelhof nach Zossen a. d. Notte.

15. Besprechung. Angabe von je drei Orten nach den acht andronikischen Gegenden, im Abstande von fünf zu fünf Meilen, in der Seite 101 angegebenen Weise. Zeichnung des Bildes.

Vierte Stufe. Klasse 2.

16. Besprechung. Vervollständigung der Windrose; zu den 8 andronikischen gesellt sich die Kenntniss der 8 holländischen Gegenden. Übung an den Sparrenkreuzen. Seite 11 bis 19. Zeichnung der einfachen Sedez- oder sechzehntheiligen Windrose.

17. Besprechung. Der Spreelauf von der Quelle bis zur Mündung. Angabe der Orte in der Seite 94 angegebenen Weise. Versuch einer Darstellung des Flusslaufes in geraden Linien, um die Hauptrichtung zu veranschaulichen. Quellabstand, Sternentwickelung; Luftlinie, Lauflinie.

18. Besprechung. Angabe der Bahnhöfe; Lage derselben vom Schlosse aus; Verlauf der zehn Bahnen nach Richtung, Meilen, Stunden, Ziel; nur Angabe der Knotenpunkte. Lauf der Verbindungsbahn mit Angabe der Haltepunkte. Seite 102 bis 107.

19. Besprechung. Angabe der Ehrendenkmäler: Reiterbilder, Standbilder, Büstenbilder, Brustbilder. Angabe der wichtigsten Erinnerungsdenkmäler, wie Siegessäule, Friedenssäule, Kriegersäule, Nationaldenkmal, Amazonendenkmal, Luisendenkmal. Beachtung der Gedächtnissverse. Seite 108 bis 123. Die wichtigsten Schmuckdenkmäler, wie die Kriegergruppen auf der Schlossbrücke und die verschiedenen Pferdegruppen.

20. Besprechung. Das Wohnhaus und seine Theile; der Säulenschmuck, die Säulenarten. Seite 153 bis 157. Angabe der wichtigsten öffentlichen Gebäude: Staats- und Stadtgebäude, vorzugsweise in unserm Stadttheile; Kirchen und Schulen der Friedrichstadt. Orientirung nach den Kirchen. Thurmarten, Seite 175.

Fünfte Stufe. Klasse 2.

21. Besprechung. Berlins Lage in der Mark, in Deutschland und in Europa. Angabe der wichtigsten Städte Deutschlands in der im 18. Kapitel gegebenen Weise. Berücksichtigung von Fluss, Land, Entfernung und Richtung; beständiger Hinweis auf die Karte. Einleitendes Verfahren mit Punkten auf der Wand- und Schiefertafel. Immer nur zehn Orte bezeichnen, deutlich vorsprechen, nachsprechen lassen und einprägen, ehe man zu den folgenden zehn Orten übergeht. Man verwende täglich eine Viertelstunde auf dieses „Ein mal Eins" der Erdkunde. Bei der Einprägung europäischer Hauptstädte gilt später dasselbe Verfahren. Seite 203 und 204.

Sechste Stufe. Klasse 1.

22. Besprechung. Der Horizont, Tagesbogen und Zeiteintheilung, nach Seite 5 und 6. Versuch mit einem Reifen und der Tischplatte. Angabe der Bogengrade und Sonnenstände in den verschiedenen Jahreszeiten. Zum Verständniss der Erd- und

Himmelskreise dient die Vorrichtung der Reifenkugel oder Armillarsphäre. Das Tellurium, oder die Erdbewegungsmaschine veranschaulicht den Lauf der Erd- und Mondkugel um die Sonnenkugel; daran knüpfen sich Belehrungen über die Finsternisse und Mondgestalten.

23. Besprechung. Weltraum und Weltkugeln; Kugelgruppen und Sonnengebiete; ein Sonnengebiet wird gebildet von einem Fixsterne und den ihn umkreisenden Wandel- und Haarsternen. Haupt- und Nebenplaneten, Monde oder Begleitsterne. Das Planetarium, oder die Sternbewegungsmaschine veranschaulicht den Lauf der Wandelsterne im Sonnengebiete. Seite 2 und 3. Denkvers: Merkur und Venus, die Erde, der Mars sind durch die Asteroiden vom Jupiter und dem beringten Saturn, vom Uranus und dem entfernten Neptun, als inn're und äuß're geschieden.

24. Besprechung. Fixsterngruppen, Sternbilder. Sonnenstand und Sonnenlauf vor den Sternbildern, die scheinbare Ostwestbewegung der Himmelskugeln und die wirkliche Westostbewegung der Erdkugel. Zwölf Sterngruppen, deren Namen meist Thieren entlehnt sind, bilden den Thierkreis oder die Ekliptik, Verdunkelungslinie. Widder, Stier so wie die Zwilling bringen uns den Lenz heran; Krebs und Löwe sammt der Jungfrau kündigen den Sommer an; Wage, Skorpion und Schütze muss die Sonn' im Herbst durchstreichen; Steinbock, Wassermann und Fische sind des rauhen Winters Zeichen. — Der scheinbare Sonnenlauf vollzieht sich innerhalb des Kreises, den diese zwölf Sterngruppen bilden, in einem Jahre; der Mondlauf vollzieht sich in demselben Kreise in einem Monate. Mond-, Erd- und Sonnenkugel in derselben Ebene decken oder verdunkeln sich von Zeit zu Zeit.

25. Besprechung. Weitere Betrachtung des Weltgebäudes. Erdraum, Himmelsraum; Sonne, Mond, Sterne. Der Halbmesser des Sonnenlaufes beträgt zwanzig Millionen Meilen, d. h. so weit ist die Sonne von uns entfernt; der Halbmesser des Mondlaufes beträgt fünfzigtausend Meilen, d. h. so weit ist der Mond von uns entfernt. Die Sonne ist $1^1/_2$ Millionen mal größer, der Mond aber 50 mal kleiner als die Erde. Die Sternkundigen bestimmen die Entfernungen im Weltraume nach Sonnenweiten. Außer den Sternbildern des Thierkreises merken wir uns noch folgende in die Augen fallende Gruppen: die beiden Bären, die beiden Hunde, den Fuhrmann, den Stier, die Glucke, den Orion, die Kassiopéia, die Krone. Seite 14 bis 17.

26. Besprechung. Das Liniennetz der Erdkugel. Einleitendes Verfahren; wir ziehen über die Mitte der Schiefertafel, die mit der Langseite vor uns liegt, einen senkrechten Strich und nennen denselben den Mittler; er theilt die Länge der Tafel in zwei Hälften, die wir östliche und westliche Hälfte oder Länge nennen. In gleicher Weise halbiren wir die Breite der Tafel durch einen wagerechten Strich und nennen denselben Gleicher, dadurch erhalten wir eine nördliche und südliche Hälfte oder Breite. Mittler und Gleicher schneiden sich in der Mitte und bilden vier Felder, die sich nach Länge und Breite bestimmen lassen. Seite 196. Das rote Feld liegt westlich vom Mittler und nördlich vom Gleicher, liegt also unter westlicher Länge und nördlicher Breite; so wird die Lage des gelben, grünen und blauen Feldes bestimmt und daran die weitere Erklärung und Übung, Seite 196 geknüpft. Die räumliche Erdkunde oder mathematische Geographie.

27. Besprechung. Die Neigungs-, Witterungs- und Richtlage eines Ortes. Anfangsgründe der natürlichen oder physischen Geographie. Der Temper, das Klima, die Atmosphäre. Seite 1. 197 bis 200. Der Temper oder die Maßlinie ist derjenige Parallel, welcher, zwischen Pol und Gleicher in der Mitte, für die Neigung nach Beiden hin maßgebend ist

28. Besprechung. Wandlung des geradlinigen Liniennetzes in ein krummliniges;

Übertragung der Vorstellung von der viereckigen zur kreisförmigen Fläche. Linienbild der Planigloben. Die Meridiane vereinigen sich in den Polen. Die Krümmung der Parallelen steigert sich vom Gleicher zum Pol; ihre erhabene Seite bleibt immer dem Gleicher zugewandt. Mittler, Gleicher und Temper sind besonders hervorzuheben. Die Parallelen, welche die Wendepunkte der Sonnenbahn berühren, heißen Wendekreise; Tropen; diejenigen, welche die Angelpunkte derselben durchschneiden, heißen Polarkreise. Die Meridiane, welche die Gezeitpunkte der Sonnenbahn durchschneiden heißen Gezeitkreise; Koluren.

Siebente Stufe. Klasse 1.

29. Besprechung. Anfangsgründe der staatlichen oder politischen Geographie. Erläuterungen staatlicher Begriffe, wie sie Seite 217 im neunzehnten Kapitel angeführt sind.

30. Besprechung. Hohenzollern, Brandenburg, Preußen, Deutschland. Seite 221 bis 229. Angabe der Gleichzeitigkeit für bestimmte Zeitabschnitte. Als Kaiser Sigismund regierte lebte Burggraf Friedrich VI. von Nürnberg, erster Kurfürst von Brandenburg 1415. Als Kaiser Leopold regierte, lebte Kurfürst Friedrich III. von Brandenburg, erster König von Preußen 1701 u. s. w.

31. Besprechung. Die deutschen Farben; ihre sinnbildliche Bedeutung; Dreifarbner, Tricolore, der deutsche Adler, mittelalterlich dargestellt, unnatürlich oder barock stilisirt, daher Barockaar. Das Gersbachsche Feuerlied, die Wilhelmsche Wacht am Rhein. Seite 229 bis 234.

32. Besprechung. Mutmaßliche Entstehung und Vergrößerung Berlins. Geschichte Berlins unter den Hohenzollern in kurzen Andeutungen, nur die wichtigsten Vorgänge kommen zur Besprechung.

33. Besprechung. Der Stammbaum der Hohenzollern, oder die Genealogie derselben. Die Schüler werden veranlasst die Geschlechtstafel abgekürzt, z. B. mit Weglassung der Fürstinnen, nachzubilden; die geübteren Schüler versuchen sich am Ganzen. Seite 248. Sinnschriften Seite 191 bis 194.

34. Besprechung. Die monumentalen Bauten Berlins; Unterscheidung der wichtigsten Baustile. Spaziergänge durch bestimmte Stadtgegenden, um Baustile, Säulenordnungen, und Ornamentik kennen zu lernen. Die Namen unserer bedeutendsten Baumeister und ihre Schöpfungen. Seite 180 bis 185. Inschriften Seite 185 bis 190.

35. Besprechung. Betrachtung der Schmuck-, Muster- und Grab-Denkmäler. Erklärung der Sinnbilder oder Simbole. Mythologische und heraldische Figuren; Seite 124 bis 151.

Druckfehler.

Seite	53	von oben	Zeile	12	soll heißen	Städtchen Bernau	statt Pankow.
„	58	„	„	12	„	Joachim II.	„ Joachim III.
„	94	von unten	„	18	„	oder	„ wie
„	145	„	„	6	„	Quellinus	„ Quallinus.
„	154	„	„	19	„	Fenster	„ Fenstern.
„	163	von oben	„	13	„	Krongesims	„ Kranzgesims.
„	164	„	„	2	„	Bündelsäulen	„ Bildsäulen.
„	170	von unten	„	6	„	Kreuz	„ Kranz.
„	197	„	„	15	„	$52^1/_2$	„ 52.
„	211	„	„	6	„	Malzdarre	„ Malzkarre.
„	219	„	„	16	„	höchster Würdename	„ höchstes Würdeamt

I. Raum.

Der Ort, an dem wir täglich zusammenkommen, ist die Schulstube. Die Stube ist ein Raum, der von allen Seiten begrenzt oder eingeschlossen wird; wir sehen über uns die Decke, unter uns den Fußboden, um uns die Wände; wir können diesen Raum messen nach Länge, Breite und Höhe, und nennen deshalb den Stubenraum einen begrenzten, ermesslichen Raum.

Denken wir uns Decke und Dach weg, so erscheint der Stubenraum nach oben geöffnet; wir erblicken den Himmel. Den Himmel können wir am besten im Freien übersehen. Auf freiem Felde bildet der Himmel über uns die Decke, und die Erde unter uns den Fußboden; wir vermissen die Wände. Die Erde breitet sich rings um uns aus, so weit das Auge reicht, und rund um uns her sieht es aus, als neige sich der Himmel zur Erde, als ruhe der Rand des Himmels auf dem Rande der Erde. Im Freien befinden wir uns im Weltraume. In frühern Zeiten glaubten die Menschen, die Erde sei eine große Scheibe und der Himmel ein festes Gewölbe, deshalb nannten sie den Himmel die Feste, oder das Firmament; die unterrichteten Menschen aber wissen, daß der Himmel ein Raum ist, den keine Grenzen umschließen und kein Maß umspannt; deshalb heißt dieser Raum, ein unbegrenzter, unermesslicher Raum.

Zuweilen ziehen Wolken durch diesen Raum. Der Raum unter den Wolken gehört der Erde an und heißt der Erdraum; der Raum über den Wolken gehört dem Himmel an und heißt der Himmelsraum. Beide sind mit Luft angefüllt; aber die Luft im niedern Erdraume ist schwer, dicht und sehr veränderlich; sie heißt Dunstluft oder Atmosphäre; die Luft im hohen Himmelsraume ist leicht, dünn und unveränderlich; sie heißt Himmelsluft oder Äther. Im Himmelsraume schwimmen unzählige große und kleine Kugeln, die von der Hand des unsichtbaren Gottes getragen und getrieben werden; sie heißen Weltkörper, Weltkugeln — Sphären oder Sterne. Die meisten Sterne leuchten mit eigenem, funkelndem Lichte und verändern niemals ihre Stellung untereinander; sie bilden stets dieselben Figuren, denen man verschiedene Namen gegeben hat; und schon Hiob erwähnt Kapitel 9 V. 9 die uns bekannten Sternbilder: den Orion, den Wagen und die Glucke. Die unveränderliche Stellung dieser Weltkugeln gab Veranlassung, sie feste Sterne, Fixsterne oder Sonnen zu nennen. Im Lichte dieser Sonnen wandeln viele kleinere Kugeln und vollbringen den Kreislauf um die größeren in verschiedenen aber bestimmten Entfernungen und Zeiten nach unwandelbaren Gesetzen; im Wiederschein des Sonnenglanzes machen sie sich durch ihr ruhiges Licht bemerklich. Wir nennen diese kleinen die Sonne umrollenden Kugeln Wandelsterne oder Planeten; neben ihnen und mit ihnen vollenden noch kleinere Kugeln den Rundlauf um die Sonne, die als Begleiter oder Trabanten, gewöhnlich aber als Monde bezeichnet werden. Ein solches Getriebe von Planeten und Monden um eine Sonne wird ein Sonnengebiet oder ein Planetensystem genannt. Den Weltraum erfüllen unzählige Sonnengebiete. Wir gewahren von diesen kleinen Weltkörpern nur die, welche unserm Sonnengebiete angehören, und von diesen auch nur sechs mit unbewaffneten Augen. Vornehmlich kennen wir Venus, den lieblichen Morgen- und Abendstern, den rötlichen Mars, den flammenden Jupiter, und den weißschimmernden Saturn. Außergewöhnlich ist die Erscheinung der Haarsterne oder Kometen, d. h. solcher Himmelskörper, die mit einer verschieden geformten Lichthülle umgeben, oder nur von einem Lichtschweife begleitet sind. Ein Blick zu dem mit Sternen besäeten Firmamente genügt, um uns an die Worte des Dichters Klopstock zu erinnern: „Um Erden wandeln Monde, Erden um Sonnen, aller Sonnen Heere wandeln um eine große Sonne. Auf allen diesen Welten, leuchtenden und erleuchteten, wohnen Geister, an Kräften ungleich und an Leibern; aber Alle denken Gott und freuen sich Gottes.

Wie jedem von uns ein Platz in dem begrenzten Stubenraume angewiesen ist, so hat der liebe Gott jedem Sterne einen Platz in dem unbegrenzten Weltraume angewiesen. Der Platz ist eine bestimmte Stelle im Raume. Die funkelnden Sterne, die wir in heiterer Nacht am Himmel erblicken, würden wir auch am Tage wahrnehmen, aber vor der Helligkeit des großen Sonnenlichtes verschwindet der Schimmer des kleinen Sternenlichtes. „Der Herr zählet die Sterne und nennt sie alle mit Namen!“ sagt der Psalmist. Und wer beim Anblick des gestirnten Himmels an die Allmacht und Liebe Gottes denkt, der versteht es in den Sternen zu lesen; der findet in den Sternen die Bestätigung der Worte Jesu: „in meines Vaters Hause sind viele Wohnungen!“ Alles, was der liebe Gott geschaffen hat, bezeichnen wir mit dem Namen Welt, Weltall, Schöpfung oder Universum; aber nur ein kleiner Theil der großen Gotteswelt bietet sich unsern Blicken dar; daran erinnert Sirach, wenn er sagt: „wir sehen von Gottes Werken das Wenigste, viel größere sind uns noch verborgen." Den kleinen Theil der Schöpfung, welchen wir übersehen, vornehmlich die Erde und was zur Erde gehört, bezeichnen wir mit dem Worte Natur. Die Natur ist das Buch der göttlichen Offenbarung; wir lesen darin und bekennen: Herr wie sind Deine Werke so groß und viel, Du hast sie alle weislich geordnet, und die Erde ist voll deiner Güter! —

II. Gesichtskreis.

Unsre Erde gehört auch zu den Weltkörpern und ist auch eine Kugel. Unter den Kugeln, die neben einander und um einander durch den Weltraum rollen, gehört die Erdkugel zu den kleinsten. Im Sonnensystem kaum vergleichbar mit dem Tropfen am Eimer bleibt sie für unsre Betrachtung dennoch eine sehr große Kugel. Die Oberfläche jeder Kugel ist gebogen; da wir aber von der großen Erdkugel immer nur einen sehr kleinen Theil übersehen können, so werden wir von der Krümmung der Erdoberfläche nichts gewahr, und dieselbe erscheint uns überall, wo keine Berge die Aussicht hindern, als Fläche. Überall auf Erden ist der Himmel über uns und die Erde unter uns, überall umschließt uns der Himmel, wie ein Gewölbe und scheint mit seinem Rande den Rand der Erde zu berühren; überall bildet dieser Rand eine krumme geschlossene Linie, über die hinaus wir nicht sehen können, die also unser Gesicht begrenzt; deshalb nennen wir diese Linie den Gesichtskreis, den Begrenzer oder Horizont. Gesichtskreis heißt demnach der äußerste Rand des Himmels, der scheinbar den äußersten Rand der Erde berührt, und Gesichts- oder Horizontebene heißt das Stück der Erdoberfläche, welches wir im Freien übersehen.

Jeder Kreis hat einen Mittelpunkt, der Mittelpunkt des Gesichtskreises ist der Standpunkt des Beobachters. Beobachter heißt Jeder, der sich im Freien umsieht. Je höher der Standpunkt, desto größer die Horizontebene, desto weiter der Gesichtskreis. Vom Standpunkte des Beobachters bis zu jedem Punkte des Gesichtskreises kann man sich gerade Linien oder Striche gezogen denken; diese Linien, oder die von ihnen angedeuteten Richtungen heißen Himmelsgegenden oder Himmelsstriche, weil sie nach dem Rande des Himmels gerichtet sind; da wir uns unzählige solcher Linien gezogen denken können, so giebt es auch unzählige Himmelsgegenden. Vier von diesen Gegenden werden durch die Sonne näher bestimmt; sie sind die Richtungspunkte im Horizonte und heißen Haupt- oder Kardinalgegenden.

Wenn die Sonne aufgeht, so erscheint sie über dem Horizonte; diese Gegend heißt Morgen oder Osten. Wenn die Sonne untergeht, so verschwindet sie unter dem Horizonte; diese Gegend heißt Abend oder Westen. Wenn die Sonne am Himmel den höchsten Stand, d. h. den Gipfelpunkt oder Culminationspunkt erreicht hat, so haben wir Mittag; die Gegend im Horizonte unter diesem Punkte heißt Mittag oder Süden; dieser Gegend gegenüber im Horizonte liegt Mitternacht oder Norden; nach dieser Richtung zeigt in der Mittagsstunde der Schatten. Die Sonne geht zwar immer in derselben Gegend, aber nicht immer an derselben Stelle der Himmels auf und unter; man hat demnach im Horizonte die Hauptgegend vom Hauptpunkte zu unterscheiden.

Ostgegend heißt die Strecke des Gesichtskreises, wo die Sonne das ganze Jahr hindurch aufgeht; Ostpunkt aber heißt die Stelle, wo die Sonne am 21. März und am 23. September aufgeht. Westgegend heißt die Strecke des Gesichtskreises, wo die Sonne das ganze Jahr hindurch untergeht; Westpunkt aber die Stelle, wo die Sonne am 21. März und am 23. September untergeht. **Südgegend** heißt die Strecke des Gesichtskreises, über welcher in den Mittagsstunden die Sonne steht; **Südpunkt** aber die Stelle, über welcher die Sonne Mittags 12 Uhr steht. **Nordgegend** heißt die Strecke des Gesichtskreises, nach der in den Mittagsstunden der Schatten gerichtet ist, **Nordpunkt** aber die Stelle im Horizont, die von der verlängerten Schattenlinie Mittags 12 Uhr getroffen wird.

Die Zeit, in welcher die Sonnenkugel über dem Horizonte verweilt, heißt **Tag**; so lange sie unter dem Horizonte bleibt haben wir **Nacht**. Der Weg, den die Sonne von ihrem Aufgange bis zu ihrem Untergange über dem Horizonte beschreibt, heißt der **Tagesbogen**; ihr Weg unter dem Horizonte heißt der **Nachtbogen**; beide Bogen ergänzen sich zu einem Kreise. Die Sonne beschreibt jährlich 365 Tagesbogen; dieselben erheben sich nicht senkrecht sondern schief, nach Süden zu einen spitzen, nach Norden zu einen stumpfen Winkel bildend und sind untereinander gleichlaufend oder parallel. Den größten Tagesbogen beschreibt die Sonne bei uns am 21. Juni, da haben wir den **längsten Tag**, er dauert 17 Stunden, die Nacht 7 Stunden; die Sonne geht des Morgens um ¼4 Uhr auf und Abends um ¾9 Uhr unter. Den kleinsten Tagesbogen beschreibt die Sonne am 21. December. Da haben wir den **kürzesten Tag**; er dauert 7 Stunden, die Nacht 17 Stunden; die Sonne geht Morgens um ¾9 Uhr auf und Abends um ¼4 Uhr unter. Gleich lange Tagesbogen beschreibt die Sonne am 21. März und am 23. September, da haben wir die Zeit der **Nachtgleiche** oder das Äquinoctium, denn Tag und Nacht sind zu dieser Zeit von gleicher Länge und dauern je 12 Stunden; die Sonne geht Morgens 6 Uhr auf und Abends 6 Uhr unter. Am 21. März beginnt der **Frühling**, am 21. Juni der **Sommer**; am 23. September der **Herbst**; am 21. December der **Winter**. Vom 21. December bis zum 21. Juni nehmen die Tage zu; vom 21. Juni bis 21. December nehmen die Tage ab. Die Zeit vom 1. April bis 1. October nennt man das **Sommerhalbjahr** oder Sommersemester; die Zeit vom 1. October bis 1. April das **Winterhalbjahr** oder Wintersemester.

Die alten Ägypter verglichen den jährlich sich wiederholenden Sonnenlauf mit einem **Ringe**, Annus, in dem die Sonne täglich um einen **Schritt**, Gradus, fortschreitet da nach der ältesten Anschauung die Sonne ihren Lauf in 360 Tagen vollendete, so theilte man den Jahresring in 360 **Grade**, welche Eintheilung auch nach der verbesserten Zeitrechnung der Ring- oder **Kreislinie** geblieben ist. Tagesbogen und Nachtbogen ergänzen sich zu einem Tageskreise von 24 Stunden; wir unterscheiden daher den **Tagesbogen** von ungleichem Maße, als natürlichen **Tag**, von dem **Tageskreise**, von gleichem Maße, als **bürgerlichen Tag**, begründet durch die Worte in der Schöpfungsgeschichte: „Da ward aus Abend und Morgen der erste Tag“.

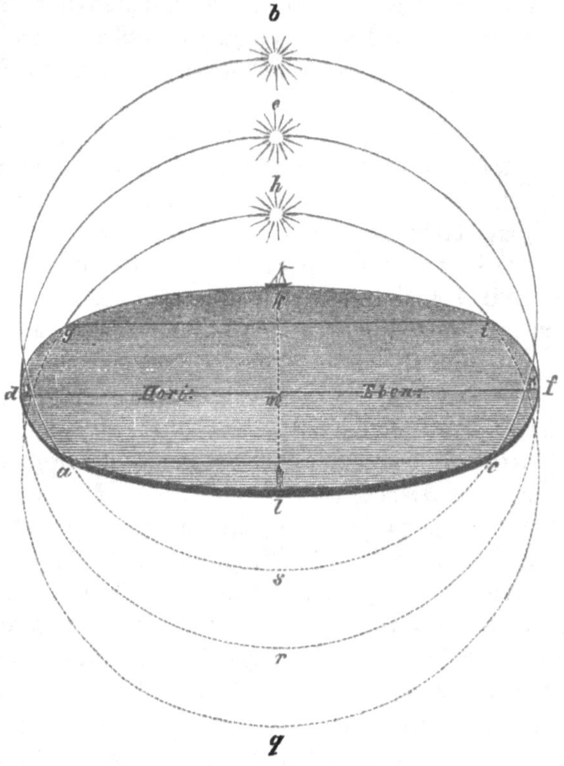

d k f l Grenzlinie der Gesichtsebene, oder Horizont; m Mittelpunkt der Horizontebene; a d g Ostgegend, d Ostpunkt; c f i Westgegend, f Westpunkt; g k i Südgegend, k Südpunkt; a l c Nordgegend, l Nordpunkt. d m f Ostwest- oder Nachtgleichenlinie; l m k Nordsüd- oder Mittagslinie; d e f Tagesbogen am 21. März und 23. September, d r t der dazu gehörige Nachtbogen; der Vormittagsbogen d e ist ebenso groß als der Nachmittagsbogen e f = 90 Grad oder 6 Stunden; der Tagesbogen ist ebenso groß als der Nachtbogen = 180 Grad oder 12 Stunden; beide ergänzen sich zu einem Tageskreise von 360 Grad oder 24 Stunden. a b c Tagesbogen am 21. Juni 248 Grad, a s c der dazu gehörige Nachtbogen 112 Grad; Vormittags und Nachmittagsbogen a b und b f je 124 Grad. g h i Tagesbogen am 21. December 112 Grad, g q i Nachtbogen 248 Grad; Vormittags- und Nachmittagsbogen g h und h i je 56 Grad. h Sonnenhöhepunkt am 21. December. Mittags 12 Uhr, $14\frac{1}{2}$ Grad über dem Südpunkte k. — e Sonnenhöhepunkt am 21. März und am 23 September, 38 Grad über k. — b Sonnenhöhe am 21. Juni, $61\frac{1}{2}$ Grad über k.

Die tägliche Umdrehung der Erde um sich selbst, oder die scheinbare Bewegung der Sonne um die Erde in 24 Stunden, verursacht den Wechsel der Tageszeiten: Morgen, Mittag, Abend, Nacht. Die Ägypter rechneten den Tag wie wir von Mitternacht zu Mitternacht. Die jährliche Umwälzung der Erde um die Sonne in 365 Tagen, verursacht den Wechsel der Jahreszeiten: Frühling, Sommer, Herbst, Winter. In den am Mittelmeere gelegenen Ländern kennt man den Herbst nicht, deshalb werden dort nur drei Jahreszeiten erwähnt. Die monatliche Bewegung des Mondes um die Erde in 29 bis 30 Tagen veranlasste die Eintheilung der Zeit in Mondzeiten oder Monate. Die Gestaltsveränderungen des Mondes oder Phasen nach jedesmal 7 Tagen veranlaste die Abtheilung der Zeit in Woken oder Wochen, welches Wort einen Wechsel andeutet. Die Standveränderungen der Sonne im Tagesbogen leitete auf die kleineren Zeitbestimmungen in Stände oder Stunden. Bei den Ägyptern hieß die Sonne Horus, darnach wurde der durch den Sonnenstand bestimmte Zeitabschnitt eine Hora genannt; da sich der Sonnenstand aber auf das Jahr und auf den Tag beziehen kann, so gab es drei Jahreshoren: Frühling, Sommer Winter, und drei Tageshoren: Morgen, Mittag, Abend. Jede der drei Jahreshoren umfaste 4 Monate, dem entsprechend theilte man auch jede der drei Tageshoren in 4 Stunden. Die Nacht, anfänglich in 4 Nachtwachen getheilt, wurde später mit jenen in Übereinstimmung gebracht, und so entstand die Eintheilung des Tages in 24 Stunden.

Die älteste Eintheilung der Zeit in größere Abschnitte erfolgte nach den leicht in die Augen fallenden Mondumläufen, daher rechneten die Urvölker nach Mondjahren. Die Rechnung nach Sonnenjahren ist wohl viel später eingeführt worden, weil sich der scheinbare Sonnenumlauf weniger auffallend und in einem viel längeren Zeitraume vollzieht. Die alten Deutschen rechneten nach Sonnenjahren; sie begannen den neuen Zeitabschnitt mit dem Jer, oder dem ersten Grün, also mit dem Wiedererwachen der Natur im Frühlinge; diese Bezeichnung ging auf den sich wiederholenden Zeitlauf über und wurde uns unter dem Namen Jahr überliefert. Aus Jera, der Mehrzahl von Jer, ist das Wort Ära gebildet worden, das auf ein wichtiges Ereigniss hindeutet, welches einer Jahreszählung zum Grunde gelegt werden kann. Der christlichen Ära liegt die Geburt Christi zum Grunde, die der römische Abt Dionysius zuerst 525 in Anwendung brachte.

III. Himmelsgegenden.

Die Horizontebene bietet in verschiedenen Gegenden einen verschiedenen Anblick dar; wo sich auch der Mensch befinden mag, sein Auge sucht unwillkürlich nach Gegenständen oder Punkten, die ihm das Zurechtfinden erleichtern. In bebauten Gegenden giebt es allerlei Gegenstände, welche Richtungspunkte abgeben, aber auf dem weiten Meere, in Wüsten und Steppen, auf unübersehbaren Grasebenen und in Wäldern würde der Mensch vergebens nach solchen Punkten spähen. Hier unterstützt die Kenntniss der Himmelsgegenden das Orientiren. Orientiren heißt im Allgemeinen „sich zurecht finden", im Besonderen „sich nach dem Aufgange der Sonne richten"; die Römer nannten Orient den Aufgang und Occident den Untergang der Sonne, demnach wurde auch die Gegend der Erde, welche nach Morgen liegt als Orient, oder das Morgenland, und die entgegengesetzte als Occident, oder das Abendland bezeichnet. Ist uns nur eine Himmelsgegend bekannt, so sind die übrigen leicht zu finden. Stellen wir uns so, daß unser Gesicht dem Gipfelpunkte der Sonne zugewendet ist, so haben wir vor uns Süden, hinter uns Norden, links Osten, rechts Westen. Haben wir Stellung genommen nach einer dieser Gegenden und machen in Viertelswendungen viermal „rechts um!" dann wenden wir das Gesicht der Reihe nach den vier Haupt- oder Kardinalgegenden zu, und nehmen zuletzt wieder die erste Stellung ein. Die Lage der Himmelsgegenden bleibt sich immer gleich, aber ihre Bestimmung hängt von unserer Stellung ab; nehme ich z. B. Stellung nach Norden, dann ist hinter mir Süden, rechts Osten, links Westen.

Die Namen der Himmelsgegenden sind altdeutschen Ursprungs. Os heißt das Aufstehen, Wes das Zuruhegehen, Sun die Sonne, Nor das Licht. Die Stimmlaute werden lang ausgesprochen. Das Wörtchen an bezeichnet ein Nahesein, d und t haben sich als Bequemlichkeitslaute eingeschoben. Ostan würde demnach die Himmelsgegend bezeichnen, welche dem Aufgange der Sonne nahe liegt, Westan diejenige, welche dem Untergange nahe liegt, Sundan die, welche dem Sonnenhöhepunkte zunächst liegt, und Nordan die, welche dem Lichte, d. h. dem Polarlichte zugewendet ist. Mit dem Worte Nor bezeichneten die alten Germanen in Skandinavien die den kältesten Gegenden der Erde eigenthümliche feurige Lufterscheinung, welches die langen Nächte glänzend erleuchtet, und von uns das Polarlicht genannt wird.

Wenn wir uns von der Horizontebene ein Bild entwerfen wollen, so zeichnen wir auf die wagrecht vor uns liegende Schiefertafel einen Kreis, und nehmen an, es sei die Grenzlinie der Ebene, die wir im Freien übersehen. Der Mittelpunkt ist dann unser Standpunkt, also der Standpunkt des Beobachters. Jetzt theilen wir die Kreis- oder Horizontebene zweimal, durch einen wagrechten und einen senkrechten Strich; beide werden sich in der Mitte der Ebene rechtwinklig schneiden.

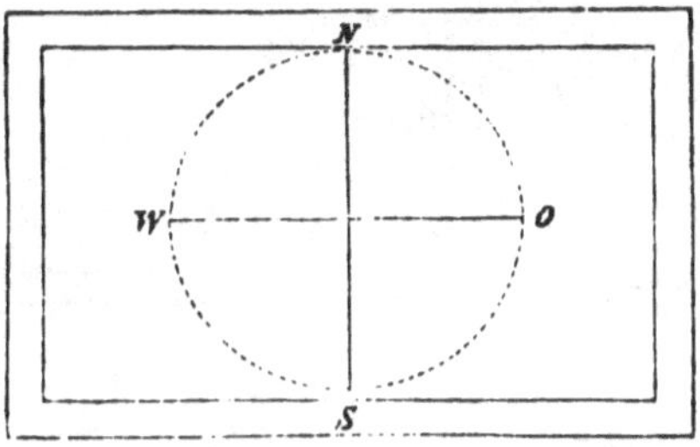

Das uns zugewendete Ende des senkrechten Striches bezeichnet den Südpunkt des Horizontes, das entgegengesetzte uns abgewendete Ende den Nordpunkt; das rechtsliegende Ende des wagerechten Striches würde den Ostpunkt, der linksliegende den Westpunkt vorstellen. Richten wir die wagerecht vor uns liegende Schiefertafel auf, so sehen wir die Horizontebene senkrecht vor uns, dann ist Osten rechts, Westen links, Norden oben, Süden unten; das ist die gewöhnliche Lage der Himmelsgegenden auf den Landkarten, die vor uns hängen.

Durch eine Theilung der Strecken entstehen vier neue Punkte im Horizonte, die wir wegen ihrer Lage Zwischengegenden nennen, während wir die vier zuerst angedeuteten als Hauptgegenden bezeichnen.

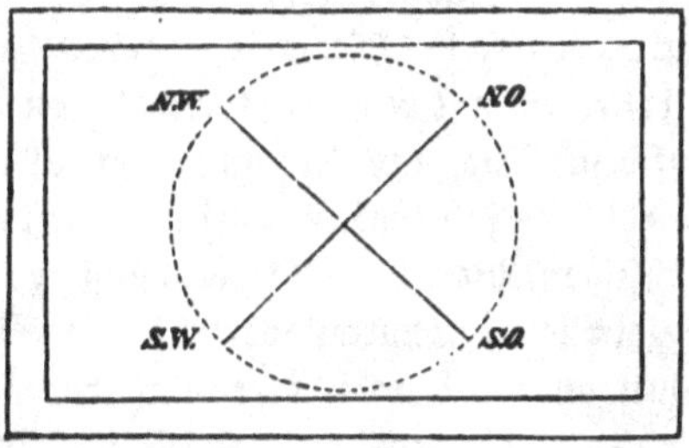

Zwischen Norden und Osten liegt Nordost, NO.; zwischen Norden und Westen liegt Nordwest, NW.; zwischen Süden und Osten liegt Südost, SO.; zwischen Süden und Westen liegt Südwest, SW. Überziehen wir die Tafel mit wagrechten Strichen, so vertritt jeder einzelne die Richtung von Osten nach Westen, oder umgekehrt von Westen nach Osten, daher die Bezeichnung Ostwestlinien. Alle senkrechten Striche vertreten die Richtung von Norden nach Süden, oder umgekehrt, daher die Bezeichnung **Nordsüdlinien**. Rechtsschräge Striche bezeichnen die Richtung von Nordost nach Südwest, linksschräge von Nordwest nach Südost.

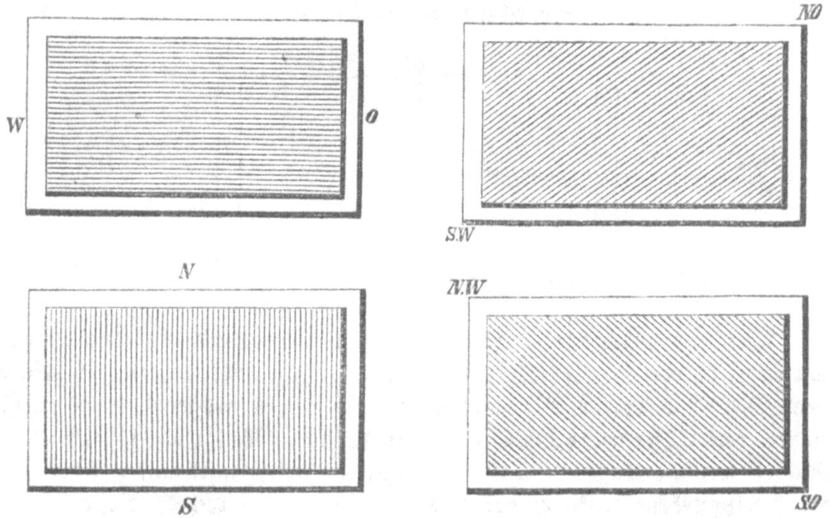

Anders angegeben: wagerecht, von rechts nach links; senkrecht, von oben nach unten; rechtsschräg, von links unten nach rechts oben; linksschräg, von rechts unten nach links oben.

Die vier Haupt- und die vier Zwischengegenden heißen die acht **andronikischen Himmelsgegenden**, weil Andronikus, ein Baumeister in Athen, dieselben zuerst bildlich dargestellt hat. Er baute einen Thurm, dessen acht Ecken nach den acht Himmelsgegenden gerichtet waren und schmückte die Spitze desselben mit dem leichtbeweglichen Bilde eines **Triton**, oder eines Fischmenschen. Nach der Meinung der alten heidnischen Völker war das Meer mit solchen fabelhaften Geschöpfen bevölkert, deren Auftauchen mit dem günstigen Wetter in Verbindung gebracht wurde. Der Triton auf dem bezeichneten Thurme vertrat die Stelle einer **Windfahne** und zeigte mit einer Rute immer nach der Gegend, aus welcher der Wind wehte; daher hieß auch das ganze Gebäude der Thurm der Winde; in späteren Zeiten ersetzte man den Triton durch das Bild eines **Hahnes** als Wetterpropheten. Die Spitze des Matthäikirchthurmes ist mit einem Hahne geschmückt und das in der Nähe dieser Kirche liegende Haus, Victoriastraße 30, mit einem Triton.

Zur genaueren Bestimmung der Richtung reicht die Kenntniss der andronikischen Gegenden nicht aus. Die acht Strecken im Horizonte haben dafür von den seefahrenden Holländern eine weitere Theilung erfahren, und so entstanden die holländischen Gegenden, nach welchen der Horizont in 16, zuweilen in 32, ja sogar in 64 Strecken getheilt wird. Die einfache Erweiterung mit 16 Richtungen bringen wir der Verdeutlichung wegen mit 4 Kreuzen in Verbindung. Linien, die sich rechtwinklig schneiden bilden Balkenkreuze; Linien, die sich schiefwinklig schneiden bilden Sparrenkreuze.

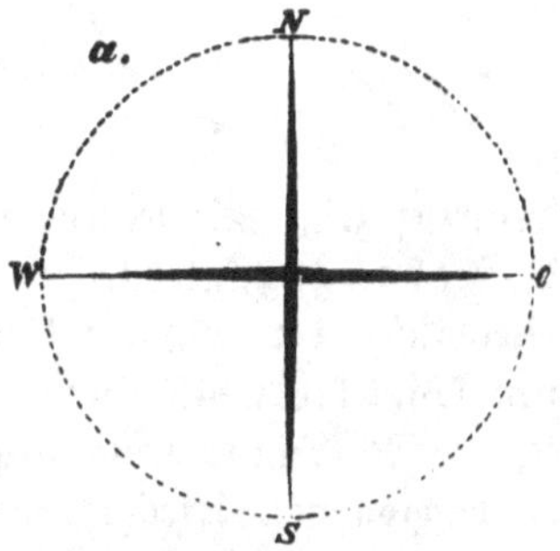

Das stehende Balkenkreuz zeigt mit seinen Enden nach den vier Hauptgegenden.

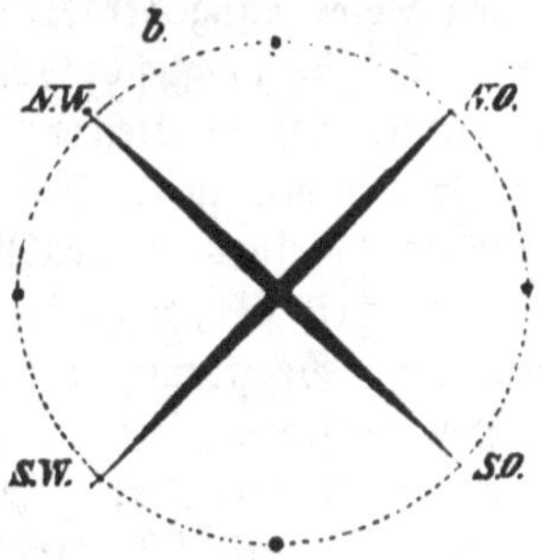

Das liegende Balkenkreuz zeigt mit seinen Enden nach den vier Zwischengegenden.

Das stehende Sparrenkreuz zeigt mit seinen Enden nach den vier Nadelgegenden.

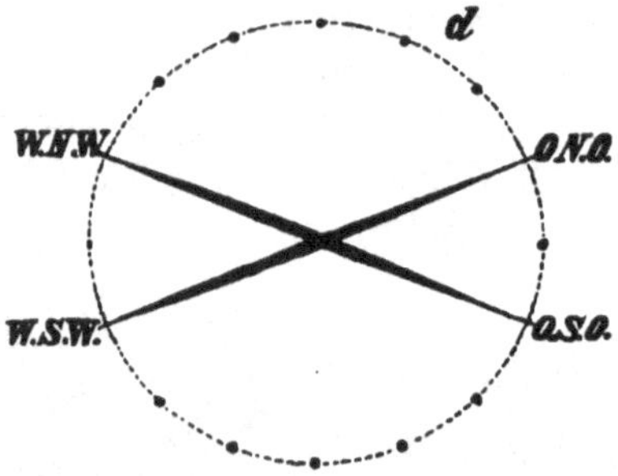

Das liegende Sparrenkreuz zeigt mit seinen Enden nach den vier **Nebengegenden**.

Die kleineren Scheitelwinkel der Sparrenkreuze umspannen einen Achtelkreisbogen, oder einen Winkel von 45 Grad; beim stehenden Sparrenkreuze werden sie durch die Nordsüd-, beim liegenden, durch die Ostwestlinie halbirt; der Halbirungswinkel beträgt demnach 22½ Grad.

Die Hauptgegenden werden durch die Sonne bestimmt, die Zwischengegenden durch ihre Lage in der Mitte jener; die Nadelgegenden bezeichnen die Richtung der größten Abweichung der Magnetnadel, die dem 16. Theile einer Kreislinie oder 22½ Grad gleich kommt; die Nebengegenden liegen neben den Auf- und Untergangspunkten der Sonne.

Wenn wir diese vier Kreuze mit ihren Scheitelpunkten aufeinander legen, so erhalten wir das Bild eines 16strahligen Sternes, den die Schiffer „**Windrose**" nennen, weil sie daran die Richtung des Windes erkennen, und weil Figuren, deren Verzierungen sich gleichmäßig um einen Punkt gruppiren, **Rosen** oder Rosetten heißen. Wir unterscheiden zwei holländische Windrosen, die einfach erweiterte, mit 16 Richtungen oder Strichen, und die doppelt erweiterte, mit 32 Strichen.

Die einfache Sedezrose.

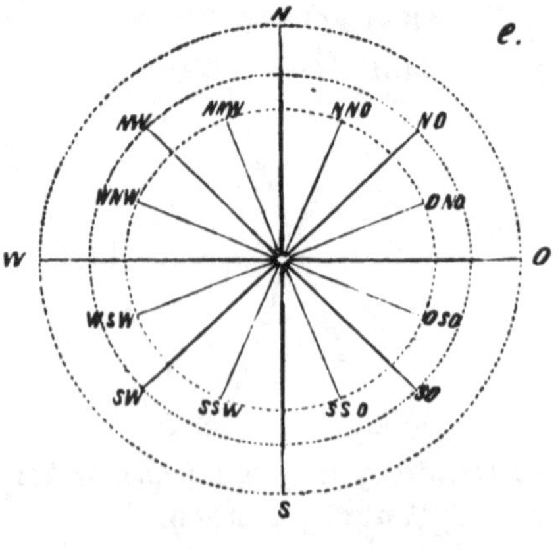

Die doppelte Sedezrose.

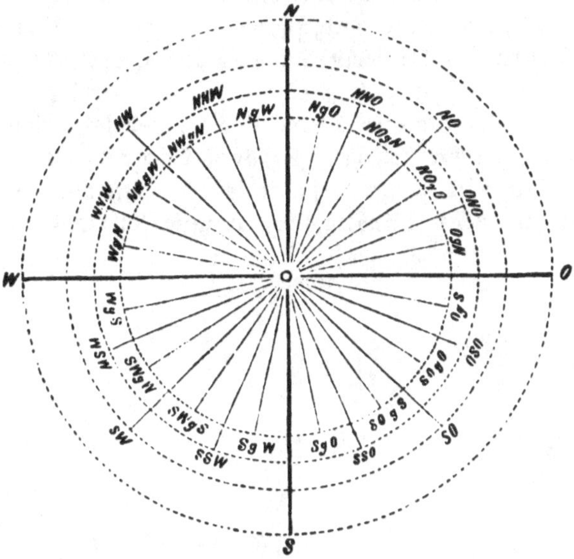

Die Verbindung einer Windrose mit einer Magnetnadel wird Kompaß oder Abmesser genannt, weil die Seefahrer darnach die Richtung des Weges abmessen.

Die Magnetnadel ist ein mit Magnet bestrichener feiner Zeiger von Stahl, der auf einem senkrechten Stifte im Mittelpunkte einer Windrose so aufgelegt ist, dass er freischwebend sich leicht bewegen kann. Eine in horizontaler Ebene schwingende Magnetnadel zeigt, wenn sie zur Ruhe gelangt, mit ihrer Axe stets nach denselben Punkten des Horizontes. Die Holländer setzten die Magnetnadel in ein rundes Kästchen, Boxel oder Büchsel, woraus der italienische Name „Bussole" entstanden ist. Kompass und Bussole sind Richtungsinstrumente, jene bei Seefahrern, diese bei Feldmessern gebräuchlich. Ein Taschenkompass setzt uns in die Lage, jederzeit und an jedem Orte die Himmelsgegenden angeben zu können, Hierbei ist aber zu merken, daß die Magnetnadel nicht überall genau nach Norden zeigt; sie weicht bald mehr, bald weniger von der Nordsüd- oder Normalrichtung ab; ihre größte Abweichung oder Declination beträgt 22½ Grad. In unseren Gegenden beträgt die Abweichung 13 Grad westlich von der Nordsüdrichtung. Die Magnetnadel und ihre Richtkraft war schon tausend Jahre vor unserer Zeitrechnung den Chinesen bekannt. Man brauchte auf Reisen durch die großen Steppen Asiens den Schinankin oder den magnetischen Wagen; eine kleine Figur auf dem Vordertheile desselben zeigte immer nach Süden. Die Griechen entdeckten die wunderbare Eigenschaft des Magnetes in den Steingruben der natolischen Stadt Magnesia, daher erhielt das dortgefundene Eisenerz den Namen Magnet. Den Normännern war der Polweiser nicht unbekannt; bei ihnen, wie bei allen germanischen Völkern hieß er der Leitestein, bei den romanischen die Marinette. Der Italiener Flavio Gioja (Dschoja) fertigte um 1300 ein Instrument, welches den heutigen Vorstellungen von einem Kompasse entspricht, daher wird er der Erfinder desselben genannt. Zur Zeit der Reformation gab es in Nürnberg schon zwanzig Kompaßmacher.

Abweichung.

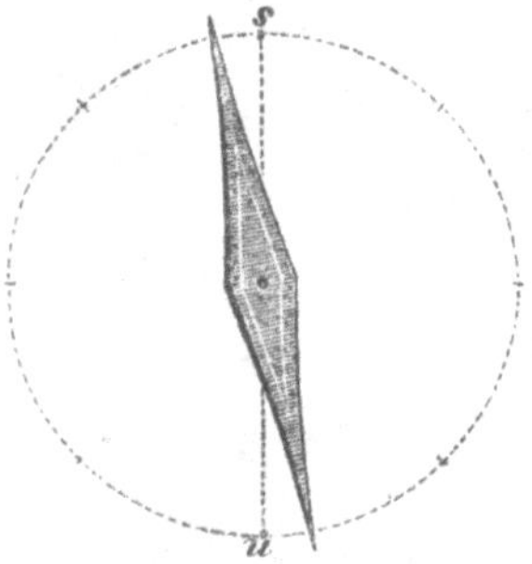

An heiteren Tagen bestimmt der Schatten eines Sonnenzeigers, Mittags 12 Uhr, die Richtung nach Norden; in heiteren Nächten lenkt der Polarstern unsere Blicke nach Norden, deßhalb heißt er auch der Leitstern. Derselbe ist leicht am Himmel zu finden, mittelst des Sternbildes, das als großer Bär oder Himmelswagen schon seit den ältesten Zeiten bekannt ist. Ziehen wir in Gedanken eine gerade Linie durch die Hinterräder des Wagens und verlängern diese über das rechte Rad hinaus in fünfmaliger Radweite, so wird diese Linie den Polarstern treffen. Das Sternbild, zu welchem der Leitstern gehört, heißt wegen der Ähnlichkichkeit mit dem großen Bären, der kleine Bär.

Der Sternenhimmel, welcher sich über den südlicheren Gegenden der Erde ausbreitet, ist wegen der Reinheit der Luft von außerordentlichem Lichteffecte, und die Kuppel des Weltdomes ist durch schimmernde Flecke und funkelnde Punkte blendend erleuchtet. Bei längerer Beobachtung gelangte man auch zum Verständniß der Bilder, mit welchen die Phantasie der Morgenländer das Himmelsgewölbe bedeckt hat; denn das auf tief dunklem Grunde schärfer abgegrenzte Licht deutet allerlei Umrisse an, aus denen man leicht eine Gestalt componirt, ohne der Einbildungskraft Gewalt anzuthun. Man erkennt unschwer die Umrisse des aufstrebenden Riesen Orion, den Stier mit seinen drohenden Hörnern, den springenden Löwen und den ruhenden Widder, Bilder, die wir in unsern Gegenden nicht herauszufinden vermögen, weil es uns nur vergönnt ist den Himmel durch das Medium einer getrübten Atmosphäre zu betrachten. Wir sehen nur Sterne, die wir durch Linien zu Dreiecken, Vierecken, Kreuzen und Bogen verbinden, um uns das Auffinden zu erleichtern. Die sieben Sterne des großen Bären gehören zu den ältesten Constellationen; denn schon die alten Inder verglichen sie mit einem Fahrzeuge oder Wagen, der beständig den Himmel umkreiset. Der Grieche Thales gab den sieben weniger hellen Sternen am Pole denselben Namen, weil sie untereinander eine jenen ähnliche Stellung einnehmen; seit jener Zeit unterscheidet man einen großen und kleinen Himmelswagen. Nach den Sternen pflegen sich die Hirten, Jäger, Reisenden und Schiffer zu richten. Die Phönizier achteten bei ihren Reisen auf den kleinen, die Griechen auf den großen Himmelswagen. Bei den Ägyptern gehörten die Sterne des großen Wagens zu dem Bilde, welches ein Flußpferd vorstellen sollte. Dieses Flußpferd oder der Behemoth war wegen seiner Stärke und Bösartigkeit das stellvertretende Bild des bösen Gottes Typhon; der kleine Wagen deutet den Anubis an, den treuen Begleiter des guten Gottes Horus, daher als Bild der Wachsamkeit, der Hund des Horus genannt. Die Griechen verstanden die ägyptischen Namen und Deutungen nicht und machten die ihnen überlieferten Bilder zu Bären, um das Mährchen von der Kallisto damit auszuschmücken. Diese Prinzessin wurde eines Vergehens wegen von der erzürnten Göttin Diana in eine Bärin verwandelt, die zwar ihre Vernunft behielt, aber verurtheilt war, unter den Thieren des Waldes sich aufzuhalten. Als Arkas, der Sohn der Kallisto, zum Manne herangewachsen auf die Jagd ging und der Bärin begegnete, erhob er seinen Spieß, um seine ihm unbekannte Mutter zu durchbohren; da schlug der Himmelskönig Zeus mit seinem Blitze dazwischen, um diesen Frevel zu verhindern. Mutter und Sohn wurden der Erde entrückt und an den Himmel versetzt; dort prangen sie im ewigen Glanze als großer und kleiner Bär. Bei den Griechen heißt der Bär Arktos, deshalb heißen die Gegenden der Erde, welche unter dem Sternbilde des kleinen Bären liegen, arktische Gegenden. Bei den Römern hießen die Sterne des großen Bären die sieben Dreschochsen, Septem Triones, beziehentlich der Einrichtung, auf einer Feldtenne das Getreide durch Ochsen austreten zu lassen, indem man die Thiere im Kreise herumtrieb. Als man die Bezeichnung auch auf den kleinen Bären übertragen hatte, wurde es üblich, den Nordpol und Nordwind Septentrio zu nennen. Eine Zeit lang hieß der große Bär bei den Griechen „Helike", die Windung, der kleine Bär aber „Kynosura", der Hundeschwanz, wegen des aufwärts gebogenen Schweifes. Bei den Arabern heißt der Bär „Dub". Dieser

Name ist auf den hellsten Stern des großen Bären übergegangen, der im Wagen das rechte Hinterrad bezeichnet.

Die Araber nennen das Viereck des großen Bären „Nasch", die Bahre

Die Himmelswagen oder die beiden Bären.

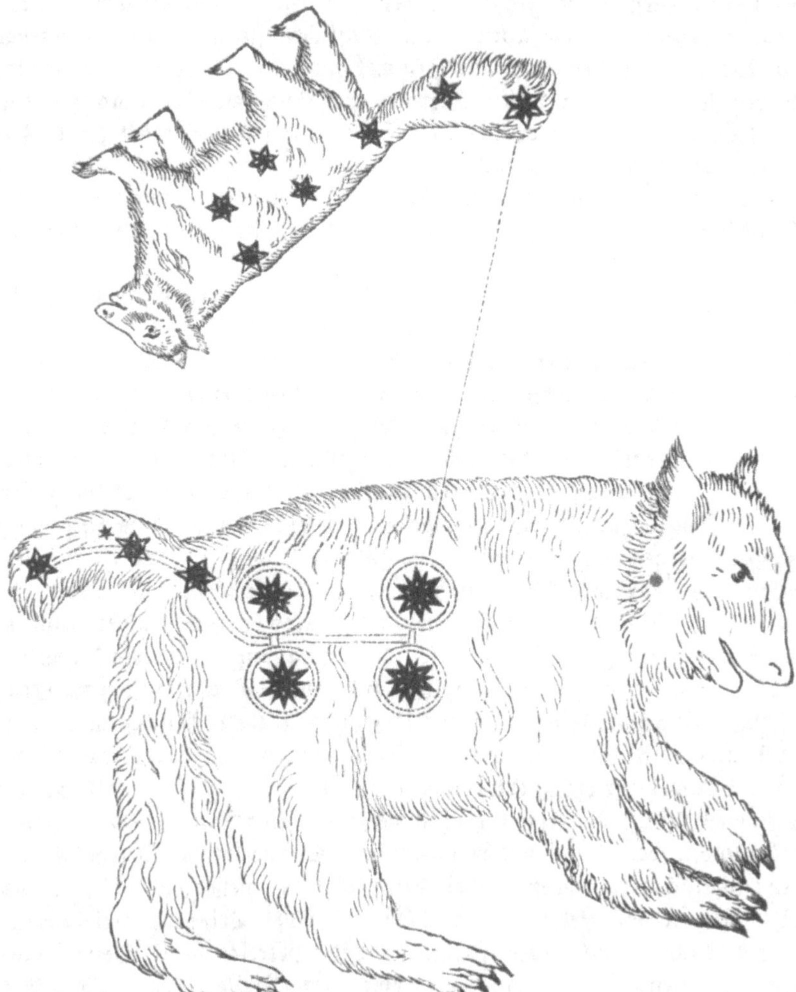

und die drei vorstehenden Sterne „Benat Nasch" die Töchter der Bahre, oder die Klageweiber, welche nach orientalischer Sitte weinend der Bahre vorausschreiten. Der Name Benatnasch ist auf den Stern an der Spitze der Deichsel übergegangen. Die christlichen Araber deuten das Bild auf die

Bahre des Lazarus und nennen die klagenden Frauen Maria, Marta und ihre Magd. Der kleine Stern, der bei dem mittelsten Deichselsterne bemerkt wird, heißt bei den Arabern „Saddak“, der Prüfer, weil sein Wahrnehmen Zeugniss ablegte für die Schärfe der Augen. Zum Sternbilde des großen Bären gehören 138 Sterne. Der Stern an der Schwanzspitze des kleinen Bären heißt der Polarstern, weil er dem Pole oder dem Drehpunkte der Himmelskugel ganz nahe steht und seine Stelle am Himmel nicht verändert. Die Araber nennen die unbewegliche Stelle des Himmels das Zapfloch oder die Pfanne, in der sich gleichsam die Axe der Himmelskugel herumdreht. Bei ihnen heißt der Polarstern, Dschüdde, d. h. der Leitebock, oder Leithammel, mit Beziehung auf die ihn umwandernde Sternenheerde. Wir merken, daß diese Vorstellung von Hirten ausgegangen ist und werden unwillkürlich an das Schillersche Rätsel erinnert, welches jene Vorstellung dichterisch ausmalt.

Auf einer großen Weide gehen viel tausend Schafe, silberweiß;
Wie wir sie heute wandern sehen, sah sie der allerältste Greis.
Sie altern nie und trinken Leben aus einem unerschöpften Born;
Ein Hirt ist ihnen zugegeben mit schön gebognem Silberhorn.
Er treibt sie aus zu goldnen Thoren; er überzählt sie jede Nacht,
Und hat der Lämmer keins verloren, so oft er auch den Weg vollbracht
Ein treuer Hund hilft sie ihn leiten, ein muntrer Widder geht voran.
Dir Herde, kannst du mir sie deuten; und auch den Hirten zeig mir an!

Zur Heimat gehört auch der Himmel, der sich über der Heimat ausbreitet; welch reichen Stoff zum Nachdenken, zur Unterhaltung und Belehrung derselbe bietet, sollte durch die vorstehende kurzgefasste Erläuterung zu den beiden Bärenbildern angedeutet werden.

IV. Nähere Umgebung.

Wenn wir in unserer Stadt ein hohes Haus, eine Säule, oder einen Thurm besteigen, so übersehen wir eine Ebene, die weit und breit mit Häusern besetzt ist; diese Häusermasse nennen wir die Stadt Berlin; in Berlin sind wir zu Hause; Berlin ist unsere Heimat und in der Heimat soll sich jeder zurecht finden. Um das am leichtesten zu vermitteln, machen wir uns zunächst mit der Lage des von uns bewohnten Hauses und Zimmers bekannt. Damit jeder Schüler das kann, soll er die Anleitung dazu mit aus der Schule nehmen; wir wählen also zur Orientirung die Schule unsers Bezirkes, in der wir alle Tage zusammen kommen.

Unser *Schulhaus* ist von Gärten, Höfen und Häusern umgeben. Wenn ihr Mittags zwölf Uhr über den Hof nach Hause geht, so erkennt ihr an dem Schatten der Bäume die Richtung nach Norden; der Schatten zeigt nach der Anhaltstraße, also ist die Seite des Schulhauses, welche der Anhaltstraße zugewendet ist, die Nordseite; die entgegengesetzte Seite, also die Südseite, ist der Hedemannstraße zugewendet. Wenn ihr Morgens zur Schule kommt, so steht die Sonne in der Richtung der Wilhelms- und Puttkammerstraße; die Seite des Schulhauses, welche diesen beiden Straßen zugewandt ist, wird von der Sonne beschienen und ist die Ostseite; ihr entgegengesetzt ist die im Schatten liegende Westseite im Hinterhofe, welche der Königgrätzerstraße und dem Askanischen Platze zugewandt ist; aus diesem Grunde lassen sich die beiden Höfe, zwischen denen das Schulgebäude liegt, nicht blos als Vorder- und Hinterhof, erster und zweiter Hof, sondern auch als Ost- und Westhof unterscheiden.

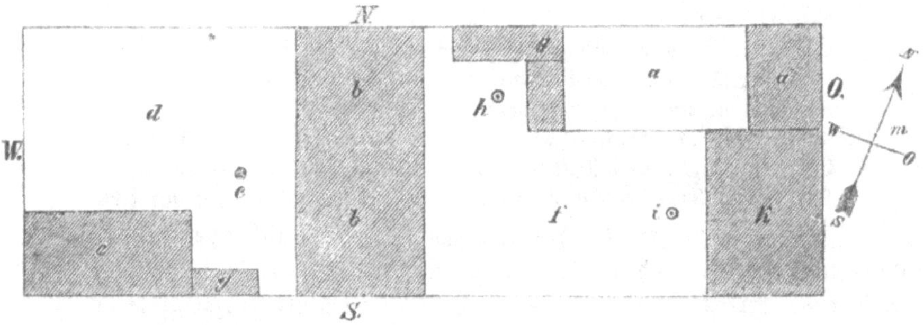

a Grundstück 116 der Wilhelmstraße. b die 44. Gemeindeschule für Knaben, Grundstück 117. c Turnhalle. d Hinterhof. e h i Brunnen. f Vorderhof. g Aborte. k die 27. Gemeindeschule für Mädchen, Vorderhaus. O Ostseite an der Wilhelmstraße. S Südseite, Grundstück der Wilhelmstraße 118. W Westseite, Grundstück der Königgrätzerstraße 112. N Nordseite, Wilhelmstraße 115.

Unser *Klassenzimmer* liegt im ersten Stock des Schulhauses und zwar in der Mitte der beiden Treppenräume. Die vier Wände, welche den Stubenraum begrenzen, bezeichnen wir mit dem Namen Riegel- Karten- Fenster- Kathederwand; diese Bezeichnungsweise wird aber nur von uns verstanden, die wir mit dem Raume bekannt sind, anderswo ist es anders; allgemein verständlich ist die Bestimmung nach den Himmelsgegenden. Wir vergleichen die Lage des Zimmers mit der Lage des Hauses; die drei Fenster gestatten die Aussicht über den westlichliegenden Hinterhof und über die Gärten der Königgrätzerstraße; die Fensterwand ist also die Westwand; dann liegt die Riegelwand östlich in der Richtung der Wilhelmstraße. Die Kartenwand begrenzt den südlichen Treppenraum, entspricht also der Südseite des Hauses und ist der Hedemannstraße zugekehrt, während die Katheterwand uns vom nördlichen Treppenraume trennt, als Nordwand der Nordseite des Hauses entspricht und der Anhaltstraße sich zuwendet. Die Wandwinkel, oder Stubenecken bezeichnen die Richtung nach den Zwischengegenden. Die Ofenecke ist nach Nordwest gerichtet, nach dem Potsdamer Platz und Bellevü; die Spindecke ist nach Nordost gerichtet, nach dem Hausvogtei-Platz und Schloss; die Thürecke ist nach Südost gerichtet; nach dem Johannistisch und der Hasenhaide; die Papierkastenecke ist nach Südwest gerichtet, nach der Möckernbrücke und dem Stadtberge. Wir machen den Versuch, den Grund, oder den Fußboden der Stube auf die Tafel zu zeichnen mit Angabe des Platzes für die darin aufgestellten Gegenstände. In natürlicher Größe können wir die Ausdehnung nicht angeben; man bedient sich zur Darstellung großer Flächen auf kleinen Zeichenunterlagen eines besondern Maßstabes, den man den verjüngten Maßstab nennt.

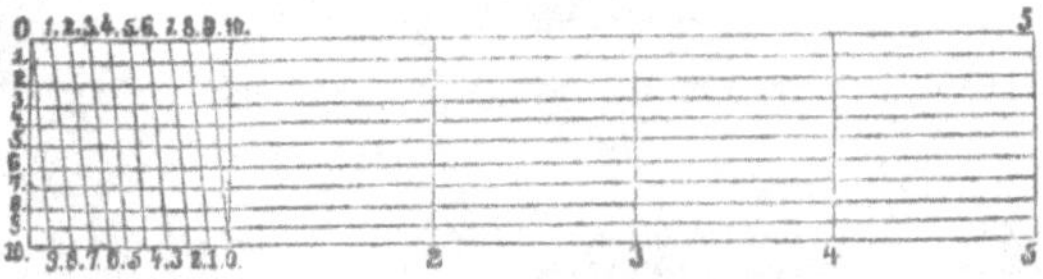

Es sei dieser Maßstab eine Ausdehnung von 5 Meter Länge; bei dem Vergleiche finden wir, dass dieses angenommene Meter nur den 80. Theil eines wirklichen Meters beträgt; die darnach ausgeführte Zeichnung würde also 80 mal kleiner sein, als in Wirklichkeit, man sagt daher: der Gegenstand verhält sich zur Zeichnung wie 1 : 80. Ausmessung und Zeichnung lassen sich darnach leicht bewerkstelligen; die nach solchem Maßstabe ausgeführte Zeichnung heißt ein Grundriss oder ein Plan.

Die Gärten, weiche das Schulgrundstück umgeben, werden von geschlossenen Häuserreihen begrenzt, die ein unregelmäßiges Viereck bilden und beziehungsweise vier Straßen zugewendet sind; Seiten und Ecken dieses Häuservierecks oder Stadtviertels haben in Bezug auf die Haupt- und Zwischengegenden keine ganz normale Lage; da die Abweichung aber nur gering ist, so bezeichnen wir die Anhaltstraße als die Nordseite, die Hedemannstraße als die Südseite, die Wilhelmstraße als die Ostseite, und die Königgrätzerstraße als die Westseite des Viertels. Die vier Straßen, welche das Stadtviertel begrenzen, entsprechen in der Lage den vier Seiten des Schulhauses und diese wieder den vier Wänden des Klassenzimmers.

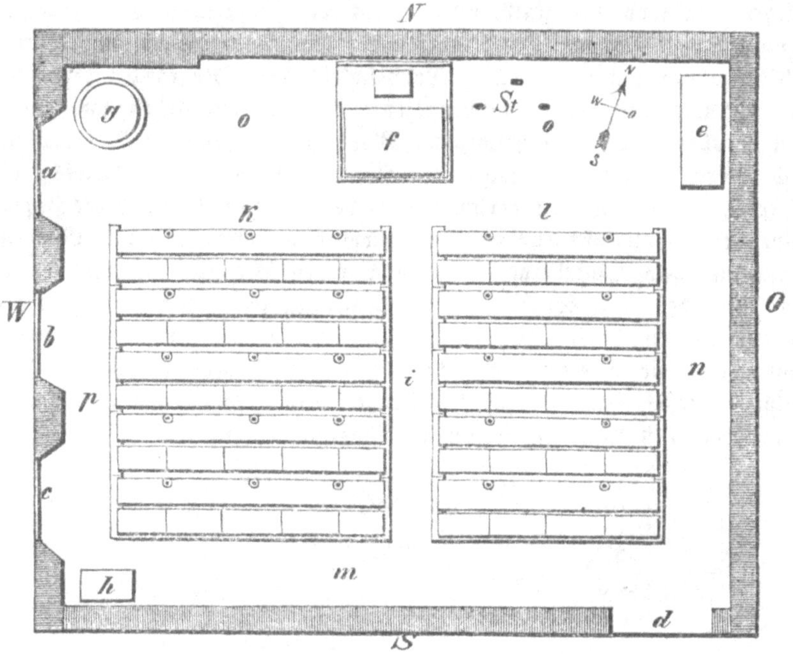

O östlich liegender Klassenflur. S südlich liegender Treppenflur. W westlich liegender Hinterhof. N nördlich liegender Treppenflur. a b c Fensterböschungen. d Thür. e Klassenspind. f Lehrersitz oder Katheder. g Ofen.* h Papierkasten. i Mittelgang. p Fenstergang. n Hauptgang längs der Kartenwand. m Hintergang, längs der Riegelwand. k erste Sitz- oder Subsellienabtheilung mit 5 Bänken zu 5 Plätzen. l zweite Sitz- oder Subsellienabtheilung mit 5 Bänken zu 4 Plätzen, zusammen 45 Plätze. o Katheder raum. St Staffelstelle.

Die Bekanntschaft mit der Lage der Stube, des Hauses, des Stadtviertels erleichtert uns das Zurechtfinden in der Nachbarschaft und führt zur Orientirung zunächst in der Friedrichstadt, dem Stadttheile, dem wir angehören.

Treten wir durch die östliche Thür aus dem Schulgebäude, so gelangen wir über den Vorderhof, durch das Vorderhaus auf die Wilhelmstraße. Die Wilhelmstraße beginnt am Belleallianceplatze, vom Thorwege aus rechts; sie endet in der Straße „Unter den Linden", vom Thorwege aus links. Vor dem Schulhause mündet die Puttkammerstraße, diese führt in östlicher Richtung zur Friedrichstraße; auch diese beginnt am Bellealliance-Platz und überschreitet die Straße „Unter den Linden", aber beide Straßen sind nicht gleichlaufend oder parallel, denn die Friedrich-

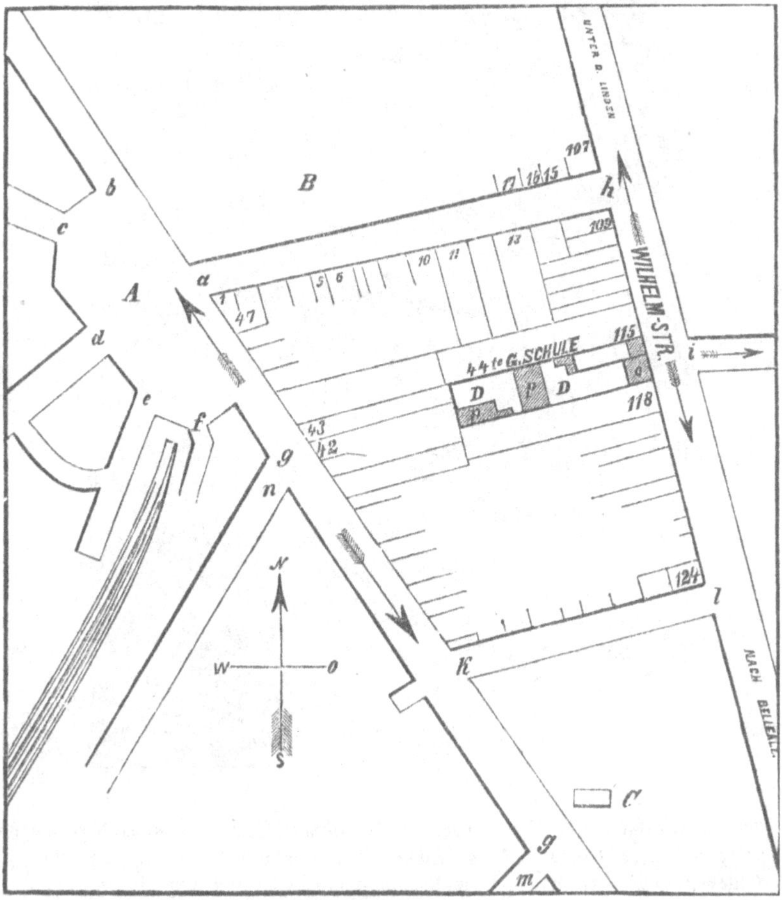

A Askanischer Platz. B Prinz Albrechtscher Garten. C Christuskirche. D Grundstück der Gemeindeschule. a h Anhaltstraße. k l Hedemannstraße. l h Wilhelmstraße. i Puttkammerstraße. b g Königgrätzerstraße. c Bernburgerstraße. d Schönebergerstraße. e Bahnhofstraße. f Anhaltscher Bahnhof. n Möckernstraße. m Großbeerenstraße. o die 27. Schule, Töchterschule. p die 44. Schule, Knabenschule. q Turnhalle der 44. Schule.

straße verfolgt die Richtung von Süden nach Norden, die Wilhelmstraße aber von Südsüdost nach Nordnordwest. Die nachfolgende Zeichnung soll unsre Vorstellung von der Lage des Schulhauses, des Schulgrundstückes, des Stadtviertels und des Stadttheiles unterstützen.

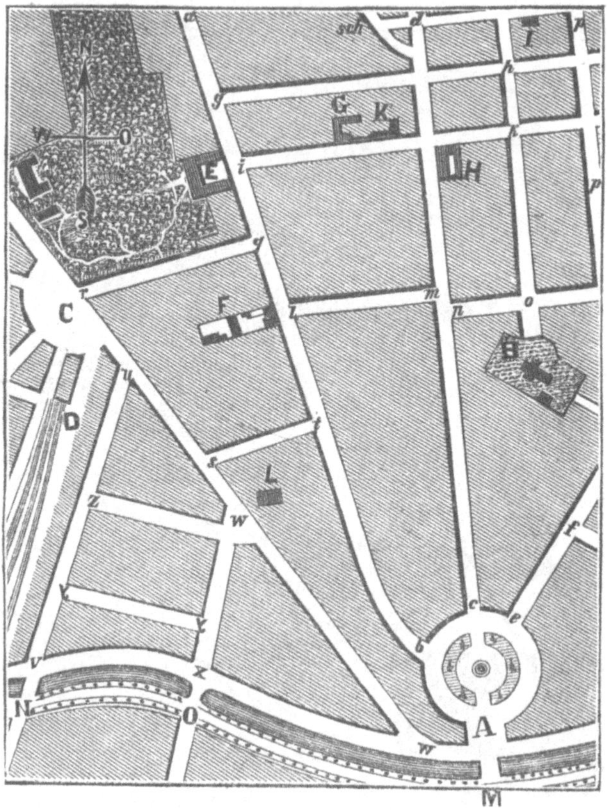

A Belleallianceplatz. B Sternwarte. C Askanischer Platz. D Anhaltscher Bahnhof. E Prinz Albrechts Palais. F 44. Schule. G Königliches Realium und Vorschule. K Elisabethschule. H Friedrich-Wilhelms-Gymnasium. I Lehrerinnenseminar und Augustaschule. L Christuskirche. M Hallesche Brücke. N Möckernbrücke. O Großbeerenbrücke. a b Wilhelmstraße. c d Frirdrichstraße. e f Lindenstraße. g h Zimmerstraße. i k Kochstraße. l m Puttkammerstraße. n o Besselstraße p p Markgrafenstraße. h o Charlottenstraße. p sch Schützenstraße. d sch Triangel zwischen Friedrich-, Mauer- und Schützenstraße. s w Königgrätzerstraße. q r Anhaltstraße. s t Hedemannstraße. w x Großbeerenstraße. u v Möckernstraße. w z Halleschestraße. y Kleinbeerenstraße. v w Hallesches Ufer, längs des Südkanals, ihm gegenüber das Tempelhofer Ufer.

In der vorgeführten Weise versucht der Schüler sich in der elterlichen Wohnung zu orientiren und die Richtung der Stubenwände, der Hausseiten und der Straßen, welche sein Viertel begrenzen, nach der Windrose zu bestimmen.

V. Entferntere Umgebung.

Unsere Besprechungen und die erläuterten Zeichnungen werden es möglich machen, auch in andern Stadttheilen uns zu orientiren. Durch die Wilhelmstraße wurde unsere Aufmerksamkeit auf die Straße „Unter den Linden“ gelenkt. Diese Straße beginnt unfern der Mündung der Wilhelmstraße, von uns in nördlicher Richtung; sie gehört zu den belebtesten und bekanntesten Gegenden der Stadt; sie geht in westöstlicher Richtung vom Pariserplatz zum Paradeplatz und hat 78 Hausnummern. Nr. 1, das Redernsche Palais am Pariserplatz liegt Nr. 78, dem Beneckeschen Palais gegenüber; ebenso liegt Nr. 37, das kaiserliche Palais am Paradeplatze Nr. 38, dem Akademiegebäude gegenüber; Nr. 26 und Nr. 46 liegen an der Friedrichstraße; diese Gegend heißt nach dem daselbst befindlichen Kranzlerschen Hause die Kranzlersche Ecke. Vier Reihen von Lindenbäumen zieren die Straße, als zwei parallele Alleen für Reiter, zu beiden Seiten eines breiten Weges für Fußgänger, während Fahrdämme und Bürgersteige außerhalb der Allee längs der Nord- und Südseite der Häuser hinlaufen; der mittlere Weg gehört zu den besuchtesten Spaziergängen der Stadt. Vom Brandenburger Thor am Pariser Platz bis zum Friedrichsdenkmale am Paradeplatz beträgt die Entfernung fast ein Kilometer, oder 12 Minuten. Die Breite dieser Hauptstraße beträgt 50 Meter. Man nennt die Nordseite der Linden auch die Sonnenseite, weil sie in der Mittagsstunde von der Sonne beschienen wird, während die gegenüberliegende Südseite, also die ganze Häuserreihe vom Rederschen bis zum kaiserlichen Palais sich im Schatten befindet und daher Schattenseite genannt wird. Für die Bewohner dieser Straße geht die Sonne am 21. März und am 23. September Morgens 6 Uhr hinter dem Friedrichsdenkmal auf, in der Richtung von Friedrichsfelde; Abends 6 Uhr hinter dem Brandenburger Thor unter, in der Richtung von Charlottenburg; in der Mittagsstunde steht die Sonne über dem Kreuzberge, in der Richtung von Tempelhof; der Schatten fällt nördlich und zeigt die Richtung nach Reinickendorf und Pankow an. Wenn ich an der Kranzlerschen Ecke stehe und nach Osten sehe, so erblicke ich hinter dem Friedrichsdenkmale das Schloss und den Rathausthurm; wende ich mich nach Westen, so erblicke ich die Siegesgöttin auf dem Brandenburger Thore; vom Thore führt die Charlottenburger Chaussee in westlicher Richtung durch den Thiergarten nach Charlottenburg und Westend; wende ich mich nach Süden, so erblicke ich jenseits der Rheinischen Ecke und des Triangels am Ende der Friedrichstraße die Friedenssäule auf dem Bellealliance-Platz; wende ich mich nach Norden, so sehe ich jenseits der Weidendamer Brücke den abgestumpften Thurm der Borsigschen Maschinenfabrik, in derselben Richtung liegt der Stettiner Bahnhof, der Humboldshain, der Gesundbrunnen und Dorf Rosenthal.

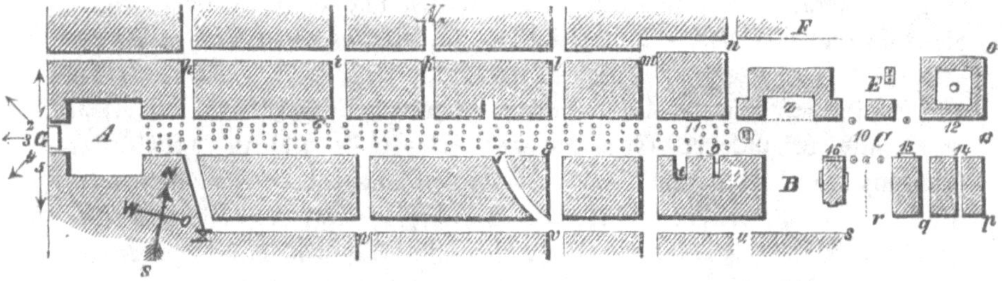

A Pariser Platz. B Opernplatz. C Paradeplatz. D Kaiserliches Palais. E Wachtparade. F Kastanienwäldchen. G Brandenburger Thor. h Neue Wilhelmstraße. i Schadowstraße. k Neustädtische Kirchstraße. l Friedrichstraße. m Charlottenstraße. n Universitätsstraße. o Zeughausstraße. p Schinkelplatz. q Oberwallstraße r Opernpromenade. s Hedwigskirche. t Lindengasse, Sackgasse. u Markgrafenstraße. v Friedrichstraße. w Kleine Mauerstraße. x Wilhelmstraße. y Kleine Kirchgasse, Sackgasse. z Universitätsplatz. 1 Sommerstraße nach dem Brandenburger Thor. 2 nach der Siegessäule. 3 Charlottenburger Chaussee. 4 Königsweg. 5 Königgrätzerstraße. 6 Aquarium. 7 Kaisergalerie. 8 Kranzlersche Ecke. 9 Einfahrt zum kaiserlichen Palais beim Reiterbilde Friedrich des Großen. 10 Die Standbilder der Feldherrn aus dem Befreiungskriege. 11 Akademie. 12 Das Zeughaus. 13 Schlossbrücke. 14 Kommandantur. 15 Kronprinzliches Palais, zwischen beiden bei 14 die Niederlagsstraße. 16 Opernhaus. h n Mittelstraße. x s Behrenstraße.

Ein Lindengang in den Thiergarten war schon vor dem dreißigjährigen Kriege vorhanden, denn Kurfürst Joachim II. ließ 1548 von der neuen Lauf- oder Hundebrücke aus eine Lichtung schlagen, die er durch eine Reihe von Nuß- und Lindenbäumen in eine Allee verwandelte; dieser Baumweg erstreckte sich aber nur bis zum jetzigen Friedrichsdenkmale und wurde beim Festungsbau 1660 größtentheils wieder zerstört. Am Friedrichsdenkmale befand sich der Haupteingang zum Thiergarten, daher erhielt das Lattenthor den Namen Thiergartenpforte. Unter dem großen Kurfürsten war es Prinz Moritz von Nassau, welcher die Anlage einer Promenadenstraße in dieser Gegend anregte; die Kurfürstin Dorothea ging auf den Plan ein und pflanzte 1680 mit eigner Hand die erste Linde. Zuerst bestand eine vierfache, später eine sechsfache Baumreihe, die sich bis zur kleinen Mauer- und Schadowstraße erstreckte. Der jungen Pflanzung drohte Gefahr, auch war das Lustwandeln zu Zeiten mit manchen

Unannehmlichkeiten verbunden, denn nach einer Verordnung von 1690 mussten die Misthaufen vor den Häusern zu beiden Seiten der Linden entfernt und die Schweine, welche die Bäume unterwühlten, abgeschafft werden. Im Jahre 1737 wurde die Allee bis zum Viereck oder dem Quarré verlängert, das ist der heutige Pariser Platz, dort entstand ein Pfeilerthor, das sogenannte alte Brandenburger Thor, denn hier vereinigte sich die Allee mit der Landstraße, die über Lietzow durch Spandau nach Brandenburg führte. Am Thorplatze stand ein Vogelhaus und eine Seilerwerkstätte, zur Anfertigung von Jagdnetzen. Im Jahre 1790 wurde das alte Thor nebst den erwähnten Baulichkeiten beseitigt, und es erhob sich das neue Brandenburger Thor, das als Triumphpforte alle andern Thore überlebte. Die schöne breite Promenadenstraße legte sich wie eine Scheidewand zwischen die Dorotheenstadt und Friedrichstadt, wiederum aber vereinigte die duftende Allee die Bevölkerung beider Städte zum friedlichen Lustwandeln. Leider sind die großen Bäume, welche von Millionen Bienen umschwärmt wurden, nicht mehr vorhanden. Der gegenwärtige Baumschmuck der Promenadenstraße ist dürftig und täuscht durch seinen Namen die Bewohner vom Lande, welche an die mächtigen Kirchhoflinden in ihrer Heimat denken; dennoch ist diese Gegend der Glanzpunkt unserer Stadt; sie ist eine der Hauptadern des weltstädtischen Verkehrs, der Schauplatz des Luxus und der Moden, der Paraden und der Illuminationen, der Fest- und Fackelzüge; auch hat sie wiederholt die Einzüge ruhmgekrönter Truppen gesehen und ist zu einer Siegesstraße geworden.

Die Umschau „Unter den Linden" leitete unsern Blick auf das kaiserliche Schloss; nicht zu verwechseln mit dem kaiserlichen Palais. Das Schloss ist aus der alten Burg der Hohenzollern hervorgegangen und bildet den Mittelpunkt der nordischen Kaiserstadt. Als Kurfürst Friedrich II., wegen seiner stählernen Rüstung, vielleicht auch wegen seines festen Sinnes, der eiserne Friedrich genannt, an der Spree eine Burg zu bauen beabsichtigte, wählte er zum Bauplatze die nördlich vom Dominikanerkloster gelegene Gegend der Insel Kölln, welche von der Stadtmauer, in der Richtung von den Werderschen Mühlen bis zur Dombrücke durchschnitten wurde. Der Grund dazu wurde nach dem theilweisen Abbruch dieser Mauer den 31. Juli 1443 gelegt. Diese Burg stand hundert Jahre. Kurfürst Joachim II. ließ 1538 diese Burg niederreißen und durch seinen Baumeister Caspar Theiss ein Residenzschloss herstellen, das 1594 vollendet war. Der runde Thurm am Wasser, wegen seines grünen Daches der grüne Hut genannt, ist das einzige Überbleibsel der alten Burg; er wurde als Gefängniß oder Zwinger benutzt, daher erhielt der kleine Gartenraum am Wasser den Namen

Zwingergarten. In der Folge sind noch verschiedene Anbauten und Erweiterungen diesem Schlosse beigefügt worden; doch geriet Alles während des dreißigjährigen Krieges in Verfall. König Friedrich I. ließ durch seinen Baumeister Andreas Schlüter sämmtliche Bauten wieder herstellen und zu einem Königspalaste einheitlich verbinden. Der Baumeister Eosander stellte 1704 das Hauptportal her nach dem Vorbilde eines römischen Triumphbogens des Kaisers Septimius Severus; der Baumeister Böhme vollendete den Bau des Schlosses 1716. König Friedrich Wilhem IV. ließ durch Stüler über dem Hauptportal den Kuppelbau ausführen, in welchem sich die Schlosskapelle befindet. Zur Orientirung ist die Bekanntschaft mit der Lage dieses über alle Gebäude hervorragenden Palastes von Wichtigkeit. Das Schloss liegt in der Mitte der Insel Kölln und bildet ein Rechteck, dessen Umfang dem des Dönhofsplatzes von 500 Meter fast gleichkommt; es ist mit seinen Ecken nach den vier Haupt-, mit den Seiten nach den vier Zwischengegenden gerichtet.

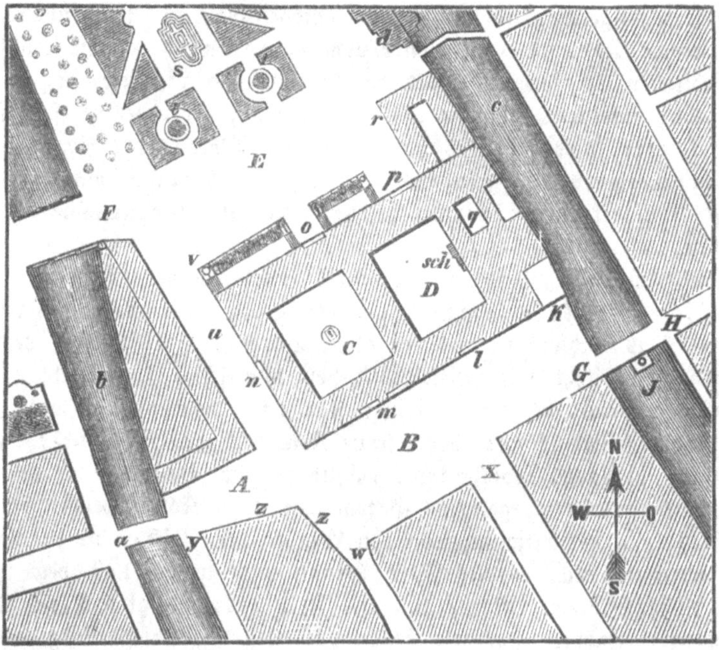

A Werdersche Mühlen. B Schlossplatz. C großer Schlosshof mit St. Georg. D kleiner Schlosshof. E Terassenplatz am Lustgarten. F Schlossbrücke. G Kurfürstenbrücke. H Königs- und Burgstraße. I Reiterbild des großen Kurfürsten. k Zwinger. l erstes, m zweites, n drittes, o viertes, p fünftes, sch sechstes Portal. q Alter Schlosshof. r Schlossapotheke. s Reiterbild Friedrich Wilhelm III. t Springbrunnen. u Schlossfreiheit. v Adlersäule. w Brüderstraße. x Breite Straße. y An der Schleuse. z Rotes Schloss an der Stechbahn. a y Schleusenbrücke. b Schleusenstrom c Mühlenstrom. d Dom.

Die Apothekenecke a, springt nach Norden vor, in der Richtung der Zionskirche und des Dorfes Pankow. — Die Zwingerecke b springt nach Osten vor, in der Richtung des Ostbahnhofes und des Dorfes Friedrichsfelde. — Die Stechbahnecke c springt nach Süden vor. in der Richtung der Kreuzkirche und des Dorfes Tempelhof. — Die Adlerecke d springt nach Westen vor, in der Richtung des Brandenburger Thores und der Stadt Charlottenburg.

Die Wasserseite ab ist nach Nordost gerichtet, nach dem Alexanderplatze, dem Friedrichshaine und dem Dorfe Weißensee. — Die Schlossplatzseite b c ist nach Süden gerichtet, nach Bethanien, dem Görlitzer Bahnhofe und dem Dorfe Treptow. — Die Schlossfreiheitseite c d ist nach Südwest gerichtet, nach dem Schillerplatze, dem Potsdamer Bahnhofe und dem Dorfe Willmersdorf. — Die Lustgartenseite d a ist nach Nordwest gerichtet, nach Monbijou, dem Stettiner Bahnhof und dem Dorfe Dalldorf.

Der Eingänge, Thorwege oder Portale giebt es sechs. Portal Nr. 1, das Kurfürstenportal, öffnet sich nach dem Schlossplatz, zunächst der Kurfürstenbrücke; Nr. 2, das Kandelaberportal, öffnet sich nach dem Schlossplatz, am Kandelaber der Breitenstraße gegenüber; Nr. 3, das Bogenportal, öffnet sich nach der Schlossfreiheit; Nr. 4, das Rossportal, öffnet sich nach dem Lustgarten, dem alten Museum gegenüber; Nr. 5, das Apothekenportal, öffnet sich nach dem Lustgarten, dem Säulengange des neuen Museums gegenüber; Nr. 6, das Schlütersche Portal verbindet den kleinen Schlosshof mit dem alten Schlosshofe der Burg. Außerdem verbindet der Schwibbogen des Quergebäudes den kleinen Hof mit dem großen Schlosshofe, auf welchem der Ritter Sankt Georg sich erhebt.

Der Mittelpunkt der Stadtverwaltung, oder der städtischen Regierung ist das Berlinische Rathaus, das mit einem 270′ oder 83 Meter hohen Thurme geschmückt ist; die Spitze der Fahnenstange erhebt sich sogar 300′ oder 94 Meter über das Straßenpflaster. In diesem Stadtpalaste arbeiten die verschiedenen städtischen Verwaltungsbeamten, und an bestimmten Tagen versammeln sich hier die Männer, denen durch das Vertrauen ihrer Mitbürger die oberste Leitung der großen Stadtgemeinde und die Verwaltung der städtischen Angelegenheiten übergeben ist. Diese Männer bilden in ihrer Vereinigung den Magistrat, oder den städtischen Rat, an dessen Spitze ein Oberbürgermeister und ein Bürgermeister steht. Außerdem hält in diesem Palaste die Stadtverordnetenversammlung ihre Sitzungen, unter der Leitung eines Vorstehers, Vorsitzenden oder Präsidenten. Die Stadträte und die Stadtverordneten bilden in ihrer Gesammtheit die städtischen Behörden. Die beiden wendischen Marktflecken Kölln und Berlin, welche 1220 zu deutschen Städten erhoben wurden, erhielten in dieser Zeit auch die ersten Rathäuser. Das Köllnische Rathaus hat zwar verschiedene Neubauten erfahren, aber seine Stelle wenig verändert. Unter dem letzten Kurfürsten von Brandenburg bestanden hier an der Spree fünf Stadtgemeinden mit besondern Magistraten und es gab damals fünf Rathäuser, das Berlinische, Köllnische, Werdersche, Dorotheenstädtische und Friedrichstädtische Rathaus. Derselbe Kurfürst vereinigte als König 1709 die Magistrate seiner fünf Residenzen und von den fünf Rathäusern blieb nur das Berlinische in Wirksamkeit. Das älteste Berlinische Rathaus soll am Alten Markte, dem heutigen Molkenmarkte Nr. 13 gestanden haben. Im Jahre 1310 erhielten Kölln und Berlin ein gemeinschaftliches Rathaus auf der Langen Brücke, d. h. auf einer Spreeinsel, über welche die Lange Brücke führte; es war dieses Rathaus das Werk eines holländischen Baumeisters, in Holz ausgeführt und nach damaligem Geschmack mit Balkonen, Erkern, Thürmchen, und allerlei Schnitz- und Bilderwerk geschmückt; es mag in der Gegend der Burgstraße Nr. 1 bis 7 gestanden haben. Das dritte Rathaus erhielt Berlin 1450, als der eiserne Friedrich die 140 Jahre vereint gewesenen Städte Kölln und Berlin trennte. Damals erhielt das Gebäude den Platz an der Ecke der Spandauer- und Georgen- oder jetzigen Königstraße. Das alte Rathaus auf der Brücke diente bis 1480 zu verschiedenen Zwecken; in diesem Jahre wurde Berlin von einer verheerenden Feuersbrunst heimgesucht, welche beide Gebäude, das auf der Brücke und das an der Spandauer Straße zerstörte. Der 1484 vollendete Neubau des Berlinischen Rathauses an dieser Straße wurde nach zweihundert Jahren bedeutend erweitert, und wiederum nach fast zweihundert Jahren als unzureichend beseitigt. Ein Rest davon, die alte Gerichtslaube, ist 1870 im kaiserlichen Park von Babelsberg wieder hergestellt worden. Der jetzige Neubau ist das Werk des Baumeisters Wäsemann; er wurde in der Zeit von 1860—70 auf dem Grunde des ganzen Stadtviertels zwischen Spandauer Straße, Jüdenstraße, Königstraße und Rathausstraße hergestellt. Grundstück und Bau erforderten einen Kostenaufwand von beinahe drei Millionen Thaler. Die Zifferblätter der Thurmuhr haben 15′ Durchmesser; außerdem präsentiren sich am Thurme acht aufgerichtete, 9′ hohe Bären als Schildhalter der preußisch-brandenburgischen Wappenadler. Auch das Rathaus ist ein Orientirungspunkt; seine Lage entspricht der des kaiserlichen Schlosses, von dem es nur 400 Meter entfernt ist. Die Nordecke springt nach der Marienkirche vor, die Ostecke nach der Klosterkirche, die Südecke nach der Nikolaikirche und die Westecke nach dem Dom.

Die Nordostseite ist dem Stadtgericht in der Jüdenstraße zugewendet, die Nordwestseite der Königstraße, die Südostseite der Rathausstraße und die Südwestseite der Spandauer Straße.

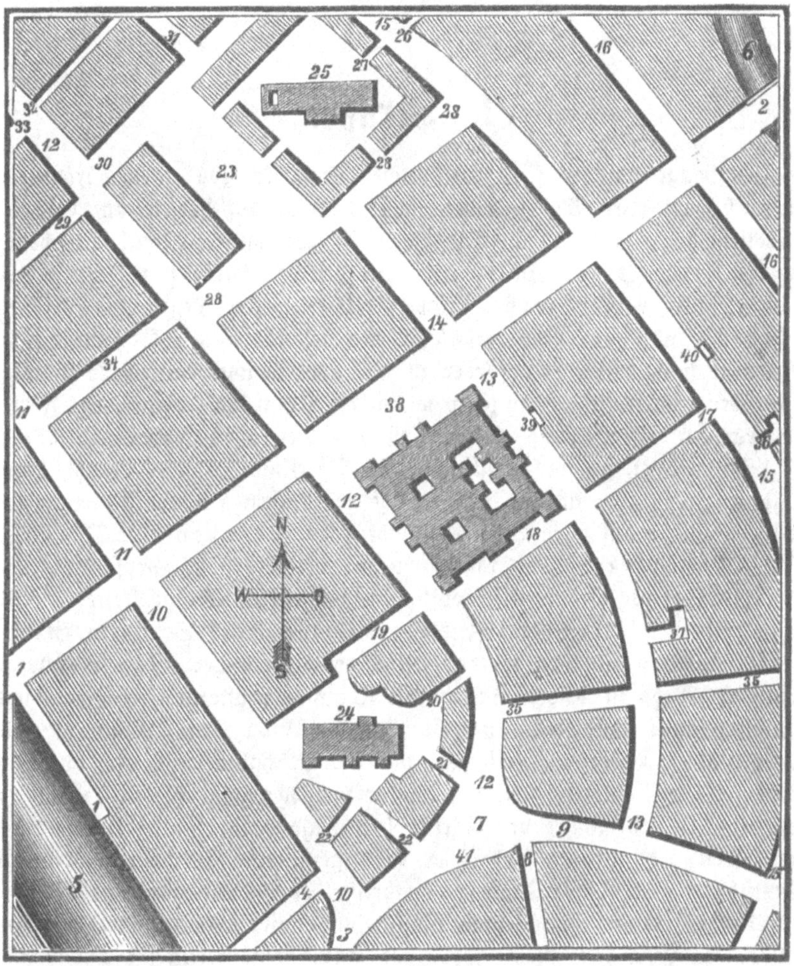

1 bis 2 Königstraße. 1 Kurfürstenbrücke. 2 Königsbrücke. 3 Mühlendamm. 4 Mühlengang. 5 Spree, Mühlenstrom. 6 Königsgraben. 7 Molkenmarkt. 8 Krögel. 9 Stralauerstraße. 10 Poststraße. 11 Heilgegeiststraße. 12 Spandauerstraße. 13 Jüdenstraße. 14 Hohersteinweg. 15 Klosterstraße. 16 Neue Friedrichstraße. 17 Sieberstraße. 18 Rathausstraße. 19 Propststraße. 20 Nikolaikirchgasse. 21 Eiergasse. 22 Molkenstraße. 23 Neuer Markt. 24 Nikolaikirche. 25 Marienkirche. 26 Kalandsgasse. 27 Neue Gasse. 28 Bischofstraße, mit dem Predigergäßchen. 29 Brauhausstraße.

30 Papenstraße. 31 Rosenstraße. 32 Heidenreiterstraße. 33 Heilgegeistkirche. 34 Kleine Poststraße. 35 Parochialstraße. 36 Klosterkirche, Klostergymnasium. 37 Großer Jüdenhof. 38 Rathausplatz. 39 Stadtgericht. 40 Lagerhaus. 1 bis 1 Burgstraßenwinkel, Uferstraße und zugleich Sackgasse. 41 Stadtvogtei; das Eckhaus gegenüber, Molkenmarkt 13, heißt die Rippe.

VI. Straßen.

Derjenige Landstreifen, auf welchem man sich von einem Orte zum andern bewegt, wird Weg genannt, ohne Rücksicht auf Verkehr und Bodenbeschaffenheit; ein Weg für Fußgänger ist gewöhnlich schmal und heißt Fußsteig oder Steg; ein breiter, viel betretener und zum Fahren bestimmter Weg heißt Straße. Das Fortkommen auf Wegen und Straßen richtet sich nach der Bodenbeschaffenheit, so sind z. B. Sandwege und Lehmwege bald leicht, bald schwer zu passiren, je nachdem die Witterung nass oder trocken ist. Von jeher waren die Menschen bemüht, das Fortkommen auf Wegen und Stegen zu erleichtern; es wurden die Wege möglichst geebnet, gerade gelegt und ihre Oberfläche so fest gemacht, dass Witterung und Bodenbeschaffenheit keine erheblichen Hindernisse entgegenstellen konnten; auf diese Weise entstanden Kunststraßen oder Chausseen. Die Oberfläche der Landstraßen wurde aus Kies und Gruss, die der Stadtstraßen aus behauenen Kopfsteinen hergestellt oder gepflastert, deshalb hießen sie in früherer Zeit Steinwege. Die Straße in Berlin, welche zuerst gepflastert wurde, heißt heute noch der Hohe Steinweg. Sind die Wege zu beiden Seiten mit Bäumen bepflanzt, so nennt man sie Baumwege oder Alleen; die Straße Unter den Linden ist eine Doppelallee. Chinesen, Griechen und Römer haben sich im Wegebau schon seit den ältesten Zeiten rühmlichst ausgezeichnet. Die Chinesen fuhren schon 500 Jahre vor Christo leicht und bequem auf Bewunderung erregenden Steinstraßen und über kühn gespannte Brücken, während in Deutschland noch 1800 Jahre nach Christo der Verkehr auf den sogenannten Mordwegen sich hinschleppen musste, und unser Vaterland wegen seiner entsetzlichen Lehm-, Sand-, Moor- und Holperwege berüchtigt war. Erst unter Friedrich Wilhelm III. wurden Kunststraßen oder Chausseen nach römischem Muster angelegt.

Die zwischen den Häuserreihen der Stadt hinlaufenden gepflasterten Wege heißen Straßen. Die alte Bezeichnung „Gasse“ kommt in Berlin selten vor und wird nur kurzen und schmalen Verkehrswegen beigelegt, wie beispielsweise der Eiergasse am Molkenmarkt. Es giebt Straßen, die an einem Ende keinen Durchgang gestatten, sondern verbaut sind, so dass ein Fremder, der eine solche Straße verfolgt, am Ende genötigt wird, wieder umzukehren, solche Wege heißen Sackgassen; die Kleinekirchgasse zwischen Nr. 54 und 55 Unter den Linden liefert dazu ein Beispiel. In frühern Zeiten waren für solche Gassen die Namen Geckhol und Bursta, d. h. „Geck halt!„ „Bauer steh!" gebräuchlich; es waren Zurufe für Fremde, um diesen das Weitergehen zu ersparen. Verbindungswege, welche nur von Fußgängern betreten werden und die Abkürzung des Weges bezwecken, heißen Durchgänge oder Passagen; durch Rauleshof gelangt man z. B. auf dem kürzesten Wege von der Jungfernbrücke zur Jägerstraße. Die Straßen Berlins sind meist gerade und in den neuen Stadttheilen oft bis 20 Meter breit; der mittlere, ein wenig gewölbte Theil der Straße ist mit Kopfsteinen gepflastert und heißt der Fahr-Damm; zu beiden Seiten desselben laufen ihm parallel an den Häusern entlang die Bürgersteige für Fußgänger; sie sind meist mit Granitplatten, zuweilen auch mit Asphalt belegt; in frühern Zeiten hießen die breiten Steine für Fußgänger Trott- oder Trittsteine; das ursprünglich deutsche Wort haben die Franzosen in Trottoir (Trottoar) verwandelt und in dieser Form den Deutschen wieder zurückgegeben. Der Bürgersteig wird vom Fahrdamm durch den Rinnstein getrennt; Rinnsteine bezwecken das Ablaufen des Regenwassers. Die Häuser zu beiden Seiten der Straße sind benummert; die erste und letzte Hausnummer befinden sich immer einander gegenüber am Anfange der Straße; Nr. 1 ist immer rechts; Ausnahmen machen die Straßen mit einer Häuserreihe, wie die Uferstraßen oder Kaien; auch dieses deutsche Wort wird häufiger französisch bezeichnet als Quai oder Kä. Diejenigen Straßen, welche aus der Stadt führen und sich als Landstraßen fortsetzen, zeigen den meisten Verkehr; in Städten mit Thoren sind es gewöhnlich die Thorstraßen; da in denselben alle Wagen ab- und anfahren, so heißen sie auch Anfahrten, oder Avenüen, unter welchem Namen man jetzt einen Platz versteht, auf dem Wagen vorfahren können. Straßen, welche an die Stelle ehemaliger Festungswälle oder Bollwerke getreten sind, heißen Bollwerkstraßen, oder nach französischer Wortveränderung: Boulevards. Weniger belebte Wege, welche den Nebenverkehr vermitteln, heißen Verbindungs- oder Communicationswege, auch Nachbar- oder Vicinalwege. In Berlin gab es längs der Stadtmauer früher viele Communicationen; zu den noch vorhandenen gehört diejenige, welche zwischen der Artilleriekaserne und der Kirchhofsmauer die Verbindung der Friedrichstraße mit dem Luisenplatze unterhält. Würden sämmtliche Berliner Straßen und Wege innerhalb der Weichbildgrenze, wie sie im Bebauungsplane verzeichnet sind, der Länge nach an einander gereiht, so betrüge die Strecke gegen 50 deutsche Meilen; das Straßennetz der

Kaiserstadt würde also zur geraden Linie entfaltet beziehentlich von Berlin bis Kiel, Bremen, Kassel, Koburg, Prag, Breslau, Aachen, Köslin, Bornholm oder Mön reichen. Die Straßennamen erinnern an Örtlichkeiten (Kalandsgasse) Ortschaften (Potsdamerstraße), Personen (Bismarckstraße), Ereignisse (Königgrätzerstraße) u. s. w., und geben allerlei Fingerzeige für die Entwickelungsgeschichte der Stadt und Vorgänge in der vaterländischen Geschichte. Die vielen gleich- und ähnlichklingenden Namen erfordern bei Erkundigungen, Benachrichtigungen und Adressen eine sehr genaue Bezeichnungsweise, deren strenge Beobachtung uns viele Nachtheile und Unannehmlichkeiten erspart. Man unterscheide: Alexander- und Alexandrinenstraße; Bessel- und Beusselstraße; Fischerstraße und Fischerbrücke; Fürsten- und Kurfürstenstraße; Großbeeren- und Großgörschenstraße; Hoch- und Höchstestraße; Holzgarten- und Holzmarktstraße; Johannis- und Johanniterstraße; Lindenstraße, Lindengasse, Unter den Linden; Marien- und Mariannenstraße; Matthieu- und Matthäistraße; Mühlendamm, Mühlenstraße und Müllerstraße; Oranien- und Oranienburgerstraße; Niederlag- und Niederwallstraße; Schelling- und Schillingstraße; Tempelhofer- und Teltowerstraße, Templinerstraße; Schweden- und Schwedterstraße. Man achte auf die Zusätze: Alt und Neu, Groß und Klein, Gasse, Straße und Platz. Auch bedingt der lebhafte Straßenverkehr eine strenge Straßenordnung für Fuhrwerke und Fußgänger. Vor Allem hat man zu achten auf den Ordnungsruf: „Immer Rechts!“

Von den 500 Straßen sind außer der „Unter den Linden“ folgende zwanzig durch Ausdehnung und Verkehr bemerkenswert:

1. Die große Friedrichstraße von S. nach N. von 1 und 251 am Belleallianceplatz nach 117 an der Chaussee- und Thorstraße. Richtungspunkte sind 105 und 136 an der Weidendammerbrücke; 85 und 156 an der Kranzlerschen Ecke, Unter den Linden; 59 und 193 an der Rheinischen Ecke, Leipzigerstraße; 29 und 223 an den zwei Ecken der Bessel- und Puttkammerstraße; diese Straße ist fast 3 Kilometer lang.
2. Die Neue Friedrichstraße, von O. nach W. von der Waisenbrücke in einem nach N. gerichteten Bogen um die Altstadt Berlin bis zur Friedrichsbrücke. Nr. 1 und 85 an der Waisenbrücke und Stralauerbrücke; 20 und 82 an der Königstraße; 34 und 71 an der Rochbrücke; 50 an der Friedrichsbrücke und Burgstraße.
3. Die Große Frankfurterstraße von O. nach W. von 1 und 138 an der Frankfurter Chaussee, bis 68 an der Kleinen Frankfurterstraße, Kaiserstaße und Schillingstraße. 36 und 103 an der Weberstraße, Krautsstraße und Straußbergerstraße; der östliche breite Theil der Frankfurterstraße ist mit Linden bepflanzt und heißt die Frankfurter Linden.
4. Die Lindenstraße von SW. nach NO. von 1 und 127 am Belleallianceplatz nach Nr. 66 an der Kommandantenstraße; Nr. 45 und 80 an der Oranienstraße und Kochstraße bei der Jerusalemerkirche; Nr. 15 und 103 an der Hollmannstraße, und Markgrafenstraße, beim Kammergericht und der Sternwarte.

5. Die Wilhelmstraße, von SSO. nach NNW., von Nr. 1 und 147 am Belle-allianceplatz nach Nr. 70 Unter den Linden. Nr. 27 und 106 an der Puttkammerstraße und Anhaltstraße. 117 bei der Puttkammerstraße die 44. Schule für Knaben und die 27. Schule für Mädchen, Nr. 59 und 81 an der Leipzigerstraße.

6. Die Leipzigerstraße, von W. nach O. von 1 und 137 am Leipzigerplatze nach Nr. 64 am Spittelmarkt und der Beuthstraße; Nr. 29 und 102 an der Friedrichstraße (Rheinische Ecke). Nr. 50 und 80 an der Jerusalemerstraße und dem Dönhofsplatz.

7. Die Oranienstraße, von OSO. nach WNW., von Nr. 1 und 206 an der Manteuffelstraße und Skalitzerstraße nach Nr. 99 an der Lindenstraße bei der Jerusalemerkirche; Nr. 14 und 94 am Heinrichsplatz; Nr. 41 und 165 am Oranienplatz; Nr. 60 und 149 am Moritzplatz und Prinzenstraße.

8. Die Oranienburgerstraße, von OSO. nach WNW., von Nr. 1 und 92 am Haakschen Markte und der Rosenthalerstraße nach 50 an der Linienstraße und Friedrichstraße; Nr. 23 und 76 an der Krausnickstraße und dem Domcandidatenstifte bei Montbijou; Nr. 35 und 70 an der Artilleriestraße.

9. Die Prinzenstraße, von SW. nach NO., von Nr. 1 und 98 an der Gitschinerstraße nach Nr. 50 an der Annenstraße, woselbst sich in gleicher nordöstlicher Richtung die Neanderstraße anschließt, die bis zur Köpnickerstraße und Brückenstraße führt. Die Richtungspunkte der Prinzenstraße sind Nr. 33 und 68 am Moritzplatz und der Oranienstraße; Nr. 45 und 54 an der Dresdnerstraße.

10. Die Köpnickerstraße, von SO. nach NW., von Nr. 1 und 174 an der Schlesischenstraße und Skalitzerstraße in der Nähe der Oberbaumbrücke nach Nr. 94 an der Inselstraße und Jakobstraße. Nr. 30 und 138 an der Köpnickerbrücke, Engel- und Mariannenufer; Nr. 58 und 121 an der Michaeliskirchstraße; Nr. 77 und 104 an der Brückenstraße und Neanderstraße.

11. Die Dresdnerstraße, von SSO. nach NNW., von Nr. 1 und 137 an der Skalitzerstraße nach 68 an der Annenstraße, Jakobstraße und Neuenrossstraße; Nr. 20 und 119 am Oranienplatze; Nr. 46 und 101 an der Prinzenstraße.

12. Die Königstraße, von SW. nach NO., von Nr. 1 und 69 an der Kurfürstenbrücke und Burgstraße nach Nr. 32 an der Königsbrücke und den Königskolonnaden; Nr. 15 und 57 an der Spandauerstraße, am Rathause.

13. Die Landsbergerstraße, von O. nach W., von 1 und 126 am Landsbergerplatz, der Straußbergerstraße und Marzaner Chaussee, beim Friedrichshain, nach Nr. 64 am Alexanderplatz. Nr. 20 und 100 am Büschingsplatz und der Pallisadenstraße.

14. Die Linienstraße von O. nach W. in einem nördlich gerichteten Bogen, zwischen Sofienstadt und Rosenthalerviertel, von Nr. 1 und 250 an der Neuen Königstraße nach Nr. 136 an der Oranienburgerstraße und der Friedrichstraße; Nr. 42 und 222 an der alten Schönhauserstraße; Nr. 74 und 222 an der Rosenthalerstraße.

15. Die Rosenthalerstraße von N. nach S. in einem östlich gerichteten Bogen, von Nr. 1 und 72 an der Brunnenstraße, Thorstraße und Wollankstraße nach Nr. 42 am Haakschen Markt und der Oranienburgerstraße; Nr. 24 und 54 an der Gipsstraße und Weinmeisterstraße.

16. Die Invalidenstraße von ONO. nach WSW.; von Nr. 1 und 119 an der Brunnenstraße nach Nr. 50 an der Invalidenbrücke; in ihrer WSW.-Verlängerung geht diese Straße zwischen dem Hamburger und Hannoverschen Bahnhofe am

Zellengefängniss und der Ulanenkaserne vorüber bis Moabit; Nr. 24 und 28 am Stettiner Bahnhof und Borsigstraße; Nr. 37 und 73 an der Chausseestraße.

17. Die Chausseestraße, von SSO. nach NNW., von Nr. 1 und 108 an der Friedrichstraße nach Nr. 64 an der Müllerstraße, Sellerstraße und Weddingplatz; Nr. 17 und 94 an der Invalidenstraße; Nr. 54 und 74 an der Liesenstraße und Panke.

18. Die Potsdamerstraße, von NNO. nach SSW. in einem westlichen Bogen, von Nr. 1 und 141 am Potsdamerplatz nach Nr. 75 am botanischen Garten bei Schöneberg und Großgörschenstraße; Nr. 48 und 103 an der Kurfürstenstraße; Nr. 24 und 124 an der Potsdamerbrücke.

19. Die Königgrätzerstraße, von N. nach S. bis zum Potsdamerplatz, dann südöstlich bis zur Halleschen Brücke und dem Halleschen Ufer; von Nr. 1 an der Lennéstraße und 141 am Brandenburger Thor bis Nr. 70 am Belleallianceplatz und der Halleschen Brücke; Nr. 12 und 130 am Potsdamer Platz; Nr. 36 und 117 am Askanischen Platz; Nr. 52 und 102 an der Großbeerenstraße, Christuskirche und an der Hedemannstraße.

20. Die Schönhauser Allee von S. nach N., von 1 und 188 an der Wollankstraße und alten Schönhauserstraße nach Nr. 96 an der Pankower Feldmark beim Steuerhause; Nr. 45 und 245 an der Pappelallee und Kastanienallee; Nr. 21 und 172 am Mühlenwege und Judenkirchhofe, und an der Schwedterstraße.

Man muss viel in einer Gegend verkehren und oft durch die Straßen gehen, um die in einer großen Stadt erforderliche Ortskenntniss zu gewinnen; derjenige Stadttheil, den wir bewohnen, nimmt unsere Aufmerksamkeit zuerst in Anspruch, dann erst folgen wir den Straßen der Nachbarschaft und lassen uns in entferntere Gegenden führen. Die Friedrichstadt ist unsre Heimat, wir haben zu unsrer Orientirung in derselben schon einige Anhaltepunkte gefunden. Da die Friedrichstadt in der Bauart eine große Regelmäßigkeit zeigt, weil viele Straßen in der Ostwestrichtung von andern Straßen in der Nordsüdrichtung rechtwinklich durchschnitten werden, so ist ein Irrthum in der Örtlichkeit leicht möglich. Zunächst merken wir uns, dass die Umschließungslinie der Friedrichstadt gebildet wird westlich von der Königgrätzerstraße, östlich von der Lindenstraße und dem verdeckten südlichen Festungsgraben bei den Leipziger Kolonnaden, am Hausvogteiplatz, bei den Mohrenkolonnaden, am Durchgange der Taubenstraße, in der Weitung der Jägerstraße und am Telegraphengebäude bis zur Opernpromenade, nördlich von der Behrenstraße. Als Richtungspunkte innerhalb der angegebenen Grenzlinie können gelten: die Rheinische Ecke, am Durchschnittspunkte der Friedrichstraße und Leipzigerstraße der Triangel am Vereinigungspunkte der Friedrichstraße, Schützenstraße und Mauerstraße, die Vossische Ecke, beziehentlich der bekannten Conditorei bei der Mündung der Anhaltstraße in die Wilhelmstraße, ferner der Schillerplatz, Wilhelmsplatz, Belleallianceplatz und Dönhofsplatz. Die Reihenfolge der gleichmäßig aussehenden Straßen zu behalten ist

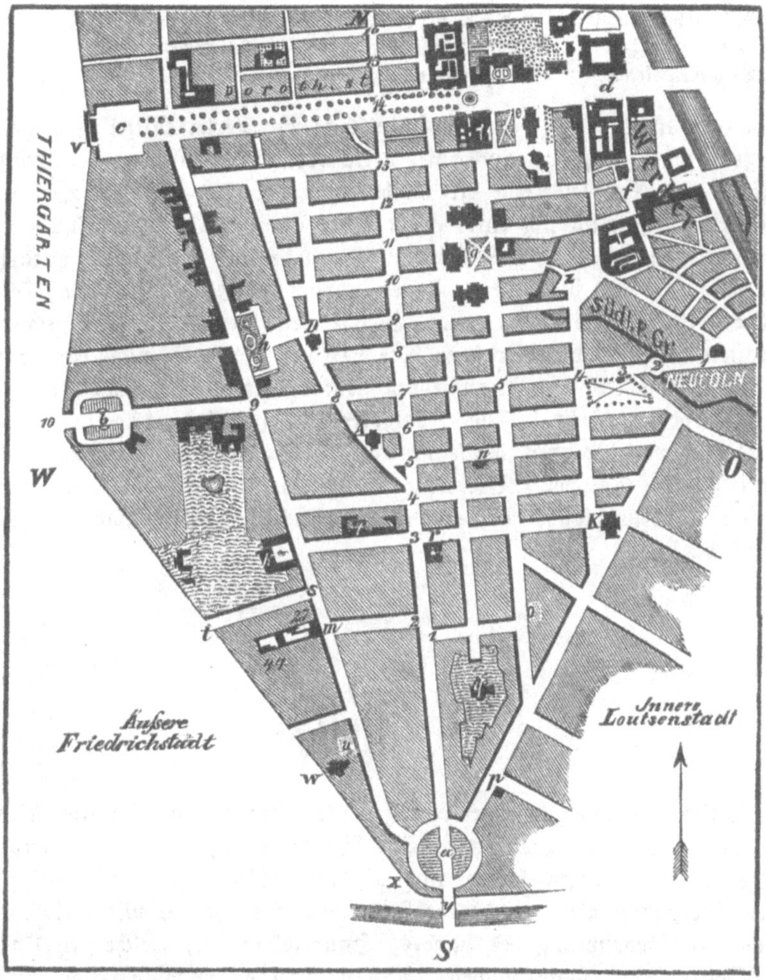

Senkrecht: 1 Besselstraße. 2 Puttkammerstraße. 3 Kochstraße. 4 Zimmerstraße. 5 Schützenstraße. 6 Krausenstraße. 7 Leipzigerstraße. 8 Kronenstraße. 9 Mohrenstraße. 10 Taubenstraße. 11 Jägerstraße. 12 Französische Straße. 13 Behrenstraße. 14 Unter den Linden. Wagrecht: 1 Spittelmarkt mit Beuthstraße. 2 Leipziger Kolonnaden. 3 Kommandantenstraße am Dönhofsplatz. 4 Jerusalemerstraße. 5 Markgrafenstraße. 6 Charlottenstraße. 7 Friedrichstraße, Rheinische Ecke. 8 Mauerstraße. 9 Wilhelmstraße. 10 Königgrätzerstraße und Potsdamerplatz. 11 Kanonierstraße bei der Dreifaltigkeitskirche und dem Zietenplatz. a Belleallianceplatz. b Leipzigerplatz. c Pariserplatz. d Paradeplatz. e Hausvogteiplatz. f Dönhofsplatz. g Schillerplatz. h Wilhelmsplatz. i Opernplatz. k Jerusalemerkirche. l Sternwarte. m die 44. und 27. Gemeindeschule. n Königliches Realium und Elisabetschule. o Lehrerinnenseminar

3 *

und Augustaschule. p die 5. Gemeindeschule. q die 16. Gemeindeschule. r das Friedrich-Wilhelms-Gymnasium. s die Bossesche Ecke. t der Askanische Platz. u Potsdamerplatz und Bahnhof. v Brandenburgerthor. w Christuskirche. x Triangel und Bethlehemskirche. y Hallesche Brücke. z die Kaisergallerie, Unter den Linden.

schwieriger man pflegt dem Gedächtnis durch allerlei Mittel zu Hilfe zu kommen, dazu gehören auch die verschiedenen Arten von Gedächtnisversen. Um beispielsweise die Reihenfolge der 14 Ostweststraßen festzuhalten, prägt man sich ein: Puttkammer und Bessel besuchen den Koch im Zimmer des Schützen Krause aus Leipzig; sie kaufen dort Kronen und Mohren-Tauben vom Jäger der Französischen Bären Unter den Linden. Gleicherweise erleichtert man sich das Behalten der 9 Südnordstraßen: Die Lindenstraße schmückt der Thurm der Jerusalemskirche. Jerusalem wurde besucht vom Markgrafen Albrecht dem Bären. Die Königskronen erwarben Charlotte und Friedrich von Preußen. Die preußischen Kanoniere zertrümmern die Mauern von Düppel. Der letzte König von Preußen war Kaiser Wilhelm von Deutschland, nachdem er bei Königgrätz und auch bei Sedan gesiegt hat!

VII. Plätze.

Wenn Menschen in einer unangebauten Gegend eine wohnliche Stätte gefunden haben, so gründen sie eine Ansiedlung; mehrere zusammenhängende Ansiedlungen bilden eine Niederlassung oder Kolonie. Es giebt Ackerbaukolonien, welche die Bebauung des Landes, Militärkolonien, welche die Behauptung des Landes, Handelskolonien, welche den Umsatz der Waaren zum Zwecke haben. Aus Kolonien entwickeln sich Dörfer, Flecken und Städte. Hatten sich die Bewohner eines Dorfes, begünstigt durch die Lage des Ortes, durch Zuzug, Gewerbefleiß und Geschäftsbetrieb emporgearbeitet, so trachteten sie darnach, das Marktrecht zu gewinnen, dessen Erwerb im Mittelalter die Umwandlung des Ortes zur Stadt zur Folge hatte. Bei einer strebsamen und rührigen Bevölkerung entwickelte sich die neue Stadt mit Schnelligkeit. Berlin liefert hierzu ein in die Augen fallendes Beispiel, denn schon sechs Jahre nach seiner ersten Erwähnung 1244 wird es unter den märkischen Ortschaften als Musterstadt angeführt.

Die Hauptstraßen der meisten Städte laufen von einem Platze aus der fast immer in der Mitte liegt und Marktplatz genannt wird; an solche Plätze knüpft sich die Entstehungsgeschichte der Städte, die oft mit einer Herberge an einer belebten Heerstraße, einem Fährhause an einer besuchten Übergangsstelle, einem Wallfahrtsorte mit einem berühmten Heiligthume, oder mit dem befestigten Lager eines kriegführenden Volkes begonnen hat. In Deutschland waren es vornehmlich die Burgen, bei denen sich Märkte und Städte bildeten und die unter dem Schutze einer Burg lebenden Ortsbewohner hießen Bürger. In den ältesten christlichen Zeiten waren die noch seltenen Kirchen Anziehungspunkte der Gläubigen; nach der Völkerwanderung veranlassten die großen Kirchen oder Kathedralen mit einem berühmten Gnadenbilde einen außerordentlichen Zusammenfluss von Menschen. Diese Gelegenheit benutzten die Handelsleute, um ihre Waaren vor der Kirche zur Schau zu stellen und feil zu bieten; der sich hier wiederholende Marktverkehr hieß ebenso wie der Gottesdienst selbst, „die Messe“; aber bald wurde die Messe in der Kirche die Nebensache, die Messe vor der Kirche die Hauptsache. Die Handelsleute errichteten ihre Buden gern an der Kirchen- oder Kirchhofsmauer, damit die Heiligkeit des Ortes die ausgelegten Waaren vor Unfug schütze, daher sieht man heute noch an vielen Orten die prächtigen Dome, Münster und Kathedralen von ärmlichen, unansehnlichen Buden und Häusern umgeben. In manchen Städten bildet die Kirche den Mittelpunkt des Marktes, anderswo stand auf der Mitte des Platzes das Markthaus, das ist ein Gebäude zur Aufbewahrung der Marktgeräte, der Marktgerüste oder zu andern Marktzwecken; aus diesen Baulichkeiten sind die späteren Stadt- und Rathäuser hervorgegangen. Durch die Gruppirung der Gebäude um die Kirche, oder um das Markthaus, als Mittelpunkt, erhielt der Marktplatz eine bestimmte Form und wurde dieser entsprechend in vielen Orten Deutschlands der Ring genannt. Gewisse Waaren bot man an bestimmten Stellen feil, daher die Bezeichnung Korn- Kohlen- Kohl- Vieh- Fisch- und Naschmarkt. Der Zeit nach fanden Kram-, Getreide-, Woll- und Weihnachtsmärkte statt, die sich sogar zu Volksfesten gestalteten. Nach der Bedeutung, die gewisse Städte im Weltverkehr einnehmen, werden sie vorzugsweise Plätze genannt; man spricht von Handels-, Hafen-, Mess-, Grenz-, Stapel- und Waffenplätzen. Berlin war vor achthundert Jahren ein Stapelplatz, d. h. ein Marktplatz mit dem Niederlagsrechte. Gewissen Orten an belebten Heerstraßen wurde von der Obrigkeit die Erlaubnis ertheilt, die durchgehenden Waaren am Platze abzuladen oder niederzulegen, und eine Zeit lang auf einem Gestell, Stapel oder einer Staffel zum Verkauf auszulegen. Bei der Anlage eines zweiten Marktplatzes entstanden die unterscheidenden Namen: Alter und Neuer Markt.

Auch in Berlin kam diese Unterscheidung zur Anwendung, denn schon vor 750 Jahren entstand bei der neuerbauten Marienkirche ein zweiter Marktplatz, der Neue Markt; der schon vorhandene bei der Nikolaikirche hieß nun der Alte Markt. Auf dem südlichen Theile des Alten Marktes, welcher den Mühlen zunächst liegt, betrieb man vorzugsweise den Getreidehandel; und es wurde für diesen Theil des Alten Marktes der Name Mühlen- oder Mollenmarkt gebräuchlich; der vom Mollenmarkte nach Norden laufende Uferweg hieß Mühlen- oder Mollendamm; in der niederdeutschen Mundart wird die Mühle Molle genannt. Allmählig ist der Name Mollenmarkt auf den ganzen Alten Markt übergegangen. Als im Jahre 1600 die Kurfürstin Katharine auf diesem Platze den Milchverkauf betreiben ließ, erhielt der Markt mit geringer Lautwandlung im Munde des Volkes den jetzigen Namen. Der östliche Theil des Alten Marktes am Krögel hieß der Berlinische Fischmarkt.

Die Marktplätze hatten von jeher bei allen Völkern eine große Bedeutung und schon in den frühesten Zeiten entfaltete sich das geschäftliche, gesellige und öffentliche Leben vorzugsweise auf den Marktplätzen. Bei den Hebräern war der Thorraum die vielbesuchte Stätte, wo man Geschäfte machte, Familienangelegenheiten besprach, Neuigkeiten vernahm, Gericht hielt und Urteilssprüche vollzog. Bei den Griechen war die Agŏra der Ort des Verkehrs und des öffentlichen Lebens; meist ein Platz im Geviert, von geschmackvollen Stoen oder Säulenhallen umschlossen, mit Marmorplatten belegt und mit den Standbildern von Göttern und Helden geschmückt. Berühmt war die Agŏra von Athen, welche der Stadt zur größten Zierde gereichte und auf welcher Paulus den Altar des unbekannten Gottes fand. Die Römer nannten den Kaufplatz das Forum, und weil man auf solchem Platze auch Gericht zu halten pflegte, so verband sich damit der Begriff einer Gerichtsstätte. Die Sammel- und Marktplätze der Germanen befanden sich unter dem Laubdache großer Linden und Eichen. Unsre Vorfahren liebten das Laubdach und schufen ein solches so gut es anging vor ihren Thüren und um öffentliche Gebäude, so entstanden die Laubenhallen und Laubengänge und dieser Name ist auch auf die offenen Gewölbe übergegangen, welche in einigen Städten den Marktplatz oder das Rathaus umgaben; die alte Berliner Gerichtslaube im Park von Babelsberg erinnert daran. Im Mittelalter, zur Zeit der Hansa, bemühte man sich in Deutschland, den Marktplätzen ein hübsches Ansehen zu geben, besonders wurde die Giebelseite der Häuser verziert und mit Inschriften versehen. Auf dem Markte präsentirte sich das Rathaus mit Rampe, Thurm, Uhr und Glocke und war die Stadt im Besitze des Blutbannes, d. h. war ihr das Recht über Leben und Tod zuständig, so prangte vor dem Rathause die Rolandssäule, eine übergroße männliche Figur von Holz oder Stein, mit einem bloßen Schwerte in der Hand. Auf den Marktplätzen befand sich das steinerne Wasserbecken des gemeinsamen Stadtbrunnens; hier fanden die Umzüge der Gewerke statt, die Festtänze der Jugend; hier standen Thier- und Reiterbuden, hier zeigten sich Seiltänzer, Bärenführer, Marktschreier und Hanswürste; aber mit den Bildern des Verkehrs und der Lustbarkeit wechselten die Scenen einer grausamen Gerechtigkeitspflege, denn der Marktplatz war der Ort der Gerichtsverhandlungen und der Hinrichtungen. Halseisen und Stockeisen, Staupsäulen und Schandpfähle präsentirten sich an der Rampe des Rathauses und Berlin hat diese Wahrzeichen mittelalterlicher Justiz lange zur Schau getragen. Von allen Plätzen unserer Stadt ist der Neue Markt der Schauplatz der grausamsten Hinrichtungen gewesen.

In einem großen Theile des Morgenlandes ist für den Marktplatz der persische Name Tschardschi oder Viereck gebräuchlich, ein rings ummauerter viereckiger Platz, dessen besondere Stellen Basar genannt werden. Mit diesem Namen, der auch bei uns in Aufnahme gekommen ist, bezeichneten die Araber ursprünglich ein Geschäft, dann aber auch den Ort, wo ein Handelsgeschäft gemacht wird. Das Tschardschi umfasst gewöhnlich ein Gassennetz von hölzernen Buden, einen steinernen Khan oder eine Herberge und eine Karawanserei, d. h. ein Reisegesellschaftshaus. Die Budengassen sind eng und von Ladentischen begrenzt; bei einbrechender Dunkelheit wird der Platz wegen Feuergefährlichkeit nicht erleuchtet, sondern geschlossen. Die einzelnen Stellen des Tschardschi haben wie unsre Märkte besondere Namen wie Fruchtbazar, Tuchbazar, Lumpenbazar, Waffenbazar u. s. w. Die Bazare, in welchen kostbare Gegenstände, wie gestickte Decken, Teppiche, Schleier, Shals, Tücher feil geboten werden, sind überdacht und heißen Gewandhäuser oder Besestane. In einigen orientalischen Städten bilden diese Verkaufsplätze lange und breite Straßen, die erleuchtet und wie unsere Bahnhöfe mit Glas überdeckt sind. Die in den europäischen Städten entstandenen Bazare sind große und glänzend ausgestattete Läden oder Gebäude mit einer Reihe von Läden, in denen allerlei Handelsgegenstände, besonders Luxusartikel zur Schau gestellt werden. In neuerer Zeit treten in großen Städten an die Stelle der Märkte die sogenannten Markthallen, es sind dies mit Glas überdeckte, mit Gas erleuchtete und mit allen Geschäftsbequemlichkeiten versehene Verkaufshäuser, die sich durch Sauberkeit und Geschmack auszeichnen und vor der Ungunst des Wetters schützen. Die erste Markthalle in Berlin wurde in der Nähe der Weidendammerbrücke, zwischen Schiffbauerdamm und Karlstraße 1866 angelegt.

Die Stadt Berlin, welche ursprünglich aus der Verbindung von zwei Städten hervorgegangen ist, hat sich demnach von zwei Plätzen aus entwickelt. Kölln hat vom **Petriplatze** aus seinen Anfang genommen; die Petrikirche war die Marktkirche und aus dem Markthause ist das köllnische Rathaus hervorgegangen; der östlich vom Rathaus liegende Theil des Platzes erhielt den Namen Fischmarkt, während der westlich liegende Theil wohl hundert Jahr lang wegen der wendischen Bevölkerung Köllns von den Deutschen verächtlich als Hundemarkt bezeichnet wurde. Die Stadt Berlin hat sich vom **Molkenmarkte** aus erweitert, die Nikolaikirche war Marktkirche und das Markthaus befand sich an der Stelle der Rippe, oder Nr. 13 des Marktplatzes; hier stand das älteste Berlinische Rathaus von 1220 bis 1310; später, von 1390 bis 1448 prangte daselbst die drohende Rolandssäule.

Berlin zählt 50 **öffentliche Plätze**, von denen einige zur Abhaltung von Wochenmärkten benutzt werden; die Namen der Plätze erinnern ebenso wie die Namen der Straßen an geschichtliche **Ereignisse**, wie der Bellealliance-, Leipziger- und Pariser-Platz; an bedeutende **Personen**, wie der Alexander-, Wilhelms- und Schiller-Platz; an **Gebäude**, wie Opern-, Schloss- und Hausvogtei-Platz. Einige Plätze erinnern an alte **Thorstellen**, wie der Lausitzer-, Kottbuser-, Hallesche-, Askanische-, Potsdamer-, Luisen-, Oranienburger, Hamburger-, Rosenthaler- und Landsberger-Platz. Auf den Plätzen, welche das kaiserliche Schloss umgeben, wird seit der Kurfürstin Luise der **Weihnachtsmarkt** abgehalten; auf dem **Paradeplatze** findet vor dem Kaiser die jährliche Truppenschau statt, das ist eine Musterung der Berliner Besatzungstruppen oder der Garnison. Mit dem Paradeplatz steht der Opernplatz, der Zeughausplatz und der Paroleplatz in Verbindung. Für uns, die wir in der Friedrichstadt wohnen, hat der Schillerplatz die meiste Bedeutung.

Der Schillerplatz gehörte ursprünglich demjenigen Theile des köllnischen Stadtwaldes an, den man die kurze Heide nannte. Vor zweihundert Jahren, als der große Kurfürst Berlin in eine Festung verwandelte, entstand hier außerhalb des Waldes ein freier Platz, oder eine **Esplanade**. Unter König Friedrich I. wurde nach dem vom Baumeister Nehring entworfenen Plane ein neuer Stadttheil, die Friedrichsstadt, angelegt, nach dem Entwurfe nahm diese Esplanade die Stelle des Marktplatzes ein und hieß der **Lindenmarkt**. König Friedrich Wilhelm I. ließ vom Jägerhofe aus den Festungswall durchstechen und den Festungsgraben überbrücken, um eine Verbindung zwischen den beiden Städten Friedrichsstadt und Friedrichswerder herzustellen; so entstand das Jägerthor, die Jägerbrücke und nachmals die Jägerstraße. Friedrich der Große verlegte 1772 die Ställe der berittenen Polizeisoldaten oder Gensdarmen an den Lindenmarkt, dies veranlasste die Entstehung des Namens **Gensdarmenmarkt**, der sich hundert Jahre lang behauptet hat. Der Name **Schillerplatz** besteht seit Errichtung des Dichterstandbildes, seit dem 10. November 1871.

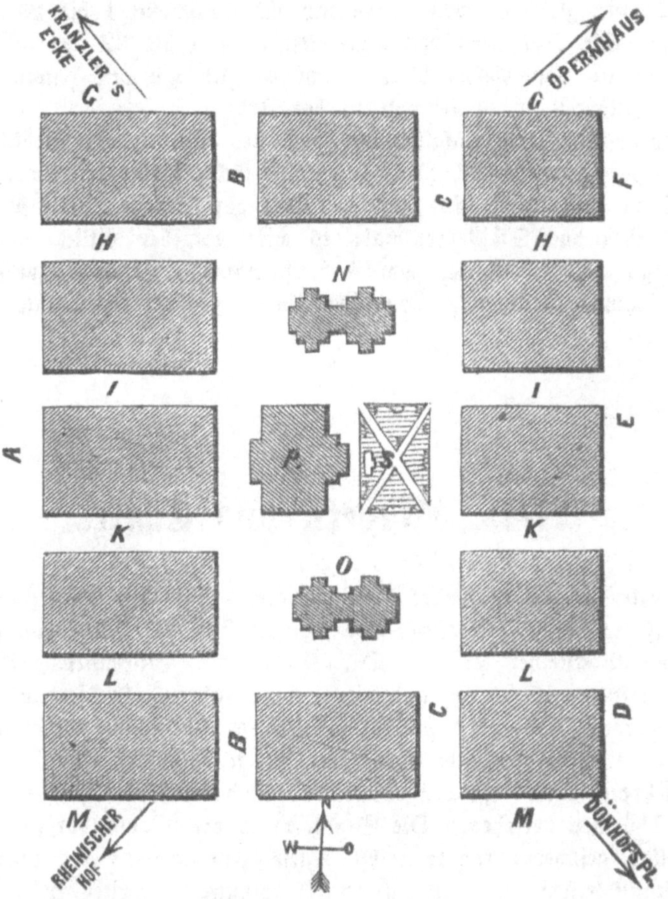

A Jerusalemerstraße, Hausvogteiplatz, Oberwallstraße. B Markgrafenstraße. C Charlottenstraße. D E F Friedrichstraße. G Behrenstraße. H Französische Straße. I Jägerstraße. K Taubenstraße. L Mohrenstraße. M Kronenstraße. N Französischer Dom. O Deutscher Dom. P Schauspielaus. S Schillerdenkmal.

Der Schillerplatz ist mit seinen Seiten nach den Haupt- und mit seinen Ecken nach den Zwischen-Gegenden gerichtet; er wird begrenzt nördlich von der Französischen-, südlich von der Mohren-, östlich von der Markgrafen-, westlich von der Charlotten-Straße. In westöstlicher Richtung überschreiten ihn die Jäger- und Taubenstraße und zwar liegen die

Nummern der Jägerstraße 1 bis 20 und 57 bis 76, ebenso die der Taubenstraße 1 bis 18 und 31 bis 54 westlich vom Schillerplatze; dasselbe gilt von den Nummern der Französischen Straße 1 bis 26 und 45 bis 68; gleichwie von denen der Mohrenstraße 1 bis 23 und 46 bis 64. Die Nummern der Charlottenstraße 1 bis 32 und 60 bis 99 liegen südlich von diesem Platze, dasselbe gilt von den Nummern der Markgrafenstraße 1 bis 40 und 55 bis 107.

Nordöstlich vom Schillerplatz liegt der Opernplatz, südöstlich der Dönhofsplatz, nordwestlich die Kranzlersche Ecke, Unter den Linden; südwestlich die Rheinische Ecke, an der Leipziger Straße. Die Mitte des Platzes ziert das Schillerdenkmal; es wird umgeben östlich vom Seehandlungsgebäude, westlich vom Schauspielhause, nördlich vom Französischen Dome, südlich vom Deutschen Dome oder der sogenannten Neuen Kirche.

VIII. Mauern und Thore.

Berlin erhielt im Jahre 1220 die ersten Mauern, deren Fundament große Feldsteine bildeten, über welchen sich der Massenbau von gebrannten Backsteinen erhob. Der Kalk, als Bindemittel, war von solcher Festigkeit, dass sich nach vierhundert Jahren, als diese Mauer beseitigt werden sollte, viele Schwierigkeiten der Abtragung entgegenstellten. Diese erste Steinschutzwehr war zwei Meter dick und zehn Meter hoch mit mehrern vorspringenden Thürmen, auch die fünf Thore waren mit dicken Thürmen versehen. Die Stadt, durch die Mauer vor räuberischen Überfällen gesichert, konnte selbst einem feindlichen Heere lange Zeit Widerstand leisten. Den Mauerwall bespülte ein breites, tiefes Wasser, der sogenannte Wallgraben, über den vom finstern Thorgewölbe aus eine Fallbrücke führte. Der eiserne Friedrich wäre mit seinen 600 Reitern 1448 nicht so leicht in die Stadt gekommen, hätte nicht eine ihm befreundete Hand die Fallbrücke niedergelassen und die Thorflügel geöffnet. In den Zeiten des Mittelalters, wo Gesetzlosigkeit und Gewaltthätigkeit an der Tagesordnung waren, musste Jeder auf die Sicherung seines Eigenthumes Bedacht nehmen und so entstanden Städte und Burgen mit hohen Mauern und Zinnen. Schon im grauesten Alterthume errichtete man Schutzwehren, Grenzwände oder Einfriedigungen von rohen unbehauenen Steinen, die man ohne Bindemittel unregelmäßig übereinander legte; als man dahin gekommen war, die Steine zu behauen, wurden die Flächen geebnet und ohne Mörtel passend aneinander gefügt; sie hielten zusammen durch ihre eigene Schwere. Inder, Ägypter, Perser und Griechen haben so mächtige Steinbauten errichtet, dass die Sage entstand, diese Bauten seien von Riesen oder Kyklopen ausgeführt worden, daher der Name kyklopische Mauern. Ägypter und Griechen gaben den Steinen zuerst die Form von Langwürfeln oder Parallelepipeden, die auch Quadern oder Vierecksteine genannt werden. In steinarmen Gegenden erfand man künstliche Mauersteine, Backsteine oder Ziegeln; da diese aber bei einer Massenverbindung durch ihr geringes Gewicht wenig zusammenhalten, so bediente man sich des Erdpeches als Bindemittel. Auf diese Weise entstanden die zwölf Meilen langen Mauern um Babylon, deren Zinnenweite sechs nebeneinanderfahrenden Kriegeswagen Spielraum gestattete; hundert eherne Thore führten durch diesen Backsteinwall ins Freie. Es ist von dieser Mauer nichts und von dem berühmten, aus ähnlichem Material erbauten babylonischen Thurme wenig übriggeblieben. Anders verhält es sich mit den Granitbauten der Inder und Ägypter, die vor 5000 Jahren geschaffen wurden und heute noch, obwohl im Verfall unsre Bewunderung erregen, wie beispielsweise die Trümmer des hundertthorigen Thebens in Ägypten; das Beiwort ist gleichbedeutend mit vielthorig, denn in dieser berühmten Pharaonenstadt waren es weniger die Mauerthore als vielmehr die zahlreichen Tempelthore, die jene Beifügung veranlassten. In der heutigen Zeit werden die meisten Bauten bei uns durch Backsteine oder Ziegeln ausgeführt, man bereitet dieselben aus Thon, der in Ziegeleien geformt und gebrannt wird. Mauersteine von außergewöhnlicher Feinheit, Härte und mit einem gewissen Metallklange werden Klinker genannt; die feuerfesten Porzellansteine heißen nach ihrem Erfinder Chamotten. Bei Anfertigung der Backsteine beobachtet man die Quaderform, annähernd von 32 Centimeter Länge, 16 Breite und 8 Dicke. Zum Dachdecken wählt man die Hohl- und Plattform, deswegen unterscheidet man bei den Dachsteinen Hohlwerk und Flachwerk. Die märkischen Ziegeleien von Rathenow, Glindow und Lindow liefern vorzügliches Baumaterial.

Die erwähnten aber längst verschwundenen babylonischen Mauern rechneten die Alten zu den hundert Wundern der Welt; dahin gehörte auch die berühmte 300 Meilen lange chinesische Mauer, welche der Kaiser Schihoangti 300 Jahre vor Christi Geburt im Norden seines Reiches erbauen ließ, um sich vor den Einfällen der Mongolen zu schützen. Diese Mauer ist 8 Meter hoch und 4 Meter breit und besteht aus zwei parallelen Ziegelsteinwänden, die mit Erde ausgefüllt sind; von hundert zu hundert Meter erhebt sich ein 16 Meter hoher Vertheidigungsthurm; die für die Heerstraßen angelegten Thore wurden durch eiserne Flügelthüren verschlossen. Wo Mauern sind, müssen Öffnungen für den Verkehr gelassen werden, wir bezeichnen diese nach Größe und Bedeutung als Pforten und Thore. Die einfachsten Thore bestehen aus zwei Pfeilern, deren Zwischenräume durch eine drehbare Holz- oder Eisenwand geschlossen werden kann. Die Pfeiler begrenzen den Haupteingang, während ein kleiner Nebeneingang, als Pforte, für Fußgänger eingerichtet ist. Auf den Bau der Thore wird im Morgenlande große Sorgfalt verwendet, sonst entspricht die Einrichtung im Allgemeinen der unsrer Thore. Ein großer gewölbter Weg öffnet sich den Reitern und Lastthieren, besonders den Kameelen, die im Oriente die Stelle der Lastwagen vertreten; rechts und links befinden sich kleinere gewölbte Wege für Fußgänger, die heute noch, wie in den ältesten Zeiten „Nadelöhre" heißen. Darauf bezieht sich der Ausspruch Jesu, wenn er sagt: Es ist leichter, daß ein Kameel durch ein Nadelöhr gehe, denn daß ein Reicher ins Reich Gottes komme. Nach einer uralten orientalischen Gewohnheit ist das Thor oder die Pforte der Sammelplatz der Ortsbevölkerung, und wurde zum Marktplatz und zur Gerichtstätte, daher war bei den Hebräern an den Thormauern das Gesetz Mose zu lesen; und wenn der Prophet Jeremias klagt: daß die Alten nicht mehr unter dem Thore sitzen, so meint er, die Gerechtigkeit werde nicht mehr im Lande gepflegt. In dem angedeuteten Sinne galt auch das Thor des landesherrlichen Palastes als Gerichtsstätte; im griechischen Reiche war die sogenannte Hohe Pforte oder das Hauptthor des kaiserlichen Residenzschlosses zu Constantinopel der oberste Gerichtshof und erhielt nachmals die Bedeutung der höchsten Staatsgewalt. Von den Griechen ist diese Auffassungsweise den Türken überliefert worden und nachdem diese Konstantinopel erobert hatten wurde der Eingang zum Serail, dem Palaste des Sultans, Babihumajun, oder die Hohe Pforte genannt.

Es ist im Vorhergehenden der eisernen Thore erwähnt worden, die wegen ihrer Widerstandsfähigkeit bei Befestigungen beliebter waren, als die leicht zu beschädigenden hölzernen Thüren; besonders wurden schmale Felsenwege und enge Stromthäler an der Landesgrenze durch eiserne Thore verschlossen, um sich in kriegerischen Zeiten vor Einfällen zu sichern oder in friedlichen Zeiten von der handeltreibenden Bevölkerung eine Abgabe zu erheben; nachmals wurde es gebräuchlich, schwer zu passirende Schluchten und Pässe als „Eiserne Thorpässe" zu bezeichnen.

Berlin ist von keiner Mauer umschlossen, und die das Weichbild überschreitenden Straßen werden durch keine Thore beschränkt, deswegen nennen wir Berlin eine offene Stadt; wie schon erwähnt, ist dies nicht immer so gewesen. Ehemals vereinigten sich an der Stelle der Spree, die jetzt von Berlin eingenommen wird, fünf Landstraßen; als daher vor 700 Jahren die wendischen Marktflecken Kölln und Berlin in deutsche Städte verwandelt und mit Mauern umgeben wurden, erhielt diese Mauer 5 Thore, oder Öffnungen, die den Verkehr des eingeschlossenen Ortes mit seiner Umgebung vermittelten. Vom Lande Teltow liefen 2 Straßen nach Kölln, deshalb erhielt Kölln 2 Thore: das Mittenwalder, später Köpnickerthor am Ende der Rofsstraße, und das Teltowerthor, am Ende der Gertraudenstraße. Vom Lande Barnim liefen 3 Straßen nach Berlin, deshalb erhielt Berlin 3 Thore: das Spandauerthor am Ende der Spandauerstraße bei der Garnisonkirche; das Oderbergerthor am Ende der Königstraße, bei den Kolonnaden; und das Stralauerthor, am Ende der Stralauerstraße, bei dem Fouragemagazine. Diese Thore bezeichnen zugleich den damaligen Umfang der Stadt. Das Oderberger- und Teltowerthor erhielten später nach den davor liegenden Hospitälern, beziehentlich die Namen Georgen- und Gertraudenthor. Vierhundert Jahre lang blieb diese Mauergrenze und Thoranlage unverändert. Unter dem großen Kurfürsten wurde Berlin in den Jahren von 1660—1680 in eine Festung verwandelt; die neuen Werke übersprangen die alten Anlagen, die Thore wurden verschoben und die Umgebung Berlins erhielt eine veränderte Gestalt. Das verlegte Gertraudtenthor erhielt den Namen Leipzigerthor und öffnete sich dem Meilenzeiger gegenüber nach dem Dönhofsplatz am Ende der alten Leipzigerstraße, jetzt nimmt die Werdersche Gewerbeschule und das Abgeordnetenhaus die Stelle ein; das neuangelegte Neustädtsche Thor führte zur Neustadt Friedrichswerder, der heutigen Dorotheenstadt; es nahm die Stelle zwischen dem Prinzessinnenpalais und der neuen Wache ein. König Friedrich Wilhelm I. ließ den Festungswall am Jägerhofe in der Nähe der Bank durchbrechen und so entstand das Jägerthor, das zur neuangelegten Friedrichstadt führte. — Die Mauern welche eine Stadt umgeben, erschweren die Verbindung mit der Umgegend und der beschränkte Raum veranlasst bei einer gewerbfleißigen und handeltreibenden Einwohnerschaft oft eine Übervölkerung; aber auch den ackerbautreibenden Bürgern ist die Mauer ein Hindernifs und nötigt sie zu baulichen Anlagen außerhalb der Stadt; es entstehen Scheunen, Ställe, Gartenhäuser und landwirtschaftliche Gehöfte; solche vor den Thoren liegende Anlagen werden Vorwerke genannt. Der Verwalter eines solchen Vorwerkes führte ehemals den lateinischen Namen Major, oder mundartlich Majer, welches den Größeren oder Oberen bezeichnet; nachmals verwandelte sich der Name in Maier, und der von einem Maier bewirtschaftete Hof hieß die Meierei; jetzt heißt jedes abgesonderte landwirtschaftliche Gehöft ein Meierhof, zuweilen auch Molkerei, wenn auf die Milchwirtschaft eine besondere Sorgfalt verwendet wird. Noch ist der baulichen Anlagen zu denken, die für die Feldarbeit im Sommer berechnet und daher nur für eine Weile bewohnt waren; für diese entstand der Name Weiler; jetzt versteht man darunter einen kleinen Ort, ohne Schulzenamt, Schule und Kirche. Unter dem großen Kurfürsten entstan-

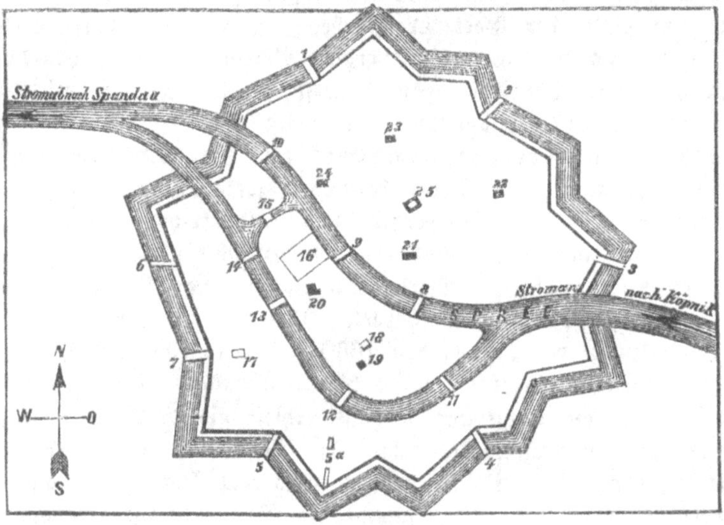

1 Spandauerthor. 2 Jürgenbrücke, altes Oderbergerthor. 3 Stralauerthor. 4 Köpnickerthor, altes Mittenwalderthor. 5 Leipzigerthor. 5 a Gertraudenkirche bei dem ehemaligen Teltowerthor. 6 Neustädtischesthor. 7 Jägerthor. 8 Dammbrücke. 9 Lange Brücke. 10 Große Pomeranzenbrücke. 11 Köpnickerbrücke. 12 Gertraudenbrücke. 13 Schleusenbrücke. 14 Hundebrücke. 15 Kleine Pomeranzenbrücke 16 Schloss. 17 Jägerhof. 18 Köllnisches Rathaus. 19 Petrikirche. 20 Dom. 21 Nikolaikirche. 22 Klosterkirche. 23 Marienkirche. 24 Heilgegeistkirche. 25 Berlinisches Rathaus.

den der Ansiedlungen vor den Thoren so viele, dass sie in ihrem Zusammenhange neue Ortschaften bildeten, welche Außenorte oder Vorstädte genannt wurden. Diese nahmen immer größere Ausdehnung an und gestalteten sich zu Stadttheilen, denen gegenüber die alten Festungswerke nicht mehr bestehen konnten. Als die Befestigungen beseitigt waren, sind die Grenzen der Stadt noch oft verändert worden, bis König Friedrich Wilhelm II. 1790 die ganze Stadt mit einer 2 Meilen langen, 1 Meter dicken und 4 Meter hohen Mauer umschloss, in der 20 Thore den

Verkehr mit der Umgegend unterhielten; diese Mauer sollte keine Befestigungs-, sondern nur eine Besteuerungslinie bilden; sie zog sich in solcher Entfernung um die zusammenhängende Häusermasse, dass Gemüsegärten und Getreidefelder noch große Flächen einnehmen konnten. Aber nach 50 Jahren hatte die Stadt auch diese so weit angelegte Grenzlinie überschritten und im Jahre 1868 sah sich die Behörde genötigt, diese Mauer als Verkehrshinderniss wiederum zu beseitigen; mit der Mauer verschwanden die Thore, deren Stelle in einem neuen Straßenzuge aufging oder durch einen freien Platz ersetzt wurde. Nur das Brandenburger Thor ist stehen geblieben, als Zierde der Stadt und als Träger geschichtlicher Erinnernngen. Wie die Wall- und Neue Friedrichstraße an den beschränkten Raum der alten Festung erinnern, so deuten die Mauer-, Linien- und Pallisadenstraße spätere Gränzlinien an; die Richtung der jüngst gefallenen Mauer folgte von der Oberbaumsbrücke, dem Zuge der Skalitzer-, Gitschiner- und Königgrätzerstraße, lief längs der Spree und dem Schönhausergraben zur Friedrich-Wilhelmstädtschen Communicaiion, folgte dem Zuge der Thor-, Wollank- und Friedensstraße und wendete sich vom Landsberger Platze die Landsberger und Frankfurter Communication entlang wieder zur Oberbaumsbrücke.

Das Brandenburgerthor steht an der Stelle der alten Thiergartenpforte, am Ausgange der frühern Landstraße, die über Spandau nach Brandenburg führte. Es wurde 1790 vom Baumeister Langhans aufgeführt. Die Breite des Thores, das von 12 Paar 15 Meter hohen Sandsteinsäulen gebildet wird, beträgt 61, die Tiefe 11 und die Höhe 20 Meter; von den 5 Durchgängen sind 2 für Fußgänger, 2 für öffentliches Fuhrwesen, der mittlere 6 Meter breite Weg aber für kaiserliche Gespanne bestimmt. Zu beiden Seiten des Thores befinden sich die von 18 Säulen getragenen Seitenhallen, als Durchgänge für Fußgänger rechts nach der Sommerstraße, links nach der Königgrätzerstraße. Der Dachaufsatz ist mit einer Siegesgöttin von Schadow geschmückt.

Das Brandenburger Thor erinnert an die drei französischen Kriege. 1. an den Revolutions-Krieg, in dem Preußen in der Pfalz viermal über das französische Bürgerheer siegte, bei Pirmasens und dreimal bei Kaiserslautern 1794, in welchen Schlachten sich General Möllendorf auszeichnete; die Victoria wurde aufgestellt. — 2. an den Napoleonischen Krieg, in welchem Preußen durch die Schlacht bei Jena 1806 gedemütigt wurde und bei Saalfeld den tapfern Prinzen Ludwig verlor; die Victoria kam nach Paris. — 3. an den Befreiungs-Krieg, in welchem die Preußen nach einer Reihe von 30 Schlachten und Gefechten Deutschland vom Feinde befreiten und 1814 Paris einnahmen; die Victoria wurde durch den Fürsten Blücher von Wahlstadt wieder gewonnen und erhielt ihren alten Platz.

Am 27. October 1806 zog der Eroberer Napoleon I. durch das Hauptportal.

Am 7. August 1814 hielt König Friedrich Wilhelm III. seinen Siegeseinzug durch dasselbe.

Am 20. September 1866 kehrte König Wilhelm an der Spitze seiner siegreichen Truppen aus Östreich heim.

Am 16. Juni 1871 zog Kaiser Wilhelm als Sieger mit dem Deutschen Heere durch das Portal, begrüßt von den Bewohnern der neuen deutschen Kaiserstadt.

Auch andere Stellen der Stadt erinnern als ehemalige Stadtthore an den Einzug fürstlicher Personen, wie das alte Teltower Thor an der Gertraudenbrücke; durch dieses zog der Burggraf Friedrich von Hohenzollern von Kostnitz kommend am 18. October 1415, als deutscher Kurfürst und Markgraf von Brandenburg. Durch das alte Köpnickerthor an der Rossstraßenbrücke zog der Kurfürst Joachim II. am 4. Mai 1532, aus dem Türkenkriege siegreich zurückkehrend. Durch das alte Georgenthor an der Königsbrücke zog der große Kurfürst am 2. December 1678 als Sieger von der Insel Rügen zurückkehrend. Durch dasselbe Thor hielt sein Sohn Friedrich als erster König von Preußen von Königsberg kommend, am 6. Mai 1701 seinen festlichen Einzug. Durch das alte Spandauer Thor, bei der Garnisonkirche hielt der eiserne Friedrich am 18. Juni 1448 von Spandau kommend mit 600 Reitern seinen drohenden Einzug. Durch das alte Frankfurter Thor, Frankfurter- und Weberstraßenecke, kehrte Friedrich der Große am 30. Mai 1763 als Sieger aus dem siebenjährigen Kriege zurück.

IX. Wasserlauf.

Unsere Aufmerksamkeit wurde schon einigemale auf den Fluss geleitet, der die Stadt in mehreren Armen durchströmt und dem sie ihre Entstehung verdankt. Dieser Fluss erhielt wegen seiner Geneigtheit sich in Arme zu spreiten, den Namen Spriawa oder Spreitefluss; der Name ging vom Spreewalde aus, wo der Fluss mit mehr als 300 Armen ein Labyrinth bewaldeter Inseln umspült. Vor Alters floss die Spree in größerer Breite durch unsere Gegend und war reich an Inselbildungen.

zwischen Kölln und Berlin befand sich eine Stromenge, die man zur Überfahrt benutzte. Die oberhalb der Stromenge befindliche Wasserweitung hieß der Kessel; er bespülte berlinischer Seits die umzäunten Wiesen, welche als Weideplätze benutzt und Krögel oder Kruwel genannt wurden. Köllnischer Seits umfloss das Kesselwasser das Pfahlwerk der Fischerhäuser, die ziemlich weit ins Wasser vorgeschoben waren. Gelegentlich des Festungsbaues unter dem großen Kurfürsten wurde dem Kessel viel Wasser entzogen, und eine seichte Stelle tauchte aus dem Grunde als Insel auf; der große Kurfürst errichtete auf dem gewonnenen Lande ein Spinnhaus, als Beschäftigungsanstalt für Müßiggänger; heute bezeichnet das Inselgebäude als Speicher dieselbe Stelle. Die Bewohner der Festung Berlin strebten darnach, das Wassergebiet zu schmälern, um Raum zu gewinnen, weil die Befestigungen eine Erweiterung des Ortes nach der Landseite hin nicht zuließen, die Bewohner der offenen Stadt streben danach, das Wassergebiet zu erweitern, damit die Bevölkerung der entfernten Stadttheile auch an den Vortheilen eines fließenden Wassers Theil habe.

Die Spree bildet in ihren Verzweigungen die natürliche Begrenzung der ältern Stadttheile; sie fließt in nordwestlicher Richtung durch die Stadt; von Monbijou an behauptet sie, obgleich vielfach gebogen, die Westrichtung. Ihr Weg durch das Stadtgebiet von Stralau bis Charlottenburg hat eine Ausdehnung von $1\frac{1}{2}$ Meile. Der Stadttheil auf dem rechten nördlichen Ufer gehört zum Lande Barnim, der andre Theil auf dem linken südlichen Ufer gehört zum Lande Teltow. Die Flussränder oder Ufer werden als rechtes und linkes Ufer von einander unterschieden; bei der Uferbestimmung entscheidet die Richtung des fließenden Wassers; stellt man sich so, dass man mit dem Gesicht dem hinfließenden Strome folgt, so hat man zur rechten Hand das rechte und zur linken Hand das linke Ufer. Da alles Wasser abwärts fließt, so muss die Gegend, aus welcher das Wasser kommt, höher liegen als die, nach welcher es fließt; die Spree kommt von Stralau und fließt nach Charlottenburg, also liegt Stralau höher als Charlottenburg; man sagt daher: Stralau liegt oberhalb und Charlottenburg unterhalb Berlin. Die Richtung nach Stralau, also dem Strome entgegen, heißt: stroman, stromauf oder zu Berge; die Richtung nach Charlottenburg heißt: stromab, stromunter oder zu Thale.

Die Vertiefung, in welcher das Wasser hinfließt, heißt das Flussbett; die Ufer bilden die Einfassung oder Begrenzung desselben; aus dem Abstande der beiden Ufer ergiebt sich die Breite des Wasserspiegels. Da die Ufer nicht immer parallel sind, so ist die Breite des Flusses verschieden; die Breite der Spree bei der obern Verbindungsbahnbrücke beträgt 250 Meter; diese Breite verringert sich bei der Kurfürstenbrücke auf den 5. Theil, auf 50 Meter. Die unterste oder tiefste Stelle im Flussbett, über welche das Wasser hinfließt, heißt der Grund oder die Sohle; aus dem Abstande des Wasserspiegels vom Grunde ergiebt sich die Tiefe des Flusses; auch diese ist verschieden, beträgt jedoch bei der Spree in unserer Gegend durchschnittlich 4 Meter. Einen Fluss von solcher Tiefe nennt man schiffbar, denn er kann von tiefgehenden Kähnen befahren werden. Betrachten wir nun den Wasserspiegel, oder die Oberfläche der Spree, so bemerken wir ein äußerst langsames Fließen; diese Erscheinung ist mit der Flusssohle in Verbindung zu bringen; von der größern oder geringern Neigung derselben hängt das Gefälle, d. h. das schnellere oder langsamere Fließen des Wassers ab. Das Gefälle der Spree ist gering und beträgt von Stralau nach Charlottenburg, also auf einer Strecke von 1½ Meile nur ein halbes Meter.

Für eine große Stadt ist fließendes und schiffbares Wasser von großer Wichtigkeit; deshalb ist man bemüht gewesen, dem Wasser der Spree durch tiefe und breite Gräben eine größere Ausdehnung zu geben; diese künstlich angelegten Gräben heißen Kanäle. Das Spreewasser verzweigt sich in ihnen über der Erde und bewässert einige Stadttheile; doch diese Bewässerung ist mangelhaft, weil sie sich nicht über alle Theile der Stadt erstreckt und weil sie nur unreines, also untrinkbares Wasser liefert. Zwar geben die vielen Brunnen der Stadt trinkbares Wasser, aber der Transport desselben in die obern Stockwerke der Häuser ist sehr beschwerlich; auch eignet sich das Quell- und Brunnenwasser nicht gut zum Waschen und Kochen, weil es viele fremde Stoffe enthält; die Seife löst sich schwer in solchem Wasser auf, und die Gemüse, besonders die Hülsenfrüchte kochen in solchem Wasser nicht leicht weich, deshalb wird dieses Wasser in der Haushaltung als hartes Wasser bezeichnet; dagegen ist Regenwasser und gereinigtes Flusswasser als weiches Wasser beliebt, weil sich in demselben Seife leicht auflöst und Gemüse leicht weich kocht. In vielen Haushaltungen hat man besondere Vorrichtungen, um Regen- und Schneewasser aufzufangen; um aber auch das Flusswasser für die Haushaltung nutzbarer und zugänglicher zu machen, hat man große Wasserwerke gebaut; in diesen wird das Wasser der Spree gereinigt und vermittelst Dampfmaschinen in Röhren getrieben, die sich in tausendfältiger Verzweigung unter der Stadt hinziehen, in alle Stockwerke aufsteigen und das in ihnen fließende Wasser abgeben, sobald der an der Röhre befestigte Hahn geöffnet wird. Berlins Wasserwerke befinden sich an der Oberbaumbrücke. Alle diese überirdischen und unterirdischen Wasserrinnen bilden das Wassernetz der Stadt Berlin.

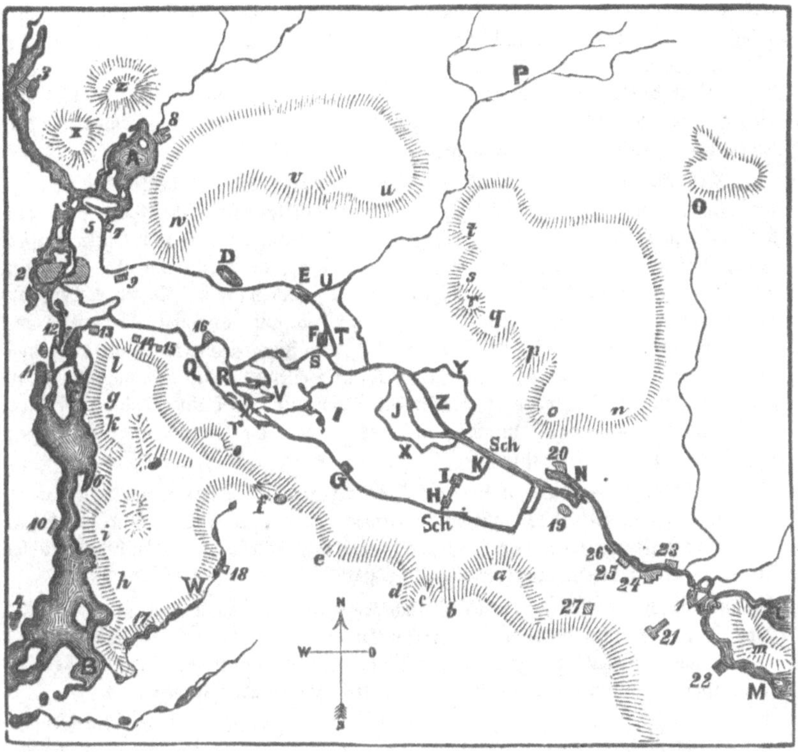

1 Köpnick am Zusammenfluſs der Spree und Dahme. 2 Spandau an der Havel. 3 Heilgensee. 4 Kladow. 5 Königsdamm. 6 Schildhorn. 7 Saatwinkel. 8 Tegel. 9 Haselhorst. 10 Gatow. 11 Pichelsdorf. 12 Tiefenwerder. 13 Ruhleben. 14 Spandauer Bock. 15 Westend. 16 Martiniken. 17 Schlachtensee. 18 Grunewald. 19 Treptow 20 Rummelsburg. 21 Süßengrund. 22 Grünaue. 23 Sádowa bei der Pyramidenbrücke. 24 Schönweide. 25 Sedan. 26 Neuer Krug und Kanne. 27 Johannisthal. a Tegelersee. b Wannensee. c Stößensee. d Plötzensee. e Nordhafen. f Humboldtshafen. g Südhafen. h Wasserthorbecken. i Engelbecken. k Schleusenbecken. l Müggelsee. m wendische Spree oder Dahme. n Rummelsburgersee. o Wuhle. p Panke. q Südkanal. r Porzellangraben. s Nordkanal. t Schönhausergraben. u Alte Panke. v Thiergartengraben. w Grunewaldfluſs oder die Seekette. x Südlicher Festungsgraben. y Nördlicher Festungsgraben. z Haupt- oder Mühlenstrom. j Schleusenstrom. sch Luisenkanal. a Rollberge. b Pionirberg. c Bockberg. d Kreuzberg. e Stadtberg. f Wilmersdorfer Mühlberg. g Spandauerspitze. h Havelberg. i Karlsberg. k Pichelsberge. l Morellenberge. m Müggelberge. n Weidenberg. o Friedrichshöhe. p Kirchhofsberg. q Windmühlenberg. r Wollanks Weinberg. s Galgenberg mit der Brunnenkuppe. t Grenadierberg. u Wurzelberg. v Rehberg. w Steinberg. x Reiherberg. z Malchberg bei Tegel.

1. Der Hauptstrom der Spree ist der Mühlenstrom; er treibt die Dammmühlen, welche nach der Zerstörung der Stralauer Mühlen schon im Jahre 1100 hierher verlegt wurden; hier war die schmalste Stelle des Flusses; die Mühlenanlage veranlasste Dammschüttungen und eine Sperrung des Stromes, um das für den Betrieb nötige Stauwasser zu gewinnen; zu dieser Zeit erhielt die Spree in dem Gange über das Mühlengerinne die erste Überbrückung. Von den drei Mahlgängen gehörte einer zu Kölln, die beiden andern zu Berlin; das Stauwasser oberhalb derselben bezeichnete man als den Kessel.

2. Der Nebenstrom der Spree ist der Schleusenstrom; er besteht seit Anlage der Mühlen und wurde angelegt, um das Mühlenwasser zu regeln und dem überflüssigen Wasser einen andern Weg anzuweisen; die Sümpfe und todten Wasserarme, welche vordem den südwestlichen Theil der Insel Kölln umgaben, wurden nunmehr von einem Kanale lebendigen Wassers durchschnitten. Dieser Nebenstrom zweigt sich am Inselgebäude vom Hauptstrome ab und vereinigt sich wieder mit demselben am Mehlhause; sein Oberlauf bis zur Jungfernbrücke heißt Friedrichsgraben, oder Friedrichsgracht, dann ist der Name Schleusengraben gebräuchlich; unterhalb der Eisernenbrücke wird er Kupfergraben genannt. Bei einer spätern Mühlenanlage auf dem Werder ist zur Regelung des Wassers die Schleuse angelegt worden; daher der Name Schleusenstrom.

3. Der Mühlengraben zweigt sich unterhalb der Jungfernbrücke rechts vom Schleusenstrome ab, um die Werdermühlen zu treiben; vom roten Schloss und der Stechbahn wird dieser Graben, dem Auge nicht sichtbar, überbrückt; unterhalb der Mühlen findet die Wiedervereinigung der Gewässer statt.

4. Der nördliche Festungsgraben, auch Königsgraben genannt, fließt um die Altstadt Berlin; er zweigt sich unter der Stralauerbrücke rechts von der Spree ab und vereint sich unterhalb der Herkulesbrücke mit dem Mühlenstrome. Der große Kurfürst ließ gelegentlich des Festungsbaues 1650 diesen Graben stechen.

5. Der südliche Festungsgraben, oder der Grünegraben fließt um die Neustadt Kölln und um den Friedrichswerder; er zweigt sich links von der Spree ab zwischen Waisen- und Jannowitzbrücke und verbindet sich mit dem Schleusenstrome unterhalb der Eisernenbrücke; dieser Graben fließt meist verdeckt und heißt in seinem untern Laufe von der Französischenstraße an, der Kupfergraben, welcher Name dann auf den Unterlauf des Schleusenstromes übergeht.

6. Der Luisenkanal wurde 1848 angelegt, um die Luisenstadt zu bewässern; durch ihn wird die Luisenstadt in eine innere und äußere getheilt; er zweigt sich links von der Spree ab an der Schillingsbrücke, unter den obern Zwillingsbrücken, bewässert das Schleusen-, Engel- und Thorbecken und mündet unterhalb der Wasserthorbrücke in den Südkanal.

7. Der Südkanal beginnt links von der Spree, schrägüber den Wasserwerken mit dem Oberfreiarchen- und Schleusenwasser; er verbindet sich am Salzmagazin, zwischen Martiniken und Lietzow, wieder mit dem Hauptstrome; diese Wasserstraße wurde angelegt, um alte versumpfte Gräben für die Schiffart zugänglich zu machen. Als Landwehrgraben bewässerte derselbe früher die Urlache zwischen der Meklinswiese und dem Komthurbusch, daran erinnert der Urban; als Schafgraben durchschnitt er die Teplitzwiese, oder das Gebiet um den Hasenplatz; als Flutgraben und Hopfengraben schlängelte er sich über die Lietzowwiese, beim zoologischen Garten. Bei Moritzhof zweigt sich der Porzellangraben ab, der durch den Seepark fließt und unterhalb der

Thiergartenmühle bei der Porzellanfabrik mündet. Der Südkanal bildet zwischen der Schönebergerbrücke und Potsdamerbrücke den Südhafen.

8. Der Nordkanal beginnt rechts von der Spree, bei der Alsenbrücke, und den untern Zwillingsbrücken; er wurde angelegt, um für die Schiffart eine bequemere Verbindung mit der Havel herzustellen; er fällt bei der Alsenbrücke in den Humboldtshafen, verlässt denselben beim Alten Schönhausergraben, trennt das Gebiet des Invalidenhauses von dem des Hamburger Bahnhofs, bildet den Nordhafen im Winkel der Verbindungsbahn und Hamburger Bahn, und durchschneidet die Jungfernhaide vom Plötzensee bis Haselhorst. Bei dem Vorwerke Haselhorst geht er von der westlichen zur nördlichen Richtung über und mündet bei Saatwinkel in den Tegelersee und in die Havel.

9. Die Panke kommt von dem drei Meilen entfernten Städtchen Pankow, theilt sich auf dem Wedding in der Nähe des Grünen Hauses in die erste und zweite, oder alte und neue Panke; die zweite Panke fließt über den Exercierplatz durch den Thierarzneischulgarten und mündet bei der Markthalle unterhalb der Weidendammerbrücke in die Spree, am Anfange des Schiffbauerdamms. Die erste oder alte Panke fließt zwischen Boyenstraße und Sellerstraße dem Nordhafen zu. Dieser letzte Wasserlauf hieß ehemals der Schönhausergraben; er wurde unter König Friedrich I. angelegt, um für die Königin Charlotte eine Wasserverbindung zur Gondelfahrt zwischen Schönhausen und Lietzow herzustellen. Ein Theil gieses Grabens ist im Nordkanal aufgegangen, der andere führt noch den alten Namen und fließt aus dem Nordkanal oberhalb des Humboldtshafens; er mündet bei der Unterbaumsbrücke, am Ende des Schiffbauerdamms.

X. Brücken.

Brücken sind künstliche Bauten, welche den Zusammenhang der Verkehrswege vermitteln, wenn die Oberfläche des Erdbodens denselben unterbricht. Trägt der Brückenbau eine Landstraße, so heißt er ein Viäduct oder Wegeleiter, trägt derselbe aber eine Wasserstraße, so nennt man ihn einen Aquäduct oder Wasserleiter. Für gewöhnlich aber unterscheidet man die Überbrückung des Wassers von der Überbrückung wasserloser Vertiefungen und Schluchten; jene heißen vorzugsweise Brücken, diese Viäducte; die Letzteren sind bei der Verbindungsbahn besonders zahlreich vertreten, denn alle von Berlin ausgehenden Straßen und Bahnen werden von ihr über- oder unterschritten, je nachdem die Waagerichtung oder das Niveau dieser Bahn höher oder tiefer liegt, als die von ihr durchschrittene Gegend. Wo keine Brücken sind, wird der Übergang durch Fähren und Kähne vermittelt. Vor 800 Jahren bestand zwischen Kölln und Berlin auch eine Fähre, und erst im Jahre 1100 erhielt die Spree hierorts die erste Überbrückung, gelegentlich der Mühlenanlage, durch den

Bohlenweg über das Mühlengerinne; später wurde diese Brückenanlage vervollkommnet und Mühlendamm genannt.

Nach dem beim Bau verwendeten Material giebt es hölzerne, steinerne und eiserne Brücken; Berlin hat deren von jeder Art aufzuweisen. Der Bauart nach giebt es Pfeiler-, Pfahl-, Joch-, Ketten- und Schiffbrücken.

Ist eine Brücke so eingerichtet, dass ein Theil derselben durch eine Klappe aufgezogen werden kann, so entsteht eine Zugbrücke; in Berlin giebt es viele solcher Brücken, da bei hohem Wasserstande die Spreekähne nicht unter der Brücke fortkommen. Bewegliche, oder fliegende Brücken bestehen aus zwei brückenartig mit einander verbundenen Kähnen, die mit einem Taue an einem im Wasser liegenden Anker befestigt sind und auf diese Weise leicht durch die Strömung von einem Ufer zum andern getrieben werden. Pfeilerbrücken ruhen auf steinernen Pfeilern, Pfahl- und Jochbrücken aber auf eingerammten Pfählen, die durch eine Balkenlage mit einander verbunden sind. Kettenbrücken bilden ein Hängewerk, das mit Ketten, Tauen und Drathseilen an Spannpfeilern befestigt ist.

Zu den ältesten festen Stromübergängen, die geschichtlich erwähnt werden, gehört die Eufratbrücke von Babylon, deren Bau durch die assyrische Königin Semiramis veranlasst worden sein soll. 250 steinerne Pfeiler trugen eine Balkenverbindung von einem Kilometer Länge, das ist ohngefähr die Ausdehnung der Straße „Unter den Linden"; die Breite der Brücke betrug 12 Meter.

Die alten Völker, besonders die Römer legten dem Brückenbau eine große Bedeutung bei. Als älteste römische Brücke wird die Pfahlbrücke oder der Pons sublicius genannt. Der König Ankus ließ diese erste Tiberbrücke 700 vor Christo bauen; kein Nagel kam bei dem Bau zur Anwendung; Balken, Bänder und Bohlen waren so künstlich in einander gefügt, dass sie auseinandergenommen und wieder zusammengesetzt werden konnte. Die mit dem Bau und der Erhaltung der Brücke beauftragten Personen unterzogen sich ihrer Beschäftigung nie ohne Opfer; daher gehörte ein Pontifex oder Brückenmacher zu den priesterlichen Personen und die Pontifices wurden den vornehmsten Personen gleichgeachtet. Der Oberaufseher hieß Pontifex maximus, weil er unter den Bauleuten die größte oder höchste Stelle einnahm, und sowohl die römischen Kaiser, wie auch nachmals die Päpste legten sich als Oberpriester diesen Titel bei. Alle Brückenbauten der frühern Zeiten treten jedoch vor denen der Neuzeit in den Hintergrund und wiederum haben deutsche Baumeister im Brückenbau bis jetzt das größte geleistet. Die 122 Meter lange Dirschauer Gitterbrücke über die Weichsel baute Lentze, und die vier mächtigsten Brückenanlagen sind von dem Deutschen August Röbling in Amerika ausgeführt worden: über den Niagara 250 M., über den Ohio 300 M., über den Kentuki 370 M., und über den Ostfluss zwischen Neujork und Brooklin 518 Meter lang.

Berlin zählt gegen hundert Brücken; die bedeutendsten führen über die Spree, die unbedeutendsten über die Panke; einige sind verdeckt, d. h. dem Auge nicht bemerkbar, weil Straßendamm und Häuserreihen ohne Unterbrechung darüber hinführen; wenige gehören zu den monumentalen Bauten, wie die Kurfürsten-, Herkules-, Schloss-, Alsen-, Königs- und Verbindungsbahnbrücke.

Mit Beziehung auf die angegebenen Wasserverzweigungen merken wir uns die wichtigsten Brücken in nachfolgender Ordnung. Es führen:

1. über die Spree 20: Verbindungsbahnbrücke, Oberbaumsbrücke, Frankfurterbahnbrücke, Schillingsbrücke, Jannowitzbrücke, Waisenbrücke, Mühlendammbrücke, Kurfürstenbrücke, Dombrücke, Friedrichsbrücke, Ebertsbrücke, Weidendammbrücke, Marschallsbrücke, Unterbaumsbrücke, Alsenbrücke, Hannoverschebahnbrücke, Moabiterbrücke, Untere Charlottenburgerbrücke, Eisenbahnbrücke.
2. über den Schleusenstrom 9: Inselbrücke, Rossstraßenbrücke, Grünstraßenbrücke, Gertraudenbrücke, Jungfernbrücke, Schleusenbrücke, Schlossbrücke, Eisernebrücke, Mehlbrücke.
3. über den nördlichen Festungs- oder Königsgraben 6: Stralauerbrücke, Kasernenbrücke. Königsbrücke, Rochbrücke, Spandauerbrücke, Herkulesbrücke
4. über den südlichen Festungs- oder Grünengraben 14: Wallbrücke, Neue Rossstraßenbrücke, Neue Grünstraßenbrücke, Beuthstraßenbrücke, Spittelbrücke oder Leipziger Kolonnaden, Jerusalemerstraßenbrücke oder Schinkenbrücke, Mohrenstraßenbrücke oder Mohrenkolonnaden, Taubenstraßenbrücke, Jägerstraßenbrücke, Französischestraßenbrücke, Opernbrücke, Dorotheenstraßenbrücke, Kupfergrabenbrücke. Diese Brücken sind meist verdeckte.
5. über den Mühlengraben 2: Schleusengrabenbrücke, Stechbahnbrücke.
6. über den Luisenkanal 6: Obere Zwillingsbrücke, Köpnikerbrücke, Adalbertsbrücke, Königinbrücke, Oranienbrücke, Wasserthorbrücke.
7. über den Südkanal 20: Schlesischebrücke, Oberfreiarchenbrücke, Treptowerbrücke, Görlitzerbahnbrücke, Kottbuserbrücke, Badbrücke, Gasbrücke oder Prinzenstraßenbrücke, Halleschebrücke, Großbeerenbrücke, Möckernbrücke, Anhalterbahnbrücke, Schönebergerbrücke, Potsdamerbahnbrücke, Viäductbrücke, Königin Augustabrücke, Potsdamerbrücke, v. d. Heydtbrücke, Albrechtshafenbrücke, Lichtensteinbrücke, Unterfreiarchenbrücke, Obere Charlottenburgerbrücke, Marchbrücke.
8. über den Porzellangraben 4: Hitzigbrücke, Fasanenbrücke, Löwenbrücke, Thiergartenbrücke.
9. über den Nordkanal 8: Untere Zwillingsbrücke, Invalidenstraßenbrücke, Sellerstraßenbrücke, Fennstraßenbrücke, Verbindungsbahnbrücke, Seestraßenbrücke, Neurummelsburgerbrücke, Haselhorstbrücke.
10. über die Panke führen viele Brücken, von denen 2 am häufigsten genannt werden, nämlich die erste oder alte Pankbrücke über die eigentliche Panke bei der Liesenstraße, die zweite oder neue Panke über den frühern Schönhausergraben am Wedding.

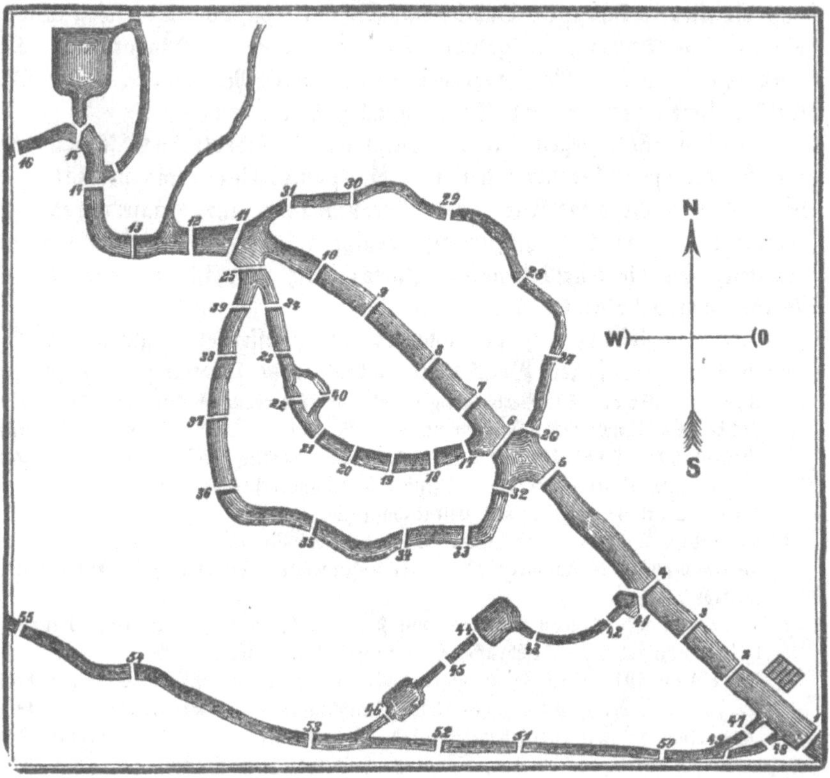

1 Obere Verbindungsbahnbrücke. 2 Oberbaumbrücke, bei den Wasserwerken. 3 Frankfurter Bahnhofsbrücke. 4 Schillingsbrücke. 5 Jannowitzbrücke. 6 Waisenbrücke. 7 Mühlendammbrücke. 8 Kurfürstenbrücke. 9 Dombrücke. 10 Friedrichsbrücke. 11 Ebertsbrücke. 12 Weidendammbrücke. 13 Marschallsbrücke. 14 Unterbaumsbrücke. 15 Alsen- und untere Zwillingsbrücke. 16 Hannoversche Bahnhofsbrücke. 17 Inselbrücke. 18 Roßstraßenbrücke. 19 Grünstraßenbrücke. 20 Gertraudenbrücke. 21 Jungfernbrücke. 22 Schleusenbrücke. 23 Schloßbrücke. 24 Eisernebrücke. 25 Mehlbrücke 26 Stralauerbrücke. 27 Kasernenbrücke. 28 Königsbrücke. 29 Rochbrücke. 30 Spandauerbrücke. 31 Herkulesbrücke. 32 Wallbrücke. 33 Neue Roßstraßenbrücke. 34 Neue Grünstraßenbrücke. 35 Beuthstraßenbrücke. 36 Kolonnadenbrücke oder Spittelbrücke. 37 Jägerbrücke; zwischen Nr. 36 und 37 befinden sich noch die Schinkenbrücke am Anfange der Jerusalemerstraße, die Mohrenbrücke unter den Kolonnaden und die Durchgangsbrücke zur Taubenstraße. 38 Opernbrücke, von der Opernpromenade zum Paroleplatz; vorher ist noch die Französischestraßenbrücke am Telegraphenamte zu merken. 39 Dorotheenstraßenbrücke, am Anfange der Charlottenburger Pferdebahn. 40 Werdersche Mühlenbrücke. 41 Obere Zwillingsbrücke. 42 Köpnikerbrücke. 43 Adalbertsbrücke. 44 Königinbrücke. 45 Oranienbrücke. 46 Wasserthorbrücke. 47 Schlesischebrücke. 48 Freiarchenbrücke. 49 Treptowerbrücke. 40 Görlitzerbahnbrücke. 51 Kottbuserbrücke. 52 Badbrücke. 53 Gasbrücke. 54 Hallescherbrücke. 55 Großbeerenbrücke.

Die ältesten Brückenanlagen zwischen Kölln und Berlin waren die Mühlendammbrücke und die Lange Brücke. Außerdem sind als alte Brückenanlangen zu merken diejenigen, welche von Kölln aus über den Seitenarm der Spree die Verbindung mit der Mittenwalder und Teltower Landstraße unterhielten, das sind die jetzige Rossstraßen- und Gertraudenbrücke. Als der große Kurfürst Berlin in eine Festung verwandelte, zählte die Stadt zwölf Brücken, über welche der Hauptverkehr seinen Weg nahm. Die sechs Binnenbrücken vermittelten die Verbindung der Stadt Berlin mit dem Werder über die Insel Kölln, und führten in entsprechender Richtung über den Mühlen- und Schleusenstrom. Die Dammbrücke entspricht der Richtung der Gertraudenbrücke; die Kurfürstenbrücke entspricht der Richtung der Schleusenbrücke; die alte Pomeranzenbrücke entsprach der Richtung det alten Hundebrücke. Die sechs Außenbrücken waren Thorbrücken, denn sie führten unmittelbar vom Wall über den Festungsgraben nach dem Lande; wie die Spandauerbrücke, Georgenbrücke, und Stralauerbrücke, die Köpnickerbrücke, Leipzigerbrücke und Neustädterbrücke.

Die Mühlendammbrücke ist die älteste feste Verbindung zwischen Kölln und Berlin. Nach Anlage der Mühlen oder Mollen erhielt das nördlich liegende aufgeschüttete Spreeufer den Namen Mollendamm, es ist die jetzige Poststraße. Der ursprüngliche Bohlengang über das Mühlengerinne wurde bald erweitert und schon unter dem eisernen Friedrich mit Verkaufsbuden besetzt. Der große Kurfürst unternahm 1683 einen Neubau, verlieh den Budenbesitzern Eigenthumsrecht und ließ die Mühlenlauben, Bogengänge oder Arkaden anlegen. Als in neuerer Zeit die Dammmühlen vom Feuer zerstört wurden, führte der Baumeister Dannenberg den heutigen burgähnlichen Bau auf, ohne Holz, blos von Stein und Eisen; gleichzeitig entstand eine zweite Brückenanlage hinter den Mühlen, der sogenannte Mühlengang.

Die Kurfürstenbrücke wurde als Lange Brücke schon im Jahre 1308 angelegt, [als Markgraf Hermann die beiden Städte Kölln] und Berlin vereinigte. Diese Brücke führte ursprünglich vom Ende des Mollendamms, König- und Poststraßenecke, über eine Spreeinsel, auf der das gemeinschaftliche Rathaus stand, Burgstraße 1 bis 7, zum Dominikanerplatze zwischen dem Dominikanerkirchhofe und der Köllnischen Badestube, Schloßplatz 8 bis 16. Die Brücke war von Holz und gegen hundert Meter lang. 1695 musste sie der um die Hälfte verkürzten steinernen Brücke weichen, welche der Baumeister Gustav Nehring baute und der Bildhauer Andreas Schlüter 1703 mit dem Reiterbilde des Großen Kurfürsten schmückte. Die Brücke war nunmehr die kürzeste Verbindung der beiden Spreeufer, und es ist der alte Name allmälig außer Gebrauch gekommen.

Die Herkulesbrücke verbindet die Altstadt Berlin mit der Sophienstadt; sie wurde 1792 vom Baumeister Langhans erbaut und vom Bildhauer Schadow mit den steinernen Herkulesgruppen geschmückt. Herkules war ein griechischer Held, der sein Vaterland von grausamen Räubern und wilden Thieren befreite.

Die Schlossbrücke wurde im Jahre 1824 von Schinkel erbaut und 1853 von verschiedenen Künstlern mit acht Marmorgruppen geschmückt. Die Brücke ist so breit, dass neun Staatswagen zu gleicher Zeit nebeneinander darüber hinfahren können, ohne dass sich die Achsen berühren; sie ist 48 Meter lang und 33 Meter breit. Diese Brücke entstand 1530, nachdem Kurfürst Joachim III. den Wald jenseits des Schleusenstromes zu seinem Jagdgebiete oder zum Thiergarten gemacht hatte. Um von der Burg gleich in den Wald zu kommen, baute man von der Burgwiese aus eine hölzerne Laufbrücke, gleichzeitig auch eine Jäger- und Waldwärterwohnung, nebst Stallung für die Jagdhunde; da bei Hofjagden diese Hunde stets über diese Brücke geführt wurden, so ist der Name Hundebrücke in Aufnahme gekommen und bis 1824 üblich gewesen.

Die Schleusenbrücke ist ihrer ersten Anlage nach sehr alt, denn schon vor 700 Jahren fanden die Deutschen bei den alten wendischen Schneidemühlen einen Steg über den Fluss. Bei der Regelung des Wassers zum Mühlenbetriebe wurde die Schleuse angelegt. Der eiserne Friedrich verwandelte die Schneidemühle in eine Mahlmühle, erweiterte die Laufbrücke zur Fahrbrücke und ließ die mit Buschwerk bewachsenen Inseln, den Schleusenwerder und Gänsewerder entwässern und nutzbar machen. Unter Joachim I. entstanden hier die ersten baulichen Anlagen, die durch betriebsame Einwanderer so erweitert wurden, dass der Große Kurfürst der hier entstandenen Gemeinde 1658 das Stadtrecht verlieh; so entstand der Stadttheil Friedrichs-Werder.

Die Jungfernbrücke wurde 1690 als dritte Verbindung Köllns mit dem neuentstandenen Stadttheile Friedrichs-Werder zwischen der Gertrauden- und Schleusenbrücke angelegt. Sie hieß zuerst die Spreegassenbrücke und führte von der Spreegasse zur Leipzigergasse und zum alten Leipzigerthore. Unter den französischen Einwandrern, die sich 1580 in Berlin niederließen, befand sich auch ein gewisser Blanchet, dessen neun Töchter sich mit Spitzenwaschen und Putzmachen beschäftigten; sie hatten an der Mühlgrabenbrücke einen Geschäftsladen, der sehr besucht war, da man außer französischem Putze auch allerlei Stadtneuigkeiten mit in Kauf nahm. Der Laden dieser Damen hieß allgemein der Junfernladen, und die Mühlgrabenbrücke die Jungfernbrücke. Allmählig ging dieser Name auch auf die viel besuchtere Spreegassenbrücke über, welche nunmehr als große von der erstgenannten kleinen Jungfernbrücke unterschieden wurde.

Die Friedrichsbrücke hieß ehemals die große Pomeranzenbrücke, von einem Gewächshause im Lustgarten, das wegen seiner Citronen- und Pomeranzenbäume das Pomeranzenhaus genannt wurde. Als nach Beseitigung der Festungswerke Berlin auf dem kürzesten Wege mit der Dorotheenstadt verbunden werden sollte, legte man 1719 diese 75 Meter lange Brücke an. Damals wurde der Lustgarten von einem Graben durchschnitten, der die Communication mit der Spree und dem Schleusenstrome vermittelte; die über diesen Graben führende Brücke war die Kleine Pomeranzenbrücke. Beim Bau des alten Museums 1824 ist dieser Graben verschüttet und die Kleine Pomeranzenbrücke beseitigt worden.

XI. Stadttheile.

Berlin wird von einer Grenzlinie umschlossen, die fünf Meilen lang ist; diese Grenzlinie fällt nicht in die Augen, meist sind Raine und Stege die von der Obrigkeit bestimmten Marken der Stadt, deren Erweiterung nach allen Seiten hin zulässig ist. Die Verbindungsbahn, welche sich theils innerhalb, theils außerhalb dieser Grenzlinie hinzieht, wird vielfach als der eiserne Gürtel des Stadtgebietes angenommen. Das Stadtgebiet oder das Weichbild von Berlin umfasst einen Flächeninhalt von etwas mehr als einer Quadratmeile. Weichbild oder Weihbild hieß in frühern Zeiten das Bild der heiligen Person, unter deren Schutz ein Ort gestellt war. Schon im heidnischen Alterthume war es üblich, die Städte unter den Schutz einer Gottheit zu stellen und diese als solche mit einer Thurm- oder Mauerkrone zu schmücken. In christlicher Zeit trat die Jungfrau Maria an die Stelle der heidnischen Gottheit und auch Berlin huldigte ihr als Patronin der Stadt. Auf dem Grenzzuge, welcher die Stadt umschloss, errichtete man besonders da, wo die Landstraße denselben überschreitet, kleine Kapellen mit dem geweihten Bilde „Unsrer lieben Frau", um anzudeuten, wie weit sich die Grenze der Stadt erstreckt, und um die Grenzen zu weihen und als unverletzlich zu kennzeichnen. Heutzutage heißt das ganze Gebiet, welches unter Aufsicht der Ortsobrigkeit oder des Magistrats steht, das Weichbild.

Um das Stadtgebiet vor Schädigung zu wahren, bestanden in frühern Zeiten die sogenannten Grenzbezüge oder Grenzbesichtigungen. Obrigkeitliche Personen führten die heranwachsende Jugend die Grenze entlang und ertheilte bei den Marken, die durch Pfähle, Steine, Hügel, Kreuze oder Kapellen vertreten waren, eindringliche Denkzettel; d. h. einer von den jugendlichen Mitgliedern der Prozession wurde vom Bürgermeister an den Haaren zur Marke gezogen und von einem Ratsherrn mit der Rute gestrichen, unter dem Zurufe: „Hier ist die rechte Grenze!" Dem Schmerzlichberührten reichte man darauf Backwerk als Entschädigung.

Die Stadt ist seit 1860 in einer außerordentlichen Entwickelung begriffen, nach allen Richtungen hin wachsen die Straßen und entstehen Häusergruppen, und in concentrischen Ringen legen sich die neuen Stadttheile um die alten, indem sie zugleich das Wachsthum der landesherrlichen Würde zur Anschauung bringen. Um die alte markgräfliche Stadt lagern sich die kurfürstlichen Stadttheile, die sich bis zu den Festungsgräben erstrecken; um diese reihen sich wiederum die Stadttheile, welche dem Zeitalter der Könige angehören bis zu dem Straßenzuge in der Richtung der alten Zollmauer; außerhalb dieses Straßenzuges beginnen die Anlagen derjenigen Stadttheile, deren weitere Entwickelung der Kaiserzeit vorbehalten bleibt. In wenigen Jahren werden die schnell vorgeschobenen Wanderbauten der äußern Stadttheile den eisernen Gürtel der Verbindungsbahn erreicht und der Durchmesser der mit Häusern besetzten Fläche die Ausdehnung einer Meile überschritten haben. Gegenwärtig zerfallen die 20 Stadtgebiete in 210 Verwaltungsbezirke, 50 Polizeireviere und 30 Kirchspiele oder Parochieen. Der Einwohnerzahl nach nimmt Berlin unter den Großstädten Europas den 4. Rang ein, da London, Paris und Konstantinopel mehr als eine Million Einwohner aufzuweisen haben, während die Zahl der ständigen Bevölkerung Berlins zur Zeit diese Höhe noch nicht erreicht hat. Übersichtlich gruppiren sich die zwanzig Stadttheile zu beiden Seiten der Spree wie folgt:

A Die zehn nördlichen Stadttheile auf dem rechten Spreeufer dem Lande Barnim gehörig:

1 Alt-Berlin, 2 Neu-Berlin oder das Stralauer Viertel, 3 Königstadt, 4 Sophienstadt oder das Spandauer Viertel, 5 Friedrich-Wilhelmstadt, 6 Moabit, 7 Nordrevier mit Wedding und dem Gesundbrunnen, 8 Oranienburger Revier, 9 Rosenthaler Revier, 10 Frankfurter Revier.

B Die zehn südlichen Stadttheile auf dem linken Spreeufer, dem Lande Teltow gehörig:

1 Altkölln, 2 Neukölln, 3 Altstadt Friedrichswerder, 4 Neustadt Friedrichswerder oder die Dorotheenstadt, 5 Innere Friedrichstadt, 6 Äußere Friedrichstadt, 7 Innere Luisenstadt, 8 Äußere Luisenstadt, 9 Tempelhofer Revier, 10 Schöneberger Revier.

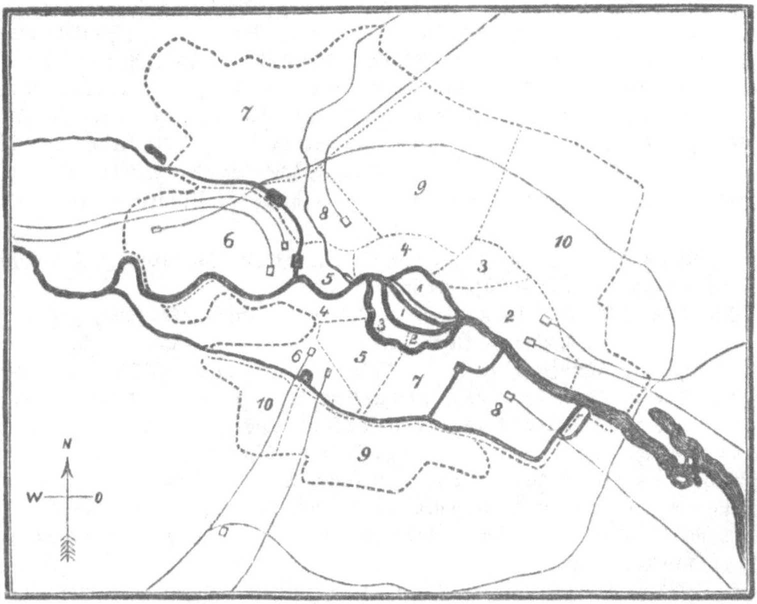

Rechtes Ufer: 1 Alt-Berlin, 2 Stralauer Viertel, 3 Königstadt, 4 Sophienstadt, 5 Friedrich-Wilhelmstadt, 6 Moabit, 7 Nordrevier mit Wedding und Brunnen, 8 Oranienburger Viertel, 9 Rosenthaler Revier, 10 Frankfurter Revier. Linkes Ufer: 1 Alt-Kölln, 2 Neu-Kölln, 3 Werder, 4 Dorotheenstadt, 5 Innere Friedrichstadt, 6 Äußere Friedrichstadt, 7 Innere Luisenstadt, 8 Äußere Luisenstadt, 9 Tempelhofer Revier, 10 Schöneberger Revier.

Die am rechten Ufer gelegenen Stadttheile:

1. **Die Altstadt Berlin**, die alte markgräfliche Residenz, zwischen dem Mühlenstrome und dem nördlichen Festungsgraben.

Straßen: Burg-, Bischof-, Heilgegeist-, Hohersteinweg-, Jüden-, Kloster-, König-, Neue Friedrich-, Papen-, Post-, Spandauer-, Stralauerstraße. Plätze: Molkenmarkt, Neuer Markt, Rathausplatz. Gebäude: Rathaus, Stadtgericht, Stadtvogtei, Polizeipräsidium, Oberpostamt, Einwohnermeldeamt, Lagerhaus, Börse. Denkmal: Reiterbild des großen Kurfürsten auf der Kurfürstenbrücke. Kirchen: Alter Tempel oder Synagoge, Garnisonkirche, Heilgegeistkirche, Klosterkirche, Marienkirche, Nikolaikirche, Parochialkirche, Waisenkirche. Begräbnisplatz: an der Parochialkirche. Schulen: Berlinisches Gymnasium zum grauen Kloster, Joachimsthalsches Gymnasium, Kriegsschule, Gewerbeakademie, Kadettenhaus, 4 Volksschulen: 21., 24., 51., 70. Gemeindeschule. Anlagen: keine. Brücken: über den Mühlenstrom: Waisenbrücke, Dammbrücke, Kurfürstenbrücke, Dombrücke, Friedrichsbrücke; über den nördlichen Festungsgraben: Stralauerbrücke, Königsbrücke, Rochbrücke, Spandauerbrücke, Herkulesbrücke. Bahnhöfe: keine.

2. **Die Neustadt Berlin**, oder das Stralauer Viertel; zwischen Spree, Königsgraben, Kaiserstraße, Elisabethstraße und Landsberger Communication.

Straßen: Andreas-, südliche Alexander-, Blumen-, Breslauer-, Frankfurter-, Frucht-, Grünerweg-, Holzmarkt-, Krauts-, Koppen-, Lange-, Markus-, Mühlen-, Raupach-, Schilling-, Wallner-Theaterstraße. Plätze; Andreasplatz, Küstrinerplatz, Stralauerplatz. Gebäude: Nikolaus-Hospital, Friedrich-Wilhelms-Hospital, Wallnertheater. Denkmäler: keine. Kirchen: Andreaskirche, Markuskirche. Begräbnißplätze: keine. Schulen: Andreasschule und 11 Volksschulen: 3., 12., 18., 30, 34., 38., 49., 52., 59., 64., 69, 71. Gemeindeschule. Anlagen: Stralauerplatz. Brücken: über die Spree: Oberbaumsbrücke, Bahnbrücke, Schillingsbrücke, Jannowitzbrücke; über den Königsgraben: Stralauerbrücke, Kasernenbrücke. Bahnhöfe: Ostbahnhof, Frankfurter Bahnhof.

3. **Die Königstadt,** zwischen Königsgraben, Kaiserstraße, Elisabethstraße, Friedrichshain, Kirchhofsberg und Kleine Alexanderstraße.

Straßen: Nördliche Alexanderstraße, Büsching-, Barnim-, Elisabeth-, Friedens-, Flieder-, Georgenkirch-, Gollnow-, Höchst-, Keibel-, Landsberger-, Neue König-, Prenzlauer-, Pallisaden-, Straußberger-, Wein-, Weber-, Wadzeckstraße. Plätze: Alexanderplatz, Büschingsplatz, Landsbergerplatz, Georgenkirchplatz, Bartholomäuskirchplatz. Gebäude: Schützenhaus, Arbeitshaus. Denkmäler: keine. Kirchen: Georgenkirche Bartholomäuskirche, Stephanskapelle. Begräbnißplätze: die alten Kirchhöfe der Heilgengeist-, Marien-, Nikolai-, Kloster-Gemeinde, Prenzlauerstraße 62. Schulen: Königstädtsches Realium, 8 Volksschulen: 6., 9. und 10., 11., 23., 33. und 66., 58. Gemeindeschule. Anlagen: keine. Brücken: über den Königsgraben: die Königsbrücke. Bahnhöfe: keine.

4. **Die Sophienstadt** oder das Spandauer Viertel, zwischen Spree, Kleine Alexander-, Wollank-, Thor-, Friedrichstraße.

Straßen: August-, Artillerie-, Dragoner-, Gips-, Grenadier-, Hamburger-, Hirten-, Johannis-, Krausnick-, Linien-, Münz-, Oranienburger-, Rosenthaler-, Sophien-, Schönhauser-, Weinmeister-, Wollank-, Ziegelstraße. Plätze: Haakscher Markt, Koppenplatz, Rosenthalerplatz. Merkenswerte Gebäude: Domkandidatenstift, Hedwigskrankenhaus, Jüdisches Krankenhaus, Posthof, Victoriatheater, Schloss Monbijou. Denkmäler: Koppedenkmal auf dem Koppenplatze. Kirchen: Johanniskirche (Evangelisten-), Sophienkirche, Neuer Tempel, Reform-Tempel. Begräbnißplätze: Garnisonkirchhof Linienstraße 207, Alter Sophienkirchhof und Alter Judenkirchhof bei der Sophienkirche. Schulen: Sophien-Gymnasium, Sophien-Realium, Lehrerseminar, Jüdische Hochschule, Luisenschule, Taubstummeninstitut, 4 Volksschulen: 8., 36., 45., 63. Gemeindeschule. Anlagen: Monbijougarten. Brücken: über den Königsgraben: Herkulesbrücke, Spandauerbrücke, Rochbrücke; über die Spree: Ebertsbrücke, Weidendammbrücke. Bahnhöfe keine.

5. **Die Friedrich-Wilhelmsstadt,** zwischen Spree, Friedrichstraße, Kirchhofs-Communication, Invalidenstraße, Humboldtshafen.

Straßen: Albrecht-, Communications-, Charité-, Friedrich-, Karls-, Luisen-, Marien-, Phillipp-, Schumannstraße, Schiffbauerdamm. Plätze: Karlsplatz, Luisenplatz, Thierarzneischulplatz. Gebäude: Charité, Gardekaserne. Markthalle, Anatomie, Friedrich-Wilhelmstädtisches Theater. Denkmäler: keine. Kirchen: Philippuskirche. Begräbnißplätze: Alter Charitékirchhof an der Invalidenstraße. Schulen: Friedrichs-Gymnasium, Friedrichs-Realium, Thierarzneischule. Anlagen: Thierarzneischulgarten. Brücken: über die Spree: Weidendammbrücke, Marschallbrücke, Unterbaumsbrücke, Alsenbrücke: über den Nordkanal: Untere Zwillingsbrücke, Invalidenbrücke; über die Panke führen meist Straßen. Bahnhöfe: keine.

6. **Moabit,** zwischen Spree, Humboldtshafen, Nordkanal, Kasernenstraße.

Straßen: Beussel-, Birken-, Haide-, Invaliden-, Moabiter-, Paul-, Strom-, Thurm-, Torf-, Werft-, Waldstraße. Plätze: Exercierplatz, Turnplatz, Kleiner Thiergartenplatz. Gebäude: Zellengefängniss, Ulanenkaserne, Magdalenenstift, Johannisstift, Neu-Rummelsburg, Bethesda. Denkmäler: keine Kirchen: Johanniskirche (des Täufers). Begräbnissplätze: Johanniskirchhof, Moabiterstraße 51. Schulen: 2 Volksschulen: 31., 41. Gemeindeschule. Anlagen: Borsigs Garten. Brücken: über die Spree: Alsenbrücke, Hannoversche Bahnhofsbrücke, Moabiterbrücke; über den Nordkanal: Untere Zwillingsbrücke, Invalidenbrücke, Nordhafenbrücke, Fennstraßenbrücke, Torfstraßenbrücke, Seestraßenbrücke. Bahnhöfe: Hamburger und Hannoverscher Bahnhof. Halteplatz der Verbindungsbahn.

7. **Das Nordrevier,** oder die Stadttheile Wedding und Gesundbrunnen; zwischen Nordkanal, der neuen oder zweiten Panke, Grenzstraße und Weichbildgrenze.

Straßen: Bad-, Brunnen-, Colonie-, Fenn-, Grenz-, Gericht-, Grünthaler-, Hoch-, Müller-, Prinzenallee-, Pank-, Reinikendorfer-, Seller-, See-, Schul-, Schweden-, Stettiner-, Trift-, Tegelerstraße. Plätze: Weddingplatz, Ruheplatz. Gebäude: Das grüne Haus. Denkmäler: keine. Kirchen: Nazarethkirche auf dem Wedding, Pauluskirche auf dem Brunnen. Begräbnissplätze: Philippskirchhof Müllerstraße 45, Charitékirchhof Müllerstraße 42, Garnisonkirchhof Müllerstraße 32, Nazareth- und Pauluskirchhof Gerichtsstraße 23. Schulen: 5 Volksschulen: 19., 32., 56., 65., 73. Gemeindeschule. Anlagen: Brunnengarten. Brücken: mehrere Brücken über die Panke; über den Nordkanal: Fennstraßenbrücke, Torfstraßenbrücke, Seestraßenbrücke, und mehrere Bahnbrücken. Bahnhöfe: Halteplätze der Verbindungsbahn auf dem Wedding und dem Gesundbrunnen.

8. **Oranienburger Revier,** zwischen Nordkanal, Kirchhofscommunication, Thorstraße, Borsigstraße, Stettinerbahn, Verbindungsbahn, Panke.

Straßen: Borsig-, Boyen-, Chaussee-, Invaliden-, Kessel-, Liesen-, Scharnhorst-, Tieck-, Thorstraße. Plätze: Artillerieplatz. Gebäude: Invalidenhaus, Gardekaserne, Eisengießerei, Garnisonlazareth, Centralturnanstalt, Borsigs Maschinenfabrik. Denkmäler: Kriegersäule und Amazonenobelisk im Invalidenpark. Kirchen: Golgathakirche, die beiden Invalidenhauskirchen. Begräbnissplätze: zwischen der Kirchhofscommunication, Chausseestraße und Invalidenstraße, Alter Charitékirchhof, Invalidenstraße 66, Alter Dorotheenkirchhof, Werderkirchhof, Hedwigskirchhof, Französischerkirchhof Chausseestraße 105, Neuer Dorotheenkirchhof, Werderkirchhof, Hedwigskirchhof, Französischerkirchhof Liesenstraße, Domkirchhof Liesenstraße 9, Invalidenkirchhof Scharnhorststraße 38. Anlagen: Invalidenpark; seit 1750 als Erholungsort für die Bewohner des Invalidenhauses. Schulen: 2 Volksschulen: 14., 43. Gemeindeschule. Brücken: über die Panke, erste oder alte, zweite oder neue Pankbrücke, Invalidenbrücke, Nordhafenbrücke. Bahnhöfe: Stettiner Bahnhof.

9. **Rosenthaler Revier,** zwischen Stettiner Bahn, Thor- und Wollankstraße, Exerzierhauscommunication, Prenzlauer Chaussee und Weichbildgrenze.

Straßen: Anklamer-, Acker, Brunnen-, Bernauer-, Christinen, Fehrbelliner-, Garten-, Invaliden-, Kastanienallee-, Lottum-, Pappelallee-, Rheinsberger-, Ruppiner-, Strelitzer-, Schönhauser Allee-, Schwedter-, Weinberg-, Zionskirchstraße. Plätze: Gartenplatz, Pappelplatz, Exercierplatz, Zionskirchplatz. Gebäude: Viehhof, Marthashof oder Mägdeherberge, Vorstädtisches Theater. Denkmäler: keine. Kirchen: Zionskirche, Zionskapelle, Elisabetkirche. Begräbnissplätze: Elisabetkirchhof Ackerstraße 36, Zionskirchhof ebenda, Sophienkirchhof Gartenstraße 4 und Bergstraße 32, Kristkatholischer Kirchhof, Pappelallee 13, Freigemeindekirchhof Pappelallee 15, Judenkirchhof Schönhauser Allee 22. Schulen: 11 Volksschulen: 1., 13., 15., 17., 25., 35., 39., 55., 61., 67., 74. Gemeindeschule. Anlagen: Humboldtshain zwischen Viehhof und Verbindungsbahn auf der Brunnenkuppe. Brücken: keine. Bahnhöfe: Nordbahnhof.

10. **Frankfurter Revier,** zwischen Prenzlauer Chaussee, Kirchhofstraße, Friedensstraße, Landsberger- und Frankfurtercommunication, Spree und Weichbildgrenze.

Straßen: Voxhagenerstraße, Frankfurter Chaussee, Greifswalder-, Heinersdorferstraße, Landsberger Chaussee, Markgrafendamm, Weidenweg. Plätze: Landsbergerplatz. Gebäude: Städtisches Krankenhaus, Wasserwerke, Rummelsburger Waisenhaus. Denkmäler: Büstenbild Friedrich des Großen im Friedrichshain. Kirchen: keine. Begräbnisplätze: Andreaskirchhof, Alter Markuskirchhof, Alter Georgenkirchhof an der Greifswalderstraße, Bartholomäuskirchhof und Neuer Markuskirchhof an der Landsberger Chaussee, Parochialkirchhof, Petrikirchhof und Neuer Georgenkirchhof an der Landsbergercommunication, Begräbnisplatz der 300 Märzgefallenen auf der Höhe des Friedrichshaines. Schulen: keine. Anlagen: Friedrichshain. Brücken: über die Spree Oberbaumsbrücke, Verbindungsbahnbrücke. Bahnhöfe: Halteplatz Friedrichsberg an der Verbindungsbahn.

Die am linken Ufer gelegenen Stadttheile:

1. **Die Altstadt Kölln** zwischen Mühlenstrom und Schleusenstrom; die Inselstadt und alte kurfürstliche Residenz; jetzt Mittelpunkt der Kaiserstadt.

Straßen: Breite-, Brüder-, Fischerstraße, Fischerbrücke, Friedrichsgracht, Grün-Gertrauden-, Rosstraße, Stechbahn, Scharrenstraße, Schlossfreiheit. Plätze: Köllnischer Fischmarkt, Petriplatz, Schlossplatz, Lustgarten. Gebäude: Schloss, Marstall, Altes und Neues Museum, Nationalgallerie, Köllnisches Rathaus. Denkmäler: Reiterbild Friedrich Wilhelm III. im Lustgarten, Ritter St. Georg im Schlosshofe, Granitschale aus dem Markgrafenstein von den Rauenschen Bergen, die Rossebändiger auf der Schlossterrasse, die Amazonen- und Löwenjägergruppe, die Marmorgruppen auf der Schlossbrücke, die Adlersäule. Kirchen: Petrikirche, Dom, Schlosskapelle. Begräbnisplätze: Die Gruft der Hohenzollern im Dom. Schulen: keine. Anlagen: der Lustgarten. Brücken: über den Mühlenstrom: Dammbrücke, Kurfürstenbrücke, Dombrücke, Friedrichsbrücke; über den Schleusenstrom: Inselbrücke, Rosstraßenbrücke, Grünstraßenbrücke, Gertraudenbrücke, Jungfernbrücke, Schleusenbrücke, Eisernebrücke, Mehlbrücke. Bahnhöfe: keine.

2. **Neukölln,** zwischen Schleusenstrom, der Spree, dem südlichen Festungsgraben und dem Spittelmarkte.

Straßen: Beuthstraße, Neukölln am Wasser, Neue Ross-, Neue Grün-, Insel-, Wallstraße. Plätze: Spittelmarkt. Gebäude: Freimaurerloge, Splittgerbergasse 3. Denkmäler: keine. Kirchen: Spittel- oder Gertraudtenkirche. Begräbnisplätze: keine. Schulen: Köllnisches Gymnasium. Anlagen: keine. Brücken: über den Schleusenstrom: Inselbrücke, Rosstraßenbrücke, Gertraudtenbrücke; über die Spree: Waisenbrücke; über den südlichen Festungsgraben: Wallbrücke; vom Straßenlauf verdeckt sind Neuerosstraßenbrücke, Neuegrünstraßenbrücke, Beuthstraßenbrücke, Sparwaldshof. Bahnhöfe: keine.

3. **Die Altstadt Friedrichswerder,** zwischen Schleusenstrom, dem südlichen Festungsgraben und Spittelmarkt; ursprünglich ein Bruchland, daher Werder.

Straßen: Adler-, Alte Leipziger-, Holzgarten-, Große und Kleine Jäger-, Kur-, Kreuz-, Ober- und Niederwall-, Ober- und Unterwasser-, Werderstraße, Durchgang:

Raules Hof. Plätze: Werderscher Markt, Hausvogteiplatz, Schinkelplatz, Zeughausplatz, Paroleplatz bei der Hauptwache. Gebäude: Zeughaus, Kommandantur, Kronprinzliches Palais, Prinzessinnenpalais, Münze, Bank, Telegraphenamt, Hauptwache, Hausvogtei, Fürstenhaus, Finanzministerium. Denkmäler: Brustbild König Friedrich I. über dem Portale des Zeughauses, die 4 Figuren vor dem Eingange, die Waffenwerkkünste darstellend, der Flensburger Löwe im Zeughaushofe, ebendaselbst die Schlüterschen Masken, die Standbilder der drei Kulturisten Schinkel, Beuth, Thär auf dem Schinkelplatz. Kirchen: Werdersche Kirche. Begräbnisplätze: keine. Schulen: Werdersches Gymnasium, Französisches Gymnasium, Werdersche Gewerbeschule, Bauakademie, Singakademie. Anlagen: Schinkelplatz. Brücken: über den Schleusenstrom: Jungfernbrücke, Schleusenbrücke, Schlossbrücke, Eisernebrücke, über den südlichen Festungsgraben, meist verdeckt: Laubengang der Leipziger- und Mohrenkolonnaden, Schinkenbrücke, Jerusalemerstraße 24, Taubenstraßenbrücke, Durchgang Hausvogteiplatz 4, Jägerstraßenbrücke 30, Französischestraßenbrücke 33, Opernbrücke vom Prinzessinnenpalais zur Singakademie, Dorotheenstraßenbrücke, Kupfergrabenbrücke. Bahnhöfe: keine.

4. **Die Dorotheenstadt**, oder Neustadt Friedrichswerder; zwischen Kupfergraben (westlicher Festungsgraben), Spree, Thiergarten, Behrenstraße, seit 1673.

Straßen: Alsen-, Bismarck-, Charlotten-, Dorotheen-, Friedrichs-, Georgen, Herwart-, Hindersinstraße, Kupfergraben, Mittel-, Moltke-, Neustädtschekirch-, Neue Wilhelmstraße, Kaisergalerie, Roon-, Sommer-, Schadowstraße, Unter den Linden, Universitätsstraße. Plätze: Opernplatz, Paradeplatz, Pariserplatz, Königsplatz, Hegelplatz. Gebäude: Kaiserliches Palais, Bibliothek, Opernhaus, Universität, Akademie, Generalstabsgebäude, Kroll, Russisches und Französisches Gesandtschaftshotel, Blüchers Palais, Aquarium Unter den Linden 68, Rennspielhaus oder der Circus Friedrichstraße 141, Unterrichtsministerium Unter den Linden 73, Inneres Ministerium Unter den Linden 73. Denkmäler: Standbilder von Blücher, Gneisenau, York, Scharnhorst, Bülow, Reiterbild Friedrichs des Großen, Victoria auf dem Brandenburger Thor, Siegessäule auf dem Königsplatz, Büstenbild Hegels am Hegelplatz. Kirchen: Hedwigskirche, Dorotheenkirche. Begräbnisplätze: Alter Dorotheenkirchhof bei der Dorotheenkirche. Schulen: Universität oder Hochschule für Gelehrte, Akademie oder Hochschule für Künstler, Friedrichwilhelmsinstitut oder Pepinière, Artillerie- oder Ingenieurschule, Dorotheenstädtsches Realium, 2 Volksschulen: die Hedwigsschule und 26. Gemeindeschule Dorotheenstraße 69. Anlagen: Kastanienwäldchen, Opernplatz, Königsplatz, Kleiner botanischer Garten. Brücken: über die Spree: Ebertsbrücke, Weidendammerbrücke, Marschallsbrücke, Unterbaumbrücke, Alsenbrücke, Hannoverschebahnbrücke; über den Kupfergraben: Mehlbrücke, Kupfergrabenbrücke, Dorotheenbrücke, Opernbrücke, Französischestraßenbrücke. Bahnhöfe: keine.

5. **Die alte oder innere Friedrichstadt** zwischen Lindenstraße, Königgrätzerstraße und Behrenstraße; seit 1688.

Straßen: Anhalt-, Behren-, Bessel-, Charlotten-, Dorotheen-, Friedrich-, Französische-, Hedemann-, Jerusalemer-, Junker-, Jäger-, Koch-, Kronen-, Kommandanten-, Krausen-, Leipziger-, Linden-, Markgrafen-, Mohren-, Mauer-, Puttkammer-, Schützen-, Tauben-, Wilhelms-, Zimmerstraße. Plätze: Wilhelmsplatz, Schillerplatz, Dönhofsplatz, Leipzigerplatz, Dreifaltigkeitsplatz, Zietenplatz, Belleallianceplatz, Jerusalemerkirchplatz, Enkeplatz. Gebäude: Prinz Karl Palais, Prinz Albrecht Palais, Prinz Adalbert Palais, Kriegs- (Leipzigerstraße 5), Handels- (Wilhelmstraße 89), Marine- (Leipzigerplatz 12), Staats- (Wilhelmstraße 74), Auswärtiges (Wilhelmstraße 76), Justiz- (Wilhelmstraße 65), Haus- (Wilhelmstraße 73), Landwirtschaftliches-Ministerium (Schützenstraße 76), Reichstagsgebäude, Schauspielhaus, Sternwarte, Seehandlung, Lotterie,

Reichspostamt, Triangel. Denkmäler: Standbilder von Zieten, Seidlitz, Schwerin, Dessau, Winterfeld, Keith auf dem Wilhelmsplatz, Schiller auf dem Schillerplatz, Bachus und Ariadne auf den Treppenwagen des Schauspielhauses, Friedenssäule auf dem Belleallianceplatz. Kirchen: Deutscher und Französischer Dom, Dreifaltigkeitskirche, Bethlehems oder Böhmischekirche, Jerusalemskirche, Christuskirche, Herrnhuterkirche oder Brüdersaal, Englische Kapelle. Begräbnißplätze: keine. Schulen: Friedrich-Wilhelms-Gymnasium und Realium, Lehrerinnenseminar, Augustaschule, Elisabetschule, Luisenstift, Blindeninstitut, 3 Volksschulen: 16., 27. und 44. Gemeindeschule. Anlagen: Schillerplatz, Belleallianceplatz, Wilhelmsplatz: Brücken: über den südlichen Festungsgraben: Laubengang der Leipziger- und Mohrenkolonnaden, Schinkenbrücke an der Mohren- und Jerusalemerstraßenecke, Bullenwinkelbrücke im Durchgang zum Hausvogteiplatz, Jägerbrücke in der Weitung der Jägerstraße, Telegraphenamtbrücke in der Französischenstraße; über den Südkanal: Halleschebrücke. Bahnhöfe: keine.

6. **Die neue oder äußere Friedrichstadt,** zwischen Südkanal, Königgrätzerstraße, Lennéstraße, Thiergartenstraße und Lichtensteinallee; seit 1840.

Straßen: Augusta-, Bernburger-, Bellevüe, Bahnhof, Bendler-, Cornelius-, Drake-, Dessauer-, Eichhorn-, Großbeeren-, Heydtstraße, Hallesches Ufer, Hildebrand-Hitzig-, Hallesche-, Hohenzollern-, Königgrätzer-, Köthner-, Kleinbeeren-, Lenné-, Linkstraße, Lichtensteinallee, Matthäikirch-, Möckern-, Potsdamer-, Regenten-, Rauch, Schöneberger-, Sigismund-, Stüler-, Schelling-, Thiergarten-, Victoriastraße. Plätze: Askanischerplatz, Hafenplatz, Potsdamerplatz, Kemperplatz, Matthäikirchplatz Gebäude: keine. Denkmäler: keine. Kirchen: Lukaskirche, Matthäikirche, Christuskirche. Begräbnißplätze: keine. Schulen: Wilhelmsgymnasium, eine Volksschule: 40. Gemeindeschule. Anlagen: Hafenplatz. Brücken: über den Südkanal: Halleschebrücke, Großbeerenbrücke, Möckernbrücke, Schönebergerbrücke, Eisenbahnbrücke, Potsdamerviaduct, Augustabrücke, v. d. Heydtbrücke, Albrechtshoferbrücke, Lichtensteinbrücke; über den Fasanengraben: Fasanenbrücke, Hitzigbrücke. Bahnhöfe: Potsdamer- und Anhalterbahnhof.

7. **Alte oder innere Luisenstadt** zwischen Spree, Luisenkanal, Südkanal, Lindenstraße und südlichem Festungsgraben.

Straßen: Alexandrinen-, Annen-, Brandenburg-, Dresdner-, Engelufer-, Feilner-, Gitschiner-, Hollmann-, Jakob-, Kommandantenstraße, Kohlenufer, Köpnickerstraße, Luisenufer, Melchior-, Michaeliskirchstraße, Neuenburger-, Neander-, Oranien-, Prinzen, Prinzessinnen-, Ritter-, Schmidt-, Sebastian-, Stallschreiber-, Wasserthorstraße. Plätze: Moritzplatz, Michaeliskirchplatz, Oranienplatz. Gebäude: Turnhalle, Staatsdruckerei, Kammergericht, Arresthaus, Ursulinerstift, Feuerwehr. Denkmäler: keine. Kirchen: Luisenkirche, Jakobikirche, Michaeliskirche, Lutherskirche, Jesuskirche, Simeonskirche, Wallonenkirche. Begräbnißplätze: Alter Luisenkirchhof bei der Luisenkirche, Alter Jakobikirchhof zwischen Oranien- und Kürassierstraße. Schulen: Luisenstädtsches Gymnasium und Realium, Luisenstädtsche Gewerbeschule, Victoriaschule, 9 Volksschulen: 2., 4., 5., 7., 28., 29., 47., 57., 72 Gemeindeschule. Anlagen: Michaeliskirchplatz. Brücken: über die Spree: Jannowitzbrücke, Schillingsbrücke; über den Luisenkanal: Obere Zwillingsbrücke, Köpnickerbrücke, Adalbertsbrücke, Königinbrücke, Oranienbrücke, Wasserthorbrücke; über den Südkanal: Prinzenstraßen- oder Gasbrücke; über den südlichen Festungsgraben, meist verdeckt: Wallbrücke, Neue Rosstraßenbrücke, Neue Grünstraßenbrücke, Beuthstraßenbrücke, Sparwaldsbrücke. Bahnhöfe: keine.

8. **Neue oder äußere Luisenstadt,** zwischen Spree, Südkanal und Luisenkanal.

Straßen: Adalbert-, Britzerstraße, Bethanienufer-, Cuvry-, Dresdnerstraße, Elisabetufer, Eisenbahnstraße, Görlitzerufer, Köpnickerstraße, Kottbuserufer, Kottbuser-, Lausitzer-, Manteuffel-, Mariannen-, Naunyn-, Oranien-, Skalitzer-, Wrangel-, Waldemarstraße. Plätze: Mariannenplatz, Oranienplatz, Heinrichsplatz, Lausitzerplatz, Kottbuserplatz. Gebäude: Bethanien, Modellhaus, Schützenkaserne. Denkmäler: keine. Kirchen: Thomaskirche, Bethanienkirche. Begräbnisplätze: keine. Schulen. 8 Volksschulen: 20., 37., 42, 46., 50., 54., 62., 68. Gemeindeschule. Anlagen: Mariannenplatz. Brücken: über die Spree: Schillingsbrücke, Eisenbahnbrücke, Oberbaumbrücke; über den Luisenkanal: Obere Zwillingsbrücke, Köpnickerbrücke, Adalbertbrücke, Königinbrücke, Oranienbrücke, Wasserthorbrücke; über den Südkanal: Schlesischebrücke, Oberfreiarchenbrücke, Treptowerbrücke, Görlitzerbahnbrücke, Kottbuserbrücke, Badbrücke. Bahnhöfe: Görlitzerbahnhof.

9. **Tempelhofer Revier,** zwischen Südkanal, Spree, Potsdamerbahn und Weichbildgrenze.

Straßen: Bergmanns-, Belleallìance-, Baruther-, Großbeeren-, Gneisenau-, Hagelsberger-, Hasenhaide-, Johanniterstraße, Kottbuserdamm, Kreuzberg-, Lankwitz-, Luckenwalder-, Möckern-, Nostitz-, Pionier-, Planufer-, Schinke-, Teltower-, Trebbiner-, Tempelherrnstraße, Teltowerufer, Wiesenufer, Waterlooufer, Wartenburg-, Yorkstraße. Plätze: Hallescherplatz, Johannistisch, Urban. Gebäude: Dragonerkaserne, Grenadierkaserne, Gertraudenhospital, Erziehungshaus am Urban, Actienbrauerei Tivoli. Denkmäler: Nationaldenkmal auf dem Kreuzberge. Kirchen: Kreuzkirche. Begräbnisplätze: Hallesche Kirchhöfe am Halleschenplatz, Böhmischerkirchhof, Brüdergemeindekirchhof, alter Dreifaltigkeitskirchhof, alter Jerusalemerkirchhof Pionierstraße 1, neuer Jerusalemerkirchhof und neuer Deutscher Domkirchhof Belleallìancestraße 97, Kirchhöfe an der Bergmannsstraße: neuer Dreifaltigkeitskirchhof, neuer Werderscherkirchhof, neuer Deutscher Domkirchhof, neuer Luisenkirchhof, neuer Jerusalemskirchhof, Kreuzkirchhof, neuer Jakobikirchhof am Rollkrug, Matthiaskirchhof an der Britzer Chaussee, Thomaskirchhof ebendaselbst, Garnisonkirchhof hinter der Hasenhaide. Schulen: 2 Volksschulen: 43., 60. Gemeindeschule. Anlagen: Urban, Hasenhaide, Karlsgarten. Brücken: über den Südkanal: Schönebergerbrücke, Anhaltschebahnbrücke, Möckernbrücke, Großbeerenbrücke, Halleschebrücke, Gasbrücke, Badbrücke, Kottbuserbrücke, Treptowerbrücke, Freiarchenbrücke; über die Spree: Verbindungsbahnbrücke. Bahnhöfe: keine.

10. **Schöneberger Revier,** zwischen Südkanal, Potsdamerbahn, Kurfürstendamm und Weichbildgrenze.

Straßen: Blumeshof, Derfflinger-, Flottwell-, Großgörschen-, Genthiner-, Hübner-, Körner, Kurfürsten-, Karlsbad-, Kolonnen-, Landgrafen-, Lützowstraße, Lützowerufer, Maaßen-, Motz-, Potsdamer-, Schill-, Schönebergerstraße, Schönebergerufer, Steglitzerstraße. Plätze: Lützowermarkt, Kilganplatz, Lützowplatz. Gebäude: Elisabetkrankenhaus, Missionshaus. Denkmäler: keine. Kirchen: Zwölf Apostelkirche, Matthiaskirche, Elisabetkapelle. Begräbnisplätze: Matthäikirchhof Großgörschenstraße, Lukaskirchhof ebendaselbst, Zwölfapostelkirchhof Kolonnenstraße. Schulen: 2 Volksschulen: 22., 53. Gemeindeschule. Anlagen: Botanischer und Zoologischer Garten. Brücken über den Südkanal: Schönebergerbahnbrücke, Potsdamerbahnbrücke, Potsdamerviaduct Augustabrücke, Potsdamerbrücke, v. d. Heydtbrücke, Albrechtshoferbrücke, Lichtensteinbrücke Bahnhöfe: keine.

XII. Wegweiser.

Abgeordnetenhaus, Leipzigerstr. 75. Abdeckerei und Scharfrichterei, Müllerstr. 81. Ägyptisches Museum, im neuen Museum. Akademiegebäude, Linden 38. Alexanderkaserne, Alexanderstr. 10. Amalienhaus, Frauenherberge, Kurfürstenstr. 21. Abelshaus, Wilhelmstraße 70. Achard'sche Fundation, Französischestr. 40. Admiralsgarten, Friedrichstr. 162. Prinz Adalbert Palais, Leipzigerplatz 11. Prinz Albrecht Palais, Wilhelmstr. 102. Anatomie, im Thierarzneischulgarten. Anatomisches Museum, im alten Museum. Antiquarium, im alten Museum. Andreaskirche, am Stralauerpl.; Begräbnisplatz Greifswalderstr. und Landsberger Chaussee. Andreasschule, Stralauerpl. 24. Apostelkirche, Kurfürstenstr. 140; Begräbnisplatz in der Kolonnenstr. bei Schöneberg. Apellationsgericht, Hollmannstr. 21. Aquarium, Linden 68. Arresthaus, Lindenstr. 36. Artillerieschule, Linden 74. Artillerieschießschule, Sommerstr. 10. Artilleriekaserne, Friedrichstr. 118, Kupfergraben 1. Artillerielaboratorium, zwischen Torf- und Fennstr., am Exerciepl. Ariongarten, Leipzigerstr. 14. Arnimsaal, Linden 44. Architectenverein, Wilhelmstr. 118. Artillerieschießplatz, bei Tegel. Arbeitshaus, Alexanderpl. 3. Asyle, für Männer, Dorotheenstr. 35; für Frauen, Füsilierstr. 3; für Säuglinge, Strelitzerstr. 11; für Krüppel, Elisabetstr. 41. Astronomisches Kabinet, Holzgartenstr. 9. Augustahospital, Scharnhorststr. 1. Augustaschule, Schützenstr. 8. Auditoriat, Friedrichstr. 23. Augenklinik, Karlstraße 46. Aussichtspunkte: Kreuzberg, Schlossdach, Rathausthurm, Marienthurm, Zionskirche, Invalidensäule, Westend. Auerbachs Waisenhaus, Oranienburgerstr. 38.

Badeanstalten: Schillingstr. 8, Auguststr. 21, Kommandantenstr. 9, ferner Maaß am Oberbaum, Pochhammer an der Stralauerbrücke, Kampmeier in Moabit. Ballhaus, Joachimsstr. 20. Bank, Jägerstr. 34. Baptistenkapelle, Schmidtstr. 17. Barheines Marmorwaarensaal, Friedrichstr. 171. Basar, Gerson B.; Werderscher Markt 5; Hertzog B., Breitestr. 15; Victoria B., Leipzigerstr. 92. Bartholomäuskirche, Neue Königstr. 25; Begräbnispl. Landsberger Chaussee. Bartholdihaus, der Kronenschmied, Spandauerstr. 72. Baumschule, im Thiergarten beim Försterhause. Bauschule, am Schinkelpl. Bellevüe, im Thiergarten, Bergakademie, Lustgarten 6. Bergbrauerei, Hasentheide. Bethanien, am Mariannenpl. Bethesda, Frauensiechenhaus am Plötzensee. Bethlehemskirche oder Böhmische Kirche, Mauer- und Krausenstraßenecke; Begräbnißpl., Pionierstr. 1 und Hasenheide. Beerdigungsverwaltung, Georgenstr. 12. Berlinisches Gymnasium, Klosterstr. 74. Berlinisches Rathaus, Königstr. Bibliothek, kaiserliche, am Opernpl.; Universitäts-Bibliothek, Taubenstr. 29 und Volksbibliotheken. Bibelgesellschaftshaus, Klosterstr. 71. Blankenfeldeshaus, Spandauerstr. 49. Blankertz, Stahlfederfabrik, Fliederstr. 4. Bildergallerie, im alten Museum. Blindenanstalt, Wilhelmstr. 139. Börse, Burgstr. 25. Bock, Tempelhofer, am Kreuzberge; Spandauer, bei Westend. Borsigs Lokomotiven-Fabrik, Chausseestr. 1. Botanischer Garten, Potsdamerstr. 75. Brotfabrik, Holzmarktstr. 4, an der Michaeliskirchstr. Bronzegießerei, Münzstr. 10. Brüdersaal oder Kirche der Brüdergemeinde, Wilhelmstr. 136, Begräbnißpl., Pionierstr. 1 und Hasenhaide. Bürgerrettungsanstalt, im Berliner Rathause. Bundeskanzleramt, Wilhelmstr. 74.

Cadettenhaus, Neue Friedrichstr. 13. Callenbachtheater, Johannistisch. Central-Turnanstalt, Scharnhorststr. 2. Charité, Unterbaumstr. 7; Begräbnißpl. Invalidenstr., Müllerstr. Christuskirche, Königgrätzerstr. 96. Christkatholische Kapelle, Neue Friedrichstr. 47; Begräbnißpl., Pappelallee. Christliches Museum, im Universitätsgebäude. Chemisches Laboratorium, Georgenstr. 34. Circus, Friedrichstr. 141. Colonnaden, Leipziger-, Mohren-, Königs-. Consistorium, Kleine Jägerstr. 1. Conservatorium von Stern, Friedrichstr. 214. Concerthaus, Leipzigerstr. 48. Concerte, Militär-, Sinfonie-, Unterhaltungs-C. Creditbank; an der Opernpromenade.

Dampfschiffanlegestelle, an der Jannowitzbrücke. Dampfschifffahrtwerft, Köpnickerstr. 8. Dankelmannshaus, Dorotheenstr. 24 Deutscher Dom oder Neue Kirche, Schillerpl. und Mohrenstr.; Begräbnißpl., Pionierstr. 1, Bellealliancestr. 97, Bergmannstr. 5. Dienstmannsinstitut, Krausenstr. 17, Lindenstr. 75. Derfflingershaus, Köllnischer Fischmarkt 4. Diakonissenhaus, Bethanien, Mariannenpl. Diakonissenkirche, ebenda. Diestelmeierhaus, Polizeipräsidium. Diesterwegshaus, Oranienburgerstr. 29, Hafenpl. 4. Dom, am Lustgarten; Begräbnißpl, Elisabetstr. 35, Liesenstr. 6. Diskontogesellschaft, Behrenstr. 44. Domhospital, Georgenstr. 22. Domkandidatenstift, Oranienburgerstr. 76. Dorotheenkirche oder Neustädtsche Kirche, Mittelstr. 28; Begräbnißpl., Chausseestr. 105, Liesenstr. 9. Dorotheenstädtsches Realium, Georgenstr. 23. Dreifaltigkeitskirche, Mauer- und Mohrenstraßenecke; Begräbnißpl., Pionierstr. 1, Bergmannstr. 3. Drei Weltkugeln, Loge, Splittgerbergasse 3. Dreiprinzenpalais, Wilhelmstr. 65, Prinzen: Friedrich, Alexander, Georg. Dragonerkaserne, Belleallianceстr. 6, Alexandrinenstr. 12, Lindenstr. 36. Droschkenverein, Annenstr. 16. Durchgänge oder Passagen, Kaisergalerie und Naules Hof. Dustrer Keller, Bergmannstr. 1.

Ebenezer oder Krüppelasyl, Elisabetstr. 41. Eierhäuschen, bei Treptow. Einwohnermeldeamt, Poststr. 16. Eichungsämter: Münzstr. 18, Dorotheenstr. 67, Alexandrinenstr. 94. Eisengießerei, Kaiserliche, Invalidenstr. 44; Borsigsche, in Moabit. Eiskeller, Bierhalle, Chausseestr. 75. Elisabetkirche, Invalidenstr. 3; Begräbnispl., Ackerstr. 36. Elisabetkrankenhaus, Lützowstr. 24; ebendaselbst Elisabetkapelle. Elisabetsiechenhaus, Schönhauserallee 144. Elisabet-Kinder-Hospital, Pionierstr. 7. Elisabetschule, Kochstr. 65. Englische Kapelle, im Schlosse Monbijou. Erinnerungsorte: Blombergs Kreuz bei der Bartholomäuskirche; Nikolauskreuz an der Marienkirche; Theißens Tafel an der Bank. Ephraimshaus, Poststr. 16, auch Zehendershaus, Einwohnermeldeamt. Erziehungshäuser, außer den Waisenhäusern das Grüne Haus, Neue Hochstr. 19, Erziehungshaus am Urban an der Hasenhaide. Ethnographisches Museum, im neuen Museum. Evangelisches Vereinshaus, Oranienstr. 105 Exercierhäuser, in der Karlstr., Prenzlauerstr., Annenstr. Examinations-Kommissionshaus für Militär, Lindenstr. 4.

Festungs-Modellhaus, Köpnickerstr. 11. Feilners Ofen-Fabrik, Feilenstr. 4. Feuerwehr, Lindenstr. 50. Fichteshaus, Neue Promenade 9. Finanzministerium, Festungsgraben 1. Försterhaus im Thiergarten. Französischer Dom, am Schillerplatz und der Französischen Straße; Begräbnisplatz, Chausseestr. 78, Liesenstr. 7. Französischekirche, Klosterstr. 44. Französisches Waisenhaus, Friedrichstr. 129. Französisches Gymnasium, Niederlagstr. 2. Franzkaserne, Pionierstr. 13. Frauengefängnis, Barnimstr. 6. Freitagshaus, Poststr. 4. Freimaurerlogen, Drei Weltkugeln, Splittgerbergasse 3; Royal York, Dorotheenstr. 24; Große Landesloge, Oranienburgerstr. 71. Freigemeinde-Kapelle, Rosenthalerstr. 38; Begräbnispl., Pappelallee 15. Friedrichsstift, Gitschinerstr. 103. Prinz Friedrich Palais, Wilhelmstr. 72. Friedrichs Waisenhaus, Stralauerstr. 58. Friedrichshain, Park an der Friedensstr. Friedrichs-Gymnasium, Friedrichstr. 126. Friedrichwerdersches Gymnasium, Werderscher Markt 7. Friedrichwerderschekirche, am Werderschen Markte; Begräbnispl., Chausseestr. 105, Bergmannstr. 4. Friedrich-Wilhelms-Gymnasium, Friedrichstr. 41. Friedrich-Wilhelms-Hospital, nebst Kapelle, Große Frankfurterstr. 17 und Pallisadenstr. 31. Friedrich-Wilhelmstädtsches Theater, Schumannstr. 14.

Fouragemagazin, Neue Friedrichstr. 2. Füsilierkaserne, Karlstr. 34, Chausseestr. 76. Fürstengruft, im Schlossdome. Fürstenhaus, Kurstr. 52.

Gardekorpskaserne, Charlottenstr. 40. Garnisonkirche, Neue Friedrichstr. 45; Begräbnisspl., Linienstr. 207. Garnisonlazareth, Scharnhorststr. 11. Gärten und Anlagen; mit Spaziergängen. Gasanstalten, städtische: Koppenpl., Müllerstr. 184, Georgstr. 18, engl. Holzmarktstr. 13, Gitschinerstr. 8. Gefängnisse, Arbeitshaus, Hausvogtei, Stadtvogtei, Militärarrest, Zellengefängniss, Frauengefängniss. Gemäldesammlungen oder Bildergalerien, im Schloss, in den Museen, der Nationalgalerie, Berliner Kunstverein Kommandantenstr. 77, Preußischer Kunstverein Dorotheenstr. 31, Kunstfreundeverein Linden 21. Gemeinnützige Anstalten: Badeanstalten, Bahnhöfe, Feuerwehr, Gasanstalten, Leihämter, Markthallen, Dienstmanninstitut, Postämter, Telegraphenämter, Wasserleitung, Bedürfnissanstalten, Trinkhallen, Zettelsäulen, Pferdebahnen, Droschkenverein, Omnibusgesellschaft. Gemeindeschulen: **1.** Gartenstr. 169. **2.** Schmidtstr. 16. **3.** Große Frankfurterstr. 18. **4.** Alte Jakobstr. 112. **5.** Lindenstr. 7. **6.** Georgenstr. 1. **7.** Stallschreiberstr. 54. **8.** Linienstr. 162. **9.** Hirtenstr. 4. **10.** Hirtenstr. 4. **11.** Georgenkirchpl. 18. **12.** Koppenstr. 81. **13.** Invalidenstr. 5. **14.** Kesselstr. 3. **15.** Kastanienallee 82. **16.** Mohrenstr. 41. **17.** Ackerstr. 67. **18.** Krautstr. 43. **19.** Ruhepl. **20.** Oranienstr. 26. **21.** Neue Friedrichstr. 32. **22.** Kurfürstenstr. 141. **23.** Straußbergerstraße 9. **24.** Neue Friedrichstr. 32. **25.** Ruppinerstr. 4. **26.** Georgenstr. 17. **27.**. Wilhelmstr. 117. **28.** Wasserthorstr. 4. **29.** Köpnickerstr. 125. **30.** Rüdersdorferstr. 12. **31.** Alt Moabit 51. **32.** Pankstr. 26. **33.** Höchststr. 56. **34.** Langstr. 76. **35.** Bernauerstr. 90. **36.** Gipsstr. 3. **37.** Dresdnerstr. 13. **38.** Kaiserstr. 3. **39.** Gartenstraße 48. **40.** Schönebergerstr. 26. **41.** Stromstr. 58. **42.** Mauerstraße 63. **43.** Wartenburgstr. 12. **44.** Wilhelmstr. 117. **45.** Joachimstr. 15. **46.** Lausitzerpl. 1. **47.** Alexandrinenstr. 43. **48.** Kesselstr. 18. **49.** Blumenstr. 63. **50.** Admiralstr. 10. **51.** Klosterstr. 49. **52.** Fruchtstr. 46. **53.** Kurfürstenstr. 160. **54.** Köpnickerstr. 159. **55.** Chorinerstr. 74. **56.** Neue Hochstr. 17. **57.** Wasserthorstr. 34. **58.** Neue Königstr. 88. **59.** Grüner Weg 84. **60.** Gneisenaustr. 5. **61.** Stralsunderstr. 1. **62.** Adalbertstr. 42. **63.** Münzstr. 51. **64.** Blumenstr. 63. **65.** Schulstr. 14. **66.** Friedensstr. 15. **67.** Bernauerstr. 107. **68.** Naunynstr. 50. **69.** Große Frankfurterstr. 88. **70.** Klosterstr. 65. **71.** Rüdersdorferstr. 50. **72.** Wasserthorstr. 30. **73.** Wiesenstr. 39. **74.** Pappelallee 6. **75.** Belleallianceestraße 102. Generalstabsgebäude, am Königsplatze. Generalcommando der Marken, Pariserpl. 3. Gensdarmeriekaserne, Stallstr. 1.

Gedenkhalle im Kronprinzlichen Palais. Georgenkirche, auf dem Georgenkirchhofe; Begräbnißpl., Greifswalderstr. und Landsberger Chaussee. Georgenhospital, Georgenkirchhof 33.; Begräbnißpl., Greifswalderstr. und Landsberger Chaussee. Gerichte: Stadt-, Kreis-, Kammer-, Schwur-, Kriminal-, Tribunal-, Appellations-, Militär-, Untersuchungsgericht. Gersons Basar, Werderscher Markt 5. Gertraudenkirche, auf dem Spittelmarkt. Gertraudenhospital, Wartenburgstr. 1. Gesandschaften: Britische, Leipzigerstr. 137, Brasilianische, Alsenstr. 7, Französische, Pariserpl. 5, Italienische, Wilhelmstr. 66, Nordamerikanische, Regenterstr. 1, Österreichische, Pariserpl. 2, Russische Linden 7, Spanische, Alsenstr. 9, Schwedische, Behrenstr. 63, Türkische, Leipzigerstr. 137. Gesanginstitute, Domchor und Singakademie. Geschützplatz, auch Paroleplatz, zwischen Zeughaus, Finanzministerium und Hauptwache. Gewerbeakademie, Klosterstr. 36. Gewerbemuseum, Stallstr. 7. Gelehrtenakademie, Linden 38. Gewehrfabrik, Zimmerstr. 6. Gießhaus, Münzstr. 10. Glasmalereiinstitut, Wartenburgstr. 12. Goldfischteich, im Thiergarten. Golgathakapelle, Borsigstr. 9. Gosnersche Erziehungsanstalt, Potsdamerstr. 119. Granitschale, im Lustgarten. Gratweilsche Bierhalle, Kommandantenstr. 77. Graues Kloster, Gymnasium, Klosterstraße 75. Grenadierkaserne, Alexanderstr. 10, Pionierstr. 13. Griechische Kapelle, im Russischen Gesandschaftshotel, Linden 7. Grüner Hut, ein alter Thurm vor dem Königlichen Schlosse an der Spree. Grünes Haus, Neue Hochstr. 19. Gustav-Adolf-Vereinshaus, Köllnisches Rathaus. Gymnasien: Joachimsthal-, Kloster-, Werder-, Kölln-, Friedrich-, Wilhelm-, Friedrich-Wilhelm-, Französisches-, Sophien-, Luisen-, Katholisches-Gymnasium.

Handelsschule von Franz, Neue Grünstr. 29; von Schlössing, im Börsengebäude. Handelsministerium, Wilhelmstr. 89. Handwerkerverein, Sophienstr. 15. Hauptwache, Paradeplatz 2, am Paroleplatz. Hardenbergshaus, Leipzigerstr. 75, am Dönhofspl. Hausministerium, Wilhelmstr. 73. Hausvogtei, Hausvogteipl. 14. Heckershaus, Kochstr. 66. Hedwigskirche, am Opernpl.; Begräbnißpl., Chausseestr. 79, Liesenstr. 8. Hedwigsschule, Französischestr. 34. Hedwigshospital und Kapelle, Große Hamburgerstr. 19. Herbarium, im Universitätsgebäude. Herzbergshaus, Niederwallstr. 12, Klöden wohnte auch hier. Herrenhaus, Leipzigerstr. 3. Heroldsamt, Dorotheenstr. 52. Herzogs Bazar, Breitestr. 15. Hirsch, berühmter Gasthof unter Joachim II., Spandauerstr. 30; Goldner Hirsch, Alexanderstr. 45 unter Friedrich dem Großen, das Haus der 99 Schafsköpfe. Historisches Museum, Schloss Monbijou. Hippodrom, zwischen

Kurfürstenallee und Gartenufer, am zoologischen Garten. Heilgegeistkirche, Spandauerstr. 2; Begräbnisspl., Prenzlauerstr. 62. Hochschulen, Universität und Akademie. Hofapotheke, im Lustgarten 3. Hofjagdamt, Linden 77. Hofpostamt, Königstr. 6. Hofgerichtskirche, in der Hausvogtei. Hospitäler: Augusta-, Dom-, Elisabet-, Friedrich-Wilhelm-, Französisches-, Gesinde-, Gertrauden-, Georgen-, Heilgegeist-, Hedwigs-, Israelitisches-, Jakobs-, Jerusalem-, Kinder-, Lazarus-, Nikolaus-, Stadt-Hospital. Hubertusjagd, im Grunewald, Anfang November. Humboldtshaus, Jägerstr. 22, Oranienburgerstr. 67.

Idiotenanstalt, für Gemütskranke, Schönhauserallee 9. Ifflandshaus, Französischestr. 55. Ingenieurschule, Lindenstr. 74. Inquisitoriat, Untersuchungsgericht, Molkenmarkt 2. Invalidenhaus, Invalidenstr. 47, dabei die Invalidenkirche; Begräbnisspl., Scharnhorststr. 38. Invalidenpark. Industriegebäude, Kommandantenstraße 77. Industrieschulen, Erwerbschulen für Mädchen. Institute, Bildungs- und Gewerbeanstalten. Intendantur, Verwaltung der Königlichen Theater, Französischestr. 36. Inselgebäude, Speicher, Fischerbrücke 25. India Faser Bazar, Polstermöbelmagazin, Markgrafenstr. 49. Irrenanstalt, Wallstr. 55., Unterbaumstr. 7. Irvingianerkapelle, Stallschreiberstr. 8.

Jakobikirche, Oranienstr. 133; Begräbnisspl., am Rollkrug. Jablonskishaus, Klosterstr. 41. Jakobshospital und Kirchhof, Oranienstraße 80. Jerusalemerkirche, Jerusalemstr. und Kochstraßenecke; Begräbnisspl., Pionierstr. 1, Bellealliancestr. 97, Bergmannstr. 5. Jesuskapelle, Alexandrinenstr. 11. Johannes-Evangelistenkirche, Auguststr. 90. Johannis-Täuferkirche, Moabiterstr. 52; Begräbnisspl., Seestr. und Plötzensee. Johannesstift, südlich vom Plötzensee, am Nordkanal. Joachimsthalsches Gymnasium, Burgstraße 22. Judentempel, Alter, Heidereiterstr. 5; Neuer, Oranienburgerstr. 30; Reformirter, Johannisstr. 11. Judenkirchhof, Alter, Große Hamburgerstr. 26, Kaiserstr. 29; Neuer, Schönhauser Allee 22. Jüdisches Krankenhaus, Auguststr. 14. Justizministerium, Wilhelmstr. 65. Jüdenhof, Großer, Jüdenstr. 46; Kleiner, Klosterstr. 102.

Kaisergalerie, Durchgang von der Behrenstr. zu den Linden. Kadettenhaus, Neue Friedrichstr. 13. Kastanienwäldchen, zwischen Universität und Dorotheenstr. Kalandshof, Klosterstr. 92. Kaltwasserheilanstalt, Kommandantenstr. 9. Katholische Kirchen: Hedwigs-, Michaelis-, Matthiaskirche, Ursulinerkapelle, Hedwigskrankenhauskapelle; Begräbnisspl., Britzer Chaussee, Liesenstr. 8. Katholisches Gymnasium, Niederwallstr. 11. Katholisches Waisenhaus, Thurmstraße 58. Kaiserliches Schloss, vorzugsweise das Schloss genannt, zwischen Lustgarten und Schlosspl. Kaiserliches Palais, Linden 37 und Paradepl. 4. Kammergericht, Lindenstr. 15. Kanzleramt, Wilhelmstraße 74. Kapellen, Kirchenkapellen: Schloss-, Arbeitshaus-, Baptisten-, Charité-, Christkatholisch-, Episkopal-, Hospital-, Freigemeinde-, Golgatha-, Hedwigs-, Jesus-, Irvingianer-, Methodisten-, Ursuliner-, Stephans-, Zionskapelle. Musikkapellen: Königliche-, Orchester-, Sinfonie-, Liebig-, Bilse-, Tonkünstler-, Domchor-, Schneider-, Stern-, Haupt-, Militärkapellen. Karfunkelgalerie, Schlossfreiheit 3. Prinz Karl Palais, Wilhelmspl. 9. Kasernen: Füsilier-, Grenadier-, Pionier-, Schützen-, Train-, Gensdarmen-, Gardekorps-, Artillerie-, Kürassier-, Ulanen-, Dragonerkaserne. Keller: Schlosskeller, Rathauskeller, Dustrerkeller, Eiskeller. Kinderklinik, Brunnenstr. 3, Kinderkrankenhaus, Pionierstr. 7. Kirchenmusikinstitut, Neukölln am Wassee 14. Kliniken oder Heilanstalten: Chirurgische-, Poliklinische-, Charité-, Impf-, Augen-, Ohren-, Hals-, Bruch-, Kinderheilanstalt. Kloster, Moabiter, Thurmstr. 58. Klosterkirche, Klosterstr. 73; Begräbnisspl., Prenzlauerstr. 62. Klostergymnasium, Klosterstraße 74. Kohlhaseshaus, Fischerstr. 26. Kohlshaus, Spandauerstr. 26. Kommandantur, Paradepl. 8, auch Meinhardshaus, dem Zeughause gegenüber. Kolosseum, Kommandantenstr. 57. Königliches Realium, Kochstr. 66. Königstädtsches Realium, Keibelstr. 66. Königskolonnaden, Königstr. 30 bis 33. Konzerthaus, Leipzigerstraße 48. Kornmessersches Waisenhaus, Georgenkirchpl. 19. Köllnisches Gymnasium, Inselstr. 2. Köllnisches Rathaus, am Köllnischen Fischmarkt, Ende der Breitenstr. Krankenhäuser: Charité-, Bethanien-, Elisabet-, Lazarus-, Hedwigs-, Jüdisches-, Städtisches-, Kinderkrankenhaus, Wasserheilanstalt. Krausesches Haus, Wilhelmstr. 66. Kreisgericht, Zimmerstr. 25. Krelingers Knie, Hardenbergstr. und Charlottenburger Chausseeecke in Charlottenburg. Kriminalgericht, Molkenmarkt 3. Kriegsschule, Burgstr. 19. Kriegsministerium, Leipzigerstr. 5. Krolls Garten, am Königsplatz. Kreuzkirche, am Johannistisch; Begräbnisspl., am Rollkrug und Bergmannstr. 3. Kronprinzliches Palais, Paradepl. 7, auch Marschalshaus, Schomberg. Krugs Garten, Lützowufer 20. Krüppelasyl Ebenezer, Elisabetstr. 41. Krippe oder Säuglingsasyl, Steglitzerstr. 11. Kunkel von Löwensternhaus, Klosterstr., jetzt Parochialkirche. Kunstkammer, im neuen Museum. Kunstvereine: Kunstfreundeverein, Linden 21; Preußischer Kunstverein, Dorotheenstr. 31. Kunstausstellungen: Akademische, Linden 38; Preußische, Dorotheenstr. 31; Deutsche, Oberwallstr. 20. Kupferstichkabinet, im neuen Museum. Kürassierkaserne, Alexandrinenstr. 28. Küsterhaus, an der Marienkirche; Propst Nikolaushaus.

Laboratorium, chemisches, Georgenstr. 34; Artillerielaboratorium, in Moabit hinter dem Exercierplatz. Lampenschmiede, Spandauerstr. 70. Landesloge, große deutsche, Oranienburgerstr. 71. Landwirtschaftliches Institut, ehrenstr. 28. Landwirtschaftliches Museum, Potsdamerstr. 24. Landwirtschaftliches Ministerium, Schützenstraße 26. Laubengänge, über den Mühlendamm. Lazaret oder Militärkrankenhaus, Scharnhorststr. 11. Lazaretamt, Michaeliskirchplatz 15. Lazaruskrankenhaus, Ackerstr. 142, nebst Kapelle. Leihämter, Jägerstr. 64, Klosterstr. 39., Linienstr. 98. Leipziger Kolonnaden, Leipzigerstr. 55 und 70. Lessingshaus, Nikolaikirchhof 10, Königsgraben 10. Lithographisches Institut, Leipzigerstr. 60. Logen, Drei Weltkugeln, Royal York, Große Landesloge. Lotteriegebäude, Markgrafenstr. 47. Lokomotivenfabrik, Chausseestr. 1. Luiseninsel, im Thiergarten bei der Bendlerstr. Luisenkirche, Alte Jakobstr. 55; alter Begräbnisspl. ebenda; neuer, Bergmannstr. 6. Luisengymnasium, Brandenburgstr. 37. Luisenschule, Oranienburgerstr. 69. Luisenstädtsches Realium, Sebastianstr. 26. Luisenstädtsche Gewerbeschule, Technikum, Dresdnerstr. 113. Luisenstift, für Mädchen, Markgrafenstr. 10 und für Knaben, Hollmannstr. 15. Lukaskirche, Bernburgerstr. 4; Begräbnisspl., Großgörschenstr. Lutherische Kirche, Annenstr. 52.

Magazine: Proviant-, Fourage-, Montirungsmagazin. Magdalenenstift, am Plötzensee, zwischen dem Johannesstift und Bethesda am Nordkanal. Markthalle, Schiffbauerdamm 2. Marienkirche, am Neuen Markte; Begräbnisspl., Prenzlauerstr. 62. Marstall, Breitestr. 32. Markuskirche, Weberstr. 55; Begräbnisspl., Greifswalderstr. und Landsberger Chaussee. Matthäikirche, im Thiergarten; Begräbnisspl., Großgörschenstr. Matthiaskirche, Potsdamerstr. 37; Begräbnisspl., Britzer Chaussee. Martashof oder Mägdeherberge, Schwedterstr. 40. Martiniken, in Moabit. Mädchenschulen oder Töchterschulen. Männersiechenhaus, Schönhauserallee 59. Mausoleum, im Charlottenburger Schlossgarten. Methodistenkapelle, Junkerstr. 5. Mehlhaus, Cantianstr. 8. Mendelssohnshaus, Spandauerstr. 68. Meteorologisches Institut, Lindenstr. 32. Medicinisch-chirurgisches Institut, Friedrichstr. 141. Michaeliskirche, am Engelbecken; Begräbnisspl., Britzer Chaussee. Militär-Schwimmanstalt, Köpnickerstr. 117. Mineralogisches Museum, im Universitätsgebäude. Missionshaus, Sebastianstr. 48. Ministerien: Haus-, Staats-, Unterrichts-, Geistliches-, Justiz-, Handels-, Finanz-, Kriegs-, Landwirtschaftliches-, Marine-, Inneres-, Äußeres Ministerium. Mohrenkolonnaden, Mohrenstr. 37 und 41. Monbijou; Schloss und Garten. Morellhaus, Köpnickerstraße 11. Montirungsmagazin, Weidendamm 3. Musikinstitute: Hochschule für Musik, Königspl. 1; Akademie für Tonkunst, Friedrichstr. 94, Kullack; Conservatorium für Musik, Friedrichstr. 214, Stern; Sinfoniekonzerte von Depp, Liebig, Bilse; Kirchenmusikinstitut, Neukölln a. W. 14. Singakademie, Festungsgraben 2; Akademie für Kirchengesang, Domchor. Museen: Altes, im Lustgarten; Neues, an der Cantianstr.; Historisches-, Architectonisches-, Plastisches-, Zoologisches-, Mineralogisches-, Anatomisches-, Hütten-, Artillerie-, Landwirtschaftliches-, Gewerbe-, Maschinenmodell-, Christliches Museum. Mühlen: Dammmühle am Mühlendamm, Werdersche Mühlen an der Stechbahn und Schleusenbrücke. Mühlenamt, Schlossfreiheit 18. Münze, Unterwasserstr. 2. Münzkabinet, im Universitätsgebäude.

Nachtwächterinstitut, Molkenmarkt 2. Nationalgalerie, im Nationalmuseum an der Cantianstr. Nazarethkirche, Müllerstr. 27 auf dem Wedding; Begräbnisspl., Gerichtstr. 23. Neidkopf, Heilgegeiststr. 38. Neues Museum, an der Cantianstr. Neuer Tempel oder neue Synagoge, Oranienburgerstr. 30. Neue Kirche oder Deutscher Dom, Schillerpl. und Mohrenstr.; Begräbnisspl., Pionierstr. 1, Bellealliancestraße 97, Bergmannstr. 5. Neue Wache, Paradepl. 2. Neue Welt, Frankfurter Chaussee, am Boxhagner Wege. Neu Rummelsburg, Gefängniss am Plötzensee. Nikolaikirche, Poststr. 23; Begräbnisspl., Prenzlauerstr. 62. Nikolai-Bürger-Hospital, Große Frankfurterstraße 23. Nordisches Museum, im neuen Museum.

Oberkirchenrat, Köthnerstr. 38. Obertribunal, Lindenstr. 15. Oberpostamt, Königstr. 60. Oberfeuerwerkerschule, Alexanderstraße 10. Oberapellationsgericht, Hollmannstr. 21. Obelisk oder Meilenzeiger, am Dönhofspl. Obductionshaus, in der Charité, Unterbaumstr. 7. Observatorium, Lindenstr. 103. Ochsenkopf, Alexanderpl. 3. Odeum, Oranienstr. 52. Omnibushof, Kurfürstenstraße 144. Opernhaus, am Opern- und Paradepl. 5. Orpheum, Alte Jakobstr. 32. Orthopädische Institute: Berendt, Oranienburgerstr. 63; Eulenburg, Friedrichstr. 103. Ordonnanzhaus, Neue Königstr. 21.

Packhof, zwischen Kupfergraben und Neuem Museum. Palais: Kaiserliches Schloss, Kronprinzliches Palais, Prinz Karl, Prinz Albrecht, Prinz Adalbert, Palais der drei Prinzen Friedrich, Alexander und Georg, Bellevüe, Monbijou. Paroleplatz, zwischen Zeughaus, Finanzministerium und Hauptwache. Parks oder Lustwälder, Gärten mit Promenaden: Thiergarten, Friedrichshain, Hasenhaide, Zoologischer und Botanischer Garten, Kastanienwäldchen, Monbijou, Humboldtshain, Invalidenpark, Borsigpark, Kriegsministeriumgarten, Schlesischer Park, Bellevüe-, Schönhauser und Charlottenburger Schlossgarten. Parochialkirche, Klosterstr. 65; Begräbnisspl., Landsbergercommunication. Pass-büreau, Poststr. 16. Paulinum, Genthinerstr. 36. Paulskirche, Badstr. 81; Begräbnisspl., Gerichtsstr. 23. Pepinière, Friedrichstr. 141. Pestalozzistift, in Pankow. Petrikirche, auf dem Petripl.; Begräbnisspl., Alter, Kürassierstr. 25; Neuer, Landsbergercommunication. Petroleumhof, östlich von Bethesda, am Nordkanal. Pferdebahn, vom Kastanienwäldchen bis Westend, Dorotheenstraße entlang, durch den Thiergarten und Charlottenburg. Pferderennbahn oder Neuer Hippodrom bei Hoppegarten, 2 Meilen östlich, bei Dahlwitz. Philippuskirche, Philippstr. 11; Begräbnisspl., Müllerstr. 45. Photographische Exposition, Linden 76. Pionierkaserne, Köpnickerstr. 13. Plötzensee, an der Seestr. und dem Nordkanal. Polizeipräsidium, Molkenmarkt 1. Poliklinik, Taubenstr. 10. Porzellanfabrik oder Manufactur, Kaiserliche, Rheinische Ecke und an der Thiergartenbrücke; Schumannsche, in Moabit. Polytechnikum, Friedrichstr. 35. Pontonhaus, Köpnickerstr. 117. Post, Königstr. 60, Spandauerstr. 19, Leipzigerstr. 15; Hofpost, Stadtpost, Reichspost. Posthalterei, Wagenhof, Oranienburgerstr. 35 und 70. Prinzessinen-Palais, Paradepl. 6. Promenaden, außer Parks, Neue Promenade an der Herkulesbrücke, Opernplatz am Opernhause, Lindenpr. Unter den Linden, Kanalpr. längs des Südkanals, Hafenplatz, Lustgarten, Mariannenplatz, Wilhelmsplatz, Thierarzneischulgarten. Propsteien, Berlinische, Propststr. 7; Köllnische, Brüderstr. 10. Progymnasium, katholisches, Niederwallstr. 11. Proviantmagazin, Köpnickerstr. 16. Pulvermagazine, in Moabit an der Brückenstr.

Raczinskis Palais, am Königspl. Radziwils Palais, Wilhelmstr. 77. Rathaus, Berlinisches, in der Königstr.; Köllnisches, am Köllnischen Fischmarkt. Ratskeller, im Berlinischen Rathause. Rauchs Museum für plastische Kunst, im Lagerhause. Rauleshof, Durchgang von der Alten Leipzigerstr. 1 zur Adlerstr. 7. Ravenégalerie, Wallstr. 92. Realien: Königliches, Königstädtsches, Luisenstädtsches, Dorotheenstädtsches, Sophienstädtsches, Stralauer Stadtschule, Werdersche Gewerbeschule und Luisenstädtsche Gewerbeschule. Reichenheims Waisenhaus, Weinbergstr. 11. Reiches Haus, Königstr. 27. Reichspostamt, Leipzigerstr. 15. Reichskanzleramt, Wilhelmstr. 74. Reichstagsgebäude, Leipzigerstr. 4. Reitschule und Fahrschule, Dorotheenstr. 33. Rippe, Molkenmarkt 13. Ritterschaftshaus, Wilhelmspl. 6. Roterstift, Bellealliancestr. 1. Rotesschloss, an der Schleusenbrücke und dem Schlosspl. Rollkrug, an den Rollbergen, Vereinigung der Hasenhaidestr. mit Rixdorfer Damm. Rossarztschule Johannisstr. 14. Rousseauinsel, im Thiergarten. Royal York-

Loge, Dorotheenstr. 24. Rummelsburg, Alt-, am Rummelsburgersee, Neu-, bei Moabit, am Plötzensee. Russische Gesandschaft, Linden 7.

Sachses Bildergalerie, Jägerstr. 30. Salzmagazin, an der Mündung des Südkanals in die Spree bei Lützow. Schauspielhaus, am Schillerpl. Scharfrichterei, am Plötzensee. Schicklersche Zuckersiederei, Alexanderstr. 13. Schießstände, in der Hasenhaide und Jungfernhaide. Schiffahrtsamt, Propststr. 8. Schinkelmuseum, für architectonische Kunst, Bauschule. Schloss, kaiserliches, zwischen Schlossplatz und Lustgarten; Schlosskapelle, ebenda; Schlossapotheke, am Lustgarten; Schlosterasse, ebenda; Schlossdom, ebenda. Schlossbrauerei, in Schöneberg. Schlösschen, Frankfurter Chaussee bei der Neuen Welt. Schulen: Hochschulen, Universität und Akademie; Höhere Schulen wie Gelehrtenschulen und Gymnasien; Fachschulen oder Realien; Lehrerbildungsanstalten oder Seminarien; Höhere Töchterschulen; Grund- oder Elementarschulen, wie Vorschulen und Gemeindeschulen. Schulcollegium, Niederwallstr. 39. Schützenplatz, Linienstr. 3. Schützenkaserne, Köpnickerstr. 13. Schutzmannschaftkommando, Mühlendamm 31. Schwimmanstalten und Badeanstalten. Schwimmschulen: Pfuel, Köpnickerstr. 12; Sachse, am Oberbaum; Kampmeier, Moabiterbrücke; Pochhammer, Waisenbrücke; Militärschwimmschule, Köpnickerstr. am Oberbaum; Schwibbogen, Eingang vom Paradeplatz zur Oberwallstr.; Eingang zur Kleinen Mauerstr., Linden 9 und Behrenstr. 64. Schwurgericht, Klosterstr. 75 im Lagerhause. Seehandlung, Jägerstraße 21. Seminar für Lehrer, Oranienburgerstr. 29; für Lehrerinnen, Schützenstr. 8; für Missionare, Sebastianstr. 25; für Kindergärtnerinnen, Friedrichstr. 230, Prinzenstr. 57; Dresdnerstr. 93. Sebastianskirche, katholische Kirche im Invalidenhause. Singakademie, am Kastanienwäldchen, Festungsgraben 2. Singuhr, am Parochialthurm, Glockenspiel, Klosterstr. 65. Simeonskirche, Wasserthorstr. 21; Begräbnissplatz, Britzer Chaussee. Simsonhaus, Wallstr. 25. Skulpturengalerie, im alten Museum. Sommers Salon, Potsdamerstr. 9. Sophienkirche, Sophienstr. 3; Begräbnisspl., Gartenstr. 4, Bergstr. 32. Sophiengymnasium, Weinmeisterstr. 15. Sophienstädtisches Realium, Steinstr. 33. Spaziergänge oder Promenaden. Spandauer Bock, auf dem Spandauer Berge. Sparkasse, im Berlinischen Rathause. Sparreshaus, Spandauerstr. 22. Spittelkirche oder Gertraudenkirche. Springbrunen: auf dem Schillerpl., Belleallianceplatz., Dönhofspl., Hausvogteipl., Alexanderpl., Lustgarten. Staatskasse, im Kaiserlichen Schloss. Staatsdruckerei, Oranienstr. 94. Stadtgericht, Jüdenstr. 60. Städtisches Krankenhaus, Landsberger Chaussee und Gitschinerstr. 4. Stadtpost, Spandauerstr. 21. Stadtvogtei, Molkenmarkt 1. Ständehaus, Spandauerstr. 59. Statistisches Büreau, Lindenstr. 32. Stechbahn, am Rotenschloss. Stenographenverein, Rossstr. 5. Stelzenkrug, Alexanderstr. 46. Stern, Platz im Thiergarten und im Grunewald. Sternwarte, Observatorium, Lindenstr. 103. Stephanskapelle, Fliederstr. 15. Stiftungen: Fundationen: Auerbach-, Achard-, Luisen-, Roter-, Amalien-, Rücker-, Fuhrmann-, Pestalozzi-, Friedrich-, Johannis-, Magdalenen-, Weidinger-, Wadzeck-, Kornmesser-, Schindlerstift. Stroußbergsches Haus, Wilhelmstr. 2. Sulzershaus, Burgstr. 22. Synagogen, jüdische Gotteshäuser oder Tempel; Alter Tempel, Neuer Tempel, Reformer-Tempel.

Taubstummenanstalt, Linienstr. 38. Telegraphenamt, Französischestr. 33. Tempelhofer Bock, auf dem Tempelhofer Berge. Theater: Kaiserliche Bühnen: Opernhaus und Schauspielhaus; Privatbühnen: Friedrich-Wilhelmstädtsches Theater, Victoria-Theater, Wallner-Theater, Vorstädtsches Theater, Kroll-Theater und viele kleinere Bühnen. Theaterintendantur, Französischestr. 36. Technikum oder Gewerbeschule, Werdersches und Luisenstädtsches Technikum. Thierarzneischule oder Veterinäre, Luisenstr. 56. Thiergartenamt, Niederwallstraße 31. Thiergartenpunkte: Dianawiese, Schneckenberg, Goldfischteich, Floraplatz, Friedrich-Wilhelms-Rundel, Luiseninsel, Rousseauinsel, Philosophenweg, Poetenlaube, Löwenbrücke, Försterhaus, Stern, Königsweg, Zelte, Großfürstenplatz. Thomaskirche, am Mariannenpl.; Begräbnisspl., Britzer Chaussee. Thore: das Brandenburger Thor am Ende der Linden und am Eingange zum Thiergarten. Tivoli, Actienbrauerei auf dem Kreuzberge. Töchterschulen: Höhere- und Gemeinde-Töchterschulen; die Höheren: Elisabet-, Luisen-, Victoria-, Augusta-Töchterschule. Tonhalle, Friedrichstr. 112. Trainkaserne, Waldemarstr. 63. Tribunal, Lindenstr. 15. Triangel, das Dreieck zwischen Mauerstr. 1, Schützenstr. 1 und Friedrichstr. 204. Treppenhaus, im neuen Museum mit Kaulbachs Bildern; Burgstr. 11, Friedrichs Rettung; Taubenstraße 17, Voltäres Brandstelle. Turnanstalten und Turnhallen: Centralturnhalle, Scharnhorststr. 1; Städtische, Prinzenstr. 67. Gemeindeschulen 1, 21, 29, 30, 35, 42, 43, 44, 46, 48. Turnplätze in der Hasenhaide und in Moabit. Thurneißershaus, Klosterstr. 36. Thürme und Höhenvergleiche: Petrithurm 96 Meter, Marien- 85, Rathausthurm 83, Schlosskuppel, Kuppelthurm am Schillerpl., Sophienthurm 70, Bartholomäus-, Zions- 68, Parochial- 66, Markus 60, Werderthurm 44, Invalidensäule 38, Schlosszinne 32, Rathauszinne 26, Brandenburgerthor 24, Nationaldenkmal 20, Friedenssäule 18, Siegesdenkmal 58, Neue Tempelkuppel 50, Friedrich der Große 14 Meter hoch.

Universität, Hochschule für Gesammtheit des Wissens, Paradepl. 3. Uhren, Normaluhren, welche von der Sternwarte aus geregelt werden, in verschiedenen Stadttheilen; außerdem sind fast alle Thürme mit Uhren versehen. Ulanenkaserne, Moabiterstr. Urban, an der Hasenhaide, Erziehungsanstalt. Ursulinerstift, katholisches, Lindenstr. 48; Kapelle ebenda.

Vauxhall, Dresdnerstr. 69. Veterinäre oder Thierarzneischule. Victoriatheater, Münzstr. 20. Victoriabasar, Leipzigerstr. 92. Victoriaschule, Prinzenstr. 45. Villa Colonna, Königskolonnaden, an der Königsbrücke. Viehhof, zwischen Acker- und Brunnenstr., am Humboldtshain. Volksbibliotheken: Mohrenstr. 41, Hirtenstr. 4, Linienstr. 162, Ritterstr. 31, Puttkammerstr. 18, Ruppinerstr. 4, Langstr. 76, Lützowstr. 93, Wartenburgstr. 12, Pankstr. 26, Kesselstr. 18, Alt Moabit 51, Lausitzerpl. 1. Volksschulen oder Gemeindeschulen giebt es gegenwärtig 75. Vorschulen oder Elementarschulen, welche für eine höhere Schule vorbereiten, giebt es bis jetzt 12: Friedrichstr. 126, Bellevüestr. 15, Friedrichstr. 41, Werderscher Markt 7, Brandenburgstr. 37, Weinmeisterstraße 15, Keibelstr. 31, Sebastianstr. 26, Georgenstr. 23, Steinstr. 32 Dresdnerstr. 113, Stralauerpl. 24. Vorstädtisches Theater, Weinbergstr. 10. Vormundschaftsgericht, im Stadtgerichtsgebäude, Jüdenstraße 60. Vogtland, Garten- und Ackerstr. Volksfeste haben aufgehört, seit sich der anständige Theil der Bevölkerung davon zurückgezogen hat; früher waren als solche beliebt: der Stralauer Fischzug, das Pankower Fliegenfest, das Lichtenberger Mottenfest, das Berlinische Schützenfest. Vergnügungen: Paraden, Corsofahrten, Eisbahnen, Schlittenfahrten, Pferderennen, Dampfschifffahrten, Maskenbälle, Bühnenspiele, Concerte, Bälle, Rennspiele, Ausstellungen, Hofjagden im Grunewald.

Waffenhalle, im Prinz Karl Palais. Waageanstalt, am Alexanderpl., am Oranienpl., am Petripl., an der Herkulesbrücke. Walhalla, Charlottenstr. 90. Wallner-Theater, Wallnerstr. 50. Wache, Hauptwache am Paradeplatze. Wachsche Kirchhof, Prenzlauerstr. 62. Waschanstalten, Schillingstr. 8, Augustst. 21. Wasserheilanstalt, Kommandantenstr. 9. Wasserthurmbecken, auf dem Windmühlenberge, beim Judenkirchhof. Wasserwerke, Stralauer Chaussee 3. Wadzeckanstalt, Wadzeckstr. 8. Wallonenkirche, Kommandantenstr. 5. Waisenhäuser: Friedrichs-, Kornmesser-, Schindler-, Auerbach-, Wadzeck-, Pestalozzi-, Reichenheim-, Französisches-, Rummelsburger-Waisenhaus. Waisenhauskirche, Stralauerstr. 58. Werdersche Gewerbeschule oder Technikum, Niederwallstr. 12. Werdersches Gymnasium, Werderscher Markt 7. Werdersche Kirche, am Werderschen Markt; Begräbnisspl., Chausseestr. 105, Bergmannstr. 4. Werdersche Mühlen, an der Schlossfreiheit. Werft, für Spreedampfer, Köpnickerstr. 8. Wettrennen, bei Hoppegarten, 2 Meilen östlich von Berlin an der Ostbahn. Weltkugeln, die drei, Loge, Splittgerbergasse 3. Weihnachtsmarkt, Breitestr, Schlosspl. und Lustgarten. Wohlthätigkeitsanstalten sind: Asyle, Badeanstalten, Volksküchen, Kindergärten, Kinderbewahranstalten, Leihämter, Krankenhäuser, Waisenhäuser, Verpflegungs- und Altersversorgungsanstalten. Woltersdorf-Theater, Chausseestr. 26.

Zellengefängniss, Moabiterstr., am Hannoverschen Bahnhof. Zelte, im Thiergarten, zwischen Kroll und Bellevüe an der Spree. Zeughaus, Paradeplatz 1. Zietenhaus, Kochstr. 62. Zionskirche, auf dem Wollankberge; Begräbnisspl., Ackerstr. 37. Zionskapelle, Schönhauserallee 142. Zoologischer Garten, am Lützowufer 40 bei der Lichtensteinbrücke. Zoologisches Museum, in der Universität. Zwölf Apostelkirche, Lützowstr. 140; Begräbnisspl., Kolonnenstr. bei Schöneberg.

Zeitungs-Redactionen: Vossische, Breitestr. 8; Spenersche, Zimmerstr. 94; National, Französischestr. 51; Norddeutsche, Wilhelmstr. 32; Kreuzzeitung, Königgrätzerstr. 15; Volkszeitung, Taubenstr. 37; Staatsbürger, Schützenstr. 68; Deckersches Fremdenblatt, Wilhelmstr. 75; Intelligenzblatt, Kurstr. 14, Zimmerstr. 29.

XIII. Umgegend.

Die Bodengestaltung unserer Heimat ist seit Alters her dieselbe geblieben, aber die Oberfläche ist vielen Wandlungen unterworfen worden. Berlin und Kölln waren ehemals von einem dichten Laubwalde umgeben. Das rechte Spreeufer hatte eine weniger sumpfige, daher gesundere und dem Ackerbau günstigere Lage. Die das Flussthal begleitenden Anhöhen zeigten einen lehmigen, grösstentheils aber sandigen Untergrund und waren mit Nadelwald bewachsen. Berlin wurde von der Stralauer-, Bernauer- und Spandauer-, oder der alten Hasenhaide umgeben; die von Bernau her fließende Panke bewässerte ein weites mit Weidengebüsch umgebenes Wiesenland, welches von den Umwohnern der Gegend aus diesem Grunde das Weidicht oder Wedig genannt wurde; dieser Name ist nachmals auf die hier entstandenen baulichen Anlagen als Wedding übergegangen. Jenseits der Panke in der Richtung nach Spandau werden die Wolfsberge erwähnt; die Spuren von diesem Höhenzuge sind im Laufe der Jahrhunderte gänzlich verwischt worden. Berlin wurde häufig von Feuersbrünsten heimgesucht, aber immer wieder in Holz aufgebaut. Da überhaupt Sparsamkeit im Holzverbrauch unsern Vorfahren nicht nachgerühmt werden darf, so entstanden große Waldblößen, deren freiliegende Moosdecke heftige Regengüsse zerstörten und den darunter liegenden Sand fortspülten; auch trieb der Wind mit dem losen Erdreich sein Spiel und das von Sandwehen heimgesuchte Ackerland wurde trocken und unfruchtbar. Die fleißigen Landleute haben mit dem Düngerstoff der Hauptstadt der zunehmenden Sterilität entgegengearbeitet. Da die Ackerbürger die Feldmarken der Stadt unter sich vertheilten, so fand von Zeit zu Zeit eine Verloosung statt, jeder Antheil hieß Kavel oder Loos, daher die in manchen Gegenden übliche Bezeichnung Kavelland.

Die ganze Gegend um Kölln, oder das linke Spreeufer, war stellenweise ein unzugängliches Bruchland, um dessen abgerundete Inselkuppen Schilfdickichte und Erlengebüsche wucherten; das niedrige Ufer war der Sumpfbildung günstig, und die vielen todten Wasserarme wurden nur bei anhaltendem Regen und zur Zeit der Schneeschmelze durch eine Seitenströmung der Spree in Verbindung und Bewegung gesetzt. Jenseits der Werder erfüllte ein mächtiger Eichenwald das Spreethal; der moorige Untergrund dieses Waldes veranlasste die Bewohner der Umgegend, die ganze Strecke zwischen Treptow und Lietzow das Mooricht oder Müricht zu nennen; in den lateinischen Berichten der christlichen Sendboten wird dieser Name durch Myrika wiedergegeben. Die Stadt Kölln kaufte diesen Wald vom Ritter Rudolf von Stralow; der Thiergarten ist der unbedeutende Überrest desselben. Es wurde den Bewohnern von Kölln viel schwerer dem Walde Ackerland abzugewinnen, als ihren Nachbarn, den Berlinern, weil der Grund und Boden zu versumpft war; erst nach Erwerbung der Myrika sind mehrere dem Ackerbau günstige Stellen gefunden, abgeholzt und als Nowa semla, oder Neuland dem Pfluge unterworfen worden; bei den Deutschen entstand später dafür die Bezeichnung Semmelfeld, welcher Name endlich in Sommerfeld übergegangen ist. Seit Joachims II. Regierung hatte sich durch rheinländische Einwandrer der Weinbau in der Mark verbreitet, und auch die das Spreethal begleitenden Anhöhen bei Berlin wurden mit Reben bepflanzt. Obgleich Luft und Boden in unserm Vaterlande nicht geeignet sind, dem Rebensafte Feuer und Süßigkeit zu verleihen, so nahm doch der Handel mit märkischem Landweine einen nicht unbedeutenden Aufschwung und hat über ein Jahrhundert geblüht; insbesondere verstanden es die Berliner, aus diesem Wein ein beliebtes weitverbreitetes Getränk, den Klaret, zu bereiten. In jener Blütezeit des Berliner Weinbaues hatte ein Weinbergbesitzer am Tempelhofer Berge, in der Verborgenheit einer dichtbewaldeten Rille, einen Keller angelegt; derselbe ist später verfallen und die im Dunkel gelegenen Trümmer bezeichneten die Bauern als den Dustern Keller. Der Wald, welcher die Anhöhen um Berlin bedeckte, führte im Gegensatze zur tiefliegenden Moorhaide, den Namen Höhen- oder Asenhaide. Der alte Name hatte seine Bedeutung verloren und wurde durch vorgesetzten Hauchlaut in eine allen verständliche Hasenhaide verwandelt; obgleich sich die Hasen mehr auf Feldern als in Wäldern aufzuhalten pflegen. Diese zu Tempelhof gehörende südliche Hasenhaide ist von der zu Berlin gehörigen nördlichen wohl zu unterscheiden.

Wenn wir uns von der Mitte der Stadt entfernen und die Richtung nach Norden oder Süden einschlagen, so bemerken wir bald ein Ansteigen der Straßen, und zwar auf dem rechten Ufer der Spree nördlich zum Lande Barnim: die Landsberger und Prenzlauer Chaussee, die Schönhauserallee, die Christinen-, Weinbergs-, Brunnen und Bernauerstraße. Auf dem linken Ufer südlich zum Lande Teltow: die Potsdamerstraße am botanischen Garten, die Bellealliancestraße am Kreuzberge, die Nostizstraße am Pionierberge, die Britzer Chaussee am Rollkruge. Zwischen den beiden Tafellandschäften Barnim und Teltow zieht sich eine muldenförmige Niederung hin, deren tiefste Stelle in der Längsrichtung von einer vielfach gekrümmten Furche durchschnitten wird, in welcher das Wasser der Spree fließt. Die muldenförmige Niederung ist das Flussthal, die Furche ist das Flussbett; die Ränder des Flussbettes sind die Ufer der Spree. Die Breite des Flussbettes ist sehr verschieden. Am Anfange des Südkanals ist der Wasserspiegel 250 Meter breit, bei der Kurfürstenbrücke dagegen 50 Meter; die Tiefe beträgt durchschnittlich 4 Meter. Die Spree durchschneidet die Stadt und theilt dieselbe in zwei fast ganz gleiche Hälften. Die Grenzen der Stadt haben sich Jahrhunderte lang nicht weiter vom Flusse entfernt, als der nördliche und südliche Festungsgraben andeuten. Als Berlin aufhörte eine Festung zu sein, also seit 200 Jahren fing die Stadt an zu wachsen, mehr und mehr den Anhöhen des Flussthales zustrebend, in den letzten dreißig Jahren aber so mächtig, dass sich das ganze Flussthal mit Häusern angefüllt hat, und die neuen Stadttheile sogar über die Anhöhen hinaufreichen, wie wir es am Wollankschen Weinberge und am Kreuzberge bemerken. Der Abhang des Tafellandes bildet keinen gleichmäßigen Rand, sondern springt mehr oder weniger vor und diese Vorsprünge bilden, vom Flussthale aus gesehen, kleine abgerundete Asen oder Höhen, die hier zu Lande Berg genannt werden; sie übersteigen aber kaum die Höhe von 30 Meter. Vor 100 Jahren waren die meisten dieser Hügel noch mit Reben bepflanzt, daher gab es um Berlin viele Weinberge. Die Thalsenkungen, welche sich zwischen den vorspringenden Anhöhen bemerklich machen, wurden Einschnitte oder Rillen genannt; zwischen der Hasenhaide und Rixdorf wiederholt sich diese Rillenbildung am häufigsten, deshalb erhielten die Anhöhen den Namen Rillberge oder Rollberge.

Der Rand der südlichen Hochplatte, soweit dieselbe das untere Spreethal begrenzt, beginnt mit den Falkenbergen bei Grünau südlich von Köpnick und endet mit den Morellenbergen bei Ruhleben, südöstlich von Spandau. Auf dieser 4 Meilen langen Strecke folgen auf die Falkenberge die Rudower und Britzerberge, die Rollberge, die Tempelhofer Berge, von denen der östlich der Tempelhofer Chaussee der Lange Weinberg, westlich der Runde Weinberg genannt wurde; heute bezeichnet man die Anhöhe längs der Bergmannsstraße als Pionierberge, dessen höchster Theil am dustern Keller, der Tempelhofer Bockberg heißt; der runde Berg heißt seit Errichtung des Nationaldenkmals mit der Kreuzspitze, der Kreuzberg; auf den Kreuzberg folgt in westlicher Richtung der Stadtberg, dann der Wilmersdorfer Mühlberg; längs des Grunewaldes senkt sich der Rand, erhebt sich aber bei Westend von Neuem und fällt in dem Mündungswinkel der Spree ziemlich steil als Spandauer Bockberg zur Spree ab; der höchste Punkt ist die Spandauer Spitze. Mit den Morellenbergen wendet sich der Tafelrand nach Süden. Die Rillen zwischen den Anhöhen zeigten ehemals einen moorigen Untergrund, daher erhielten sie den Namen Moorrillen oder Morellen.

Der Rand der nördlichen Hochplatte beginnt für unsere Betrachtung 7 Kilometer nördlich von Köpnick, bei Hoppegarten. Bis Berlin verfolgt der Höhenzug die westliche Richtung; es lehnen sich an ihn die Feldmarken von Dahlwitz bis Lichtenberg. Innerhalb des Weichbildes bemerken wir im Friedrichshain die höchste Spitze, die Friedrichshöhe, die sich zur Greifswalderstraße abdacht; es folgen nun der Kirchhofsberg, der Windmühlenberg und der Wollanksche Weinberg, dessen höchste Stelle die Zionskirche andeutet. Hier nimmt der Höhenzug eine nordwestliche Richtung an; das aufsteigende Land östlich der Ackerstraße heißt der Galgenberg, der hinter dem Viehhofe zum Brunenberge aufsteigt, dessen höchste Spitze im Humboldtshain die Brunnenkuppe genannt wird. Die sandigen Anhöhen zwischen dem Wedding und Reinickendorf heißen Wurzelberge, dann folgen die Kossätenberge und nördlich von Dalldorf die Hermsdorfer Rollberge, die zum Tegeler Fließ abfallen. An die Wurzelberge schließen sich westlich die Rehberge, welche den alten Artillerieübungsplatz in der Jungfernhaide umschließen und ihre Ausläufer bis in den Mündungswinkel der Spree senden. Der Sternberg bei Haselhorst wird durch das Spreethal vom Spandauerberge bei Westend geschieden.

Im Westen Berlins dehnt sich bis an die Havel eine Waldfläche aus, welche nördlich der Spree die Jungfernhaide, südlich der Spree aber der Grunewald genannt wird; das sich von Osten nach Westen erstreckende Spreethal, in welchem die Hamburger und Hannoversche Bahn parallel neben einander herlaufen, trennt die hochgelegenen Forsten, die von Wiesenniederungen und Thalsenkungen mit Seebecken mannigfach durchschnitten werden.

Der Grunewald zieht zunächst unsere Aufmerksamkeit auf sich. Die zwanzig von Berlin auslaufenden Landstraßen zeigen in ihrer Aufeinanderfolge im Südwesten der Stadt, zwischen der Potsdamer und Spandauer Chaussee, eine auffallende Unterbrechung. Der Waldfrieden des kaiserlichen Jagdgebietes ist dem geräuschvollen Verkehrsleben bisher verschlossen geblieben. Fußgänger treten von verschiedenen Seiten in dieses laubige, mit Moosteppichen belegte Wildgehege. Das immer grüne Moos mag wohl den Namen Grunewald veranlaßt haben. Zur Orientirung sei bemerkt, dafs sich von Charlottenburg bis zum Wansee, genauer vom Lietzensee bis Beelitzhof, ein 10 Kilometer langer, schnurgerader Waldweg durch die Schonungen des Grunewalds zieht, dessen Hälfte, der Stern, je 5 Kilometer von den genannten Endpunkten entfernt ist; es ist dies der Königsweg. Vom Stern 2 Kilometer östlich liegt das Jagdschloß Grunewald, 2 Kilometer westlich aber der Havelberg. Der aufmerksame Beobachter bemerkt, dafs sich von der Spree bei Charlottenburg bis zum Wansee in der Richtung des Königsweges östlich von demselben eine Bodenvertiefung zeigt, welche vermuten läßt, dafs in alten Zeiten die Gewässer beider Flüsse auf diesem Wege im lebendigen Zusammenhange gestanden haben. Als sich die Wasserfülle verlor, hörte die Strömung auf und eine Reihe kleiner Wasserspiegel ist als Seekette in dieser Furche zurückgeblieben; die Namen derselben sind: der Liezen-, Halen-, Hundekehle-, Grunewald-, Riemmeister-, Krummelanke-, Schlachten-, Nikolasee; ein Graben unterhält die Verbindung derselben aufwärts bis zur Hundekehle. Am Grunewaldsee sind die Niederlassungen Paulsborn und Grunewald, am Schlachtensee die Fischerhütte und Forsthaus Wansee zu merken. Der Wansee verlängert sich südlich als schlauchförmiger Stolpsee, den die Potsdamer Chaussee bei Friedrich-Wilhelmsbrück überschreitet; in der Nähe der alte Krug: „Zum Stimming" mit dem Denkmale des Dichters Heinrich v. Kleist und das Jagdschloß Dreilinden.

Die Westgrenze des Grunewaldes bilden die bewaldeten Steilufer der Havel. Dieser Fluss erhielt wegen seiner Neigung große Buchten oder Haven zu bilden, den Namen Havila, oder großer Buchtenfluß. Die namhaften Punkte des Havelufers von Süden nach Norden sind: das

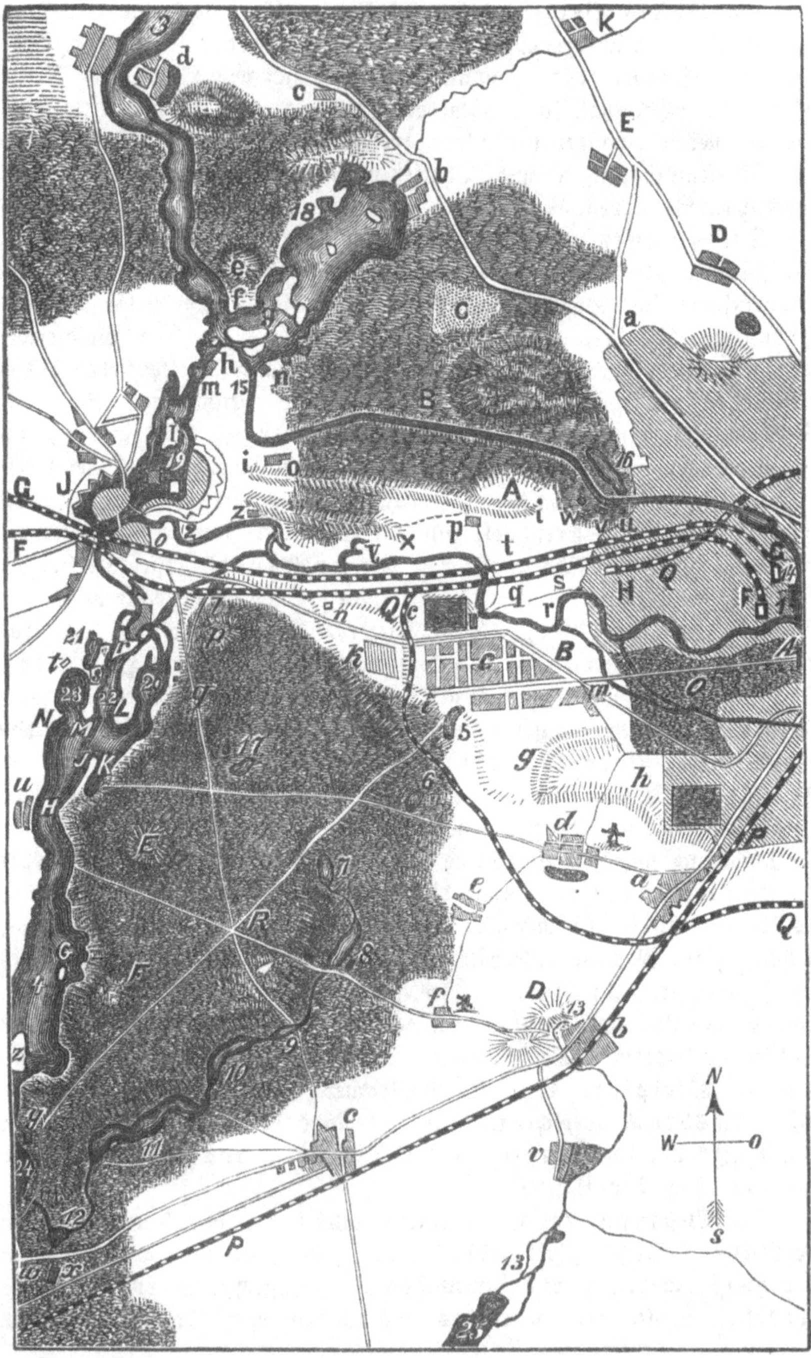
N
W
O
S

1 bis 2 Spree. 3 bis 4 Havel. 5 Liezen-, 6 Halen-, 7 Hundekehle-, 8 Grunewald-, 9 Riemmeister-, 10 Krummelanken-, 11 Schlachten-, 12 Nikola-See. 13 Teltequelle. 13 bis 13 Telte. 14 bis 15 Nordkanal. 16 Plötzensee. 17 Teufelssee. 18 Tegelersee. 19 Citadellenwasser. 20 Stößensee. 21 Grimnitzsee. 22 Pichelssee. 23 Scharf-Lanke. 24 Wansee. 25 Teltese. Linkes Ufer. *a* Schöneberg. *b* Steglitz. *c* Zehlendorf. *d* Wilmersdorf. *e* Schmargendorf. *f* Dalem. *g* Kurfürstendamm. *h* Kiljansche Anlagen zwischen zoologischem und botanischem Garten. *i m* Bismarckstraße in Charlottenburg *k* Westend. *l* Spandauer Bock. *m* Krelingersknie. *n* Ruheleben. *o* Stresow. *p* Morellenberge. *q* Pichelsberg. *r* Tiefenwerder. *s* Pichelsdorf. *t* Bocksfelde. *u* Gatow. *v.* Lichterfelde. *w* Friedrich-Wilhelmsbrücke. *x* Dreilinden. *y* Beelitzhof. *z* Sandwerder. *A* Brandenburger Thor. *B* Lietzow. *C* Charlottenburger Schloßgarten. *D* Steglitzer Berg. *E* Karlsberg. *F* Havelberg. *G* Lindenwerder am Breitenhorn. *H* Kuhhorn. *I* Schildhorn. *K* Gürgenlanke. *L* Pichelswerder. *M* Sack. *N* Weinbergshorn. *O* Thiergarten. *P* Potsdamer Bahn. *Q* Verbindungsbahn. *R* Stern. Rechts der Spree oder nördliches Ufer. a Kahler Berg. b Tegel. c Schulzendorf. d Heilgensee. e Reiherberg auf Reiherland. f Reiherwinkel. g Valentinswerder. h Rohrland. i Königsdamm. k Nonnendamm. l Eiswerder. m Salzhof. n Saatwinkel und Blumshof. o Haselhorst. p Forsthaus Königsdamm u. Hinkeldei-Denkmal. q Martiniken. r Kahlsche Werder. s Lausefenn. t Kreuzfenn. u Magdalenenstift. v Johannisstift. w Neu Rummelsburg. x Nonnenwiese. y Hühnerwerder. z Paulsborn. A Pfefferluch. B Möckeritz. C Alter Artillerieschießplatz. D Reinickendorf. E Dalldorf. F Hannoversche Bahn. G Hamburger Bahn. H Verbindungsbahnhof in Moabit. I Spandau. K Hermsdorf.

Werderhorn, dem Dorfe Kladow gegenüber, der Havelberg dem Breitenhorn gegenüber, das Kuhhorn, dem Dorfe Gatow gegenüber, östlich vom Kuhhorn liegt der Karlsberg mit dem Saugarten; nördlich vom Kuhhorn erstreckt sich die Landzunge Schildhorn in die Havel, deren Spitze mit dem Denkmal der Jazzosage geschmückt ist. Die Havelbucht am Schildhorn heißt Gürgenlanke; von den hier liegenden Fischerhäusern führt der Schildhornweg östlich nach Wilmersdorf. Nördlich vom Schildhorn breitet sich der Stößensee aus, dessen Steilufer die Pichelsberge bilden. Vom Stößensee westlich liegt das Eiland: der Pichelswerder, auch der Hohewerder, zum Unterschiede von dem nördlich gelegenen Tiefenwerder; westlich von Pichelswerder fließt der Hauptstrom der Havel und bildet eine Wasserweitung unter dem Namen Pichelsee; sein Ausfluß nach Süden ist eine Stromenge, welche das Gemünde genannt wird. Der Pichelsee wird westlich von einer Halbinsel umschlossen, die unter dem Namen „Der Sack“ bekannt ist; westlich vom Sack macht sich eine tief einschneidende Bucht „die scharfe Lanke“ bemerklich; die Oeffnung der Bucht befindet sich zwischen dem Sack und dem Weinmeisterhorn. Pichelsdorf liegt nördlich vom Sack auf einer Landenge zwischen der scharfen Lanke und dem Grimnitzsee. Stromaufwärts gelangen wir zwischen Stresow und Spandau an der Spreemündung vorüber in das breite Citadellenwasser, dessen Mitte der Eiswerder einnimmt; weiter aufwärts bilden die Havelufer wiederum eine Stromenge, durch welche wir zu einer Inselgruppe gelangen, hinter der sich in nordöstlicher Richtung der Tegelersee ausbreitet; wir bezeichnen diese Gruppe, nach dem zwischen dem Rohrlande und Reiherlande liegenden Werder, als Valentinsinseln. Rohrland heißt die zwischen Havel und Nordkanal liegende, mit Rohr bewachsene, Halbinsel; Reiherland, die zwischen Havel und Tegelersee liegende Halbinsel, mit einer bewaldeten Anhöhe, dem Reiherberge und der waldlosen Südspitze, dem sogenannten Reiherwinkel, Saatwinkel gegenüber. Die ganze Gegend vom Wansee bis zum Tegelersee ist eine Beispielsammlung zur Erläuterung der geographischen Formenlehre; Inseln und Inselgruppen, Halbinseln und Wasserbuchten, Zungen und Lanken, Landengen und Wasserengen kommen hier zur Anschauung.

Das Gebiet, welches von der Spree, dem Citadellenwasser, dem Tegelersee, der Tegeler Chaussee und der Weichbildgrenze eingeschlossen wird, bezeichnen wir mit dem Namen Jungfernhaide, als ehemaliges Besitzthum des Jungfern- oder Nonnenklosters in Spandau. Der Nordkanal, an dessen Ufern sich eine Kunststraße hinzieht, durchschneidet die Haide vom Plötzensee bis Saatwinkel; der alte Artillerie-Uebungsplatz nimmt fast die Mitte des Waldes ein.

Der Plötzensee hat seinen Namen von seinem Inhalte, den kleinen Fischen, die man Plötzen nennt; in alten Zeiten war die Bezeichnung „Teufelssee" üblich, weil sich in seiner Nähe ein Heiligthum des Zernebog, oder des bösen schwarzen Gottes befand, der im christlichen Zeitalter mit dem Teufel identificirt wurde. Das an der Stelle errichtete Kreuz gab Veranlassung, die benachbarten sumpfigen Wiesen das Kreuzfenn zu nennen. Der Höhenzug östlich vom Kreuzfenn führte den Namen „die Wolfsberge", die alte Tegeler Straße führte hier entlang in der Richtung der Haidestraße. Zwischen der Haidestraße und dem Wollankschen Weinberge breitet sich die nördliche Jungfernhaide aus, die im dreißigjährigen Kriege von den Soldaten zu Lagerfeuern verbraucht und fast gänzlich niedergehauen wurde. Die hier entstandene Sandwüste überließ Friedrich der Große den Maurern und Zimmerern aus dem sächsischen Vogtlande zur Ansiedlung; daher erhielt die Gegend den Namen „Vogtland". Die Erinnerung an die Sterilität dieser Gegend haftete auch an dem Wirtshause „der hungrige Wolf" und an der dabei befindlichen Anhöhe „der Quälberg".

In alter Zeit hieß diese Tegeler Straße auch der Bilbugsweg, weil er an einem Heiligthume des Bilbug, oder des weißen Gottes vorüberführte; das Heiligthum stand auf der höchsten Kuppe der Rehberge und wurde in eine christliche Kapelle verwandelt. Die jetzige Kanalchaussee führt am Plötzensee vorüber nach Bethesda, Magdalenenstift,

Johannisstift, Neu Rummelsburg, über die beiden Wiesen Pfefferluch und Möckeritz nach Haselhorst, Saatwinkel und Blumeshof. Von Neu Rummelsburg führt in westlicher Richtung der Königsdamm bis Spandau; derselbe wird von einem anderen Damme gekreuzt; der Letztere führt von Charlottenburg aus nördlich durch die Haide zur Tegeler Chaussee. Da wo die Hamburger, Hannoversche und die Verbindungsbahn die Spree überschreiten, zweigt sich der Nonnendamm von ihm westlich ab. Am Kreuzungspunkte der beiden Dämme liegt das Forsthaus Königsdamm mit dem Hinkeldei Denkmale. Die von Moabit nach Charlottenburg führende Chaussee trennt den südlich liegenden Kahlschen Werder von dem nördlich liegenden Lausefenn, ehemals Klausefenn, nach einer kleinen Klause oder Kapelle, die hier an der Spandauer Landstraße errichtet war. Nördlich vom Nonnendamm liegt die Nonnenwiese, südlich davon der Hühnerwerder; südlich von Haselhorst die Ansiedlung Paulsborn an der Spree, dem Spandauer Bock gegenüber.

Wir versetzen uns nun in das Spreethal oberhalb Berlin und fassen die Gegend bis Köpnick ins Auge. Hinter Alt Rummelsburg bei der Försterei Hegemeister an der Spree und am Blockdamm beginnt ein Nadelholzwald, der von der Wuhle bewässert und daher die Wuhlhaide genannt wird. Ein Durchhau „das Eichengestell" führt von der Försterei Neuscheune und Hegemeister zur Oberförsterei „Landjäger" an der Wuhle, die bei der Pyramidenbrücke in die Spree mündet. Die nördliche Begrenzung der Haide sind die Kaulsdorfer Felder und Wiesen; ihren südlichen Saum bilden die Spreewiesen. Die Frankfurter Bahn durchschneidet den Wald; das Vorwerk Karlshorst bezeichnet die Hälfte der Strecke bis Köpnick. Jenseits der Wuhle bis zur Steinitz breitet sich die Dahlwitzer Haide aus. Die Köpnicker Dammvorstadt und das Schloss Bellevüe liegen auf einer Halbinsel, zwischen Steinitz- und Wuhlenmündung; von dem daselbst befindlichen Bahnhofe führt eine Schlaglinie in nördlicher Richtung durch den Wald bis Dahlwitz an dem Vorwerk Kikmal vorüber.

Südlich der Spree liegt die Köllnische Haide; sie beginnt am Forsthause Marienthal, zwischen Rixdorf und dem Neuen Kruge und erstreckt sich bis Grünau zwischen den Falkenbergen und der Dahme; sie füllt auf dieser Strecke fast das ganze Spreethal aus. Zwischen dieser Haide und der Berliner Weichbildgrenze ist Wiesenland, das zunächst Berlin von der Verbindungsbahn überschritten wird; von Rixdorf nach Treptow führt ein Wiesenweg, der als Sackführersteg an die Wassermühlen erinnert, die vor 700 Jahren zwischen Treptow und Stralau existirten. Zwischen dem Neuen Krug und dem Dorfe Rudow

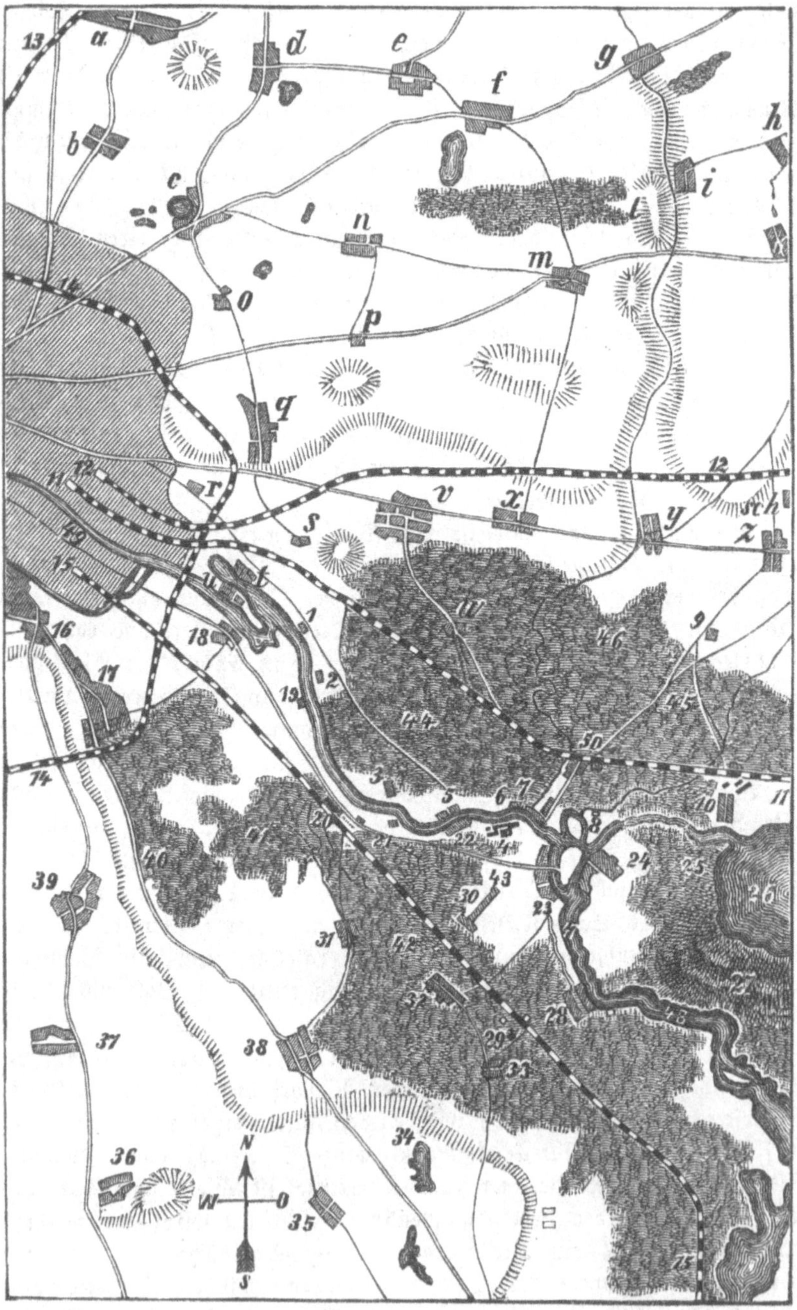
13
a
d
e
g
f
h
b
i
c
l
n
m
14
o
p
q
12
r
v
x
y
sch
11
s
z
49
15
u
t
w
46
9
16
18
1
2
17
19
45
44
50
74
3
5
6
7
10
11
20
22
8
4
24
25
26
21
41
40
43
39
30
23
31
42
27
37
28
29
38
33
73
34
N
36
W
O
35
S
75

a Blankenburg. b Heinersdorf. c Weißensee. d Malchow. e Wartenberg. f Falkenberg. g Ahornsfelde. h Nehrow. i Eiche. k Hönow. l Rollberge. m Marzahn. n Dorf Hohen Schönhäusen. o Kolonie Hohen Schönhausen. p Gasthaus zur Taube. q Lichtenberg. r Boxhagen. s Lichtenberger Kietz. t Rummelsburg u Stralau, v Friedrichsfelde. w Karlshorst. x Biesdorf. y Kaulsdorf. z Malsdorf. sch Hoppegarten. j Dahlwitz. 1 Neuscheune. 2 Berliner Hammelstall. 3 Wilhelminenhof. 4 Schönweide. 5. Ostend. 6 Sadowa. 7 Pyramidenbrück beim Landjäger. 8 Bellevüe an der Steinitz. 9 Kiekmal. 10 Friedrichshagen. 11 Frankfurter Bahn. 12 Ostbahn. 13 Stettiner Bahn. 14 Verbindungsbahn. 15 Görlitzer Bahn. 16 Rollkrug. 17 Rixdorf. 18 Treptow. 19 Eierhäuschen. 20 Kanne, neuer Krug. 21 Köllnischer Hammelstall. 22 Sedan. 23 Schönerlinde. 24 Köpnick. 25 Müggelbude. 26 Müggelsee. 27 Müggelberge. 28 Grünau. 29 Joachimsdenkmal. 30 Süßengrund. 31 Johannisthal. 32 Glienicke. 33 Bohnsdorf. 34 Schönfelder-see. 35 Schönfeld. 36 Groß Ziethen. 37 Buckow. 38 Rudow. 39 Britz. 40 Buschkrug. 41 Spreehaide. 42 Köllnische Haide. 43 Adlerhof. 44 Wuhlhaide. 45 Dahlwitzer Haide. 46 Kaulsdorfer Busch. 47 Dahme. 48 Der lange See. 49 Spree. 50. Haltepunkt der Frankfurter Bahn zwischen Wuhle und Steinitz.

liegt die Kolonie Johannisthal. Die Görlitzer Bahn durchschneidet die Köllnische Haide. Bei Grünau, 3 Kilometer südlich von Köpnick, merken wir das Joachims-Denkmal; südwestlich von Köpnick liegt die Försterei Adlershof bei Süßengrund. In Süßengrund sammelten sich die Otterstädtischen Verschworenen, um den Kurfürsten Joachim I. zu überfallen; in dem Gefecht bei der Kanne ereilte sie aber das Verderben. Die alte Landstraße durch die Köllnische Haide hieß ehemals der Reichsapfelweg, weil in die Baumstämme zu beiden Seiten des Weges das Bild des Reichsapfels geschnitten war, zu Ehren des großen Kurfürsten, der aus dem Schwedenkriege siegreich auf diesem Wege nach Kölln zurückkehrte.

Wie der Pichelswerder im Westen, so ist der Müggelwerder im Osten der Hauptstadt das Ziel vieler Berliner, welche sich zu Lande und Wasser vergnügen wollen. Dampfschiffe und Dampfwagen führen nach diesen zwei Meilen entfernten Punkten. Der Müggelwerder ist eine quadratmeilen große von der Spree und Dahme umflossene Insel, deren Mitte die 95 Meter hohen Müggelberge einnehmen. Dorf Müggelheim liegt in der Mitte der Insel, Köpnick aber auf der westlichen Spitze am Zusammenfluß der Spree und Dahme; zwischen beiden Orten liegt die Köpnicker Haide, welche nördlich vom Müggelsee bespült wird; dieser See liegt zwischen Friedrichshagen und Rahnsdorf, ist 4 Kilometer lang und 2 Kilometer breit. Friedrichshagen gegenüber befindet sich die Müggelbude, ein von Berlinern häufig besuchte Gastwirtschaft. Die Müggelberge sind eine ziemlich vollständiges Modell formreicher Bodenerhebungen aus märkischem Sande, an dem die Vorstellungen von Gebirgsknoten und Gebirgsgrat, Ausläufer und Schlucht, Bergkuppen und Bergkessel leicht zu entwickeln sind. Diese bewaldete und von zahlreichen Spechtfamilien bewohnte Insel ist den Leuten des Flachlandes ein Relief fürs Bergland. Berlin, zwischen Spandau und Köpnick, zwischen Pichels- und Müggelbergen gelegen, hat die anmutigen Havel- und Spreelandschaften ganz nahe; sie sind mittelst Fahrgelegenheit leicht zu erreichen, und der Berliner Jugend ist ein Ausflug dahin schon wegen des geographischen und naturwissenschaftlichen Gewinnes zu empfehlen.

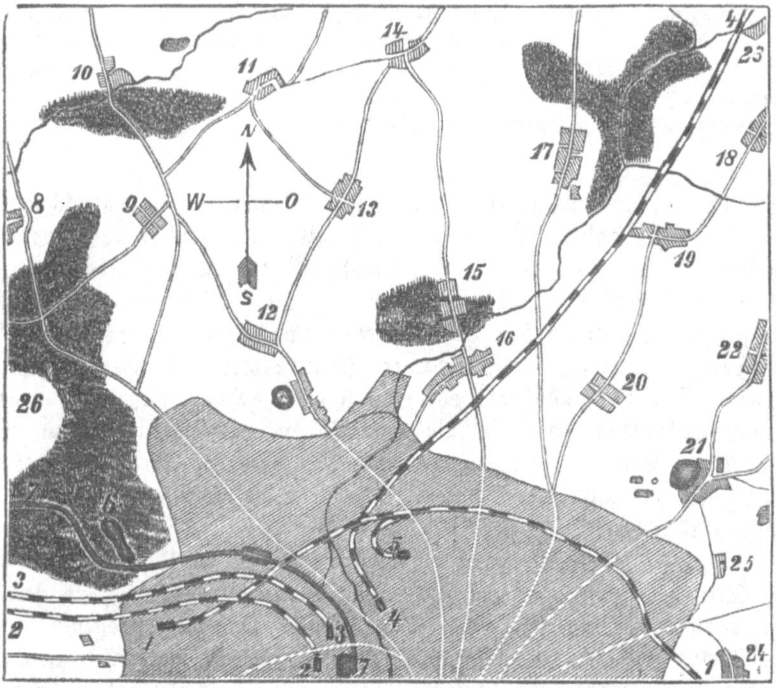

1 Verbindungsbahn. 2 Hannoversche Bahn. 3 Hamburger Bahn. 4 Stettiner Bahn. 5 Viehhofbahn. 6 Plötzensee. 7 Nordkanal. 8 Tegel. 9 Dalldorf. 10 Hermsdorf. 11 Lübars. 12 Reinickendorf. 13 Rosenthal. 14 Blankenfelde. 15 Nieder-Schönhausen. 16 Pankow. 17 Französisch Buchholz 18 Karow. 19 Blankenburg. 20 Heinersdorf. 21 Weißensee. 22 Malchow. 23 Buch. 24 Lichtenberg. 25 Kolonie Hohen-Schönhausen. 26 Alter Artillerieschießplatz.

Die nördliche Umgegend Berlins zwischen der Tegeler und Frankfurter Chaussee gehört zum Lande Barnim; die Hochplatte fällt westlich zur Havel, südlich zur Spree ab, doch tritt der Rand des Tafellandes fast nirgends unmittelbar ans Wasser. Der Scheitelpunkt des Friedrichshaines und die Brunnenkuppe liegen 33 Meter über dem Wasserspiegel der Spree. Der größte Theil der Umgebung Berlins von Tegel bis Dahlwitz besteht aus Feldfluren. Die Panke bewässert die Gegend. Alles rechts der Spree gelegene Land gehörte ehemals unter die Botmäßigkeit eines Fürsten Barnim, welcher der pommerschen Herzogsfamilie entstammte, deshalb wurde dieses Landgebiet, das Land Barnims, oder einfach der Barnim genannt.

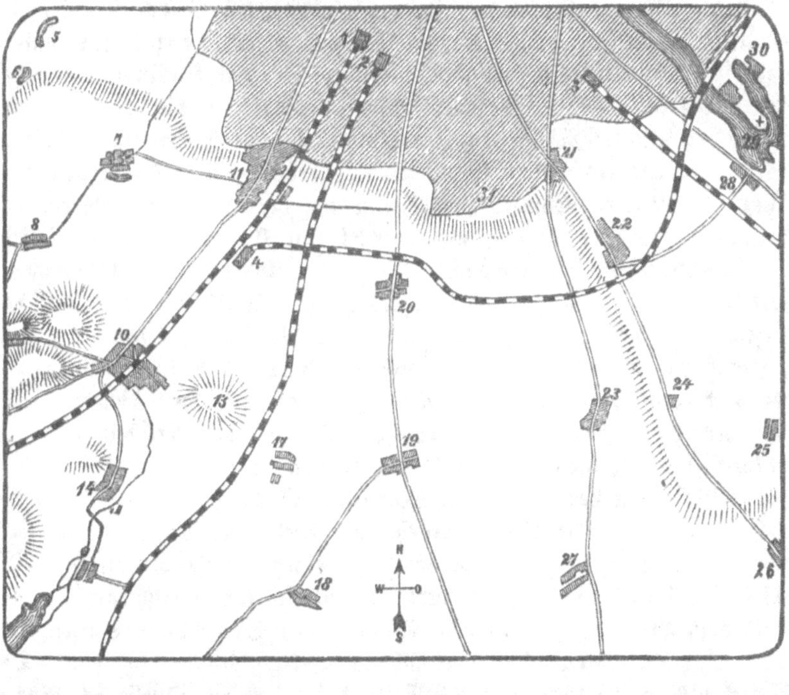

1 Potsdamer Bahn. 2 Anhalter Bahn. 3 Görlitzer Bahn. 4 Verbindungsbahn. 5 Liezensee. 6 Halensee. 7 Wilmersdorf. 8 Schmargendorf. 9 Dalem. 10 Steglitz. 11 Schöneberg. 12 Kreuzberg. 13 Die Rauenberge. 14 Lichterfelde. 15 Giesendorf. 16 Teltowersee. 17 Lankwitz. 18 Marienfelde. 19 Mariendorf. 20 Tempelhof. 21 Rollkrug. 22 Rixdorf. 23 Britz. 24 Buschkrug. 25 Johannisthal. 26 Rudow. 27 Buckow. 28 Treptow. 29 Stralau. 30 Rummelsburg.

Die südliche Umgegend zwischen der Königs-Wusterhausener und Potsdamer Chaussee gehört zum Lande Teltow; die Hochplatte schiebt sich halbinselartig zwischen Havel und Dahme zur Spree vor. Jenseits der Potsdamer Chaussee fällt das Tafelland zur Havel steil ab. Der Kreuzberg erhebt sich 32 Meter über den Wasserspiegel der Spree, der Havelberg im Grunewald dagegen 60 Meter über den Wasserspiegel der Havel. Auch die südlich von Berlin gelegene Gegend besteht größtentheils aus Feldmarken, die theilweise von der Telte bewässert werden. Merkwürdig ist die zwischen Tempelhof, Mariendorf und Britz beginnende Seeplatte, die sich in südöstlicher Richtung nach Potsdam hin fortsetzt und auf welcher zahlreiche Wasserbecken und Hügelkuppen zur Erscheinung kommen; es ist nicht unwahrscheinlich, dass diese Formation die Entstehung des Namens Teltowe, als eines Hügelseelandes, veranlasste.

Wir haben die Spree von ihrer Mündung bei Spandau aufwärts, bis zum Müggelsee hinter Köpnick kennen gelernt; dieses für unsere Stadt so wichtige Wasser verlangt aber in seiner ganzen Ausdehnung gekannt zu sein. Die Lebensader unserer Stadt ist die Spree, von welcher der Dichter Rückert sagt, dass sie wie ein Schwan in die Stadt gleitet, aber wie ein Schwein sich wieder hinauswälzt. Die Spree entspringt 22 Meilen südöstlich von Berlin auf dem Lausitzer Gebirge, am Beerberge bei Gersdorf, und mündet eine Meile westlich von Berlin bei Spandau in die Havel. Die Havel führt das aufgenommene Spreewasser mit sich und giebt ihren ganzen Wasservorrat unweit des Dorfes Quitzhöfe'l an die Elbe ab. Der Wasserstrom der Elbe wogt an Hamburg vorüber und ergießt sich bei Kuxhafen in die Nordsee oder das deutsche Meer, 55 Meilen nordwestlich von Berlin. Die Stromentwickelung wie der Wasserlauf mit allen Krümmungen von Gersdorf bis Spandau, beträgt 48 Meilen, der Quellabstand in gerader Linie von der Quelle zur Mündung 24 Meilen. $2 + 22 = 24$. $2 \times 24 = 48$. Die Spree entsteht aus drei Quellbächen, die nach halbmeiligem Laufe sich bei Ebersbach zu einem Flusse vereinigen. Die Riesel des Kottmarberges sammeln sich in einem Fichtenwalde, die Riesel vom Beerberge sammeln sich auf den Spreedorfer Wiesen; die Riesel vom Kuhberge sammeln sich im Johannisthaler Grunde. Der Scheitel des Beerberges liegt 33 Meter höher als die Quelle der Spree, und 520 Meter höher als der Spiegel des Meeres. Die Spree fließt von Gersdorf nach Ebersbach nördlich, nach Soland nordwestlich, nach Postewitz nördlich, nach Grabschütz nordwestlich, nach Leichnam nordöstlich, nach Döbberik nördlich, nach Lübbenau westlich, nach Schadow nördlich, nach Trebatsch östlich, nach Neubrück nördlich, nach Hangelsberg westnordwestlich, nach Hartmannsdorf südwestlich, nach Berlin westnordwestlich, nach Spandau westlich. Ebersbach liegt am rechten Ufer, unterhalb Gersdorf, oberhalb Soland. Der Felsen des Kottmarberges ½ Meile oberhalb Ebersbach heißt der Predigtstuhl; eine Meile westlich vom Kottmarberge liegt Herrnhut,

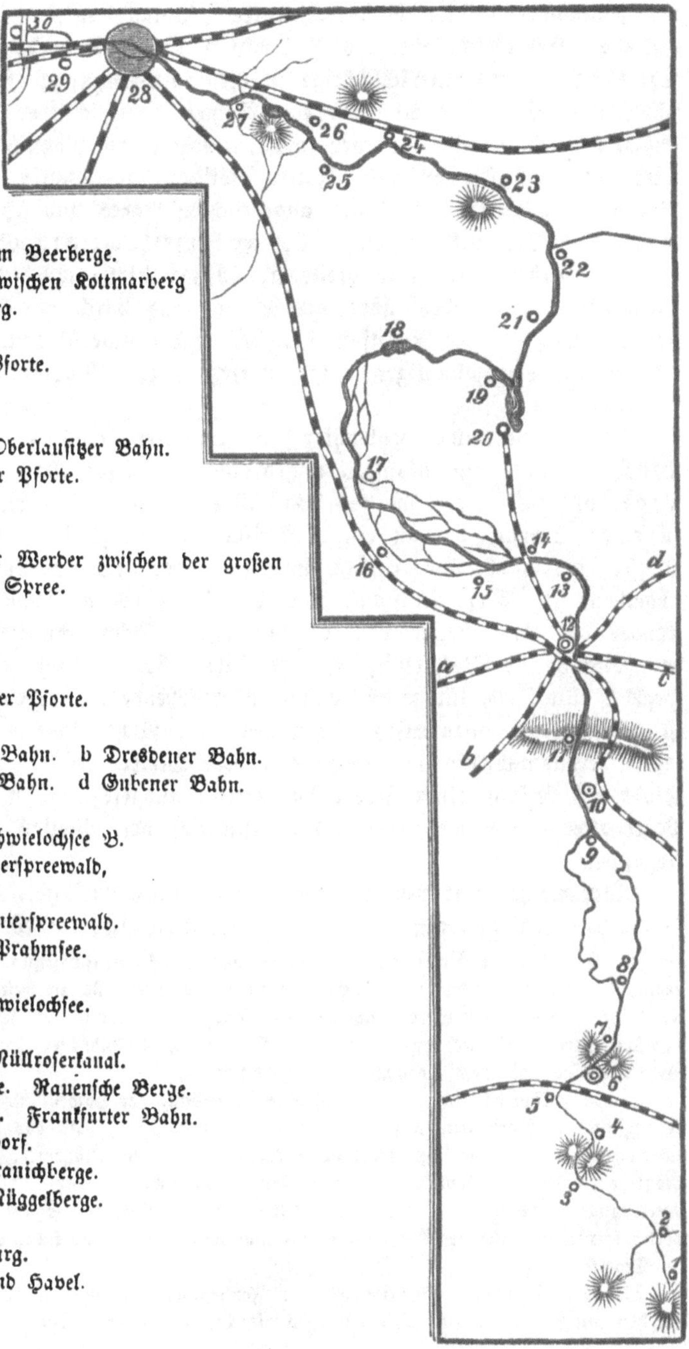

1 Gersdorf am Beerberge.
2 Ebersbach zwischen Kottmarberg und Kuhberg.
3 Soland.
Wendische Pforte.
4 Postewitz.
5 Grabschütz.
6 Bautzen. Oberlausitzer Bahn.
Oberlausitzer Pforte.
7 Gurick.
8 Leichnam.
Oberlausitzer Werder zwischen der großen und kleinen Spree.
9 Spreewitz.
10 Spremberg.
11 Bülow.
Niederlausitzer Pforte.
12 Kottbus.
a Leipziper Bahn. b Dresdener Bahn.
c Saganer Bahn. d Gubener Bahn.
13 Döbbrik.
14 Fehrow. Schwielochsee B.
15 Burgk. Oberspreewald,
16 Lübbenau.
17 Lübben. Unterspreewald.
18 Schadow. Prahmsee.
19 Trebatsch.
20 Goyatz, Schwielochsee.
21 Beeskow.
22 Neubrück, Müllroserkanal.
23 Fürstenwalde. Rauensche Berge.
24 Hangelsberg. Frankfurter Bahn.
25 Hartmannsdorf.
26 Erkner. Kranichberge.
27 Köpnick. Müggelberge.
28 Berlin.
29 Charlottenburg.
30 Spandau und Havel.

der Stammort unserer Brüdergemeinde. Soland liegt am linken Ufer, unterhalb Ebersbach, oberhalb Postewitz u. s. w. Auf ihrem Unterlaufe setzt die Spree 50 unterschlächtige Mühlen in Bewegung; oberhalb Grabschütz sind die oberschlächtigen Mühlen gebräuchlicher. Bei diesen strömt das Stauwasser in einer schmalen Rinne, die plötzlich unterbrochen wird und das Wasser zum Fallen nötigt; das Wasser fällt in die Fächer eines unter der Rinne angebrachten Rades und setzt durch seine Wucht das Rad in Bewegung. Bei unterschlächtigen Mühlen strömt das Stauwasser durch eine breite abschüssige Rinne und schlägt an die Schaufeln eines Rades über der Rinne, das durch den Stoß in Bewegung gesetzt. Die Rotation der Räder bei unterschlächtigen Mühlen ist der bei oberschlächtigen entgegengesetzt. Die Mühlen Berlins sind unterschlächtig.

Der aufmerksame Beobachter wird bemerken, dass an verschiedenen Brücken Berlins ein Maßstab angebracht ist; dieser Maßstab heißt der Pegel und läßt die Höhe des Wassers erkennen. Man bedient sich dazu einer Stange, die an einem Pfeiler angebracht senkrecht aus dem Wasser emporragt; und in Fuße und Zolle oder in Meter und Decimeter abgetheilt ist. Der Nullpunkt giebt die Stelle des gewöhnlichen Wasserstandes an. Anhaltende Dürre, Landregen, Schneeschmelze, verändern den Stand des Wasserspiegels, und diese Veränderung zeigt sich am Pegel. Alle Orte, für welche das vorüberfließende Wasser von Bedeutung ist, haben Pegel aufzuweisen. Erst wenn der Wasserstand am Oberpegel der Oberbaumsbrücke die Höhe von vier Meter erreicht hat, ist die Stadt der Gefahr einer Ueberschwemmrng ausgesetzt. Der berühmteste Pegel alter und neuer Zeit ist der Nilmesser oder Mekias zu Käïro in Aegypten.

Wir machen uns nun mit den von Berlin ausgehenden Straßen bekannt, und beginnen auf dem rechten nördlichen Ufer im Westen,

1. Die kleine Charlottenburger Chaussee ist eine Fortsetzung der Moabiterstraße, die bei Martiniken die Weichbildgrenze überschreitet und in westlicher Richtung längs des rechten Spreeufers nach Charlottenburg führt; südlich der Chaussee ist der Kahlsche Werder, nördlich das Lausefenn. An der Charlottenburger Brücke führt ein Weg rechts ab nach dem Forsthause Königsdamm.

2. Die Nordkanal Chaussee ist eine Fortsetzung der Haide- und Scharnhorststr sie beginnt am Nordhafen und beansprucht bald das rechte, bald das linke Ufer; sie unterschreitet den Viäduct der Verbindungsbahn, führt am Plötzensee, Bethesda, am Magdalenenstift, am Johannisstift und Neu Rummelsburg vorüber, verfolgt 6 Kilometer lang die westliche Richtung bis Haselhorst in der Nähe der Spandauer Festungswerke; hier wendet sich der Weg mit dem Kanal nach Norden und endet bei Saatwinkel, am Tegelersee.

3. Die Tegeler Chaussee ist die Fortsetzung der Müllerstraße,. sie verläßt zwischen den Rehbergen und Müggelbergen die Weichbildgrenze, führt in nordwestlicher

Richtung am alten Artillerieschießplatz vorüber nach Tegel, überschreitet das Tegeler Fließ bei der Tegeler Mühle, berührt Schulzendorf, überschreitet bei Hennningsdorf die Havel und führt nach Kremmen; von Schulzendorf führt westlich ein Weg nach Heilgensee; von hier südlich über die Halbinsel Reiherland nach Saatwinkel.

4. Die Dahldorfer Chaussee zweigt sich in der Nähe der Weichbildgrenze, am kahlen Berge von der Tegeler Chaussee ab, führt in nördlicher Richtung durch Dalldorf über die Rollberge, um das Tegeler Fließ, nach Hermsdorf und weiter nach Oranienburg.

5. Die Reinickendorfer Chaussee ist die verlängerte Brunnenstraße; sie verlässt in der Nähe des Schäfersees die Weichbildgrenze und führt in nordwestlicher Richtung durch Reinickendorf nach Dalldorf; von Reinickendorf nördlich führt ein Weg durch Rosenthal nach Blankenfelde, Schönfließ und Mühlenbeck am Tegeler Fließ. An der Brunnenstraße liegt der Humboldtshain, zwischen dem Viehhof und der Verbindungsbahn. Am hundertjährigen Geburtstage Humboldts, des größten Gelehrten unserer Zeit, also am 14. September 1869, wurde dieser zur Erholung der Einwohnerschaft bestimmte Park angelegt und mit dem Denkmal des Namengebers geschmückt.

6. Die Pankower Chaussee ist eine Fortsetzung der Schönhauser Allee; sie verlässt am Eschengraben die Weichbildgrenze, überschreitet die Stettiner Bahn und führt in nördlicher Richtung durch Pankow über die Panke nach dem angrenzenden Nieder-Schönhausen; von hier führt ein gewöhnlicher Landweg nach Blankenfelde. Zwischen Pankow und Reinickendorf liegt die Kolonie Schönholz am Zingergraben, der am Granatenberge in die Panke fließt.

7. Die Prenzlauer Chaussee ist die Fortsetzung der Prenzlauerstr.; sie führt in nördlicher Richtung nach Französisch Buchholz und überschreitet auf der Hälfte des Weges die Stettiner Bahn und die Panke. Die Kunststraße führt in nördlicher Richtung weiter durch Schönerlinde nach Groß Schönebeck, zwischen Liebenwalde und Joachimsthal; es ist dies der halbe Weg nach Prenzlau.

8. Die Heinersdorfer Landstraße zweigt sich an der Weichbildgrenze von der Prenzlauer Chaussee ab und führt in nordnordöstlicher Richtung durch Heinersdorf, Blankenburg und Karow nach Buch an der Panke und Stettiner Bahn.

9. Die Weißenseer Chaussee ist eine Fortsetzung der Greifswalderstraße. Weißensee ist nur 1 Kilometer nordöstlich von der Weichbildgrenze entfernt; von Weißensee führt die Chaussee in nordnordöstlicher Richtung durch Malchow, Lindenberg und Schwanebeck nach Bernau an der Pankequelle. Am Anfange der Greifswalderstraße führt rechts die Friedensstraße zum Friedrichshain. Im Mai 1840 hatten die städtischen Behörden den Beschluß gefasst, zur hundertjährigen Feier des Gedenktages der Thronbesteigung Friedrichs des Großen einen Park anzulegen; während der Anlage arbeitete Rauch an dem Reiterbilde des Königs und der Bürger Freitag erwarb vom Probegusse das kolossale Brustbild, welches er mitten im Park auf eine Marmorsäule 1848 aufstellen ließ.

10. Die Freienwalder Chaussee zweigt sich in Weißensee rechts von der Bernauer Chaussee ab und führt in nordöstlicher Richtung durch Falkenberg nach Ahrensfelde an der Wuhlquelle, weiterhin führt der Weg durch Blumberg und Seefeld nach Werneuchen an der Steinitzquelle. Hinter Werneuchen gabelt sich die Kunststraße links nach Freienwalde, rechts nach Wrietzen. Zwischen Falkenberg und Malchow liegt Wartenberg; südlich von Ahrensfelde an der Wuhle liegt Eiche. Zwischen Weißensee und Marzahn liegt Hohen Schönhausen.

11. Die Marzahner Landstraße ist die verlängerte Landsbergerstraße; sie über-

schreitet die Verbindungsbahn bei der Weichbildgrenze und führt in ostnordöstlicher Richtung durch Marzahn, Hönow und Seeberg nach Alt Landsberg a. d. Steinitz. Zwischen Marzahn und Hönow überschreitet die Straße südlich von den Eicher Rollbergen die Wuhle. Auf dem halben Wege nach Marzahn liegt das Gasthaus zur weißen Taube, von dem ein Weg nördlich nach Hohen Schönhausen führt.

12. Die Frankfurter Chaussee ist die Fortsetzung der großen Frankfurterstraße in östlicher Richtung; sie verlässt bei der Neuenwelt das Weichbild, überschreitet vor Lichtenberg die Verbindungsbahn, vor Friedrichsfelde die Ostbahn und führt durch Biesdorf, Kaulsdorf, Malsdorf nach Dahlwitz a. d. Steinitz. Zwischen Dahlwitz und Neuenhagen in nördlicher Richtung und an der Ostbahn liegt die Rennbahn Hoppegarten. Von Dahlwitz südlich nur 5 Kilometer entfernt liegt Friedrichshagen am Müggelsee. Dahlwitz, 10 Kilometer von Berlin entfernt, ist der halbe Weg nach Rüdersdorf.

13. Die Rummelsburger Chaussee zweigt sich kurz vor der Neuenwelt in südöstlicher Richtung von der Frankfurter Chaussee ab, berührt die Kolonie Boxhagen, unterschreitet die Verbindungs-, Ost- und Frankfurter Bahn und führt durch Alt-Rummelsburg bis zum Blockdammgraben, beim Hegemeister oder der Försterei Neuscheune am Anfange der Wuhlhaide; ein Waldweg führt in gleicher Richtung nach Schönweide an der Spree; am rechten Ufer aufwärts folgen von der Neuenscheune an die Orte Berlinischer Hammelstall, Wilhelminenhof, Schönweide, Ostend, Sadowa, Landjäger, Köpnick. Ein Seitenweg führt von Boxhagen in ostsüdöstlicher Richtung nach dem Lichtenberger Kietz, zwischen Rummelsburg und Friedrichsfelde.

14. Die Stralauer Chaussee ist die verlängerte Mühlenstraße; sie führt in südöstlicher Richtung nach Stralau; Stralau liegt auf einer Landzunge zwischen Rummelsburgersee und Spree, daß äußerste Ende der Landzunge, die Kirchhofsspitze, liegt Treptow gegenüber zwischen der Liebinsel und Rohrinsel: Da wo die Chaussee die Verbinbindungsbahn unterschreitet, überschreitet sie zugleich die Weichbildgrenze; innerhalb derselben führt der Markgrafendamm als Verbindungsweg von Stralau nach Rummelsburg um den Rummelsburgersee. Die zwischen der Frankfurter-, Stralauer- und Boxhagener Chaussee liegende Landfläche heißt das Kavelland.

15. Die Köpnicker Chaussee ist eine Verlängerung der Köpnickerstraße; sie verlässt das Weichbild am Anfange des Südkanals, führt durch den Schlesischen Park in südöstlicher Richtung nach Treptow, weiter über die Kannenbrücke nach dem Neuen Krug, bei Sedan vorüber nach der Vorstadt Schönerlinde bei Köpnick: 1 Kilometer ostsüdöstlich von Treptow liegt das Eierhäuschen, der Försterei Neuscheune gegenüber. Am linken Ufer der Spree aufwärts folgen von Treptow aus, das Eierhäuschen, der Neue Krug, die kleine Bleiche, der Köllnische Hammelstall, Sedan, die großen Bleichen, Köpnick.

16. Die Königs-Wusterhauser Chaussee ist die Fortsetzung der Hasenhaidestraße; sie führt von der Weichbildgrenze am Rollkruge in südöstlicher Richtung durch Rixdorf, Rudow, Waltersdorf nach Königs-Wusterhausen, am Zusammenfluß der Notte und Dahme und an der Görlitzer Bahn. Hinter Rixdorf überschreitet sie die Verbindungsbahn, berührt bei Britz den Buschkrug und steigt bei Rudow zum Tafellande auf, das sie dicht vor Wusterhausen wieder verlässt.

17. Die Britzer Chaussee ist die Fortsetzung der Straße, die über den Kottbuser Damm zum Rollkruge führt; hier an der Weichbildgrenze nimmt sie mit der Rixdorfer Chaussee ihren Anfang; sie steigt beim Rollkruge zum Tafellande auf, überschreitet die Verbindungsbahn und läuft als Bergstraße mit der Rixdorfer Thalstraße gleichlaufend

bis Britz, beziehungsweise Buschkrug; von Britz führt die Straße in südlicher Richtung durch Buckow, Groß- und Klein-Ziethen und weiter in südsüdöstlicher Richtung durch Selchow und Brusendorf nach Mittenwalde a. d. Notte. Von Klein-Ziethen führt die Kunststraße in südlicher Richtung nach Glasow.

18. Die Tempelhofer Chaussee ist eine Fortsetzung der Belle-Alliancestraße in südlicher Richtung; sie steigt zwischen dem Bockberge und Kreuzberge zum Tafellande auf, überschreitet sofort die Weichbildgrenze, unterschreitet kurz vor Tempelhof die Verbindungsbahn und führt von Tempelhof nach Mariendorf, Lichtenrade, Glasow, Dahlwitz, Groß Machnow, Zossen a. d. Notte. Von Mariendorf führt eine Straße in südsüdwestlicher Richtung durch Marienfelde nach Groß Beeren. Groß Beeren ist der halbe Weg nach Trebbin. Von Dahlwitz führt ein Landweg südlich nach Rangsdorf am Rangsdorfer See.

19. Die Potsdamer Chaussee ist die Fortsetzung der Potsdamerstraße in südwestlicher Richtung; in Schöneberg steigt die Straße und führt durch Steglitz, Zehlendorf, Düppel, Friedrich-Wilhelmsbrück, Klein Glienicke nach Potsdam. Hinter Friedrich-Wilhelmsbrück zweigt sich rechts die Havelchaussee ab, sie führt durch die Stolpesche Haide zur Pfaueninsel, nach Moorlake, Sakrow zur Glienicker Brücke. Von Schöneberg westlich führt ein Weg durch Wilmersdorf nach Schmargendorf, von Steglitz westlich führt ein Weg durch Dalem zum Jagdschloß Grunewald. Von Zehlendorf westlich führt ein Waldweg nach Forsthaus Wansee am Schlachtensee und nach Beelitzhof am Wansee. Am Ende der Potsdamerstraße bei Schöneberg ist der botanische Garten; es ist der alte Schöneberger Hopfengarten, den der große Kurfürst durch den Gärtner Michelmann 1560 in einen Küchen- und Obstgarten umschaffen ließ. König Friedrich I. schenkte denselben 1710 der Gesellschaft der Wissenschaften, die ihn Zweck entsprechend in einen Pflanzengarten verwandelte. Mit ihm wurde nachmals der Schulgarten verbunden, den der Prediger Hecker 1753 für die wissenschaftliche Ausbildung seiner Schüler angelegt hatte. Gleditsch, Wildenow, Link, Otto, Kunth haben seinen Ruf begründet.

Zwischen der Potsdamer- und Tempelhofer Chaussee sind die Spuren der alten Teltower Landstraße wahrzunehmen; sie steigt bei Kriegersfelde zum Stadtberge auf, kreuzt die Kolonnenstraße, führt an den Rauhen Bergen und Lankwitz vorüber nach Lichterfelde, Giesendorf und Teltow; hier ist der halbe Weg nach Saarmund a. d. Nuthe. Teltow liegt an der Telte, die am Steglitzer Berge entspringt und bei Kohlhasenbrück in den Griebnitzsee mündet.

20. Die Spandauer Chaussee beginnt als große Charlottenburger Chaussee am Brandenburger Thore, durchschneidet in westlicher Richtung den Thiergarten wendet sich am Knie nordwestlich als Berlinerstraße durch Charlottenburg und steigt vor Westend zum Tafellande auf; bis Westend wird sie von der Pferdebahn begleitet. Von Westend führt sie in westnordwestlicher Richtung über den Bockberg hinab nach Ruhleben und Stresow bis Spandau; bei Ruhleben überschreitet sie die Hannoversche Bahn. Die Charlottenburger Chaussee setzt sich am Knie in gerader westlicher Richtung als Bismarckstraße bis Westend fort; am Knie mündet auch die Hardenberg-, Marchstraße und Kurfürsten Allee, die hinter dem zoologischen Garten beginnt; die Kurfürstenstraße endet am Kurfürstendamm.

Für die Bewohner der südlichen Stadttheile ist die Südkanal-Chaussee der nächste Weg nach Charlottenburg; sie läuft meist am linken Ufer in westnordwestlicher Richtung den Südkanal entlang, kreuzt bei der Charlottenburger Brücke die Charlottenburger Chaussee und endet in Lietzow an der Spree. Diese Kanalchaussee führt am zoologischen

Garten vorüber. Hier befand sich ehemals eine Fasanerie, welche im Jahre 1712 Friedrich der Große anlegen ließ, nachdem er in Böhmen die großen Fasanengärten kennen gelernt hatte. Der Fasanenwächter bewohnte das geschmackvoll angelegte Landhaus im heutigen Seepark. König Friedrich Wilhelm IV. überließ den am Kurfürstendamm gelegenen Theil der Fasanerie einer Actiengesellschaft, welche die Anlage eines Thierparkes in der Nähe der Hauptstadt für notwendig hielt. Der Gartendirector Lenné schuf die neuen Anlagen, und die von der Pfaueninsel hierher versetzten Thiere bildeten den Stamm der Sammlung. Unter der Oberleitung des Professor Lichtenstein, wurde der Garten 1844 eröffnet. In neuester Zeit ist dieser Garten durch den Director Bodinus ganz umgestaltet, außerordentlich bereichert und zu einem der schönsten Aufenthaltsorte gemacht worden.

Um uns die Lage des Heimatsortes im Heimatslande zu verdeutlichen, müssen wir größere Entfernungen in's Auge fassen. Wir geben in der Richtung der acht andronikischen Gegenden je drei Orte an, im Abstande von 5 zu 5 Meilen, und fügen den Hauptort des benachbarten Landes bei.

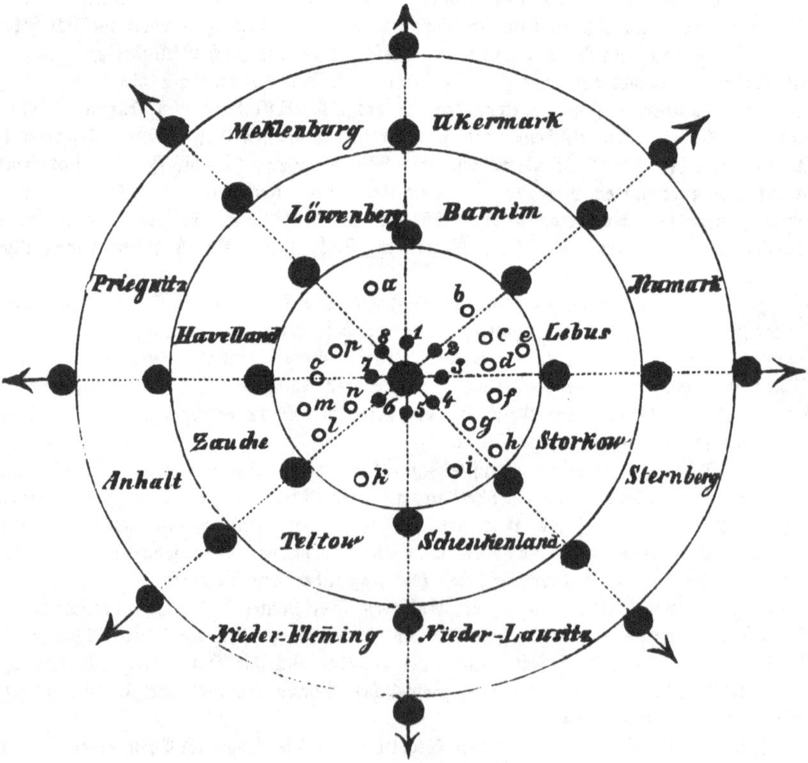

Näher als fünf Meilen liegen die bezeichneten Orte im inneren Kreise. a Oranienburg a. d. Havel. b Bernau a. d. Panke. c Werneuchen a. d. Steinitz. d Alt-

Landsberg a. d. Steinitz. e Strausberg am Straussee f Rüdersdorf am Kalkfließ. g Köpnick a. d. Spree. h Königs-Wusterhausen a. d. Notte. i Mittenwalde a. d. Notte. k Trebbin a. d. Nuthe. l Saarmund a. d. Nuthe. m Potsdam a. d. Havel. n Teltow a. d. Telte. o Spandau a. d. Havel. p Saatwinkel a. d. Mündung des Nordkanals in die Havel.

1. Wenn ich von Berlin nach Norden gehe, so komme ich nach dem Gesundbrunnen. In derselben Richtung, fünf Meilen von Berlin, liegt Liebenwalde a. d. Havel, in Niederbarnim; zehn Meilen von Berlin liegt Lychen am Lychener See, in der Uckermark; funfzehn Meilen von Berlin liegt Neu-Brandenburg an der Tollense, in Mecklenburg. Vierzig Meilen nördlich von Berlin liegt das Vorgebirge Arkona auf der Insel Rügen. 2. Wenn ich von Berlin nach Nordosten gehe, so komme ich nach Weißensee; Leuenberg bei Freienwalde, in Ober-Barnim; Königsberg an der Rörike, in der Neumark; Pyritz an der Plöne, in Hinter-Pommern; Köslin an der Ostsee, in Hinter-Pommern. 3. Wenn ich von Berlin nach Osten gehe, so komme ich nach Friedrichsfelde; Hoppegarten bei Müncheberg, in Lebus; Göritz an der Oder, in Sternberg; Zielenzig an der Postum, in Sternberg; Posen an der Warte, in Posen. 4. Wenn ich von Berlin nach Südosten gehe, so komme ich nach Treptow, Pieros an der Dahme, in Storkow; Lieberose unweit des Beeskower Schwilung im Krummspreelande; Forste an der Neiße, in der Nieder-Lausitz; Liegnitz an der Katzbach, in Schlesien. 5. Wenn ich von Berlin nach Süden gehe, so komme ich nach Tempelhof; Speerenberg bei Zossen im Teltow; Dahme an der Dahme, in der Südmark oder im Nieder-Fläming; Liebenwerda an der Schwarzelster, im Elsterlande; Saatz an der Eger, in Böhmen; nicht weit davon das Bad Töplitz. 6. Wenn ich von Berlin nach Südwesten gehe, so komme ich nach Lichterfelde; Belitz an der Nieplitz in der Zauche; Hundeluft an der Rosla, in Anhalt; Bernburg an der Saale, in Anhalt; Erfurt an der Gera, in Thüringen. 7. Wenn ich von Berlin nach Westen gehe, so komme ich nach Charlottenburg; Ketzin an der Havel, im Havellande; Milow an der Stremme und Havel, im Stiftlande oder im Lande Klietz; Demker bei Tangermünde in der Altmark; Hannover an der Leine, in Nieder-Sachsen. 8. Wenn ich von Berlin nach Nordwesten gehe, so komme ich nach Tegel; Kremmen am Ruppiner Kanal, im Lande Glien; Netzeband an der Temnitz, in Ruppin; Puttlitz an der Stepenitz, in der Priegnitz oder Vormark; Lübeck an der Trave, an der Grenze von Holstein.

XIV. Eisenbahnen.

Berlin war schon in der Wendenzeit als Handelsplatz kein unbedeutender Ort; denn bei der Besitzergreifung durch die deutschen Markgrafen fanden sich Anlagen vor, welche auf einen recht regen Verkehr schließen lassen. Berlin besaß ein Niederlagsgebäude, ein Kaufhaus, ein Kramhaus und mehrere Geschäftsstuben oder Komtoire. Im Mittelalter war Berlin eine Zeit lang Mitglied der großen norddeutschen Handelsverbindung Hansa. Als aber der Verkehr nach Erweiterung der Schifffahrt neue Wege einschlug, verlor Berlin als Handelsplatz jede Bedeutung und wäre nach dem Verluste seiner großen Vorrechte in den Kreis der kleinen, wenig genannten Landstädtchen getreten, wenn nicht eine mächtige Fürstenfamilie Gefallen daran gefunden hätte, Berlin zum bleibenden Wohnsitze zu wählen. Berlin wurde die Residenz der Hohenzollern, und das Wachsthum der Stadt hielt gleichen Schritt mit der zunehmenden Größe dieser Familie. Die Hohenzollern ließen der Hauptstadt des Landes Alles zukommen, was deren Entwicklung förderlich sein konnte. Durch Kanalverbindungen und Kunststraßen gewann die Stadt nach und nach wieder an Ansehen und wurde der Hauptpunkt eines bedeutenden Binnenhandels. Der preußische Staat überzog sich nach dem Befreiungskriege mit einem Netze vortrefflicher Straßen, die sich in Berlin zu einem großen Verkehrsknoten schürzten. Als der Engländer Georg Stephenson mit dem von ihm 1814 zu Newkastle erfundenen Dampfwagen verschiedene Versuche und 1829 mit seiner Maschine in einer Stunde vier deutsche Meilen zurückgelegt hatte, da verbreitete sich die neue Erfindung mit unglaublicher Geschwindigkeit über das Festland; 1835 rollte die erste Lokomotive auf deutschem Boden von Nürnberg nach Fürth und drei Jahre später von Berlin nach Potsdam. Große Umwandlungen hat die Lokomotive seit einem Menschenalter hervorgerufen; das damalige Berlin ist in dem heutigen kaum wieder zu erkennen. Der Blick auf die Karte des Vaterlandes verirrt sich fast in dem Gewebe von Schienenwegen, in deren Mittelpunkte die deutsche Kaiserstadt wie eine große Spinne die Wache hält. Berlin ist der Knotenpunkt für zehn Eisenbahnen, die durch eine drei Meilen lange Ringbahn mit einander in Verbindung stehen; drei Bahnen führen zur Oder, fünf zur Elbe, eine zur Ostsee und eine zum Riesengebirge. Diejenigen Orte, bei denen der Zug anhält, um Güter und Reisende aufzunehmen oder abzusetzen, heißen Haltepunkte, Haltestellen oder Stationen; diejenigen Orte von denen mehr als zwei Schienenwege ausgehen, heißen Knotenpunkte. Die Bahnhöfe unserer Stadt sind in ihrer Mehrzahl große, lange mit Glas überdeckte Hallen, von bewundernswürdiger Bauart.

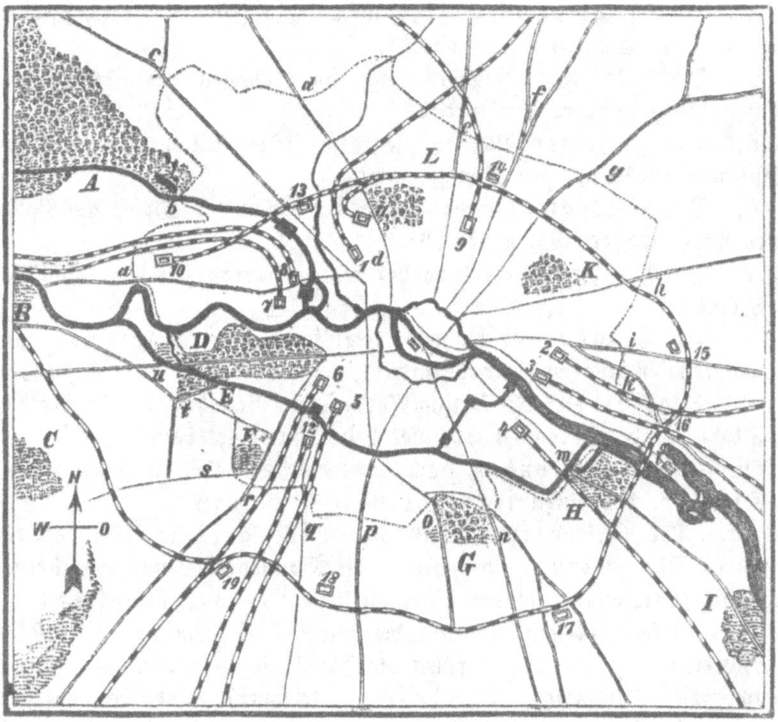

1—10 Bahnhöfe. 11 Viehbahnhof. 12. Dresdener Bahnhof. 10 Haltestelle bei Moabit. 13 Haltestelle im Wedding. 14 Haltestelle beim Gesundbrunnen. 15 Haltestelle bei Friedrichsberg. 16 Haltestelle bei Stralau. 17 Haltestelle bei Rixdorf. 18 Haltestelle bei Tempelhof. 19 Haltestelle bei Schöneberg. a Moabiterstr. und kleine Charlottenburger Chaussee. b Kanalstraße. c Müllerstraße und Tegeler Chaussee. d Badstraße und Reinickendorfer Chaussee. e Schönhauser Allee und Pankower Chaussee. f Prenzlauerstraße und Prenzlauer Chaussee. g Greifswalderstr. und Weißenseer Chaussee. h Landsbergerstr. und Landsberger Chaussee. i Frankfurterstr. und Frankfurter Chaussee. k Boxhagenerstr. und Rummelsburger Chaussee. l Stralauerstr. und Chaussee. m Schlesischestr. und Treptower Chaussee. n Kottbuserstr. und Rixdorfer-Britzer Chaussee. o Pionierstraße und Hasenhaide Chaussee. p Belleallliancestr. und Tempelhofer Chaussee. q Schönebergerstr. und Teltowerweg. r Potsdamerstr. und Potsdamer Chaussee. s Wilmersdorferstr. t Kurfürstenstr. und Hardenbergstr. u Charlottenburger Chaussee. A Jungfernhaide. B Charlottenburger Schloßgarten. C Grunewald. D Thiergarten. E Zoologischer Garten. F Botanischer Garten. G Hasenhaide. H Schlesischer Park. I Treptower Park. K Friedrichshain. L Humboldtshain.

1. Der Stettiner Bahnhof liegt im Norden der Stadt, in der Invalidenstr. und Borsigstr.

2. Der Ostbahnhof liegt im Osten der Stadt, am Küstriner Platz und der Fruchtstr., am Ende des Grünen Weges.

3. Der Frankfurter Bahnhof liegt im Osten der Stadt, an der Koppenstr., am Ende der Breslauerstr.

4. Der Görlitzer Bahnhof liegt im Südosten der Stadt, am Lausitzer Platze und der Skalitzerstr.

5. Der Anhalter Bahnhof liegt im Südwesten der Stadt, am Askanischen Platze und der Königgrätzerstr.

6. Der Potsdamer Bahnhof liegt im Westen der Stadt, am Potsdamer Platz und der Königgrätzerstr.

7. Der Hannoversche Bahnhof liegt im Nordwesten der Stadt, bei der Alsenbrücke.

8. Der Hamburger Bahnhof liegt im Nordwesten der Stadt, am Humboldtshafen und der Invalidenstr.

9. Der Nordbahnhof, auch Stralsunder Bahnhof, liegt im Norden der Stadt, an der Brunnen Chaussee beim Humboldtshain.

10. Der Südbahnhof, auch Dresdener Bahnhof, liegt im Süden der Stadt zwischen Anhalter- und Potsdamer Bahnhof.

11. Die Verbindungsbahn ist 3½ Meile lang; sie führt von der Haltestelle Moabit östlich, überschreitet die Hannoversche und Hamburger Bahn am Nordkanal, berührt die Haltestelle Wedding, überschreitet die Stettiner Bahn, vereinigt sich mit der Viehhofbahn am Humboldtshain, unterschreitet die Nordbahn, berührt die Haltestelle Gesundbrunnen, unterschreitet die Pankower-, Prenzlauer-, Wriezner-, und Landsberger-Chaussee, berührt die Haltestelle Friedrichsberg, überschreitet die Frankfurter- und Rummelsburger Chaussee, die Ostbahn und die Frankfurter Bahn, berührt die Haltestelle Stralau, überschreitet die Spree, die Görlitzer Bahn, berührt die Haltestelle Rixdorf, unterschreitet die Britzer Chaussee, berührt die Haltestelle Tempelhof, überschreitet die Anhalter- und Potsdamer Bahn, berührt die Haltestellen Schöneberg und Westend, überschreitet die Spree und endet in Moabit. Die von den verschiedenen Bahnhöfen einmündenden Schienenstränge heißen Zungen.

1. Die Stettiner Bahn, Nordnordostbahn, führt in 4 Stunden nach dem 18 Meilen entfernten Stettin an der Oder in Pommern. Haltestellen: Bernau, Neustadt-Eberswalde, Angermünde, Tantow. Knotenpunkte sind Neustadt für die Oderbruchbahn nach Küstrin, Angermünde für die vorpommersche Bahn nach Greifswald und Stralsund.

Von Stettin führt die Mecklenburgische Bahn westlich nach Lübeck.

Die Neumärksche Bahn südöstlich nach Kreuz und Posen.

2. Die Küstriner Bahn, Ostbahn, führt in 5 Stunden nach dem 25 Meilen

entfernten Kreuz an der Netze und Drage in Posen. Haltestellen: Strausberg, Müncheberg, Seelow, Küstrin, Vietz, Landsberg, Friedeberg, Driesen. Knotenpunkte: Küstrin, für die Oderbruchbahn nach Neustadt-Eberswalde und für Frankfurt.

Von Kreuz führt die Ostbahn weiter in ostnordöstlicher Richtung nach dem 40 Meilen entfernten Schneidemühl, dann nordöstlich nach dem 65 Meilen entfernten Dirschau an der Weichsel.

3. Die Frankfurter Bahn, Ostsüdostbahn, führt in 3 Stunden nach dem 11 Meilen entfernten Frankfurt an der Oder in der Mark; Haltestellen sind Köpnick, Erkner, Fürstenwalde; Knotenpunkt ist Frankfurt für die Oderbruchbahn nördlich und für die Niederschlesische Bahn südlich.

Von Frankfurt führt die Bahn in östlicher Richtung weiter nach dem 40 Meilen entfernten Posen an der Warte in Posen.

4. Die Görlitzer Bahn, Südsüdostbahn, führt in $5^1/_2$ Stunde nach dem 28 Meilen entfernten Görlitz a. d. Neiße in der Oberlausitz. Haltestellen: Grünau, Königs-Wusterhausen, Lübben, Kottbus, Spremberg, Weißwasser, Ullmannsdorf. Knotenpunkte: Kottbus für Goyatz am Schwielochsee; für Guben-Torgau Niederlausitzer Bahn; für Ruhland-Großenhain; für Sagan-Glogau; Weißwasser für Muskau. Ullmannsdorf für Kohlfurt-Ruhland.

Von Görlitz führt die Bahn weiter südöstlich über Lauban nach dem 40 Meilen entfernten Hirschberg am Bober in Schlesien. Görlitz ist Knotenpunkt für die Oberlausitzer Bahn, Kohlfurt-Dresden, und für die Zittau-Reichenberger Bahn.

5. Die Anhalter Bahn, Südsüdwestbahn, führt in $2^1/_2$ Stunde nach dem 12 Meilen entfernten Wittenberg an der Elbe in der Provinz Sachsen. Haltestellen: Großbeeren, Trebbin, Luckenwalde Jüterbog; Knotenpunkte: Jüterbog für Falkenberg-Dresden; Wittenberg für Bitterfeld-Halle und Bitterfeld Leipzig.

Von Wittenberg führt die Bahn westlich weiter nach dem 17 Meilen entfernten Zerbst, nach dem 20 Meilen entfernten Köthen und 25 Meilen entfernten Ballenstädt am Harz.

6. Die Potsdamer Bahn, Südwestbahn, führt in 4 Stunden nach dem 20 Meilen entfernten Magdeburg a. d. Elbe in der Provinz Sachsen. Haltestellen: Zehlendorf, Potsdam, Werder, Brandenburg, Genthin, Burg. Magdeburg ist Knotenpunkt nördlich für die Altmärkische Bahn nach Stendal, südlich für die Anhaltsche nach Köthen, südwestlich für die Harzbahn nach Halberstadt.

Von Magdeburg führt die Bahn westlich weiter nach dem 30 Meilen entfernten Braunschweig an der Ocker im alten Ostphalenlande.

7. Die Hannoversche Bahn, Westbahn, führt in 3 Stunden nach dem 15 Meilen entfernten Stendal a. d. Uchte in der Altmark. Haltestellen: Spandau, Groß-Behnitz, Rathenau, Schönhausen. Knotenpunkt Stendal für die Altmärkische Bahn Magdeburg-Wittenberge; für die Haidebahn Salzwedel-Uelzen.

Von Stendal führt die Bahn westlich über Gardelegen und Lehrte nach dem 40 Meilen entfernten Hannover a. d. Leine in der Provinz Hannover.

8. Die Hamburger Bahn, Westnordwestbahn, führt in 3 Stunden nach dem 16 Meilen entfernten Wittenberge a. d. Elbe in der Vormark. Haltestellen: Spandau, Nauen, Frisack, Neustadt a. d. Dosse, Wilsnack. Knotenpunkt Wittenberge für die Altmärkische Bahn nach Magdeburg.

Von Wittenberge führt die Bahn nordwestlich weiter nach dem 24 Meilen entfernten Hagenow und nach dem 38 Meilen entfernten Hamburg an der Elbe in Holstein.

9. Die Stralsunder Bahn, Nordbahn, führt in 5 Stunden nach dem 30 Meilen entfernten Stralsund am Gelln in Vorpommern. Haltestellen: Oranienburg, Gransee, Fürstenberg, Neustrelitz, Neu Brandenburg, Demmin. Knotenpunkt Neu Brandenburg für die Mecklenburger Bahn Pasewalk-Bützow.

Von Stralsund gelangt man über die Meerenge Gelln nach der Insel Rügen.

10. Die Dresdener Bahn, Südbahn, führt in 5 Stunden nach dem 25 Meilen entfernten Dresden a. d. Elbe in Obersachsen.

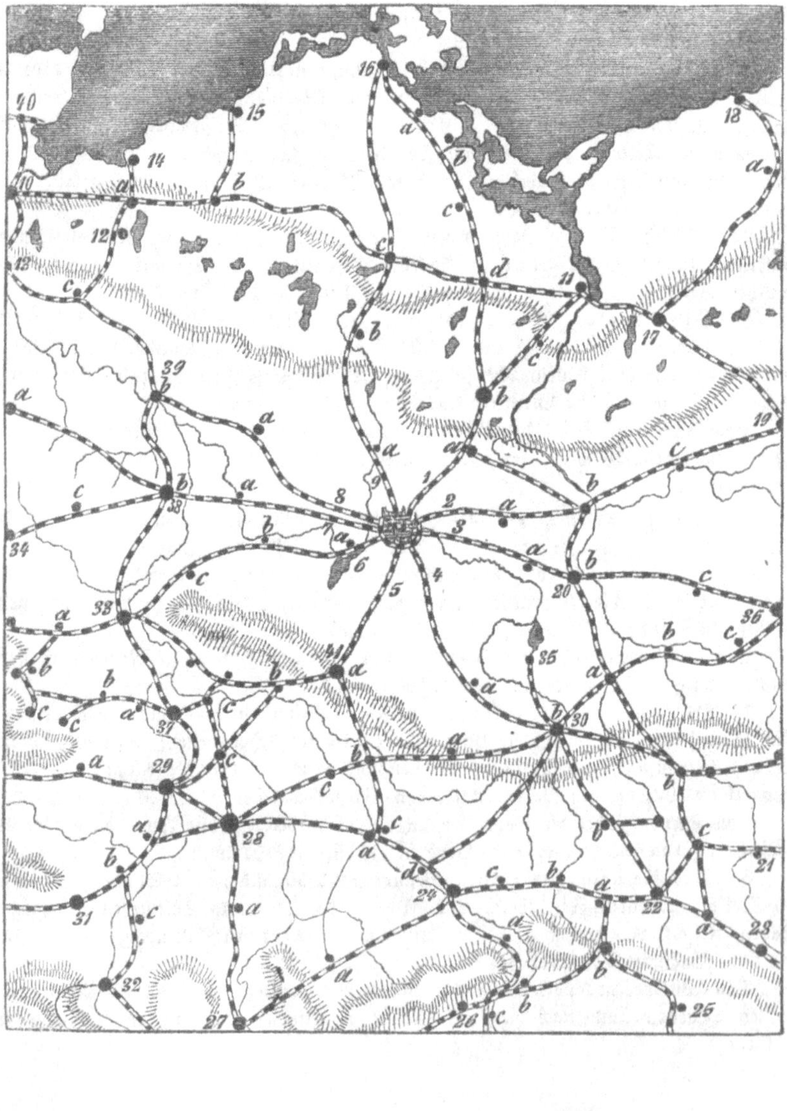

1—11 Stettiner Bahn. a Neustadt. b Angermünde. c Tantow. Bei a Oderbruchbahn Bei b Vorpommersche Bahn.

2—19 Ostbahn. a Müncheberg. b Küstrin. c Landsberg. Bei b Oderbruchbahn.

3—36 Frankfurter Bahn. a Fürstenwalde b Frankfurt. c Schwiebus.

4—22 Görlitzer Bahn. a Lübben. b Kottbus. c Weißwasser. Bei c Muskauer Bahn.

5—37 Anhalter Bahn. a Jüterbog. b Wittenberg. c Dessau. Bei o von Roslau nach Zerbst.

6—33 Potsdamer Bahn. a Potsdam. b Brandenburg. c Burg.

7—35 Hannoversche Bahn. a Rathenow. b Stendal. c Gardelegen.

8—13 Hamburger Bahn. a Wusterhausen. b Wittenberge. c Hagenow. Bei c Schweriner Bahn.

9—16 Nord Bahn. a Oranienburg. b Neustrelitz. c Neu Brandenburg. Bei c Mecklenburger Bahn.

10—11 Mecklenburger Bahn. a Kleinen. b Bützow. c Neu Brandenburg. d Pasewalk.

11—16 Vorpommersche Bahn. a Greifswald. b Wolgast. c Anklam.

11—19 Neumärkische Bahn. 17. Stargard.

17—18 Hinterpommersche Bahn. a Belgard nach Köslin.

20—21 Niederschlesisch-Märkische Bahn. a Guben. b Sorau. c Kohlfurt. Bei b Sagan-Glogauer Bahn.

28—36 Niederlausitzer Bahn 30—36. a Guben. b Krossen. c Züllichau.

30—28 a Finsterwalde. b Falkenberg. c Torgau.

21—24 Oberlausitzer Bahn 22—24 a Löbau. b Bautzen. c Radeberg. Bei a Böhmische Bahn über b, Zittau nach 25 Reichenberg.

22—23 Gebirgs Bahn. a Lauban. 24—27 Erzgebirgsbahn. a Chemnitz. (Kemnitz.)

24—26 Elbthal Bahn. a Schandau. b Tetschen. c Aussig.

24—28 Sächsische Bahn. a Riesa. c Röderau. d Pristewitz. Bei d, nach 30 Kottbus. Von c, Röderau, nördlich bis 41 Jüterbog, Flämming Bahn.

28—27 Vogtländische Bahn. a Altenburg.

32—33 Saale Bahn. 29—32. a Weißenfels. b Kösen. c Jena. Bei b Thüringische Bahn; von 31 Weimar nach Erfurt, Gotha, Eisenach.

29—41 c Bitterfeld. b Wittenberg. 29 westlich bei a Eisleben. Von 37 Köthen westlich. a Bernburg. b Aschersleben. c Ballenstädt. Von 33 Magdeburg südwestlich Harzbahn a Aschersleben. b Halberstadt. c Quedlinburg.

33—39 Altmärkische Bahn, von 38 nordwestlich Lüneburger Bahn bei a Salzwedel.

10 Lübeck. 11 Stettin. 12 Schwerin. 13 Büchen. 14 Wismar. 15 Rostock. 16 Stralsund. 17 Stargard. 18 Kolberg. 19 Kreuz. 20 Frankfurt. 21 Bunzlau 22 Görlitz. 23 Hirschberg. 24 Dresden. 25 Reichenberg. 26 Töplitz. 27 Zwickau. 28 Leipzig. 29 Halle. 30 Kottbus. 31 Weimar. 32 Rudolstadt. 33 Magdeburg. 34 Oebisfelde. 35 Goyaz. 36 Bentschen. 37 Köthen. 38 Stendal. 39 Wittenberge. 40 Eutin. 41. Jüterbog.

Wer den nächsten Weg nach Kopenhagen und Skandinavien einschlägt, wählt die Stettiner Bahn; nach Petersburg und Rußland die Ostbahn; nach dem Riesengebirge, nach Wien und Ungarn, die Frankfurter Bahn; nach der sächsischen Schweiz, Baiern, Tyrol und Italien die Dresdener Bahn; nach Thüringen, Baden, Elsaß und Schweiz die Anhaltsche Bahn; nach dem Harz die Magdeburger Bahn; nach Holland, Belgien und Paris die Hannoversche; nach Helgoland und Schleswig die Hamburger Bahn.

XV. Denkmäler.

Ein Denkmal oder ein Monument ist ein äußeres Zeichen, um das Andenken an bedeutende Personen, wichtige Begebenheiten und künstlerische Leistungen zu bewahren. Solche Erinnerungszeichen finden sich bei den ältesten Völkern in mannigfaltiger Form und aus verschiedenem Material; meist sind es Steine oder Steinhaufen, Altäre oder Säulen, welche an Personen und Thaten erinnern. Laban und Jakob errichteten an dem Orte ihres Treuegelöbnisses einen Steinhaufen, den sie Zeugnisſsstelle oder Gilead nannten. Jakob nannte den Ort, an welchem er von der Himmelsleiter geträumt hatte, Bethel, oder Gotteshaus, und errichtete als Erinnerungszeichen einen Stein, nach welchem später alle heiligen Steine Bätilien hießen. Der schwarze Stein, den die Araber die Káaba oder den Würfel nennen, ist der heiligste Mittelpunkt der muhamedanischen Welt; von ihm erzählt die Sage, dass er in Adams Zelte dem Stammvater des Menschengeschlechtes zum Sitze gedient habe. Ueber diesem Steine dem Denkmale heiliger Erinnerung errichtete Ismael, der Stammvater der Araber ein Bethaus oder eine Moschee, auf welche der Name des Steines überging. Auf dem Magka oder dem eingehegten Felde rings um die Káaba, ist die Stadt Mekka entstanden. Der Begräbnisort gefallener Helden, wurde von jeher in Ehren gehalten und durch Monumente geweiht, einfach und dauerhaft, wie es ägyptische Denkmäler zeigen. Die Obelisken oder Spitzsäulen haben sich nach und nach aus einer Herma oder einem aufgerichteten, einfachen Stein entwickelt; in ihnen, wie in den Pyramiden oder Königsgräbern erkennt man das Streben durch die Massenhaftigkeit des Denkmals das Ansehen dessen zu kennzeichnen, dem das Denkmal gesetzt ist. Mit besonderer Sorgfalt und hohem künstlerischen Geiste sind die griechi- Monumente gearbeitet, und heute noch, nach 2000 Jahren, sind die erhaltenen Trümmer Gegenstände der Bewunderung und der Belehrung für Künstler und Kunstfreunde. Unter dem Einflusse jenes hellenischen Geistes haben sich die deutschen Kunstschulen entwickelt, aus denen Männer hervorgegangen sind, deren Werke uns mit Stolz und Freude erfüllen. Je mehr bei einem Volke der Kunstsinn und die Vaterlandsliebe gepflegt werden, desto mehr strebt es darnach, die Großthaten der Vorfahren und das Andenken seiner berühmten Söhne durch Denkmäler zu verherrlichen. Die deutschen Fürsten waren in ihrer Mehrzahl Mäcene, d. h. Heger und Pfleger der Künste und Wissenschaften, und das deutsche Volk ist in der Pflege künstlerischer Leistungen anderen Völkern rühmlichst vorangeschritten. Die deutsche Kaiserstadt ist reich an monumentalen Zierden. Da große Kunstwerke und öffentliche Gebäude bedeutungsvoll und für die Dauer bestimmt sind, so hat man den Ausdruck „monumental" auch auf diese übertragen. Eine, an geschichtlichen Erinnerungen reiche Stadt ist mit einem Stammbuche zu vergleichen; Gebäude und Denkmäler sind die Blätter, welche zum Nachdenken auffordern; wer durch die Stadt wandert und sinnend vor merkwürdigen Gegenständen verweilt oder im Vorübergehen der Ereignisse, Thaten und Personen gedenkt, der blättert in diesem Buche und freut sich der Bilder, mit denen die Geschichte des Vaterlandes die Hauptstadt desselben ausgestattet hat. Die Form der Denkmäler ist äußerst verschieden, denn es giebt unzählige Ideen zur Anlage derselben vom einfachen Steine oder der Tafel zum Standbilde, und von diesem zum Triumphbogen. Wir theilen der leichten Uebersicht wegen, die Denkmäler ein in Ehrendenkmäler oder Statuen, die sich auf Personen beziehen; dahin gehören die Reiterbilder, große und kleine Standbilder oder Statuetten, Sitzbilder, Büstenbilder oder Protomen, Brust-, Rund- oder Metallbilder, nach Art der Bilder auf Münzen, daher auch Medaillons genannt. Erinnerugsdenkmäler oder Monumente, die sich auf Begebenheiten und Thaten beziehen; dahin gehören auch die Gedenktafeln. Schmuckdenkmäler oder Ornamente, welche vorzugsweise bestimmt sind die Stadt zu schmücken. Wir finden sie meist auf Treppenwangen, Dachaufsätzen, Brückengeländern und in Säulenhallen. Musterdenkmäler oder Skulpturen, Meißelbilder des klassischen Alterthums, welche in Museen aufbewahrt werden und den Künstlern zum Studium dienen. Grabdenkmäler oder Stelen, welche die Schlummerstätte der Heimgegangenen bezeichnen.

A. Ehrendenkmäler.

1. Das Reiterbild des großen Kurfürsten auf der Kurfürstenbrücke, in Erz von Schlüter. Eingeweiht am Geburtstage des ersten Königs, 12. Juli 1703. Die Herstellungskosten betrugen 60,000 Thaler. Die vier gefesselten Riesengestalten zu seinen Füßen beziehen sich theils auf die innere Kraft, mit welcher der Kürfürst seine Leidenschaften zügelte, theils auf die äußere Kraft, mit der er seine Feinde überwältigte. Als unerfahrener Jüngling geriet er unter die Lüstlinge des holländischen Hofes im Haag. Er fand an den berauschenden Mitternachtsgesellschaften Geschmack, als ihm aber die Abscheulichkeit dieser Zusammenkünfte durch seinen Begleiter Kalkhuhn vor die Seele geführt wurde, verließ er plötzlich den Ort der Üppigkeit und floh ins Kriegeslager des Prinzen von Oranien, wo mancherlei Beschwerden seiner harrten. Friedrich Wilhelm besiegte sich selbst. Die Regierungs- und Kriegesgeschichte des Schöpfers der preußischen Macht hat viele berühmte Personen aufzuweisen; wir versammeln sie im Geiste um das Reiterbild. Da zeigt sich uns der rechtliche Konrad von Burgsdorf in Küstrin, der entschlossene Otto von Sparr bei Warschau, der unternehmende Otto von Gröben in Guinea, der ungestüme Prinz Friedrich von Homburg mit dem silbernen Beine bei Hakenberg; der unverwüstliche Henning von

Treffenfeld bei Splitter, der hochherzige Stallmeister Emanuel Froben bei Fehrbellin, der bescheidene Feldmarschall Derflinger bei Rathenau, der unverbrüchlich treue Görtzke, des Kurfürsten Paladin, und der umsichtige Benjamin Raule, der Gründer der brandenburgischen Flotte. Die Schlachten, welche der große Kurfürst geschlagen hat, erinnern an Warschau 20. Juli 1656, Rathenau 15. Juni 1675, Fehrbellin 18. Juni 1675, Splitter 20. Januar 1679.

Wie König Alexander die Gedichte des Homer, so führte Friedrich Wilhelm die Psalmen Davids immer bei sich. Er war ja auch in seiner Jugend, wie David, ein Flüchtling. Die Stadt Berlin erhielt durch ihn eine Befestigung, Pflasterung und Beleuchtung; der Staat erhielt ein Heer, eine Flotte und eine Post.

In der Zeit des Aberglaubens entstand die Sage von der kurfürstlichen Rundschau in der Neujahrsnacht. Der Held verläßt sein Postament und reitet leicht und luftig als Schattenbild durch die Straßen der Stadt; er muß sich überzeugen, was seine Saat für Früchte getragen, ob Licht und Recht gedeihen, und ob seine Nachkommen die Ehre des Hauses Hohenzollern bewahren. Ihm voran eilen gespensterisch grau die altmärkischen Bauern mit der berühmten Fahne; ihm hintenan folgen die Nebelgestalten seiner Krieges- und Friedensgefährten. Friedrich Wilhelm wurde geboren am 6. Febr. 1620 in Berlin, begann seine Regierung am 1. December 1640 und starb am 29. April 1688 im Potsdamer Stadtschloß Er war der Gründer der Größe seines Hauses.

In seinem Kriege mit Polen und Schweden gedenken wir des Fahnenspruches der altmärkischen Bauern:

„Wir sind Bauern von geringem Gute
Und dienen dem Kurfürsten mit unserm Blute."

Der Kurfürst siegte in mehreren Schlachten:

„Bei Warschau und bei Rathenau, bei Fehrbellin und Splitter,
Schlug in das Polen- und Schwedenheer ein märkisches Gewitter!"

Unter den Helden seines Heeres zeichneten sich aus:

„Derflinger, Froben und Friedrich von Homburg, der Prinz,
Paladin Görtzke, von Treffenfeld, Otto von Sparr."

2. **Das Reiterbild des großen Königs, Friedrichs II.,** der alte Fritz, am Anfange der Straße „Unter den Linden", entworfen von Rauch, gegossen von Friebel, enthüllt am 31. Mai 1851. Auf einem 24 Fuß hohen Piedestal erhebt sich das 18 Fuß hohe Reiterbild. Gesammthöhe 14 Meter. Der Grundstein wurde gelegt am 1. Juni 1840, 6 Tage vor dem Tode Friedrich Wilhelms III. Die Enthüllung erfolgte am 31. Mai 1851. Das Reiterbild allein wiegt 280 Centner. Berlin besitzt in diesem Denkmale das größte und schönste Kunstwerk der Bildhauerkunst mit Reliefbildern von symbolischer und historischer Bedeutung. Am Postamente sind die Krieges- und Zeitgenossen des Königs in Lebensgröße angebracht. Die Reiter an den Ecken stellen vor den Prinzen Heinrich von Preußen, den Herzog Ferdinand von Braunschweig, die Reitergenerale Ziethen und Seidlitz. Unter den vielen allegorischen Figuren zeigen sich auf der Vorderseite, d. i. die, welche dem Schlosse zugekehrt ist, die Genien (Schutzgeister) des Lichtes und des Ruhmes; darunter die Inschrift: „Friedrich dem Großen — Friedrich Wilhelm III. 1840 — vollendet unter Friedrich Wilhelm IV. 1851." Der Sockel (Untersatz) enthält 80 Namen der berühmtesten Zeitgenossen. Das Reiterbild Friedrichs wird gewöhnlich „der alte Fritz" genannt. Er erscheint hier, wie ihn alle Welt kennt, auf dem Mollwitzer Schimmel, mit Zopf, Dreistutzer und Krückstock.

Friedrich war nicht blos ein außergewöhnlicher Regent in den 23 Kriegsjahren, sondern auch in den darauf folgenden 23 Friedensjahren.

Er zeigte sich als:

Landesherr, denn er sorgte für die äußere und innere Sicherheit des Staates, durch Armee und Polizei;

als Landesvater, denn er sorgte für das geistige und leibliche Wohl der Landeskinder, durch öffentliche Bauten und Schulen;

als Kriegesfürst, denn er erwarb sich durch Umsicht und Tapferkeit die Liebe seiner Kampfgenossen in den drei schlesischen Kriegen;

als Friedensfürst, denn erwarb sich durch treffliche Staatseinrichtungen die Bewunderung seiner Zeitgenossen.

Er gründet Dörfer, öffnet seine Speicher,
Giebt Geld und Vieh, damit die Wunden heilen,
Erobert mit dem Pfluge Landgebiete;
Fabriken mehren sich, Kanäle fließen,
Gewerbefleiß und Handel sollen blühen,
Ein neu Gesetzbuch giebt er seinen Staaten,
Auch pflegt er Künste und die Wissenschaften
Und schützt sein Volk vor jedem Glaubenszwange.

Er gründete Preußens Ruhm und reihte seinen Staat unter die europäischen Großmächte, d. h. unter diejenigen Mächte, die eine Achtung gebietende Stellung einnehmen. Es ist unmöglich Friedrichs Thaten zu lesen, ohne von Liebe, Bewunderung und Hochachtung erfüllt zu werden. Als Beschützer des Lichtes (Jordan, Herzberg, Sulzer, Guischard) ist der Sonnenaar sein stellvertretendes Bild; als Beschützer des Rechtes ist der Donneraar sein stellvertretendes Bild (die Kanzler Carmer, Cocceji (sprich Kokscheji), die Müller Gräbenitz und Arnold). Zu den Sternen erhebt sich der Königsaar, unter den Sternen leuchtet „Friedrichs Ehre!“ So nannte der Astronom (Sternkundige) Bode im Jahre 1787 ein Sternbild. Er legte Figuren hinein, die mit der Wirksamkeit Friedrichs in Beziehung standen: das Schwert kennzeichnet den Kriegesfürsten, der Oelzweig den Friedensfürsten, die Feder den Landesvater, die Krone den Landesherrn. In Sanssouci, seinem Sorgenfrei, lebte König Friedrich neben seinen Staatsgeschäften dem Umgange gelehrter und berühmter Männer; in Monbijou, ihrem Kleinode, bewegte sich seine Mutter, die Königin Sophie, im Kreise schöner und geistreicher Frauen. Monbijou und Sanssouci waren die beiden großen funkelnden Augen mit denen der kleine preußische Staat ganz Europa bezauberte.

Durch den Lichtschimmer der Residenz, die im Festgewande die Rückkehr eines siegreichen Königs erwartet, eilt unsere Phantasie in der Abendstille nach Charlottenburg und überflügelt auf diesem Wege einen bestaubten Reisewagen, der mit großer Geschwindigkeit die Richtung nach dem Schlosse verfolgt. In der erleuchteten Kapelle dieses Schlosses sind auf hohen Befehl die königlichen Sänger und Musiker zur Feier eines Dankgottesdienstes versammelt; man erwartet den gesammten glänzenden Hofstaat aus Berlin. Das Geräusch eines vorfahrenden Wagens verrät die Nähe der Erwarteten. Aber nur ein Wagen, nur eine Person erscheint zu dieser Feier; es ist der König. Er tritt allein in das kleine Heiligthum und will allein vor dem Allerhöchsten sein übervolles Herz ausschütten. Auf seinen Wink beginnt die Feierlichkeit. Unter dem Eindrucke lieblicher Harmonien weicht der Ernst einer freundlichen Milde; des großen Königs Seele badet sich voll Dankgefühl in den Tonwellen des ambrosianischen Lobgesanges. In diesen überwältigenden Augenblicken traten Thränen in seine Augen; er wußte nicht was er beten sollte, wie sich gebühret, aber der Geist half dieser Schwachheit auf und vertrat ihn aufs Beste mit unaussprechlichem Seufzen! Ohne Aufsehen, wie er gekommen, kehrt der König zurück; jetzt erst fühlt er sich in der Verfassung die Huldigung seiner jubelnden Residenz entgegenzunehmen. Zu wiederholten Malen hatte Berlin seinem Könige einen festlichen Einzug bereitet, aber der Hubertsburger Frieden trieb zu außergewöhnlichen Aeußerungen der Freude. Prächtige Ehrenpforten, treffende Inschriften, Licht und Leben beschäftigten abwechselnd Augen und Ohren, und obgleich dies Ereigniß ein Jahrhundert hinter uns liegt, dringt das Echo des Jubels noch in unsere Zeit herüber und erwärmt auch unsere Herzen. Wir nehmen Theil an der Begeisterung für den Einzigen und sind freudig erregt bei der Uebereinstimmung unserer Gesinnungen; denn auf einem großen wallenden, weißen Fahnentuche ist das Bild eines in Flammen lodernden Herzens sichtbar, um den Empfindungen des Volkes Ausdruck zu verleihen. „So brennt es für den König!“ ist der Sinn der lateinischen Worte, die als Umschrift über diesem Bilde prangen. Das fühlen wir unsern Vorfahren lebendig nach und erfassen im Geiste die Fahnenstange um sie hoch zu heben und jubelnd mit einzustimmen in den Begeisterungsruf: „Sic ardet pro rege“! Friedrich der Große wurde geboren den 24. Januar 1712 und starb den 17. August 1786 in den Armen seines Kammerdieners Strützki im Beisein des Leibarztes Selle und des Kanzlers von Herzberg, Morgens 2 Uhr und 20 Minuten. „Mir ist wohl, der Berg ist überstiegen!“ waren seine letzten Worte.

In zwölf Hauptschlachten eroberte Friedrich das ihm vorenthaltene Herzogthum Liegnitz.

„Durch Bündniß war Liegnitz an Preußen gekommen,
Doch hatte sich Oesterreich das Erbe genommen;
Und Friedrich, dem keinerlei Einung gelungen,
Sah sich zur Waffenentscheidung gezwungen.
Bei Mollwitz und Kotusitz siegte der König;
Der Tage von Hohenfriedberg giebts wenig;
Bei Kesselsdorf endlich, da wurden entschieden
Zwei schlesische Kriege im Dresdener Frieden.
Im dritten, im siebenjährigen Kriege,
Da wechselten Niederlagen und Siege.
Mit Ehren vermerkt ist der Schlachtentag
Zuerst der bei Lowositz, dann der bei Prag.
Zwar freuten sich Petersburg und auch Wien
Der Schlacht bei Groß Jägerndorf und bei Kollin;
Auch noch bei Breslau muß Preußen weichen
Den übermächtigen feindlichen Streichen.
Wie sehr sich die Feinde daran ergötzt,
Bei Roßbach und Leuthen wards ausgewetzt.
Bei Zorndorf wurden die Russen geschlagen:
Drauf folgen drei große Niederlagen:
Bei Hochkirch, bei Kai und bei Kunersdorf;
Allein bei Liegnitz und Pfaffendorf

Ließ Preußen lustig die Fahnen entfalten,
Da Friedrich die Ehre des Sieges behalten.
Die Schlachten bei Torgau und Freiberg entschieden
Den Kampf und den Hubertsburger Frieden."

Von den vielen tapfern Männern, die dem großen Friedrich das große Werk vollführen halfen, schmücken sechs den Wilhelmplatz; wir merken ihre Namen in der Reihenfolge vom Zietenplatze aus nach rechts:

„Ziethen, von Seidlitz, Schwerin,
Dessau, von Winterfeld, Keith."

Preußens Heldenkönig wurde als Friedrich der Einzige gefeiert und in vielen Liedern besungen, darunter war das eine mit dem bekannten Schlusse:

„Und wenn der große Friedrich kommt und klopft nur auf die Hosen,
So läuft die ganze Reichsarmee, Panduren und Franzosen."

Die Dichterin Luise Karsch empfahl für den gestorbenen König die einfache Grabschrift:

„Hier ruht der große Friedrich!" —
Darunter ein Gedankenstrich.
Denn wer der große Friedrich war,
Das weiß die Welt wohl tausend Jahr
Noch ebenso wie heute!

3. Das Reiterbild des Königs Friedrich Wilhelm III. im Lustgarten, von Albert Wolf, enthüllt am 16. Juni 1871, am Einzugstage der siegreichen deutschen Armee aus Frankreich. Der König ist dargestellt in Uniform mit Mantel und Hut. Dieser König erlebte die siebenjährige Erniedrigung Preußens durch Napoleon I.; aber er berief Männer, welche des Vaterlandes Wiedergeburt zu Stande brachten, wie Stein und Scharnhorst.

Die Bauern wurden von der Erbuntertthänigkeit befreit; den Bürgern wurde die Städteordnung gegeben, und jeder gesunde Preuße wurde zum Waffendienste verpflichtet. Für Deutschland schlug die Befreiungsstunde. Der König rief und Alle Alle kamen!

Von den vielen Männern, die sich im Befreiungskriege auszeichneten, merken wir uns die Namen der Feldherrn:

„Blücher, von Gneisenau, York,
Scharnhost und Bülow, von Kleist.

Doch werden noch andere Namen aus dieser Zeit vom Volke mit Vorliebe genannt, die wir uns in folgendem Verse merken:

„So lang es Deutsche giebt, so lang wird man erfahren,
Wie groß Jahn, Fichte, Arndt als Patrioten waren.
Als deutsche Helden haben sich bewiesen:
Die Schaar von Schill, von Lützow und von Friesen."

Die zwölf Hauptschlachten, welche in diesem Kriege geschlagen wurden, sind am Nationaldenkmal auf dem Kreuzberge verzeichnet; wir merken sie uns in einem Denkverse:

„Aus dem Befreiungskriege sind allen wohlbekannt:
Groß Görschen und Groß Beeren, der Katzbach Uferland.
Kulm, Nollendorf in Böhmen, die Dennewitzer Höhn,
Auch Wartenburg sah Preußens siegreiche Fahnen wehn.
Der Völkerschlacht bei Leipzig folgt die bei Larothière,
Bei Laon, Barsüraube weicht Frankreichs Kaiserheer.
Montmartre wird erstiegen, darauf Paris besetzt,
Nach Elba wird der Kaiser Napoleon versetzt.
Der Kaiser kehrte wieder, verlor bei Bellealliance
Sein Heer und seine Krone, Paris und auch Lafrance."

4. **Das Standbild Friedrich Wilhelm III.** im Thiergarten, nicht weit von der Luiseninsel, das Gesicht nach dieser Insel gerichtet. Auf einem granitnen Piedestal (Fußgestell) erhebt sich die Marmorfigur, 18 Fuß hoch. Der Bildhauer Drake fertigte dieses Denkmal und allegorisirte (veranschaulichte durch Sinnbilder) das Friedensregiment des Königs. Das Fußgestell zeigt im Hautrelif (Horeljeff, Hochbild) freundliche Gruppen aus dem Thiergarten. Der Grundstein wurde am 3. August 1849 gelegt.

5. **Das Sitzbild des Kaisers Wilhelm,** Kolossalfigur von Siemering. Der Kaiser ist hier in Marmor als Gesetzgeber dargestellt; in der Vorhalle des Börsengebäudes.

6. **Das Büstenbild des Kaisers Wilhelm,** von rotem Sandstein in übergroßer Darstellung zu Westend bei Charlottenburg.

7. **Das Büstenbild Friedrichs des Großen,** als bronzene Büste auf steinernem Postament im Friedrichshaine. Der Bürger Freitag errichtete dieses Denkmal, das am 17. August 1848 enthüllt wurde. Vom Probeguß des Rauch'schen Reiterbildes.

8. **Das bronzene Brustbild König Friedrich I.** als Medaillon (metallenes Rundbild) über der Thür des Zeughauses. Durch ihn wurde das Kurfürstenthum Brandenburg in ein Königreich Preußen verwandelt, 18. Januar 1701, und Tags vorher der schwarze Adlerorden gestiftet. Regierung des Siebengestirns, so nannte man Dankelmann und seine 6 Brüder, die durch Ehrenhaftigkeit ausgezeichnet waren. Wechsel der königlichen Räthe; ein dreifach D wird durch ein dreifach W ersetzt. —

Ein dreifach D hat Friedrich Drei zum guten Rat genommen;
Durch dreifach W ist Friedrich Eins um diesen Rat gekommen.

Unterstützungstruppen für den Kaiser ziehen der Donau und dem Rheine zu. Im Türkenkriege kämpften die Brandenburger unter Barfuß bei Salankemen, 19. August 1691; die Brandenburger erhalten wegen ihrer Tapferkeit den Namen Feuermänner. Bei Zentha, 11. September 1697. „Nächst Gott verdanke ich den Brandenburgern den Sieg," ruft Prinz Eugen den Feldherrn Schlaberndorf umarmend. Im spanischen Erbfolgekriege kämpften die Preußen bei Hochstädt, 12. August 1704, wo Fürst Leopold von Dessau die jungen Preußen in die Feuertaufe führt und den zweifelhaften Kampf entscheidet; bei Malplaquet, 11. September 1709, wo die Franzosen erklärten: „die Preußen haben wie die Teufel gefochten!"

Bei dem Namen Dankelmann erinnern wir uns zugleich der drei großen Staatsmänner, die durch gute Ratschläge dem Vaterlande große Dienste geleistet haben:

Diestelmeier, Dankelmann und der Stein zum Steine,
Brachten unser Vaterland wacker auf die Beine.

9. **Das Denkmal des Prinzen Heinrich im Garten von Bellevüe.** Prinz Heinrich der Sieger von Freiberg, 29. October 1762. Er war der Bruder Friedrichs des Großen und des Prinzen Ferdinand. Der Prinz Ferdinand ist wiederum der Vater der Prinzen August und Ludwig. Prinz August, der Held von Probsthaida am 18. October 1813. Prinz Ludwig, der Held von Saalfeld, 10. October 1806. Bei Wöhlsdorf, wo er sein Leben aushauchte, steht sein Denkmal.

10. **Das Standbild des Freiherrn von Stein;** Karl vom und zum Stein, der berühmte preußische Minister und Staatsmann, an dessen schöpferische Thätigkeit besonders das Jahr 1808 erinnert. Als er durch Napoleon I. gezwungen wurde, sein Vaterland zu verlassen, übergab er der Staatsbehörde ein Schreiben, in dem die Grundsätze seiner Staatsverwaltung niedergelegt waren; diese Schrift hat als Steins politisches Testament große Berühmtheit erlangt.

Der Freiherr Karl Stein, des Bösen Prellstein,
Des Guten Grundstein, der Feinde Eckstein,
Der Deutschen Schmuckstein, soll alle Zeit sein
Für uns ein Denkstein.

11. **Das Standbild des Grafen von Brandenburg,** auf dem Leipzigerplatz, in Erz von Hagen; seit 1862 Der Graf war Halbbruder des Königs Friedrich Wilhelm III. und preußischer Ministerpräsident. Als Major kämpfte er bei Leipzig, Möckern und bei Wartenburg mit kaltblütiger Tapferkeit; er war der erste Offizier der Blücherschen Armee, der in der Neujahrsnacht von 1813 zu 1814 bei Caub über den Rhein ging, um das von den Franzosen besetzte linke Rheinufer wieder zu gewinnen.

12. **Das Standbild des Dichters Schiller,** auf dem Schillerplatz vor dem Schauspielhause, aus weißem Marmor, von Reinhold Begas; enthüllt am Geburtstage des Dichters, den 10. November 1871. Die auf einem niedrigen Postamente sich erhebende Figur des Dichters ist fast 3 Meter hoch. Die allegorischen Sitzbilder an den Ecken des Denkmals bezeichnen die vier Hauptthätigkeiten des großen Poeten. Die Lyrik kennzeichnet ihn als Liederdichter, die Tragödie als Bühnendichter, die Historie als Geschichtsschreiber und die Philosophie als wissenschaftlicher Forscher. Auf der Vorderwand des Fußgestelles steht der Name Schiller; auf der Hinterwand: „dem Dichterfürsten die Stadt Berlin 1871". Auf den Seitenwänden sind Hochbilder zu bemerken, welche Schillers Dichterweiche andeuten: Musen bringen ihm die Lyra und er wird aufgenommen unter die großen Geister der Neuzeit; Homer und Shakespeare (Schäkspir) begrüßen ihn.

13. **Das Standbild des Turnvaters Jahn,** auf dem Turnplatz in der Hasenhaide in Erz von Enke, enthüllt an seinem Geburtstage am 11. August 1872. Das Postament ist aus allerlei Steinen zusammengesetzt, d e aus verschiedenen Gegenden Deutschlands selbst aus fernen Erdtheilen hierher geliefert wurden, um der Zusammengehörigkeit allen Deutschen Ausdruck zu geben. Ludwig Jahn war der Begründer des deutschen Turnwesens. In der Ueberzeugung, daß Deutschlands Selbst-

ständigkeit nur durch ein kräftiges Geschlecht herbeigeführt und erhalten werden könne, eröffnete er 1811 als Lehrer am Klostergymnasium in der Hasenhaide seine Turnanstalt. Er trug durch Wort und Schrift zur Hebung des Nationalgefühls bei. Das Turnen ist Jahns Erfindung als patriotisches Erziehungsmittel. Auf den deutschen Turnplätzen ist die Kraft erstanden und erzogen worden, die 1870 mit dem Sturmliede Schneckenburgers das dünkelhafte Franzosenthum vernichtete.

14. **Das Standbild des Philosophen Hegel**, auf dem Hegelplatze am Kastanienwäldchen und der Dorotheenstraße, auf Granitsockel in Erz, von Bläser. Hegel war einer der größten Philosophen oder wissenschaftlichen Forscher. Unter den Lehrern der deutschen Hochschulen hat er auf die studirende Jugend den mächtigsten Einfluß ausgeübt. Als der berühmte Fichte gestorben war, nahm Hegel dessen Lehrstuhl ein; er starb 1831. Zwölf Jahre lang war er Professor der hiesigen Universität, zu deren Ruhm er viel beigetragen hat.

15. **Das Brustbild des Philosophen Fichte**, Medaillonform, über der Thür des Hauses Nr. 9 an der neuen Promenade. Fichte war ein biederer unerschrockener Patriot, der in seinen Reden „an die deutsche Nation" ein Zeugniß seiner glühenden Vaterlandsliebe ablegte. Als König Friedrich Wilhelm III. die Universität zu Berlin gründete, wurde Fichte dieser Hochschule erster Rector. In der Sturm- und Drangperiode der napoleonischen Herrschaft war er aufopfernd für die Befreiung des Vaterlandes thätig. Er starb 1814.

16. **Das Denkmal des Gelehrten Alexander v. Humboldt**, im Humboldtshain. Der berühmteste Naturforscher und größte Gelehrte der Neuzeit, der sein großes Vermögen wissenschaftlichen Forschungen zum Opfer brachte. Die Familiengruft zu Tegel nahm seine irdischen Ueberreste 1859 auf. Der nach ihm benannte Hain wurde an seinem 100. Geburtstage, 14. September 1869 angelegt.

17. **Das Standbild Ziethen's auf dem Wilhelmsplatze**; in Erz von Schadow. „General von Ziethen." Der schlaue Ziethen von Torgau, bekannter unter dem Namen „Ziethen aus dem Busch", d. h. der Unerwartete, immer da, wo ihn der Feind nicht vermuthete. Ziethen, der Held von Leuthen und Torgau, der Husarengeneral, wie Seidlitz der Kürassiergeneral, verschaffte bei Kulm den Husaren die Säbeltaschen. Ein Ziethen'scher Husar hatte einem ungarischen Husaren die Tasche abgenommen und schmückte sich damit; Ziethen bemerkte, wie alle Kameraden nach solchem Schmucke lüstern waren. „Dort giebt es noch viele solcher Taschen!" rief Ziethen, indem er auf die feindlichen Reiterhaufen zeigte, die dreimal stärker war als seine Schaar. Ziethen's Andeutung war das Todesurtheil des österreichischen Husarenregiments Esterhazy, denn der Ehrgeiz ließ die Ziethen'schen Husaren das Aeußerste wagen, um die schönen Säbeltaschen zu erobern: seit jener Zeit sind auch in der preußischen Armee die Säbeltaschen üblich.

18. **Das Standbild Seidlitz's, ebenda**; in Erz von Tessart. „General von Seidlitz. Der verwegene Seidlitz von Roßbach, in allen Schlachten hervorragend, entscheidend aber bei Roßbach und Zorndorf. Der beste und kühnste Reiter errichtete nach dem Kriege eine Reitschule zu Ohlau in Schlesien, welche 20 Jahre lang als Musterschule für Kavallerieoffiziere galt. Im Schloßgarten zu Minkowski, 2 Meilen von Ohlau, liegt der Held begraben.

19. **Das Standbild Schwerin's, ebenda**; in Erz von Adam. Einfache Inschrift: „Feldmarschall Graf Schwerin." Der umsichtige Schwerin von Prag,

der Held von Mollwitz und Prag. „Mir nach, meine Kinder!" ruft er dem nachfolgenden Geschlechte zu. Die sechs Standbilder auf dem Wilhelmsplatze waren ursprünglich in Marmor in römischer Feldherrntracht aufgestellt; seit 1862 stehen sie da in Erz, von Kiß zeitgemäß umgewandelt.

20. **Das Standbild Dessau's, ebenda;** in Erz von Schadow. „Fürst Leopold von Anhalt Dessau." Der besonnene Dessau von Kesselsdorf, bekannter unter dem Namen „der alte Dessauer," der große Exerciermeister der blauen Kinder; so nannte König Friedrich Wilhelm I. seine Soldaten. Dieser König unterstützte den österreichischen Kaiser in einem ausländischen Kriege, dem spanischen Erbfolgekriege; der Fürst Leopold von Dessau führte die Preußen gegen die Franzosen; er siegte über diese bei der italienischen Stadt Cassano 1705, und die Einwohner von Cassano empfingen den preußischen Feldherrn mit einem Marsche, der dem Fürsten außerordentlich gefiel; dies ist der bekannte Dessauer Marsch. Die Lustgärten zu Potsdam und Berlin waren die Schauplätze seiner militärischen Thätigkeit im Frieden. Hier schulte er die preußische Armee, die in ganz Europa wegen musterhafter Haltung und Mannszucht berühmt war. Die berüchtigten Desertionen oder Fluchtversuche der Soldaten waren eine Folge unbeschreiblicher Strenge beim Einüben oder Exercieren.

21. **Das Standbild Winterfeld's, ebenda;** in Erz von Känz. „General von Winterfeld." Der edle Winterfeld von Moys besaß das besondere Vertrauen seines großen Königs.

22. **Das Standbild Keith's, ebenda;** in Erz von Tessart. „General von Keith." Der kühne Keith von Hochkirch, berühmt durch sein vielbewegtes Leben, war von Geburt ein Schotte.

23. **Das Standbild Blücher's am Paradeplatze,** am Anfange der Opernpromenade; in Erz von Rauch. Am 18. Juni 1826 aufgestellt. 26 Fuß hoch. Inschrift: „Friedrich Wilhelm III. dem Feldmarschall Fürsten Blücher von Wahlstadt. 1826." Blücher von Wahlstadt, der Entschiedene. Die Russen nannten ihn den Marschall „Vorwärts," weil sie dieses Wort am öftersten von ihm hörten. Die Schlachten an der Katzbach, bei Leipziger Möckern, bei Laon, bei Belle Alliance erinnern an seine überwältigende Tapferkeit. Sein Ruhesitz war Krieblowitz in Schlesien.

24. **Das Standbild Gneisenau's, an Blücher's linker Seite;** aus Erz von Rauch; enthüllt 11. Mai 1855. Inschrift: „Friedrich Wilhelm IV. dem Feldmarschall Grafen von Gneisenau. 1855. Gneisenau von Colberg der Scharfblickende, der mit Nettelbeck 1807 die Festung Colberg dem Vaterlande erhielt, leitete den berühmten Rückzug der Preußen von Groß-Görschen nach Breslau. Er entwarf die Feldzugspläne im Befreiungskriege, die Blücher mit Kühnheit ausführte. Man kann sich beide Feldherrn nicht ungetrennt denken. Blücher nannte sich scherzweise den Doktor und Gneisenau den Apotheker. Gneisenau's Ruhesitz war Sommerschenburg in der Altmark.

25. **Das Standbild York's, an Blücher's rechter Seite;** aus Erz von Rauch; enthüllt 11. Mai 1855. Inschrift: „Friedrich Wilhelm IV. dem Feldmarschall Grafen York von Wartenburg. 1855." York von Wartenburg, der Isegrimmige, vereitelte die Pläne der Franzosen bei dem Magdeburger Möckern 5. April 1813 und bei Wartenburg 3. Oktober 1813. Nach Napoleon's verunglücktem russischem Feldzuge trennte sich York bei Tauroggen von den Franzosen, und schloß am

20. December 1812 in der Mühle zu Poscherau eine Convention (Uebereinkommen) mit Diebitsch. Ruhesitz Klein-Oels in Schlesien.

26. **Das Standbild Scharnhorst's, am Paradeplatze,** zwischen Königswache und Zeughaus; aus Stein von Rauch; enthüllt 18. Juni 1826. Inschrift: „Friedrich Wilhelm III. dem General von Scharnhorst. Im Jahre 1822." Scharnhorst von Lützen, der Unermüdliche, schuf in der Zeit der siebenjährigen Erniedrigung dem Vaterlande ein großes Heer, die Landwehr. Um die Aufmerksamkeit der französischen Behörden zu täuschen, nannte man die heimlich eingeübten Rekruten „Krümper;" so heißen die Tuchmachergesellen; sie bildeten den Hauptbestandtheil des neuen Heeres. Die preußische Landwehr ist in ganz Europa berühmt als die vollkommenste Einrichtung eines schlagfertigen Volksheeres. Die blaue Mütze mit dem farbigen Strich und dem Landwehrkreuz trug den Wahlspruch der geliebten Landesmutter: „Mit Gott für König und Vaterland!" Alle großen und berühmten Generale haben diese Mütze getragen. Mit unwiderstehlicher Wucht drängte die preußische Landwehr den Welteroberer Napoleon aus Deutschland. Scharnhorst hat mit Schiller und Luther gleichen Geburtstag; 10. November 1483 Luther, 1756 Scharnhorst, 1759 Schiller.

28a. **Das Standbild Kleist's, am Paradeplatze.** Die Geschichte nennt drei Männer dieses Namens den lyrischen Dichter Ewald von Keist, er fiel bei Kunersdorf; den dramatischen Dichter Heinrich von Kleist, er starb bei Dreilinden am Wansee; und unseren General Ferdinand, der Feldmarschall Kleist von Nollendorf, der Unternehmende. Er griff Vandamme bei Nollendorf an, um sich von Sachsen nach Böhmen durchzuschlagen und trug so zur Vernichtung der Franzosen bei Culm bei. Kleist schlug sich überall mit ausgezeichneter Tapferkeit. Am Nationaldenkmal sollte der Genius der Schlacht bei Culm Kleist's Gesicht erhalten; aber er trug des Königs Gesichtsbild und fast hätte der König dem Genius den Kopf nehmen lassen, um ihn durch einen Kleistkopf zu ersetzen, wenn es nicht dem Kaiser Alexander gelungen wäre, den König zur Nachgiebigkeit zu bestimmen.

28b. **Das Standbild Peter Beuths',** von Kiss auf dem Schinkelplatz. Als Vorsteher des preußischen Gewerbewesens für vaterländischen Gewerbefleiß oder Industrie, gründete er das Berliner Gewerbeinstitut oder die Akademie. Als vorzüglichster in seinem Fache, wird er wie Thaer und Schinkel ein Kulturist genannt; 1861 errichtet.

29. **Das Standbild Albert Thaer's,** von Hagen auf dem Schinkelplatz. Was Beuth für die Industrie war, das war Thaer für die Agrikultur oder dem Landbau; er war Lehrer der Staatswirtschaft und gründete zu Mögelin bei Wrietzen eine Schule für Landwirtschaft. 1862 errichtet.

30. **Das Standbild Friedrich Schinkel's,** von Drake auf dem Schinkelplatz. Die Figuren am Postamente deuten an, daß er den Meißel, den Pinsel, die Kelle und die Feder zu führen wusste; er gründete die Bauschaule zur Ausbildung von Baukünstlern oder Architecten. Das alte Museum und das Schauspielhaus erinnern an ihn. 1869 errichtet.

31. **Das Standbild Christian Rauch's,** von Drake; berühmter Bildhauer; von der großen Zahl seiner Werke seien die Sarkophagbilder des Mausoleums in Charlottenburg und das Reiterbild Friedrichs des Großen erwähnt.

32. **Das Standbild Gottlieb Schadow's**, von Hagen; berühmter Bildhauer und Kunstkenner; an seinen Fleiß und seine Geschicklichkeit erinnern die Siegesgöttin auf dem Brandenburger Thore und das Sarkophagbild des Grafen v. d. Mark in der Dorotheenkirche.

33. **Das Standbild Joachim Winkelmann's**, von Wichmann; einer der größten Kunstkenner und Alterthumsforscher oder Archäologen, Verfasser einer berühmten Kunstgeschichte; er wurde zu Triest ermordet.

B. Erinnerungsdenkmäler.

1. **Die Friedenssäule auf dem Belle-Alliance-Platz.** Der Platz erhält die Erinnerung an die Schlacht in Brabant bei den Orten Mont Saint Jean (Mongsängschang), Waterlo und Belle-Alliance, d. h. Schöner Bund. Ein junges, schönes Bauernpaar feierte 1760 in dem kleinen Vorwerke das Fest ihrer Vereinigung; daher der Name. Nach der blutigen Schlacht am 18. Juni 1815 vereinigten sich hier die siegreichen Feldherren Blücher und Wellington in stiller Umarmung wiederum zum schönen Bunde. Am 18. Juni 1839 waren 25 Friedensjahre verflossen; an diesem Tage legte König Friedrich Wilhelm III. den Grundstein. Einweihung 3. August 1843, am Geburtstage dieses Königs. Auf einer Basis (Grundbau) von Marmor, aus der vier wasserspeiende Löwenköpfe hervorragen, erhebt sich eine 22 Fuß hohe Granitsäule. Ueber dem Kapitäl (Knauf oder Säulenkopfe) steht eine Pax oder Irene, d. h. Friedensgöttin, in Erz von Rauch. Diese Irene, welche oft mit der Victoria oder Nike verwechselt wird, kennzeichnet sich durch den Palmenzweig und Olivenkranz. Palmen sind Freudenzeichen; ihr Grün verkündet die schöne Jahreszeit. Oliven- oder Ölzweige sind Friedenszeichen; denn das Öl hat eine schmerzstillende, beruhigende Kraft. Palmenzweige und Olivenzweige verherrlichten den Triumph des größten Friedensfürsten, der unter dem Rufe Hosiannah (Heil ihm!) in Jerusalem einzog. Die Friedensgöttin nach der Weise der alten Griechen dargestellt, bringt unserer Stadt Friede und Freude. Das Denkmal, vom Baumeister Cantian, ist 22 Meter hoch. Der Schaft ist ein Zwillingsstück von dem der Adlersäule auf dem Schloßplatze

2. **Die Kriegersäule im Invalidenpark** ist der Erinnerung der Kämpfer geweiht, die in den Revolutionsjahren 1848 und 1849 gefallen sind. Auf granitnem Postament (Untersatz) von 19 Fuß Höhe, erhebt sich eine 100 Fuß hohe korinthische Säule von Eisen. Ueber dem Knaufe steht ein 6 Fuß hoher Adler mit ausgebreiteten Flügeln, der preußische Königsaar; seine Flügelspannung beträgt 26 Fuß. Das Denkmal ist 38 Meter hoch; die Säule ist hohl; 189 Stufen führen zu den Füßen des Adlers. Die Plateform (Gipfelplatte) gewährt eine weite Aussicht. Die Umfassungsmauer, welche das Denkmal und die Gräber umschließt, enthält auf 38 Marmortafeln die 475 Namen der Gefallenen. Der Grundstein zu diesem von Brunkow ausgeführten Denkmale wurde am 18. Juni 1850 gelegt. Der 2 Meter hohe Adler ist von Wolff und hat 8 Meter Spannweite. Die Herstellungskosten betragen 50,000 Thaler.

3. **Das Amazonendenkmal im Invalidenpark**, in geringer Entfernung von der Kriegersäule. Ein einfacher granitner Obelisk von 6 Meter Höhe auf granitnem Untersatze, in den vier eherne Tafeln mit den 114 Namen der Verunglückten eingelassen sind. Die Gartenseite trägt die Schrift: „Ihren geliebten Kindern, die trauernden Eltern." Die Straßenseite zeigt die Schrift: „Kriegskorvette Amazone

Nov. MDCCCLXII." Darunter der Anker, das Bild der Hoffnung. Dieses Denkmal erinnert an die ersten Opfer der jungen preußischen Marine (Seemacht). Die Kriegskorvette (ein kleiner Dreimaster) „Amazone" unter Leitung des Schiffshauptmanns Herrmann scheiterte im November 1861 in der Nordsee bei heftigem Sturme auf der Höhe von Texel. Von Hoffnungen begleitet steuerte die junge Mannschaft ins Meer. Wie die Wellen des Oceans über ihnen, so werden die Wellen der göttlichen Barmherzigkeit über denen zusammenschlagen, die ihren Anker in die ewige Liebe versenken.

4. Das Nationaldenkmal auf dem Kreuzberge erinnert an den Befreiungskrieg von 1813 und 1814. In Erz von Schinkel. Eisen-Pyramide auf einem granitnen Podium von 11 Stufen. Pyramiden hießen im Alterthume zusammengesetzte Spitzsäulen; Obelisken ganze Spitzsäulen, die nur aus einem Steine bestanden. Die Pyramide auf dem Kreuzberge ist im deutschen Stile gearbeitet, 20 Meter hoch, das ganze Denkmal 70 Fuß. Gewicht 2300 Centner. Die Spitze ziert das eiserne Kreuz; daher erhielt der runde Weinberg den Namen Kreuzberg. 12 Bildsäulen sind die Stellvertreter der 12 Hauptschlachten. Grundstein 18. September 1818 von Friedrich Wilhelm III. und Alexander I. Einweihung 30. März 1821 Die 12 Figuren in den kapellenartigen Nischen oder Nestungen waren ihrer Zeit durch Gesichtsähnlichkeit berühmt. Groß-Görschen 2. Mai 1813, Prinz von Homburg. Kulm 30. August 1813, Friedrich Wilhelm III. Dennewitz 6. September 1813, Bülow. Leipzig 18. Oktober 1813, Siegesgöttin. Wartenburg 3. October 1813, York. Larothière 1. Februar 1814, Alexander I. Paris 30. März 1814, Luise. Bar-sur-aube 27. Februar 1814, Prinz von Preußen, jetzt Kaiser Wilhelm. Laon 9. März 1814, Prinz Wilhelm, Friedrich Wilhelm III. Bruder, der Vater der Prinzen Waldemar und Adalbert. Belle Alliance 18. Juni 1815, Prinzeß Charlotte, Kaiserin von Rußland. Groß-Beeren 23. August 1813, Kronprinz, nachher Friedrich Wilhelm IV. Katzbach, 26. August 1813, Graf Franz Blücher von Wahlstadt, Sohn des Fürsten.

5. Die Grenadierpyramide auf dem Hofe der Kaiserfranzkaserne in der Pionierstraße; ein fast 8 Meter hoher Spitzbau von übereinander gethürmten Granitblöcken, zum Gedächtniß derer, die im Feldzuge 1866 von diesem Regimente geblieben sind.

6. Die Siegesgöttin, Victoria oder Nike, auf dem Brandenburger Thore; in Erz von Schadow. Das Bild ist 20 Fuß hoch und erhebt sich 84 Fuß über dem Straßenpflaster. Sie erinnert an drei französische Kriege von 1794, 1806, 1815, den Revolutionskrieg, den Napoleonischen Krieg und den Befreiungskrieg. Die 4 Rosse beziehen sich auf die vier Siege der Preußen über das französische Bürgerheer; einmal bei Pirmasens 14. September 1793 und dreimal bei Kaiserslautern am 22. Mai, 25. Juli, 20. September 1794. Sieger war Joachim von Möllendorf, der schon in der Schlacht bei Mollwitz durch Unerschrockenheit des großen Friedrichs Aufmerksamkeit erregte. Einen großen Namen erwarb sich Möllendorf durch sein Streben, den gemeinen Soldaten nach den Gesetzen der Menschlichkeit zu behandeln. Aber auch an den Professor Ludwig Jahn wollen wir hier denken, der als Lehrer am grauen Kloster seit 1808 bei der berliner Jugend das Turnen eingeführt hat, um sie für bevorstehende Kämpfe zu stählen. Der Backenstreich den er einem Turner verabreichte, der das beraubte Thor ansah, ohne an Etwas zu denken, ist als Jahn'sche Dachtel sprichwörtlich geworden; sie soll ein Denkzettel sein für Alle, die gleichgiltig über Alles hinwegdenken und durch ihre Schlaffheit dem Vaterlande die Schamröte in's Gesicht treiben.

7. **Der Flensburger Löwe** im Hofe des Zeughauses, das Bild der dänischen Herrschaft über Schleswig Holstein: in der ersten Aufregung wurde der Löwe gestürzt, aber die Trümmer sind in Berlin wieder zusammengesetzt worden.

8. **Der sterbende Löwe** im Karlsgarten der Hasenhaide; zur Erinnerung an die am 30. Oktober 1870 in der Schlacht bei Le Bourget gefallenen Krieger des Garde-Schützen-Regiments aus der Köpnickerstraße; eingeweiht am Jahrestage 1871.

9. **Der Luisenaltar auf der Luiseninsel im Thiergarten;** in Stein von Schadow. Die Insel hat 90 Schritte im Umfange und war das Ziel der vielgepriesenen Königin Luise bei ihren Spaziergängen im Thiergarten; damals vermittelte eine Brücke den Zusammenhang mit dem festen Lande. König Friedrich Wilhelm III. wurde durch die Verhältnisse nach dem Napoleonischen Kriege gezwungen drei Jahre von Berlin entfernt zu bleiben. Die treue Landesmutter theilte des Königs Schicksal. Am 23. Dezember 1809 kehrte das Königspaar nach Berlin zurück. Der Lieblingsplatz der Königin wurde mit diesem steinernen Altare geschmückt; er trägt die Inschrift: „Ihrer heimkehrenden Königin die Bewohner des Thiergartens." Alljährlich am Geburtstage der Königin Luise, am 10. März, wird dieser Altar mit Frühlingsblumen geschmückt.

10. **Der Freundschaftstempel im Charlottenburger Schlossgarten;** eine Säulenrotunde von Bumann, in derselben das marmorne Sitzbild der Marggräfin Matthilde von Baireuth, der geistreichen Schwester Friedrichs des Großen.

11, **Das Koppendenkmal auf dem Koppenplatze,** zur Erinnerung an den um die Stadt verdienten Bürger Christian Koppe. Der Platz war Koppes Garten, den er 1705 zum Begräbnisplatz für die Armen bestimmte; nach seinem Willen wurde auch ihm dort die Ruhestätte bereitet.

12. **Das Siegesdenkmal auf dem Königsplatze,** von Strack. Auf einem 8 Meter hohen Unterbau steht eine 11 Meter hohe Säulenhalle, über welcher ein Säulenschaft steht, der mit dem Bilde der Germania gipfelt; der Scheitel derselben erhebt sich 58 Meter über dem Platz. Dieses Denkmal soll die glorreichen Siegesjahre von 1864, 1866 und 1870 vergegenwärtigen und uns erinnern, dass wir die Einigkeit Deutschlands, die Gründung des neuen deutschen Kaiserreiches und den Beginn der bis jetzt ruhmreichsten Epoche in der vaterländischen Geschichte den drei Kriegen mit Dänemark, Oesterreich und Frankreich zu danken haben; darum können wir sie die drei Einigungskriege nennen. Die Elbherzogthümer wurden von der Gewaltthätigkeit der Dänen befreit und mit Deutschland vereinigt; Deutschland wurde von dem Einflusse Oesterreichs befreit und unter sich geeinigt; Europa wurde von dem Drucke Frankreichs befreit und Elsaß-Lothringen wieder mit Deutschland vereinigt.

Im **dänischen Kriege** von 1864 führte Prinz Friedrich Karl den Oberbefehl! denkwürdig sind die Orte: Missunde, Dannewirke, Düppel und Alsen. Gustav von Hindersin vernichtete die Düppler Schanzen, die am 18 April erstürmt wurden; Herwart von Bittenfeld eroberte am 29. Juni die Insel Alsen und Vogel von Falkenstein pflanzte auf Skagen, der äußersten Spitze von Dänemark, die preußische Fahne auf. Im Frieden von Wien, am 30. October wurden die Elbherzogthümer an Deutschland abgetreten.

Im **österreichischen Kriege** von 1866 führte König Wilhelm den Oberbefehl. Seine Ratgeber waren Fürst Bismarck, der Lenker, Graf Moltke, der Denker, Graf

Roon, der Ordner. Seine Feldherrn waren der Kronprinz Friedrich Wilhelm, der Führer der ersten Armee, Prinz Friedrich Karl, der Führer der zweiten Armee, General Herwart von Bittenfeld, Führer der Elbarmee, General Vogel von Falkenstein, der Führer der Mainarmee. Der Mainfeldzug im Westen dauerte 4 Wochen; von den 20 Schlachten und Gefechten sind namhaft zu machen: Langensalza, Dermbach, Hammelburg, Kissingen, Hausen und Aschaffenburg. Der böhmische Feldzug im Osten dauerte 7 Tage; von den 20 Schlachten und Gefechten sind hervorzuheben: Liebau, Turnau, Trautenau, Nachod, Hühnerwasser, Pilnikau, Skalitz, Schweineschädel, Münchengrätz, Gitschin, Königinhof und Königgrätz. Der Mittelpunkt des weitausgedehnten zuletztgenannten Schlachtfeldes war das Dorf Sádowa an der Bistritz; am 3. Juli 1866. Im Frieden von Prag, am 23. August wird der alte deutsche Bund beseitigt, Oesterreich aus Deutschland gewiesen und die Provinzen Hannover, Hessen, Nassau und Schleswig-Holstein dem preußischen Staate einverleibt.

Im französischen Kriege von 1870 und 71 führte Kaiser Wilhelm den Oberbefehl in zwei auf einander folgenden Feldzügen; im Jahre 1870 gegen die kaiserlichen Heere Napoleons; im Jahre 1871 gegen die republikanischen Heere Gambettas. Die Geschichte hat kein Beispiel eines Krieges aufzuweisen, in welchem zwei der größten europäischen Militärmächte mit dem vortrefflichsten Kriegsmaterial ausgerüstet zwei Millionen Streiter einander gegenüber stellen; der blutige Kampf war in 180 Tagen beendet und verschaffte dem deutschen Volke den Sieg, Achtung und Einheit.

Die Eitelkeit der Franzosen sich für die größte Nation der Erde zu halten, ihre Eifersucht auf die preußischen Waffenerfolge in Oesterreich, das gesteigerte Rheingrenzengelüst und die Wühlereien der Chauvinisten, wie man die leidenschaftlichen Kriegsschürer in Frankreich nannte, drängte zu einem Bruche mit Preußen. Die Wahl des Prinzen von Hohenzollern zum Candidaten der spanischen Krone bot die willkommene Gelegenheit die Feindseligkeit einzuleiten. Aber der Erbfeind hatte sich in allen seinen Voraussetzungen verrechnet und musste nach einer Reihe schwerer Niederlagen den Deutschen das Feld räumen, ihr Übergewicht anerkennen und einen Theil seines Raubes von 1690 wieder herausgeben. Die Kriegeszeit dauerte 210 Tage, die Kampfeszeit 180 Tage; es wurden in der Zeit vom 19. Juli 1870 bis 16. Februar 1871 18 große Schlachten geschlagen, 140 Gefechte geliefert, 26 Festungen erobert, 400,000 Mann zu Gefangenen gemacht, 6700 Geschütze genommen und 120 Heeresadler erbeutet. Die denkwürdigsten Momente dieses unvergleichlichen Krieges dürfen nicht vergessen werden. Der Candidatur des Fürsten Leopold von Hohenzollern folgte am 13. Juli Benedettis Begegnung mit dem Könige von Preußen auf der Brunnenpromenade zu Ems. Am 15. Juli kam König Wilhelm in Berlin an, am 19. folgte die französische Kriegserklärung; darauf erfolgte der Anschluss Süddeutschlands an Norddeutschland und binnen vierzehn Tagen sammeln sich eine Million Soldaten mit 1700 Geschützen als Wacht am Rhein. Das Gedicht Max Schneckenburgers nach der Karl Wilhelm'schen Sangweise wurde zum Sturm- und Begeisterungsliede der deutschen Krieger. Die Namen der Helden, welche den Rhein überschritten und die großen Thaten verrichteten, wer könnte sie alle nennen und behalten! ihr Andenken wird in den einzelnen Gauen des Vaterlandes, denen sie angehörten, bewahrt und der Jugend zur Nacheiferung empfohlen. Wir begnügen uns die Namen maßgebender Persönlichkeiten und der denkwürdigsten Orte anzuführen. Auch in diesem Feldzuge operirten anfänglich drei Hauptarmeen, unter dem Kronprinzen Friedrich Wilhelm, dem Prinzen Friedrich Karl und dem General Steinmetz. Die Küstenvertheidigung der beiden Meere wurde dem General Vogel von Falkenstein und die Truppenzusammenziehung am Rhein dem General Herwart von Bittenfeld übertragen.

Die denkwürdigsten Orte des ersten Feldzuges sind Weißenburg, Wörth, Saarbrücken, Metz, Beaumont und Sedan. Der Geisberg bei Weißenburg und die Spichernberge bei Saarbrücken haben ihre besondere Berühmtheit erhalten. Am 30. Juli eröffneten die Franzosen die Feindseligkeiten bei Saarbrücken; am 21. September zeigte Napoleon in Sedan seine Unterwerfung an und es erfolgte die Kapitulation von Sedan. Zu Donchery hatte Napoleon eine Unterredung mit dem Fürsten Bismarck und Tags darauf im Schlosse Bellevüe bei Sedan mit dem Kaiser Wilhelm. Dem gefallenen Imperator wird das Lustschloss Wilhelmshöhe bei Kassel als Aufenthaltsort angewiesen. Einst residirte sein Oheim hier, der König Jerome von Westphalen, damals hieß das Schloss sieben Jahre lang Napoleonshöhe, vom 3. September 1870 an konnte es Napoleons Fall heißen. Aus dem zweiten Feldzuge merken wir uns die Orte: Orleans, Le Mans, Amiens, St. Quentin, Nuits und Héricourt. Am 30 September 1870 übergab General Uhrich die Festung Straßburg dem General Werder; 180 Jahre vorher hatte Ludwig XIV. sie räuberischer Weise an sich gerissen. Am 27. October 1870 übergab General Bazaine die Festung Metz dem Prinzen Friedrich Karl, gerade am Gedenktage des Einzuges Napoleon I. in Berlin 1806. Der Boden um Metz ist mit Blut getränkt durch die Schlachten bei Courcelles, Mars la Tour, Gravelotte, St. Privat, Vionville, Rezonville und Gorze. Am 28 Januar 1871 übergab Trochü die Festung Paris dem Kaiser Wilhelm; als Orte blutiger Ausfallgefechte sind zu bemerken: Sceaux, Malmaison, Le Bourget, Choisy, Garches, St. Cloud. Berühmt ist die Kanonenfestung St. Valerien. Am 19. September war die Einschließung von Paris Seitens der Deutschen beendet; die Stadt hat sich demnach $4\frac{1}{2}$ Monat gehalten. Am 15 Februar 1871 übergab General Denfert die Festung Belfort an den General Treskow. Am 8. Oktober 1870 verließ Gambetta auf einem Luftballon das eingeschlossene Paris und kam glücklich nach Amiens; am 18. Januar 1871 erfolgte die Proclamation des deutschen Kaisers zu Versailles, und an eben diesem Orte wurde am 3. März der Friede geschlossen. Frankreich muss die Deutschland geraubten Provinzen Elsaß und Lothringen wieder zurückgeben und fünf Milliarden Franken oder 1333 Millionen Thaler als Kriegskosten bezahlen. Schon am 1. März hatte der Einzug der deutschen Truppen stattgefunden. Wir merken uns aus dem Gange der Ereignisse vier denkwürdige Freitage: 15. Juli Rückkehr des Kaisers aus Ems; 2. September übergiebt Kaiser Napoleon dem Kaiser Wilhelm seinen Degen zu Bellevüe; 1. März Einzug der Deutschen in Paris; 16. Juni Siegeseinzug in Berlin. Dreimal der 6. August: 843 Vertrag zu Verdün, Geburtstag des alten deutschen Reiches; 1806 Gründung des Rheinbundes, Kaiser Franz legt die deutsche Kaiserkrone nieder und nennt sich von da an nur Kaiser von Oesterreich; Sterbetag des alten deutschen Reiches, das unter 56 Kaisern 1006 Jahre gedauert hat; 1870 an einem Tage die beiden erfolgreichen Schlachten bei Spicheren und bei Wörth, Geburtstag des neuen deutschen Kaiserreiches.

13. Der Triumphbogen. Das größte Ehrendenkmal war bei den Römern der Triumphbogen, man errichtete ihn an der Stelle, an welcher ein Feldherr oder Kaiser seinen siegreichen Einzug gehalten hatte; er diente auch dazu, um den Bildsäulen der Helden einen erhabenen Standpunkt zu verschaffen; der Triumphbogen ist ein bogenförmiges, freistehendes zum Durchzuge eingerichtetes Gebäude. In Berlin vertritt das Brandenburger Thor die Stelle eines Siegesthores; eine Nachbildung von dem Triumphbogen des römischen Kaisers Septimius Serverus ist das Schlossportal Nr. 3 welches Ersander von Götland erbaute.

C Schmuckdenkmäler.

1. **Die Pferdegruppen** am Roßportale (Nr. 4.) des königlichen Schlosses, in Erz von Clodt. Die Rossebändiger, eine Nachbildung der Gruppen vor dem königlichen Palastgarten zu Neapel, sind in Petersburg von dem Baron Peter Clodt von Jürgensberg angefertigt und vom Kaiser Nikolaus dem Könige Friedrich Wilhelm IV. 1842 zum Geschenk gemacht worden. Bei Aufstellung derselben stempelte man sie zu allegorischen Bildwerken und nannte die eine derselben in Beziehung auf Neapel den beförderten Rückschritt, die andere in Beziehung auf Petersburg den gehemmten Fortschritt. —

2. **Die Amazonengruppe** auf der linken Treppenwange des alten Museums; in Erz von Kiß. Amazonen (Unbrünstige) hießen im Alterthume kriegerische Weiber, die sich zu einem Staate vereinigt hatten und keine Männer unter sich duldeten; sie liebten gefahrvolle Jagden. In der heutigen Zeit heißen beherzte Personen weiblichen Geschlechtes auch Amazonen, nnd ihr Anzug, der dem männlichen ähnlich ist, heißt ein Amazonenkleid. Als der portugiesische Seefahrer Orellana 1539 den größten Strom der Erde, den Maranon untersuchte, fand er an seinen Ufern Indianer, die er der Kleidung nach für kriegerische Weiber hielt. Da auch der indianische Flussname, Amassonas, der Bootebrecher, von ihm gehört wurde, so meinte er sich im Amazonenlande zu befinden und berichtete von einem Amazonenstrome.

3. **Die Löwenjägergruppe** auf der rechten Treppenwange; in Erz von Wolff. Die kühnsten Löwenjäger des Alterthums waren die Parsen und Numiden in der Gegenwart haben die Kabylen, die Nachkommen jener Numiden am Atlasgebirge in dieser gefahrvollen Jagd großen Ruhm erlangt.

4. **Die Pferdegruppe oder Dioskurengruppe** auf der vorderen Attika (Dachaussatz) des Museums, in Erz von Tiek. Die Dioskuren, d. h. die Söhne des Götterkönigs Zeus, machte die alte griechische Fabellehre zu Heroen, d. h. Halbgöttern; sie waren spartanische Prinzen, Zwillingsbrüder, tapfere Krieger, unzertrennlich im Leben wie im Tode. Die Götterkönigin Juno beschenkte Kastor und Pollux mit muthigen Streitrossen und bald zeichneten sie sich aus durch ritterliche Übungen zu Pferde. Nach dem Tode wurden sie unter die Sterne versetzt, daher ihre Darstellung auf weißen Pferden nebeneinander reitend, mit einem Sterne auf dem Helme. In der Folge rief man sie bei allen Widerwärtigkeiten als Beistand an. Die Fabellehre erzählt, dass ihnen als Heroen die Verpflichtung oblag, auf dem stürmischen Meere umherzureiten, um die bedrohten Schiffe einem sicheren Hafen zuzuführen. Daher waren sie Schutzgötter der Schiffer. Die Dioskuren verleihen Ausdauer bei wichtigen Unternehmungen, sagt die alte Fabellehre. Sie wurden im Leben nicht müde; und wurden im Tode dafür belohnt. Auf unserem Museum sind es Ermutigungsbilder.

5. **Die Pegasusgruppen** auf dem Dache des alten Museums; auf der hinteren Attika, die das Flügelross tränkende Muse, von Schievelbein, und die das Flügelross zügelnde Muse, von Hagen. Die Phantasie will genährt aber auch gezügelt sein.

6. **Der Pegasus**, der Springer oder das Musenpferd, ein Bild der griechischen Fabellehre. Das Ross ist das Bild des Mutes, die Flügel sind das Bild der Geschwindigkeit. Die Griechen bezeichnen mit dem Bilde des Flügelrosses den ungezügelten, geflügelten menschlichen Gedanken, der mit der größten

Schnelligkeit jeden Raum durcheilt, aber nicht immer auf geebnetem Wege. Ein Mensch, der mit seinem Verstande etwas Bedeutendes leisten will, muss seine Gedanken ordnen, pflegen aber auch zähmen, d. h. der Einbildungskraft die Zügel nicht schießen lassen; das ist der Sinn der Pegasusgruppen auf dem Museum. Dem suchenden Verstande strömen die mannigfaltigsten Bilder und Formen zu, sie sprudeln ihm gleichsam wie aus einer Quelle entgegen. Die Stellung des stampfenden Pegasus auf dem Schauspielhause bezeichnet ihn als Quellenfinder. Die Schwungkraft der Gedanken ist besonders dem Dichter eigen, daher ist es gebräuchlich von Leuten, welche sich mit der Dichtkunst beschäftigen, zu sagen, daß sie den Pegasus besteigen. Einen Dichter nennt man denjenigen, der seine schönen Gedanken durch schöne Worte auszudrücken versteht; Schiller war der größte deutsche Dichter, daher sein Denkmal vor dem Schauspielhause.

7. **Die Musengruppen** auf dem Dache des Schauspiel- und Opernhauses. Die alten Griechen waren Heiden, aber sie waren die gebildetsten und geschicktesten unter den Völkern des Alterthums; was sie gethan und geleistet haben ist mustergiltig bis auf den heutigen Tag. Die Götterbilder der alten Griechen waren sehr schön gearbeitet und zeichneten sich durch Sinnigkeit aus; weil nun die Griechen unsere Lehrer gewesen sind, so ist es erklärlich, daß wir in Kunst und Wissenschaft so vielen heidnischen Darstellungen begegnen. Zu diesen Götterbildern gehören auch die Musen. Die schönen Künste und Wissenschaften sind Schönheiten eines forschenden oder suchenden Verstandes; diese Verstandesschönheiten wurden von den Griechen als Personen, also körperlich dargestellt oder personificirt. Die Griechen nannten Künste und Wissenschaften die Töchter des Verstandes, weil der Verstand durch Suchen oder Nachdenken dazu gelangt. In der griechischen Sprache heißen sie die Musen, d. h. die Suchenden. Die Zahl 9 ist die größte der einfachen Zahlen; sie galt im Alterthume überhaupt zur Bezeichnung einer großen Zahl; wenn also 9 Musen angenommen werden, so will das so viel sagen, als die Schönheiten des menschlichen Verstandes sind von der mannigfaltigsten Art. Die vorzüglichsten heidnischen Gottheiten waren die Sonne und der Mond; wir werden in der Bibel oft darauf hingewiesen. Der Sonnengott wurde angebetet als Quelle der Lichtes und der Wärme; die Semiten verehrten in der Sonne das Angesicht Noah's. Sie führte bei den verschiedenen Völkern verschiedene Namen: Bel oder Baal, d. h. Herr, Melech oder Moloch, d. h. König; die Griechen nannten sie Phöbos oder Apollo. Apollo heißt der Verderber, weil die Griechen meinten, daß ein plötzlicher Tod durch Schlaganfall, oder ein verheerender Tod durch ansteckende Seuchen von der Sonne herkomme. Die Mondgöttin wurde angebetet als Quelle der Feuchtigkeit und Fruchtbarkeit. Der Thau, der in heißen Ländern die Stelle des Regens ersetzt und während der Nacht die Erde befeuchtet, wurde der Kraft des Mondes zugeschrieben. Der Mond hieß Beltis oder Baaltis, d. h. Herrin; Milka, d. h. Königin; Astarte oder Astaroth, die Gehörnte, wegen der beiden Spitzen der Mondsichel, die man ihrem Bilde aufs Haupt setzte. Die Semiten verehrten in dem Monde das Angesicht Naema's, der Gattin Noah's. Die Griechen nannten die Mondgöttin Selene oder Diana, d. h. die Schimmernde.

8. **Die Apollogruppen.** Der Apollo im Greifengespann auf dem Schauspielhause, von Rauch; Apollo unter den Musen auf dem Giebel des Opernhauses. Apollo ist das Bild der Sonne, des Lichtes, der Helligkeit, somit das Sinnbild der Gedankenhelle und der schönen Künste; die schönen Künste sind Erzeugnisse eines hellen Verstandes. Auf der Bühne des Schauspielhauses und Opernhauses vereinigen sich alle Künste zu einem Gesammteindruck, um das Herz zu erwärmen, den Geist zu erleuchten und den Geschmack des Menschen zu bilden. Apollo wird als ein junger, schöner

Mann dargestellt, weil die schöne Sonne nie altert. Oft erscheint Apollo mit Pfeilen bewaffnet, um die brennenden Strahlen anzudeuten, welche die Sonne wie Geschosse aussendet. Die Harfe in der Hand des Sonnengottes bezieht sich auf die Harmonie oder Übereinstimmung der Jahreszeiten, die von der Sonne geregelt werden. Wie die Natur hell wird durch die Sonne, so wird auch der Kopf hell durch Nachdenken. Apollo ist der Gott des Nachdenkens; deshalb erscheint er oft in denkender Stellung mit der Hand vor der Stirn. Die Zugthiere der Biga sind Greife oder Löwenadler; diese Gestalten sind in uralten Zeiten von indischen Priestern erdacht worden, um die Herrschergewalt anzudeuten; wer herrschen will, muß gewaltig sein wie ein Löwe, und scharfblickend wie ein Adler. Bei den Griechen bezieht sich dieses Bild auf die Sonnenstrahlen, welche Hitze und Helle verbreiten und der Sonne vorausgehen. Der heißblütige Löwe und der hellsehende Adler verschmelzen in der Einbildungskraft des Morgenländers zu einem Geschöpfe. Der liebe Gott offenbart sich in der Natur auf die mannigfaltigste Weise. Die Natur ist der sichtbare Ausdruck eines göttlichen Gedankens oder einer göttlichen Idee. Die Heiden haben diese Ideen vereinzelt als selbstständige Personen dargestellt. Die Götterbilder der alten Griechen sind also Personificationen göttlicher Ideen; sie kennzeichnen sich durch viele der Natur entlehnte Nebendinge, Beizeichen oder Attribute. Diese Attribute, welche sich auf die Eigenschaften und Thätigkeiten der Gottheiten beziehen, heißen Symbole oder Sinnbilder, weil sie den Beschauer zum Nachsinnen über eine geheime Bedeutung auffordern; daher nennt man die Symbole auch Ratebilder. Ist mit der Figur der Symbols noch eine darauf bezügliche Schrift verbunden, so heißt die Figur des Symboles Leib und die Schrift seine Seele. Gewöhnlich wird diese Schrift die Bekleidungsschrift oder Devise genannt. Wenn eine bildliche Darstellung eine Reihe von Begriffen anschaulich macht, so heißt sie eine Allegorie oder eine Anspielung, auch ein Deutebild; denn die Allegorie fordert den Beschauer auf, den verblümten Sinn, auf den sie anspielt, zu deuten. Die Götterbilder sind allegorische Personen als Inbegriff einer Menge von Vorstellungen, wie Apollo in seiner Jugendfrische im Strahlenhaupte, mit Pfeil und Bogen, Laute und Lorbeer. Wer die heidnischen Gottheiten und deren Symbole kennen lernen will, findet Belehrung in der Götterlehre oder Mythologie. Die Götter waren den Griechen nicht übersinnliche, sondern nur übermenschliche Wesen, d. h. Menschengestalten mit größeren geistigen und körperlichen Vorzügen.

9. **Die Kriegergruppen** auf der Schlossbrücke. Die erste Gruppe an der Commandantur ist von Emil Wolff, die zweite von Schievelbein, die dritte von Möller, die vierte an der Trauerweide von Drake, die fünfte am Zeughause von Wichmann, die sechste von Albert Wolff, die siebente von Bläser, die achte am Lustgarten von Wredow. 1850 wurden diese Marmorgruppen aufgestellt. Sie stellen in altgriechischer Weise das Leben eines Kriegers dar. Die weiblichen Gestalten sind Bilder von Gottheiten, welche den Krieger unterweisen, unterstützen, ermutigen, zum Siege und Ruhme führen. Im ersten Bilde wird der Knabe mit der Geschichte bekannt gemacht, um die Helden kennen zu lernen, die einen berühmten Namen hinterließen, damit sie ihn zur Nacheiferung reizen; die Namen auf dem Schilde erinnern an solche Helden: Alexander der Große, König von Macedonien, Julius Cäsar, der Beherrscher des römischen Reiches, Friedrich der Große, König von Preußen. Im zweiten Bilde wird der Jüngling in der Waffenführung unterrichtet. Im dritten Bilde empfängt der junge Krieger die Waffen, die ihn zum Siege führen. Im vierten Bilde wird dem Sieger der Eichenkranz über das Haupt gehalten. Das fünfte Bild, am Zeughause, will sagen, dass empfangene Wunden wohl schmerzen aber nicht entmutigen. Im sechsten Bilde

tritt der Krieger von Neuem kampflustig in die Reihen der Vaterlandsvertheidiger. Das siebente Bild läßt erkennen, wie der Held oft in der größesten Gefahr, durch eine höhere Macht beschützt und unterstützt wird. Das achte Bild erläutert die Vorstellung vom Übergange des Helden in das Reich der Unsterblichkeit. Die Siegespalme sichert ihm die Aufnahme im Heldenhimmel, seinen Ruhm aber hinterlässt er dem wachsenden Geschlechte zur Nacheiferung.

10. Die Katzengruppen auf den Treppenwangen des Schauspielhauses, von Tieck. Ein auf einem Panther reitender Knabe bläst die Flöte; ein anderer auf einem Löwen sitzender Knabe schlägt die Laute. Die alten Griechen erzählen uns von Orpheus, einem geschickten Tonkünstler, der so meisterhaft die Laute gespielt habe, dass selbst die wilden Thiere ihre Unbändigkeit ablegten und seinen Tönen lauschten; das will sagen: die Musik oder die Kunst der Musen übt auf alle, selbst auf rohe, leidenschaftliche Naturen einen besänftigenden und bildenden Einfluss. Löwe und Panther sind die Thiere auf dem der Weingott Bakchos mit seiner Gemahlin Ariadne seinen berauschenden Umzug hält.

11. Die Drachengruppe über dem Eingange der Werderkirche. Wichmann hat dieses Bild aus gebranntem Tone hergestellt. Flügel waren von Alters her das Bild der Schnelligkeit, deshalb wurden die Schlangen von Dichtern als geflügelt bezeichnet; weniger geistvolle Menschen nahmen die Sache wörtlich und so entstanden Bilder von wirklich geflügelten Schlangen oder Drachen. Die Vorstellung wurde auch auf Krokodile übertragen und ins mährchenhafte vergrößert. Vielleicht haben vorslutliche oder antidiluvianische Thiere dieser Art ihr Leben bis in die ersten Zeiten des Menschengeschlechtes gefristet. Der Kampf eines Georgos oder Ackerbauers mit einer Schlange ist möglich. Der Mädchenraub war im Alterthum gewöhnlich. Die Schiffe führten den Namen von der Figur am Schiffsschnabel. Stellte derselbe einen Drachen vor, so hieß das Schiff des Seeräubers „Drache"; der Drache hatte geraubt. Doch leitet man meistens den Ursprung der Drachensage aus der biblischen Erzählung vom Sündenfalle. Ein neidischer Engel verleitet die ersten Menschen zum Ungehorsam und wird von einem anderen Engel aus dem Paradiese vertrieben. Der gute Engel Michael (der Unvergleichliche) bekämpft den bösen Engel Sammael (den Verderber). Maler, Bildner und Dichter haben den Inbegriff alles Guten in lieblichen Engelsgestalten verkörpert, den Inbegriff alles Bösen in abschreckenden Teufelsgestalten dargestellt. Die Bilder von den ungeheuerlichen Drachengestalten sind aus Indien zu uns gekommen. Nach morgenländischer Vorstellung ist der Teufel in die Wüste gebannt; diese durchstreicht er mit seinen dienstbaren Geistern in allen Gestalten und sucht den Menschen zu schaden; bald als giftige Schlange, bald als gefräßiges Krokodil, als brüllender Löwe, als flüchtiger Wüstenbock; daher sind die Bilder vom Teufel so mannigfaltig, in allen aber liegt der Grundgedanke der Abschreckung. Selbst erstickende Glutwinde und verheerende Seuchen sind teuflische Erscheinungen; zuletzt hielt man jede Krankheit für ein Übel, das durch den Teufel in die Welt gekommen ist. Bei dem Siege des Christenthums über das Heidenthum wurden die heidnischen Waldgötter oder Faunen von den christlichen Priestern zu Teufeln gestempelt. Diese wurden die gewöhnlichsten Teufelsgestalten, denn sie erinnern am lebendigsten an den lüsternen, störrigen, stinkenden Bock. Das Böse in Gestalt eines Schlangenkörpers mit Krallenfüßen heißt Lindwurm, d. h. Glattwurm; die Schlüpfrigkeit der Schlange deutet an, dass dem Bösen schwer beizukommen ist. Die Gestalt eines Krokodils mit Fledermausflügeln ist der eigentliche Drache. Die schwarze Gestalt eines Fauns mit Fleder mausflügeln ist seit dem Mittelalter die gewöhnlichste Teufelsgestalt. Hörner und Bockfüße bezeichnen die bösen Begierden die dem Menschen beständig drohen; die Flatterflügel deuten auf nächt-

liche Thätigkeit und auf die Schnelligkeit, mit welcher das Böse den Menschen überfällt die schwarze Farbe bezeichnet den Teufel als ein Wesen der Finsternis; die Krallen lassen erkennen, dass die Sünde nicht so leicht loslässt. Der Kampf des Guten mit dem Bösen hat zu verschiedenen Deutebildern oder Allegorien Veranlassung gegeben. Gewöhnlich sehen wir die Lichtgestalt des Erzengels Michael in glänzender Rüstung, wie er ein Ungeheuer unter seinen Füßen mit einem Spieße durchbohrt. So auf der Michaelskirche. Zuweilen aber erblicken wir einen Ritter auf weißem Rosse, der ein Schreckgeschöpf tödtet. Dies ist der Ritter Sanct Georg, der Schutzheilige der Krankenhäuser und der Schirmherr der Ritter, wie ihn Kiß im großen Hof des kaiserlichen Schlosses dargestellt hat. Die Fabel von einem griechischen Helden Perseus, der eine syrische Prinzessin Andromeda von einem Ungeheuer befreit, welches die Prinzessin verschlingen will, liegt der Sage oder Legende vom heiligen Georg zum Grunde. Im Morgenlande bildete sich daraus die Sage von einem kappadokischen Prinzen Georg, der auf weißem bäumenden Rosse sitzt und ein Krokodil durchbohrt, welches die Prinzessin Aja verschlingen will. Die Kreuzfahrer lernten diese Sage im Morgenlande kennen und verpflanzten sie nach dem Abendlande, in welchem der Ritter Sanct Georg (der heilige Georg) an vielen Orten als Schirmherr eine bleibende Stätte fand. Die Werderkirche, Georgenkirche und Michaeliskirche zeigen uns solche Drachenkämpfe. Den Kampf des französischen Johanniters Deodat von Gozon mit der großen rhodischen Schlange 1345 hat Schiller in einer schönen Ballade beschrieben.

12. **Die Granitschaale** im Lustgarten, vor der Treppe des alten Museums. Der Baumeister Cantian leitete die Ausführung des Werkes. Aus einem 15000 Centner schweren Granitblocke, dem Markgrafensteine in den Rauenschen Bergen bei Fürstenwalde, wurde die 1500 Centner schwere Schale gehauen, polirt und 1825 aufgestellt; sie hat 7 Meter Durchmesser.

13. **Die Adlersäule** auf der Schlossterrasse, ein Monolith (Einstein) aus demselben Blocke, aus welchem die Friedenssäule auf dem Belleallianceplatz gearbeitet ist. Der große Wanderblock, welcher das Material dazu lieferte, lag unweit Hartmannsdorf an der Spree, im Hangelsberger Forst. Die von Cantian gearbeitete Säule steht an der Stelle des alten Münzthurmes; der Adler erhebt sich zum ersten Stockwerk des Schlosses und deutet auf die Ecke mit dem Zimmer, in dem sich ehemals das Tabacks-Collegium befand und in welchem nachmals der Kaiser Napoleon I. wohnte.

14. **Die Herkulesgruppen.** Herkules, ein griechischer Held, befreite sein Vaterland von grausamen Räubern und wilden Thieren. Die Gruppen auf der Brücke zeigen den Helden, wie er einen Löwen erwürgt und einen Kentaur erschlägt. Ein Kentaur oder Stierstecher ist ein berittener Rinderhirt, der mit einem Spieße das zurückbleibende oder verlaufene Vieh stachelte. Die alten Griechen, die noch keinen Reiter gesehen hatten, meinten, als sie einen solchen erblickten, der Mensch sei mit dem Pferde verwachsen, daher die falsche Vorstellung von einem Rossmenschen. Ebenso ging es den alten Kariben in Amerika, als Christof Columbus mit seinem Gefolge zu Pferde erschien. Die Sphinx ist, wie der Kentaur, ein zusammengesetztes Thierbild; man findet solche Zusammensetzungen bei den meisten Völkern des Alterthums; es sind Symbole, d. h. Sinnbilder; sie sind der äußerliche Ausdruck des innerlich Gedachten. Ursprünglich sind die Sphinxe ägyptische Herrscherbilder, die vor den Tempeln und vor den Palästen der Pharaonen aufgestellt waren; sie sollten sagen: Wer herrschen will, muß mit der Stärke des Löwen die Klugheit des Weibes verbinden. Außerdem hatte das Bild bei den Aegyptern noch eine andere Bedeutung, denn es erinnerte an das segens-

reiche Naturereigniss der Nilschwelle, die zu der Zeit begann, wenn die Sonne aus dem Sternbilde des Löwen in das Sternbild der Jungfrau trat. Das Verschmelzen von zwei Geschöpfen in eines wird durch den Namen angedeutet, denn Sphinx heißt eine Zusammenziehung. Den alten Griechen, welchen die sinnbildliche Bedeutung dieses Geschöpfes zuerst unbekannt, blieb die Sphinx ein weibliches Ungeheuer; in den alten Geschichten wird sie eine Rätselgeberin genannt, die Griechenland durch ihr Unwesen in Furcht setzte. Ödipus besiegte sie.

15. Die Hülot'schen Sandsteinfiguren zu beiden Seiten des vorderen Thorweges am Zeughause. Es sind Verkörperungen der Waffenwerkfertigkeiten. Die Bereitung und Handhabung der verschiedenen Waffengattungen erfordert Kenntnisse in der Berechnungskunst, Meßkunst, Waffenschmiedekunst, Feuerwerkskunst.

16. Die Schlüter'schen Masken. Der große Meister Andreas Schlüter hat im Hofe des Zeughauses als Schlussteine der Fensterwölbung die Köpfe sterbender Krieger ausgearbeitet. Die Gesichtszüge dieser Schlüter'schen Masken sind ausgezeichnet durch den verschiedenen Ausdruck des Todeskampfes. Über der Eingangsthür am Hintergebäude ist von demselben Künstler ein Kopf in Stein gehauen, in dessen Gesichtszügen die Reue zu erkennen ist. Die Reue ist Betrübnis über ein begangenes Unrecht; vor dieser Betrübnis wird sich derjenige bewahren, welcher der Inschrift dieses Gebäudes am Vorderbau immer eingedenk ist. Wer Völker entzweit und Waffen schmiedet aus kriegerischen Gelüsten, den wird die Reue ergreifen.

17. Die Figurengruppen der Domthürme am Schillerplatze. Der Thurm des französischen Doms gipfelt mit einer vergoldeten 15 Fuß hohen Figur, welche auf einem Würfel steht und eine Fackel emporhält. Diese Figur ist die siegende Religion. Der Würfel bezeichnet den Grundstein, die Sicherheit eines religiösen Gemütes, wie es uns in dem Apostel Paulus vorschwebt, wenn er sagt: „Ich diene Gott und glaube dem Gesetze und den Propheten, diesem Glauben entsprechend übe ich mich zu haben ein unverletztes Gewissen, beides gegen Gott und die Menschen." Die Fackel ist das Sinnbild der Helligkeit. Der Mittelpunkt der christlichen Religion, Christus, „heißt das Licht der Welt, wer ihm nachfolget, der wird nicht wandeln in Finsternis, sondern wird das Licht des Lebens haben." Die lichtverbreitende Religion ist unerschütterlich und trägt überall den Sieg davon.

Mit dem vergoldeten Sinnbilde der siegenden Tugend gipfelt der deutsche Dom. Eine weibliche Figur steht auf einer Kugel und trägt eine Palme; um die Kugel windet sich eine Schlange. Der Künstler hatte die Erdkugel im Auge; die Schlange, welche sich um diese Kugel windet, bezeichnet die auf der Erde herrschende Sünde. Die Palme des Friedens, d. i. die innere Glückseligkeit wird dem zu Theil, der im Kampfe mit der Sünde Sieger bleibt, oder, was dasselbe sagen will: der allen Versuchungen zum Bösen widersteht. Die bewegliche Unterlage macht uns darauf aufmerksam, daß Jeder straucheln kann. „Jeder sehe wie er's treibe, und wer steht, dass er nicht falle." Die Wandelbarkeit des irdischen Glückes veranlaßte die alten Griechen auch der Fortuna, d. h. der Göttin des Glückes, die unsichere Unterlage einer Kugel zu geben. Wir sehen das goldene Bild einer solchen Fortuna auf der grünen, mit goldenen Kronen geschmückten Schlosskuppel zu Charlottenburg.

18. Mit den Sitzbildern der verkörperten christlichen Tugenden: Glaube, Liebe, Hoffnung und Geduld ist der Dachaussatz des deutschen Domes geschmückt. Das Symbol des Glaubens ist das Kreuz. In dem Kreuzestode Jesu liegt

die Herrlichkeit seiner göttlichen Erscheinung. Wenn wir uns dem Erlöser zuwenden, in der festen Ueberzeugung, dass der Weg des Heiles nur in der von ihm vorgeschriebenen Richtung der richtige ist, so sind wir Bekenner des christlichen Glaubens. Die Liebe wird veranschaulicht in dem Bilde einer Mutter mit ihren Kindern. Liebe zu üben ist unser Beruf. Je lebendiger der Glaube, desto thatkräftiger die Liebe. Die göttliche Vorsehung entwickelt uns gegenüber die größte Mannigfaltigkeit in Liebeserweisungen. Wir gedenken hiebei einer morgenländischen Dichtung, die uns Herder verdeutscht hat: „Wie die Mutter, wenn sie ihre Kinder um sich siehet, liebevoll sie anblickt, diesem einen Kuss auf Stirn und Wange, jenes sich an's Herz drückt, und ein anderes auf den Schooß hebt, auf den Knieen wiegt, und indem sie ihrer aller Wünsche in den Blicken, in Geberden lieset, giebt sie Jedem Etwas, dem ein Lächeln, dem ein süßes Wort, dem dritten zürnt sie, scheint zu zürnen, und hat ihn am liebsten; so ist uns die mütterliche Vorsicht, immer wachsam, horchend auf den leisen Seufzer, schafft sie Jedem Trost und Labsal, sorgt für Alle, leistet allen Hilfe; und wenn sie zuweilen auch versaget, lockt sie uns entweder mehr zu bitten, oder sinnt auf eine schönere Gabe." Das Symbol der Hoffnung ist der Anker; ein eisernes Werkzeug an einem langen Taue, welches von den Schiffern bei stürmischem Meere in die Tiefe gelassen wird; der Anker greift mit seinen Zacken in den Grund und hält das Schiff, dass es von den wilden Wogen nicht an Klippen geworfen werden kann. Hat der Anker gefasst, so belebt sich der Mut der Schiffsmannschaft. Dem Christen bietet seine Religion den besten Ankergrund. Die alten Griechen verehrten eine Gottheit unter dem Namen Elpis, d. i. die Hoffnung; wir sehen sie auf dem Grabmale Humboldt's in Tegel. Der Anker galt als Sinnbild der Standhaftigkeit, also auch der Hoffnung, in so fern sie das Gemüt standhaft erhält. Die Hoffnung ist ein freudiges Erwarten dessen, das man wünscht. Das Sinnbild der Geduld ist das Lamm. Der Prophet Jesaias deutet dies an in der Stelle: „da er gestraft und gemartert ward, that er seinen Mund nicht auf, wie ein Lamm, das zur Schlachtbank geführet wird." Die Geduld als christliche Tugend ist die stille Ergebung in den göttlichen Willen. Die Kuppelfiguren der Thürme sind von Melchior Kembli, die Unterfiguren nach Rodes Entwurf von Föhr und Sartori.

19. **Mit den Sitzbildern der vier Evangelisten** ist der Dachaufsatz des französischen Domes geschmückt. In einer hebräischen Urkunde heißt es: Vier sind die Allerhöchsten in der Welt und besitzen die größte Gewalt: der Löwe unter den Raubthieren, der Stier unter den Hausthieren, der Adler unter den Federthieren und der Mensch unter Allen. Jehovah aber ist der Allerhöchste. Dieser Eigenthümlichkeit wegen wurden diese vier Geschöpfe von den Künstlern in Eines verbunden, um in ihrer Vereinigung die höchste schöpferische Kraft darzustellen. Dieses zusammengesetzte Wesen wurde der Cherub genannt, zu deutsch: der Lebendige, denn er ist die Darstellung des Lebens in seiner höchsten Bedeutung. Die Bestandtheile des Cherubs sind nicht bedeutungslos. Der Stier ist der Stellvertreter der Kraft; sie wird dem Evangelisten Lukas beigelegt. Der Löwe ist der Stellvertreter der Majestät oder Großmächtigkeit; sie ist dem Markus zugeeignet. Der Adler ist der Stellvertreter der Klarheit und des Scharfblickes; sie ist das Besitzthum des Evangelisten Johannes. Der Mensch endlich, das Ebenbild Gottes, ist der Stellvertreter tiefer Einsicht; sie wird dem Matthäus zugeschrieben.

20. **Die Sinnbilder der Wahrheit und Gerechtigkeit** sind am Giebelfelde über der Eingangsthür des Kammergerichtes angebracht. Die Wahrheit

duldet keine Umhüllung und zeigt jeden Makel; daher wird sie nackend dargestellt mit einem Spiegel in der Hand. Die Gerechtigkeit prüft genau, auf welcher Seite das Recht ist; sie belohnt das Gute und bestraft das Böse; daher die Darstellung mit Waage und Schwert. Die Farbe des Lichtes ist heiter und weiß; Licht ist die Einung aller Farben. Eine weiße Taube war das Sinnbild der Freia, der alten deutschen Schutzgöttin der Liebe und Einigkeit. Die Farbe des Rechts ist ernst und schwarz; schwarz ist die Vernichtung aller Farben. Ein schwarzer Aar war das Sinnbild des Wutan, der alten Deutschen Schutzgott der Tapferkeit und Gerechtigkeit. Licht und Recht hießen die beiden Angelsteine des altdeutschen Ruhmes; Licht und Recht hießen die beiden Edelsteine im hohenpriesterlichen Brustschilde; Licht und Recht heißen die beiden Farbenbilder im hohenzollerschen Wappenschilde.

21. Der Neidkopf. Das Bild der Reue lenkt unsere Aufmerksamkeit auf das Schreckbild des Neides in der Heiligengeiststraße 38. Die alte Fabellehre stellt so das Bild der Invidia dar, schlangenhaarig, schielend, bleich, abgezehrt mit blökender Zunge. König Friedrich Wilhelm I., durch göttliche Fügung in die armselige Wohnung eines eingewanderten Salzburgers geführt, der ein Goldarbeiter war, überzeugt sich von seinem Fleiße und seiner Rechtschaffenheit und belohnt ihn fürstlich. Die gegenüberwohnende Familie eines reichen Goldarbeiters ärgert sich über des Nachbars Glück. Ihr unziemliches Betragen zwingt den emporgekommenen Goldschmied um des Friedens willen sich von Straße und Fenster zurückzuziehen. Der König erfuhr es und ließ die Invidia als Spiegelbild für den Neidischen am Hause des Salzburgers anbringen.

22. Der Kolk. An dem alten berlinischen Rathause bemerken wir ein Thierbild, als Ueberrest aus einer sehr alten Zeit. Die Thiergestalten an solcher Stelle beziehen sich auf menschliche Leidenschaften und auf die strafende Gerechtigkeit. Der Strebepfeiler heißt der Kaak, d. h. der Pranger oder die Schandsäule, weil viele Vergehen durch öffentliche Schaustellung im Halseisen bestraft wurden. Der Kolk ist ein Vogel mit Menschenantlitz und Eselsohren. Die strafende Gerechtigkeit ist schnellflüglich und feinhörig. Dies Bild erinnert an die Harpyien oder Raffer in der griechischen Fabellehre, die Bilder unersättlicher Habsucht und Raubgier. Das Volk nannte das Bild am Rathause den Kolk oder Raben, weil der Rabe in jener abergläubischen Zeit als Unheilverkündiger im üblen Rufe stand. Er nährt sich vom Fleisch todter Körper und umschwärmt mit krächzender Stimme das Hochgericht. Der Kolk ist das Wahrzeichen der Stadt Berlin, d. h. das eigenthümliche Erkennungszeichen, durch dessen Beschreibung wandernde Handwerksgesellen beweisen, daſs sie wirklich an einem Orte gewesen sind. Dieser Kolk ist der Repräsentant oder Vergegenwärtiger der finstern Zeit des ersten Joachim. Damals galt das Wort: „Rauben und stehlen ist keine Schande, thun es doch die Ersten im Lande!" damals wurde neben dem allgemeinen Kirchengebete die Litanei oder der Klagesang gehört: „Vor Köckeritze und Lüderitze, vor Kröcher, Krachte und Itzenplitze behüt' uns, lieber Herre Gott!" Der Kurfürst Joachim I. kannte die Not des Landes und die Verwegenheit der Raubritter; er gedachte der Mahnung seines sterbenden Vaters Johann Cicero: „Dein Fürstenthum wirst du nicht besser befestigen, als wenn du den Unterdrückten hilfst, und jedem gleiches Recht angedeihen lässest." Joachim wollte um jeden Preis seinem Lande den Frieden verschaffen, obgleich er an der Thür seines Schlafgemaches die Drohung lesen mußte: „Jochimken, Jochimken hüte dich; wo wir dich kriegen, da hängen wir dich!" Mit eiserner Strenge schritt er auf dem begonnenen Wege vorwärts; und der glotzende Kolk auf dem Kaak schaute vielen in's Gesicht, welche die Hand der Gerechtigkeit als Missethäter ergriffen

hatte. Mit Verlegung der alten Gerichtslaube in den Babelsberger Park ist auch der Kolk dahin gekommen.

23. **Der Bär** ist das Wappenbild der Stadt Berlin, am Rathause ist es die Hauptfigur, das stellvertretende Bild unserer Stadt. Ursprünglich war das Landeswappen, der rothe Adler, auch das Wappenbild der Stadt. Im Jahre 1230 wurde er über der Thür des ersten Rathauses auf dem Molkenmarkte angebracht. Das Rathaus stand an der Stelle des Hauses Nr. 13, die Rippe genannt. Die markgräflichen Brüder Otto und Johann erwarben sich um Stadt und Land große Verdienste. Berlin erhob sich durch ihre Gunst zu einer Musterstadt im neueroberten Wendenlande. Die fürstlichen Brüder waren aus der Familie der Grafen von Ballenstädt, ein Zweig der alten Familie der Bäringer, deren Stamm- und Namenswappen der Bär ist. Die aufmerksamen und dankbaren Bürger von Berlin fügten dem märkischen Adler zwei Bären als Schildhalter bei, um anzudeuten, dass die beiden Markgrafen die Wohlfahrt der Stadt und des Landes niemals aus dem Auge verloren haben. Indem die Bürger von Berlin das Wappenbild der Bäringer zu dem ihrigen machten, wollten sie das Einssein mit ihren Wohlthätern, besonders der feindlich gesinnten wendischen Bevölkerung gegenüber, zu erkennen geben. So lange die Ballenstädter regierten, hat der Bär dem Adler gegenüber die Stelle eines Schildhalters vertreten. Erst als Berlin durch den Handel reich, durch den Reichthum angesehen und durch Bündnisse mit andern Städten in der Zeit des Faustrechtes mächtig geworden war, als die Bürger von den geldbedürftigen Landesherren die höchsten Rechte und Freiheiten käuflich an sich gebracht hatten, und die Schöpfer ihres Wohlstandes, die Ballenstädter, ausgestorben waren, da trat der Bär dann und wann als stellvertretendes Bild der Stadt Berlin in den Schild. Zur Zeit der Huldigung, **1415**, als der Burggraf Friedrich von Nürnberg einzog, flaggte der schwarze Bär am spandauer Thore neben dem roten Adler. Im Reiche'schen Aufruhre nimmt der städtische Bär sogar den Kampf mit dem landesherrlichen Adler auf. Nach der Demütigung durch den eisernen Friedrich **1448**, trägt der Bär als Zeichen der Unfreiheit ein Halsband. Der eiserne Friedrich hatte nicht die Absicht der gesellschaftlichen Freiheit, sondern dem Übermute und der rohen Willkür mit Entschiedenheit entgegenzutreten. Das Gefühl der Abhängigkeit mußte durch ein äußeres Zeichen lebendig erhalten werden bei einer Bürgerschaft, die in der Finsterniss des Aberglaubens und in der Rohheit des Faustrechtes zu Kräften gekommen war.

Das obenerwähnte Haus, Molkenmarkt 13, wird die Rippe genannt, nach einem langen rippenartigen Knochen und nach einem großen hölzernen Schulterblatte, die am zweiten Stockwerke befestigt sind und einem Walfisch angehören sollen. Unter dem großen Kurfürsten befand sich hier ein besuchtes Wirtshaus, in dessen oberem Stockwerk eine Zeitlang Naturseltenheiten gezeigt wurden. Der Eigenthümer benutzte einige derselben als Aushängeschild, um die Neugierde der Vorübergehenden zu reizen. Bei seinem Abschiede von Berlin hinterließ er dem Wirte die obigen Überbleibsel als bleibendes Andenken.

24. **Der Adler** ist nebem dem Bilde des Bären das vorherrschende in unserer Stadt. Wir sehen viele Gebäude und Säulen mit fliegenden Adlern geschmückt. Es wird von einem Eroberer aus dem Alterthume erzählt, dass er bei seinem Kriegeszuge der Richtung eines fliegenden Adlers gefolgt sei. Als dieser Eroberer sieg- und ruhmgekrönt in die Heimat zurückkehrte, ließ er fortan das Bild eines fliegenden Adlers als Siegeszeichen vor sich hertragen. Der Adler ist durch seine Größe und Stärke, durch die Schärfe seines Gesichtes und durch die Höhe seines Fluges ganz besonders

geeignet zum stellvertretenden Bilde eines mächtigen Gebieters. Er reißt sich los von der Erde, hüllt sich in den Purpur des Aethers, entzieht sich dem Auge der Menge, während vor seinem Auge die weite Erde im Sonnenlichte sich ausbreitet. Dieser vornehmen Eigenschaften wegen hat man den Adler seit den ältesten Zeiten den König der Vögel genannt. Die Fürsten liebten es durch das Bild des Adlers ihre Würde äußerlich kenntlich zu machen. Die Verschiedenheit der Farben liegt meist in dem Umstande, daß gleiche Würdezeichen verschiedener Herren sich in Etwas unterscheiden müssen; die Unterscheidung wurde durch Farben hervorgebracht. Die Perser bedienten sich zuerst des Adlers als Feldzeichen; am berühmtesten sind die Adler der römischen Legionen geworden. Als Kaiser Theodosius das römische Reich theilte, behielt jede Reichshälfte einen Adler als Wappenbild bei. In der Völkerwanderung ging das abendländische Reich unter, doch die morgenländischen, griechischen oder byzantinischen Kaiser behielten sich die Wiedereroberung desselben vor; sie betrachteten sich als Erben jenes Reiches und deuteten dies an durch die Annahme von zwei Adlerbildern. Ein Künstler machte den Versuch die Palastpforte zu Konstantinopel mit einem Bild zu schmücken, in welchem beide Adler einheitlich verbunden erscheinen, und so entstand die Figur des Doppeladlers, dessen sich später auch die russischen und deutschen Kaiser bedienten; die Letzteren zur Bezeichnung der doppelten Würde, als deutsche und römische Regenten. Als der letzte römisch-deutsche Kaiser Franz 1806 diese Würde mit der österreichischen vertauschte, wurde der Doppeladler das österreichische Wappenbild. Das Wappenbild des neuen deutschen Reiches ist der einfache schwarze Adler, der Barockaar. Zwei Adlerbilder kennzeichnen die Denkweise der preußischen Herrscherfamilie, der Sonnenaar und der Donneraar. Das Haupt des Ersten ist nach oben gerichtet; zum Lichte hin tragen ihn seine kräftigen Fittige, im Lichte lebt die Wahrheit, daher die Umschrift: „Auch nicht der Sonne weicht er!“ Der Sonnenaar ist der Mittelpunkt des königlichen Lichtbildes, um die Wahrheitsliebe zu kennzeichnen. Das Haupt des Donneraars ist nach unten gerichtet, über ein schönes Land schweifen seine forschenden Augen; er breitet schirmend seine mächtigen Schwingen über dieses Land. Der Donneraar ist der Mittelpunkt des königlichen Rechtsbildes, um die Gerechtigkeitsliebe zu kennzeichnen; in der Gleichheit lebt die Gerechtigkeit, daher die Umschrift: Jedem das Seine!“ Blitze schrecken, Kränze ermutigen. Der Lorbeerbaum war dem Sonnengotte Apollo geheiligt; in seinen Blättern ist eine gewürzige und berauschende Kraft; Dichter und Sieger als Schützlinge Apollos wurden mit Lorbeerkränzen gekrönt; der Lorbeerkranz ist das Bild des Ruhmes. Die Blitzbündel in den Griffen des Adlers heißen Donnerkeile oder Keraunen; mit ihnen zerschmetterte der Götterkönig seine Feinde, deshalb sind sie die Bilder der strafenden Gerechtigkeit. Der königliche Aar erhebt sich in fortschreitender Bewegung, und ist der Borussia kühner Stellvertreter. Mit den kräftigen Krallen seiner Linken umspannt er den Granitrücken der Sudeten und klammert sich mit seiner Rechten an die ehernen Adern des Harzes; die Schwungfedern seiner Fittige netzen sich in den Fluten der Memel und Maas; das gekrönte Haupt erhebt sich über die Küsten zweier Meere, deren Wogen den Glanz des deutschen Diadems an ferne Gestade tragen.

25. **Die wilden Männer.** Zahlreich ist in unserer Stadt das preußische Wappen vertreten. Das Wappen wird gehalten von zwei wilden Männern. Diese sind aus dem Wappen der alten pommerschen Herzöge ins brandenburgische Wappen aufgenommen worden. Die Wörter Waffen und Wappen sind von gleichem Ursprunge, der Unterschied liegt nur in der norddeutschen und süddeutschen Aussprache; jetzt haben sich beide Wörter auch durch die Bedeutung getrennt. Aus Waffenzusammenstellungen, wie wir sie auf der Balustrade (Dachgeländer) des Zeughauses wahrnehmen, sind die Bilder entstanden, die wir Wappen

nennen. Die Entstehung derselben fällt in die Ritterzeit. Die Ritter vereinigten sich oft zu Kampf- oder Turnspielen (Turnieren), und diese wurden mit einem Festzuge eröffnet. Bei solchen Festzügen ließen die Ritter ihr Wappen vor sich hertragen. Zu Trägern erwählte man Knappen, die sich auf allerlei Weise maskirten oder verkleideten. Die Pommern wählten zu Wappenträgern oder Schildhaltern zwei recht große kräftige Männer mit Fellbehang und keulenbewaffnet. Das Fell ist bei der bildlichen Darstellung weggelassen worden und die Keulen sind an mancher Stelle unpassend durch kleine Fahnen ersetzt. Das Eichenlaub ist erst seit der Schlacht bei Warschau üblich, es deutet auf den Eichenbaum, das Bild der Festigkeit; die Keulen deuten auf die uralten Waffen der Deutschen, auf die Stärke. Festigkeit und Stärke waren die Haupteigenschaften des deutschen Volkes, dem die Hohenzollern entsprossen sind; die Gottheiten dieses Volkes, Wutan und Freia, wurden durch einen schwarzen Aar und durch eine weiße Taube vertreten, Sinnbilder der Tapferkeit und Einigkeit; die Tapfern stehen fest und wanken nicht; die Einigen halten zusammen und sind stark. Die wilden Männer sind eine sprechende Zierde des preußischen Wappens Fest und stark hießen die Säulen zu beiden Seiten des Tempelthores in Jerusalem; fest und stark heißen die Schildhalter zu beiden Seiten des preußischen Wappens.

26. **Das Kreuz** war bei Persern, Griechen und Römern ein Zeichen der Beschimpfung, weil Missethäter an demselben ihren Geist aushauchten. Seit Jesu Tode wurde das Kreuz als Luftbild das Erkennungszeichen der Gläubigen und das Erlösungszeichen der christlichen Kirche; seit Kaiser Konstantins Tode wurde es als Fahnenbild das Siegeszeichen des überwältigenden Glaubens, bald darauf über Gräbern und Kirchen das Wahrzeichen der erlösenden Liebe. Bei feierlichen kirchlichen Handlungen ließen die Geistlichen ein Kreuz vorantragen, und um die Verschiedenheit des Ranges bei den geistlichen Würdenträgern anzudeuten, bedienten sich die Bischöfe eines einfachen, die Patriarchen eines doppelten, die Päpste eines dreifachen Kreuzes. Die Theilnehmer am Kriegeszuge nach Palästina empfingen als Weihezeichen ein rothes Kreuz, deshalb hießen sie Crucesignaten, d. h. Kreuzgezeichnete oder Kreuzfahrer. Ein Kreuz mit dem Körper Jesu wird ein Christuskreuz oder Kruzifix genannt, als Abkürzung des Wortes Crucifixus, ein Kreuzbefestigter. Der Gebrauch der drei Kreuze als Namensunterschrift für Schreibensunkundige ist sehr alt und soll den Unterzeichner an die Wahrhaftigkeit des Erlösers erinnern. Man schrieb dem Kreuze auch eine schützende Kraft zu gegen die Angriffe des Teufels. Doch kam man bald zu der Überzeugung, dass diese Aeußerlichkeit sich nicht als Palladium, d. h. Schutzwehr bewährte. Wer gegen die Angriffe des Teufels gesichert sein will, muß das Kreuz in seinem Herzen aufrichten. In Beziehung darauf entstand der Spruch: signa te signa, temere me tangis et angis! „Bekreuzige dich, wie du willst, ich lasse mich nicht abschrecken!" ist der Sinn dieser Worte, die man dem spottenden Teufel in den Mund legte. Da der lateinische Vers so künstlich ist, daß er vorwärts wie rückwärts gelesen dasselbe sagt, so nannte man ihn Teufelsmotto. Die drei Luftkreuze der Katholiken beziehen sich auf die Dreieinigkeit Gottes; es wird dabei die Stirn, die Brust, dann die rechte und linke Schulter berührt; damit wird angedeutet, dass der Glaube an Gott den Vater die oberste, der Glaube an Gott den Sohn die innerste, der Glaube an Gott den heiligen Geist die sicherste Stelle haben soll; das Letztere in Bezug auf die Worte Mose zu den Abgeordneten des Stammes Benjamin: „das Liebliche des Herrn (die Bundeslade) wird zwischen deinen Schultern wohnen!" d. h. in der Mitte deiner Grenzen, als dem sichersten Orte. Die Bewegung von rechts nach links bezieht sich auf die Ausbreitung des Evangeliums von dem rechtsliegenden Morgenlande nach dem linksliegenden Abendlande. Kreuze als Altarschmuck

sind erst seit dem Jahre 400 gebräuchlich und Krucifixe hat der römische Bischof Gregor der Große eingeführt. Kaiser Konstantin, der die Kreuzesstrafe abschaffte, machte das Kreuz nach dem Eindrucke einer überirdischen Erscheinung zu seinem Feldzeichen. Ein Kreuz mit der Umschrift: „In diesem wirst du siegen!" verscheuchte die Besorgnis vor der Übermacht seines Gegners. Konstantin ließ das Monogramm oder den Namenszug Christi auf dem Fahnenblatte anbringen. Wir begegnen diesem Namensbilde zwischen den Buchstaben A und O an vielen Orten; auch über dem Eingange des Mausoleums im Charlottenburger Schlossgarten; es ist die Versinnlichung des Spruches: „Christus ist das A und das O, der Anfang und das Ende, der Erste und der Letzte." Wir können diesen Spruch das Luisenmotto nennen, denn die große Kurfurstin Luise, eine Prinzessin von Oranien, und die große Königin Luise, eine Prinzessin von Mecklenburg-Strelitz bedienten sich seiner mit Vorliebe; deshalb ist er die Devise des Mausoleums geworden. Im griechischen Alphabet ist A der erste und O der letzte Buchstabe; in unserer Weise ausgedrückt müsste es heißen das A und das Z.

27. Auch die Thürme und Kuppeln, welche sich über die Stadt erheben, sind Denkmäler; es sind Sinnbilder der Baukunst oder Architectur. Berlin zählt 40 Thürme und thurmartige Gebäude. Ein Gebäude, welches sich hoch in die Luft erhebt, ist ein Richtungspunkt für die Entfernten, ein Schaupunkt für die Nahen. Der babylonische Thurm, dessen Spitze bis in die Wolken reichte, sollte die Stelle eines Berges und einer Warte vertreten. Die Thürme im Morgenlande waren Sternwarten. Der Thurm der Winde in Athen war das Werk des Baumeisters Andronikus. Der berühmte Leuchtthurm auf der ägyptischen Insel Pharus war des Sostratus Werk. Auf der Plattform wurde ein Feuer unterhalten, um den Schiffern in der Nacht die Nähe des Landes zu signalisiren (anzudeuten). Die Araber nennen darnach jeden Thurm einen Leuchter oder ein Minaret. Die Thürme der christlichen Kirchen wurden anfangs nur der Glocken wegen, und etwas entfernt von dem Gotteshause errichtet. Seit Kaiser Karl dem Großen pflegte man die Thürme über der Vorhalle der Kirchen aufzubauen, dem Altare gegenüber. Seit den ältesten christlichen Zeiten war es üblich, beim Gebete das Gesicht der aufgehenden Sonne zuzuwenden. Jesus war den Christen in der Finsternis des Heidenthums die aufgehende Sonne der Gerechtigkeit. Die christlichen Kirchen wurden so gebaut, dass der Altar immer gegen Osten, die Vor- oder Thurmhalle aber gegen Westen gerichtet war; deshalb sind die alten Kirchen ein bequemes Mittel sich zu orientiren; das Thurmende ist immer das Westende. In Berlin finden wir diese Bauart bei der Nikolai-, Marien-, Sophien-, Georgen- und Parochialkirche.

Der Thurm ist der Finger Gottes, er zeigt die Richtung, die wir immer vor Augen haben sollen; von oben kommt Heil und Hilfe: „Unsere Hilfe kommt von dem Herrn, der Himmel und Erde gemacht hat." Die ganze Welt ruht auf der Spitze des göttlichen Fingers; der goldene Knopf bezeichnet die Weltkugel und drüber das Kreuz deutet auf den, der die Welt überwand. Große Kirchen mit drei Eingängen oder Vorhallen wurden mit drei Thürmen geschmückt. Eine Kirche mit drei Thürmen war das Sinnbild der göttlichen Dreieinigkeit. Unsere Klosterkirche liefert dazu ein passendes Beispiel. Am gebräuchlichsten war es zu beiden Seiten des westlichen Eingangs Thürme zu errichten nach dem Muster des salomonischen Tempels. Rechts und links vom Eingange dieses Tempels erhoben sich zwei 18 Ellen hohe freistehende eherne Säulen, Jachin und Boas, Fest und Stark; „der Glaub an den, der liebend uns erhält, macht fest und stark im Kampfe mit der Welt!" Berlin hat das Beispiel von Doppelthürmen nur an der Werderkirche aufzuweisen. Von den Thürmen ruft uns der Glockenklang zur

Kirche. Die Glocken des Domes und der Marienkirche bilden die mächtigsten Geläute unserer Stadt. Als der erste Hohenzoller, Friedrich der Burggraf, 1415 sich im Hohen Hause huldigen ließ, waren die unzufriedenen Ritter, an deren Spitze Dietrich und Hans von Quitzow standen, nicht erschienen. Friedrich mußte gegen die Widerspänstigen zu Felde ziehen. Ohne Kanonen konnte er ihnen in den festen Schlössern nicht beikommen. Kanonen waren selten, die Erfindung der Schusswaffen noch zu neu, das Metall zu kostbar. Friedrich wandte sich in dieser Verlegenheit an die Bürger der Stadt Berlin und diese überlieferten ihm die größte Glocke des Marienthurmgeläutes unter der Bedingung späterer Vergütigung. Aus dieser Glocke, welche den Namen Margarethe führte, wurde eine schwere Kanone gegossen, die von 24 Pferden gezogen werden musste; dieser Schwerfälligkeit wegen und mit Beziehung auf den Glockennamen, erhielt die Kanone den Namen: „faule Grete." Erst rief das Erz mit klangvoller Stimme die Bürger zum Wege des Lichtes; nun rief das Erz mit donnernder Stimme die Ritter zum Wege des Rechtes. „Wenn ich mit Menschen- und mit Engelzungen redete, und hätte der Liebe nicht, so wäre ich ein tönendes Erz, oder eine klingende Schelle!" Der Apostel Paulus vernahm im Geiste den ergreifenden Klang der großen Metallbecken, deren lang anhaltende Schwingungen die Hallen des herodianischen Tempels mit wunderbarem Tone erfüllten. Solche Metallbecken waren beim jüdischen und beim heidnischen Gottesdienste gebräuchlich; aus diesen Metallbecken sind unsere Glocken entstanden. In der italienischen Landschaft Kampanien werden die Glocken im Jahre 600 zuerst genannt. Der Papst Sabinian führte sie für den gottesdienstlichen Gebrauch ein. Im Jahre 610 tönen die Glocken von den Thürmen zu Orleans mit so gewaltigem Klange, dass die kriegerischen Franken in Angst versetzt, sich eilend aus der Gegend der Stadt, die sie zu erobern gedachten, entfernen. Wie der Hinblick auf das Kreuz uns befestigen soll in der gläubigen Liebe, so sollen uns die klingenden Glocken befestigen in der thätigen Liebe. „Laudandum, dandum, dando!" hallt es vom Thurme herab; die Luft erzittert von der Bewegung der kalten ehernen Zunge, aber wie die wärmelosen Sonnenstrahlen Wärme entwickeln, so soll das tönende Erz uns mahnen an das vornehmste Gebot und uns erwärmen in der alles umfassenden Gottes- und Nächstenliebe.

D. Musterdenkmäler.

Von den Bildergruppen, welche Plätze und Straßen, Paläste und Hallen schmücken, wenden wir unsern Blick auf die Meißelwerke des Alterthums, welche in unseren Museen aufgestellt sind.

Die Plastik ist die Kunst Gestalten in ihrer Körperlichkeit aus Masse zu formen, ihr untergeordnet sind die Meißelkunst und Gießkunst. Unter den Kunsttempeln Berlins sind die Museen vorzüglich geeignet das Auge zu bilden und den Geschmack für das Schöne zu entwickeln. Dem anmutigen Lustgarten entspricht der Schinkelsche Prachtbau, zu dem eine Freitreppe führt, deren Seitenwangen den Wolf'schen Löwenjäger und die Kiss'sche Amazone tragen. Der Porticus, welcher von einer langen Reihe jonischer Säulen gebildet wird, ist von dem Maler Cornelius mit Wandgemälden geschmückt worden, in der 1846 zu München erfundenen Manier der Wasserglasmalerei, einer Abart der Freskenmalerei oder Frischbilderkunst. Das große Wandgemälde links soll die Schöpfungsgeschichte der Welt, das Bild rechts die Bildungsgeschichte des Menschengeschlechtes anschaulich machen. Die kleinen Bilder unter ihnen sind Darstellungen, links, aus dem Leben des griechischen Helden Herkules, rechts, aus dem Leben des Theseus. In ähnlicher Weise schmückte der Maler Polygnotus die Stoa der Agora von Athen, um die Siege der Hellenen über die Perser darzustellen. Im Vestibül oder Vorhofe befindet sich auf dem Treppenabsatz die Warwickvase, die Nachahmung eines antiken Kunstwerkes. Zur Rotunde oder dem Rundbau führen die Stülerschen Thüren, welche die bisher berühmten Pantheonthüren in Paris in künstlerischer Beziehung übertreffen. In der Rotunde sind die 9 Dubletten oder Doppelstücke der Rafaelischen Teppiche ausgebreitet. Papste Leo X., der Zeitgenosse Luthers, ließ diese Teppiche zu Arras in Artesien nach den von Rafael entworfenen Musterbildern anfertigen, für den König Heinrich VIII. von England. Sie befanden sich bis zur Hinrichtung des Königs Karl im Palaste zu Whitehall und kamen durch Kauf in die spanische Familie Alba; der englische Consul Tupper kaufte sie 1823, und König Friedrich Wilhelm IV. erwarb sie 1844. Die Kuppel der Rotunde wird von 20 korinthischen Säulen getragen. Aus der Rotunde gelangt man oben in die Gemälde-, unten in die Figurengalerie, oder Skulpturensammlung. Friedrich der Große gründete das Museum, indem er durch den Italiener Bianconi in Rom Ankäufe machen ließ und die Sammlung der Fürsten Polignac und der Markgräfin v. Baireuth erwarb. Es ist nicht möglich alle Werke der Meißelkunst einer eingehenden Betrachtung zu unterziehen, doch empfiehlt es sich auf die bedeutendsten Urbilder und Abbilder der alten und neuen Zeit aufmerksam zu machen und die oftgenannten Werke der Plastik anzudeuten. Die ältesten Werke der plastischen Kunst waren von Holz und hießen Dädala nach dem Holzschneider Dädalos in Athen, einem der ältesten und berühmtesten Künstler, von dem gesagt wird, er habe die Bildsäulen gehen gelehrt; weil er nämlich den ersten Versuch machte die Figuren mit Beinen und Füßen darzustellen. Als die Griechen die Kunst gelernt hatten Steine zu meißeln, überflügelten sie in der Ausführung ihre Nachbarn und Lehrmeister und es entstanden die schönen Marmorbilder, welche theils verstümmelt, theils wohlerhalten unter Trümmern gefunden wurden und heute noch gefunden werden. Bis jetzt sind gegen 70,000 marmorne Bildsäulen aus Schutt und Trümmern wieder ans Tageslicht gezogen worden.

Zu den berühmtesten Werken der alten oder antiken Meißelkunst gehören: Die Bildergruppe vom leidenden L a o k o o n, sie zeigt den trojanischen Priester und seine beiden Söhne, wie sie von Schlangen umwunden und erwürgt werden. Die Kunstkenner Winkelmann und Lessing haben das Werk beschrieben, und der berühmte Schlüter entnahm aus dem schmerzerfüllten Gesichte die Masken seiner sterbender Krieger. Diese Gruppe hat der Bildhauer Agesander aus Rhodos geschaffen unter dem Beistande seiner kunstgeübten Söhne Polydor und Athenodor. Sie wurde von Athen nach Rom gebracht und in den Bädern des Kaisers Titus aufgestellt; erst 1506 fand der römische Bürger Felix von Fredis unter den Trümmern der Thermen in seinem Weingarten auch diese Bildergruppe. Papst Julius II. erwarb sie und ließ sie im Belvedere aufstellen. Das Belvedere war ein Lusthaus des Papstes Innocenz VIII.; es wurde später mit dem Palaste Vatikan vereinigt und zu einem Kunstmuseum gemacht. Hierher gehört auch der bekannte Apollo von Belvedere, ein Werk des Gorgias; Kaiser Nero entnahm die Figur dem Tempel zu Delphi und stellte es in Antium auf; dort ist es ausgegraben und von dem genannten Papste im Vatikan aufgestellt worden. Eine Nachbildung dieses Meisterstückes ist der mediceïsche Apollino in Florenz. Die mediceische Kunstgalerie befindet sich in dem obern Stockwerke des Regierungsgebäudes, welches der Ufficienpalast heißt; dieser Palast wurde von dem Baumeister Vasari hergestellt, der die deutsche Baukunst verächtlich die gothische oder barbarische Kunst nannte. Die Sammlung von Kunstschätzen ist der Familie Medici zu danken. Die Niobidengruppe erinnert an die unglückliche Königin von Theben, Niobe, die in kurzer Zeit durch den Tod ihrer zwölf Kinder beraubt wurde; die angsterfüllte Mutter will ihre Kinder vor den Pfeilen des Apollo schützen. Das Bild befand sich ehemals in Theben, kam dann in das Giebelfeld des Apollotempels nach Rom und dann in den Ufficienpalast nach Florenz. Skopas aus Samos wird als Verfertiger bezeichnet. In der genannten Galerie befindet sich auch die Aphrodite des Bildhauers Kleomenes aus Athen, gewöhnlich die mediceische Venus genannt. Diese ist wiederum eine Nachbildung der knidischen Venus, welche der Bildhauer Praxiteles für die Stadt Knidos anfertigte. Des Meisterwerkes wegen wurde Knidos ein Wallfahrtsort für alle Griechen, und der bithynische König Nikomedes erbot sich vergebens die Schuldenlast der Stadt im Betrage von hundert Talenten zu übernehmen, wenn man ihm das Kunstwerk überließe. Mummius brachte das Bild nach Rom. Noch giebt es eine sogenannte milische Venus, von Skopas; ein Bauer der Insel Milo fand sie 1820 auf seinem Grundstücke; jetzt ziert sie die Pariser Kunstsammlung.

In der mediceischen Sammlung befindet sich auch das bekannte Dianenbild mit der Hindin, von Praxiteles; dasselbe dient in seinen Nachbildungen häufig zur Ausschmückung von Garten und Parkanlagen.

Der Borghesische Fechter von Agasias aus Ephesus, wurde in den Ruinen von Antium gefunden; er ist eine Hauptzierde des fürstlichen Palastes Borghesi in Rom, daher der Name. Die Figur stellt dar einen in höchster Kraftanstrengung kämpfenden Mann in der Stellung des vertheidigenden Vordringens. Lessing hält das Bild für eine Ehrensäule, welche die Athenienser ihrem berühmten Feldherrn Chabrias setzten, der in einer neuen von ihm erfundenen Kampfweise die Spartaner besiegte. Der Farnesische Stier ist ein Werk der Brüder Apollonius und Tauriskos aus Tralles; dieses Bildwerk sehen wir nicht blos in unserm Museum, sondern auch auf der Terrasse des Potsdamer Orangeriegebäudes. Die Brüder Amphion und Zethos sind im Begriffe die Königin Dirke an die Hörner eines wilden Stieres zu binden, weil sie die Mutter der Brüder, Antiope, verfolgte und misshandelte. Das Kunstwerk stammt aus Theben und zierte später die Thermen des Kaisers Caracalla; nachmals im Schutt gefunden, kam es nach dem Palaste der Familie Farnese in Rom; als der König Beider Sicilien den Palast erwarb, kamen alle farnesischen Kunstschätze nach Neapel in das Museum Borbonico. Dahin gehört der farnesische Herkules, ein Werk des Atheniensers Glykon; Herkules hat die Äpfel der Hesperiden erbeutet und stützt sich siegesstolz auf seine Keule; auch dieses Bild wurde unter den Trümmern der caracallischen Bäder gefunden. Eines der bedeutendsten Werke der Bildhauerkunst ist der Doryphor oder Lanzenträger, von Polyklet aus Sikyon. Dieses Meisterstück war für die Künstler ein Musterstück, um die Verhältnisse des menschlichen Körpers zu studiren; man bezeichnete es deshalb einfach als Kanon oder Kunstregel. Derselbe Meister fertigte das Bild der Göttin Juno zu Argos. Im Ufficienpalaste zu Florenz befindet sich auch der Apollo Musagetes, der Musenführer von Skopas, Kaiser Augustus ließ ihn nach der Schlacht bei Actium auf den Palatinus stellen. Von Skopas ist die bekannte Neptunsgruppe, welche den Meeresgott und seine Gemahlin darstellt, umgeben von Hippokampen und Delphinen, auf denen Nereïden oder Meermädchen sitzen; man findet diese Gruppe häufig in Gärten und Parkanlagen um Wasserwerke auszuschmücken. Von dem berühmten Phidias ist das Bild der Minerva, im Parthenon, oder dem Jungfrauentempel zu Athen, und das Sitzbild des olympischen Zeus in Elis, ebenso schuf er die Heldengestalten der rossebändigenden Brüder Kastor und Pollux, genannt die Dioskuren oder Göttersöhne. Eine Nachbildung derselben steht vor dem Palaste Quirinal in Rom, deshalb wird die Anhöhe des Palastes Monte Cavallo, oder der Pferdeberg genannt; Gipsabgüsse davon befinden sich im Treppenhause des neuen Museums. Zu den ausgezeichneten Thierbildnern gehörte Myron von Eleutherä; seine Hundefiguren sind treffend und die säugende Kuh auf der Agora von Athen war stets von Bewunderern umgeben. Einer der bedeutendsten Plastiker in Erz war Lisyppus aus Sikyon; unter seinen tausend Bildwerken werden die sieben griechischen Weisen genannt; besonders erwähnenswert aber sind die Lisyppischen Rosse, welche Mummius von Korinth nach Rom brachte; hier schmückten sie den Triumphbogen des Nero; Kaiser Konstantin ließ die Pferde im Hippodrom zu Konstantinopel aufstellen; von hier entführte sie der Doge Heinrich Dandolo, der das Portal der Markuskirche in Venedig für sie zum Standorte bestimmte. Die Franzosen transportirten 1797 das Bildwerk nach Paris, wohin auch zehn Jahre später die Quadriga unseres Brandenburger Thores wanderte. 1815 erhielten Venedig und Berlin diese Kunstwerke zurück. Der Bildhauer Schadow hat sich bei dem Entwurfe zur Berliner Quadriga die Lisyppischen Rosse zum Muster genommen. Unter den Bildsäulen des Alterthums wird oft erwähnt der Koloss zu Rhodos. Nach rhodischen Münzen zu urtheilen war dieses von Chares aus Lindos geschaffene Bild des Sonnengottes Apollo kein Spreiz- sondern ein Sitzbild und diente zugleich als Leuchtthurm. Im Jahre 320 hergestellt, stürzte es schon nach 55 Jahren bei einem Erdbeben zusammen; den Kopf brachte Lentulus nach Rom, in's Kapitol. Die Trümmer dieses Wunderwerkes aus Erz wurden nach tausend Jahren von dem arabischen Feldherrn Moawijah an einen Juden verkauft, welcher 900 Kamele damit belud. Unter einem Koloss versteht man ein Bildwerk von übernatürlicher Größe; der rodische Koloss war 70 Ellen hoch.

Die mediceïschen Kunstschätze im Ufficienpalaste zu Florenz, die vaticanischen Skulpturen des Belvedere zu Rom, die farnesischen Sammlungen im Museum Borbonico oder Bourbon zu Neapel haben auch viele verstümmelte Bildsäulen aufzuweisen, wie es bei Kunstwerken, die aus Trümmern hervorgesucht werden, natürlich ist; ein solcher Körperstumpf wird ein Torso genannt; ins Besondere bezeichnet man damit den schönerhaltenen Rumpf eines Herkulesbildes im Vatikan.

E. Grabdenkmäler.

Zu den Denkmälern gehören auch die Grabdenkmäler oder Stelen auf unsern Kirchhöfen; dieser Name hat sich auch auf Begräbnisplätze übertragen, die keine Kirchhöfe sind, weil sie sich nicht mehr, wie anderwärts unmittelbar bei der Kirche befinden. Unsere Kirchhöfe sind auch keine Leichenfelder, sondern anmutige Parkanlagen, welche die Lebenden einladen, einzutreten, zu verweilen und sich in den Schattengängen zu ergehen. Für diese geweihte, unverletzliche Stätte sind auch die Namen Gottesacker und Todtenacker gebräuchlich, deshalb pflegt man den Tod den größten Grundbesitzer zu nennen, weil er auf jedem Dorfe seinen Acker hat. In früheren Zeiten begrub man die Todten in heiligen Hainen, da hieß der Tod der Geist des Haines, und wurde kurzweg auch „Freund Hain" genannt.

Im südlichen Deutschland ist für die letzte Ruhestätte der Name „Friedhof" gebräuchlich, denn an solchen Orten schweigt das Geräusch der Welt, verstummen Sorgen und Leidenschaften und Alle, Alle liegen im Schoße der Erde gebettet, friedlich neben einander; hier ist es still und nur die Blätter lispeln dem Lebenden geheimnissvoll den Friedensgruß entgegen. Im freundlichsten Gartenschmuck prangen die Grabeshügel, die Erinnerungsknoten irdischer Vergänglichkeit und über das ganze heilige Gebiet breitet sich der Glaube, die Liebe und die Hoffnung und umrankt wie der Epheu die gebrochenen Säulen, die einfachen Kreuze, die geschmückten Altäre und bekränzten Büsten, auf denen sich das liebevolle Andenken durch innige und sinnige Sprüche zu erkennen giebt. Cypressen und Tannen, Lebensbäume und Trauerweiden, Myrten und Palmen beschatten die mit Kränzen geschmückten grünen Hügel, und mit jedem Frühlinge erneuern sich ihre duftigen Einfassungen; die Gänge beleben sich, denn unter den Millionen Menschen, giebt es Tausende, welche hier ihre Erholung suchen; man will sich der Heimgegangenen lebendiger erinnern, möchte den Geschiedenen recht nahe sein und sich durch einen Liebesdienst bemerklich machen. An solchem Versöhnungsorte macht man sich mit dem Jenseits vertrauter und der Gedanke, in dieser luftigen Atmosphäre unter solchem Blumenteppiche zu ruhen, erfüllt uns nicht mit Bangen. Den Griechen war der Tod ein freundlicher Genius, ein Jüngling der eine Fackel nach unten kehrte; die Römer hielten den Tod für ein Schreckbild, dem die Gestalt unseres Knochenmannes entlehnt ist. Bei den Völkern des Alterthums war die Vorstellung von einem Schattenreiche, als Sammelplatz der geschiedenen Seelen, allgemein verbreitet; auch die Germanen glaubten an eine Unterwelt, in der die Hela, die Göttin des Todes, waltete; in christlicher Zeit wurde das Reich der Hela zu einem Orte der Verdammniss, oder zur Hölle. Der Weg ins Todtenreich hieß der Helaweg, und weil ihn Alle wandeln müssen, so verband sich damit der Begriff der Allgemeinheit, darum war der Weg zum Kirchhofe der Helaweg oder der Hellweg; auch Berlin besaß bis zum Jahre 1866 einen solchen Hellweg; er ist durch die Bezeichnung „Gitschinerstraße" der Vergessenheit anheimgefallen. An einigen Orten zeigt die innere Seite der Kirchhofmauer, auch wohl das Innere der Kirche verschiedene Bildergruppen, die in ihrem Zusammenhange „der Todtentanz" genannt werden. Der Todtentanz ist ein Modebild, das in den Pestjahren von 1347 bis 1351 in Aufnahme kam; in diesem Zeitraume raffte der schwarze Tod in Europa 25 Millionen Menschen fort. Der Grundgedanke des Bildes ist der, dass der Tod keinen Rang, keinen Stand, weder Alter noch Geschlecht, weder Reiche noch Arme verschont; er tanzt mit Allen zum Grabe; zwischen jeder der händeverbundenen Lebensgruppen nimmt der Tod seine Stelle ein bald als Leichenfigur, bald als Knochengerippe; jede Gruppe ist mit einem entsprechenden Texte versehen. Das älteste Gemälde dieser Art entstand zu Basel und ist als „der Tod von Basel“ sprichwörtlich geworden. Auch der Maler Hans Holbein zu Augsburg hat den Todtentanz zum Gegenstande seiner Kunstfertigkeit gemacht. Das Bild in der Plauderkapelle der Lübecker Marienkirche soll das Muster für den Todtentanz in der Vorhalle der Berliner Marienkirche gewesen sein.

Im Jahre 1460 wütete auch in Berlin die Pest und veranlaßte die Anfertigung eines solchen Bildes, das als geschichtliche Merkwürdigkeit der Erhaltung wert ist. Dieses Frisch- oder Freskenbild wurde später, als der Kunstsinn für Alles verloren ging, mit Kalk überstrichen und erst 1850 beim Abputz wieder aufgefunden und durch den Künstler Fischbach aus Unna der Vergessenheit entzogen. Der Berliner Todtentanz unterscheidet sich von allen andern durch die Anwesenheit Jesu, in der Mitte der Gruppen, gleichsam der beruhigende Mittelpunkt des Bildes.

Wir begraben die Todten, unsere Vorfahren verbrannten sie; auch bei den Griechen und Römern war das Verbrennen gebräuchlich; die Asche wurde in Urnen aufbewahrt, daher dient die Urne noch heute zur Ausschmückung der Grabmäler. Wie die Metalle durch Feuer von aller Unreinigkeit befreit werden, so meinte man die Seele durch Verbrennung des Körpers zu reinigen, um ihr den Eingang in das Reich der Seligen zu öffnen; auf dieser Vorstellung von einem Läuterungsfeuer, beruht die Lehre vom Fegefeuer. In Ägypten brachte man die einbalsamirten Gestorbenen in weitverzweigte Felsenhöhlen oder Katakomben, welche auch Nekropolen oder Todtenstädte hießen; nach einem bei der Balsamirung verwendeten Salze, Mum, hießen die Leichname Mumien; auch von diesen Alterthümern bietet unser Museum Proben zur Anschauung. Große fürstliche Begräbnisstätten heißen Mausoleem, nach dem Grabmale, welches die Königin Artemisia von Karien ihrem Gemahle Mausolos zu Halikarnassos setzen ließ. Die Moles des Kaisers Hadrian zu Rom gehört auch zu den berühmten Fürstengrüften; jetzt heißt das Gebäude die Engelsburg, nach dem Gipfelbild des Erzengels Michael. Die Fürstengruft der Hohenzollern befindet sich neben dem Schlossdome; doch besitzen wir auch ein Mausoleum im Charlottenburger Schlossgarten, in dem König Friedrich Wilhelm III. und die Königin Luise ruhen.

Die Kirchen der alten Berliner Stadttheile waren ehemals, wie anderwärts von Kirchhöfen umgeben; sie sind verschwunden, wie die vor der alten Stadt liegenden Begräbnisplätze, und wer über den Schlossplatz oder Spittelmarkt fährt, oder die Heiligegeistgasse entlang geht, weiß nicht, dass er über verflachte Gräber wandelt, und Niemand vermag die Stelle zu bezeichnen wo die vielen bekannten, verdienten und hervorragenden Persönlichkeiten der alten Zeit ihre letzte Ruhe gefunden haben. Auf den Begräbnisplätzen bemerken wir außer Denksteinen und Grabschriften noch allerlei Zeichen und Bilder, die eine besondere Deutung zulassen; viele derselben wiederholen sich. Die Kirchhöfe sind gewöhnlich von hohen Mauern umschlossen, an welche sich die Erbbegräbnisse lehnen, bald frei, bald als Grabgewölbe auch in Tempelform mit Säulen und Nischen, mit Engeln oder Genien, die als geflügelte, jugendliche Gestalten dargestellt werden. Geflügelte Engelköpfe sind Cherubbilder; knieende Engelfiguren sind Seraphsgestalten. Man bemerkt Familienwappen, Brust- oder Rundbilder, zuweilen auch Büstenbilder auf Konsolen. Im Übrigen sind Urnen oder Aschentöpfe, Vasen oder Ziergefäße, Blöcke, Obelisken, Pyramiden, ganze und gebrochene Säulen aus Granit und Marmor, stehende, liegende und lehnende Stein- und Eisenkreuze der gewöhnlichste Schmuck der Begräbnisplätze. Der stehende Leichenstein wird auch der römische Leichenstein oder Cippus genannt. Der häufig vorkommende Schmetterling ist das Sinnbild der Unsterblichkeit; wie sich derselbe von der Puppe befreit, so löst sich die Seele von den Banden des Körpers, deshalb wird auch die Seele als Psyche mit Schmetterlingsflügeln dargestellt. Die Schlange ist das Bild des Heiles und der Gesundheit. Im Alterthum war der Glaube an die Heilkraft der Schlange allgemein verbreitet, denn man meinte sie nähre sich von den Wurzeln der Heilkräuter. Moses erhöhte das Bild der ehernen Schlange, Nahustan, um durch den Anblick des Bildes den Glauben an die göttliche Hilfe zu beleben. Die heidnische Göttin der Gesundheit, Hygiea, reicht aus einer Patene oder Opferschale der Schlange die Nahrung; auch windet sich eine Schlange als Sinnbild der Gesundheit um den Höckerstab Äskulaps, des Gottes der Ärzte. In so fern der Sterbende der Erlösung von allen Übeln entgegengeht, wie schon Sokrates, der berühmteste Weise des Alterthums andeutet, ist der Todte als ein Genesener zu betrachten, darum begegnen wir solchen Schlangenbildern auf Begräbnisplätzen. Seid klug wie die Schlangen, heißt es: Matth. 10, 16. Die Heilkunst erfordert Klugheit und Wachsamkeit, deshalb sind Schlangen und Hähne die Beizeichen der Arzneiwissenschaft. Eine ringförmig gewundene Schlange, die sich in den Schwanz beißt, ist das Bild eines Kreises oder einer Linie, ohne Anfang und Ende, mithin das Zeichen der Ewigkeit. Auf alten Leichensteinen finden sich auch noch sechseckige Figuren, in Gestalt zweier in einander geschobener Dreiecke ✡ sie heißen Alfenfüße und sind gleich den Drudenfüßen ☆ Signaturen von Naturgeistern, wie sie im Zeitalter des Aberglaubens gegen Zauberei angewendet wurden, um einen Gegenstand von bösen Einflüssen zu bewahren. Druden und Alfen waren Wald- und Wassergeister, gute und böse, schön und häslich und spielten im Leben unserer Vorfahren eine große Rolle. Der Alfenfuß heißt auch der Schild David's, weil die Schutzwaffe dieses Königs eine solche Form gehabt haben soll; die Spitze des neuen Judentempels trägt ein solches Zeichen.

Eine Sphinx, als Rätselbild, deutet auf den unerforschlichen göttlichen Ratschluss. Hund und Schlüssel sind Bilder der Treue, das Lamm bezeichnet den geprüften Dulder; Palmenzweige sind Freuden- und Siegeszeichen, Ölzweige, Friedenszeichen, Lorbeerkränze deuten auf Ehren, Epheustäbe auf Freundschaft, Lilien bezeichnen die Unschuld, Blätter- und Blumengehänge oder Guirlanden veranschaulichen wie ineinandergelegte Hände, Vereinigung. Gebrochene Säulen und Stämme deuten an, dass der Dahingeschiedene die Stütze der Familie war. Kreuz und Kelch bezeichnen den Glauben; das Flammenherz die menschliche, das Sonnenherz aber die göttliche Liebe; der Anker die Hoffnung; der Sternenkranz die Seligkeit; Leier und Harfe bezeichnen den Hingeschiedenen als Sänger und Dichter; Sense und Sichel sind Sinnbilder irdischer Vergänglichkeit, das Stundenglas deutet auf die entschwindende Zeit; der bärtige Mann mit Stundenglas und Hippe ist Saturn, der Gott der Zeit. Ein schlummernder Knabe ist Hypnos, der Gott des Schlafes, ein Bruder des Todes; der Tod wird ja auch der ewige Schlaf genannt. Ein aufgeschlagenes Buch bezeichnet meist die Bibel; oft ist die Bibelstelle, vielleicht das letzte Wort des Sterbenden vermerkt. Das Rad deutet auf Schnelligkeit und Wechsel. Das Auge ist das Bild der göttlichen Vorsehung. Wohl giebt es der Sinnbilder noch viele, doch mögen uns die Gegebenen genügen. Die mittelalterlichen Todtenköpfe und Todtengerippe sind fast ganz von unsern Begräbnisplätzen verschwunden; sie mußten freundlichen Engelsgestalten das Feld räumen.

Untern den Grabdenkmälern der innern Stadt sind zu erwähnen, zunächst im Schlossdome, das Denkmal des Kurfürsten Johann Cicero, in Erz von Matthias Dietrich, 1540. Ferner das des Kurfürsten Joachim I. in Plattform von Peter Vischer; die vergoldeten Särge des großen Kurfürsten und seiner Gemahlin Dorothee, des ersten Königs Friedrich und seiner Gemahlin Charlotte. In der benachbarten Fürstengruft befinden sich 84 Särge der hohenzollernschen Familie.

Im Garten zu Charlottenburg ruht im Mausoleum König Friedrich Wilhelm III. und die Königin Luise; das Grabgewölbe ist ein von

Schinkel erbauter griechischer Tempel; die Marmorbilder von Rauch ruhen auf Sarkophagen oder Steinsärgen; das Herz Friedrich Wilhelms IV. befindet sich in einer Marmorkapsel zu Füßen seiner königlichen Eltern. Die Kandelaberfiguren sind Parzen und Horen; Parzen sind die Lebensgöttinnen, die Schicksalsspinnerinnen nach der Auffassungsweise der alten Griechen; in ihrer Hand liegt der Lebensfaden der Menschen: Klotho hält den Rocken und beginnt den Faden; Lachesis führt ihn fort und leitet das Gespinnst; Atropos, die Unerbittliche, schneidet den Faden durch. Die Horen sind die Göttinnen der Tages- und Jahreszeiten, die Vorsteherinnen der Ordnung; in den Gegenden am Mittelmeer kennt man nur drei Jahreszeiten. Über dem Eingange des Mausoleums ist zu lesen die Abbreviatur oder Abkürzung des Spruches Offb. 1, 8. Zwischen den Buchstaben A und O zeigt sich das Monogramm (die in einem Zuge verschlungenen Anfangsbuchstaben) des Namens „Christus". X. P. I. Das lateinische R wird im Griechischen durch P dargestellt und das Ch durch X ☧. So findet man über den Eingängen katholischer Kirchen häufig das Monogramm des Namens Jesu I. H. S. Das lateinische E wird im Griechischen durch H bezeichnet IHS.

In der **Dorotheenkirche** ist das schöne Grabmal (Sarkophag) des Grafen von der Mark, aus Stein von Schadow. Der Graf von der Mark, der 9jährige Sohn des Königs Friedrich Wilhelm II., starb plötzlich 1787. Helm und Schwert bezeichnen des Knaben kriegerischen Sinn. Die Göttin Minerva, die Göttin der Wissenschaften, will ihn ins Leben einführen, aber Kronos, der Gott der Zeit, entreißt ihn dem Leben. Der Genius, oder die Engelgestalt des Todes, ein Jüngling mit umgekehrter Fackel steht daneben. Daß seine Seele in der Blüthe des Lebens den Körper verließ, deutet der Schmetterling auf dem Rosenkranze an. Auch hier sind die Parzen dargestellt. Ferner befindet sich auf dem alten Kirchhofe das Grab des Ministers Hardenberg und des Naturforschers Wildenow.

In der **Nikolaikirche** sind die Denkmäler der Kanzler Lambert und Christian Diestelmeier, der Bürgermeister Thomas Matthias und Severin Schindler, des Historikers Pufendorf, des ersten berliner Apothekers Zehender, des Ministers Kraut, der Geistlichen Porst, Spalding, Spener, Schade.

In der **Marienkirche** ist das Erbbegräbniß der Familie des Feldmarschalls von Sparr, in Marmor von Quallinus. Das Erbbegräbniß der Familie Röbel, das Grabmal des Dichters Kanitz und seiner Gattin Doris.

In der **Klosterkirche** ruhen viele fürstliche und angesehene Personen, der Kurfürst Ludwig der Römer, die Kurfürstinnen Margarethe und Kunigunde, auch Herzog Ernst von Sachsen.

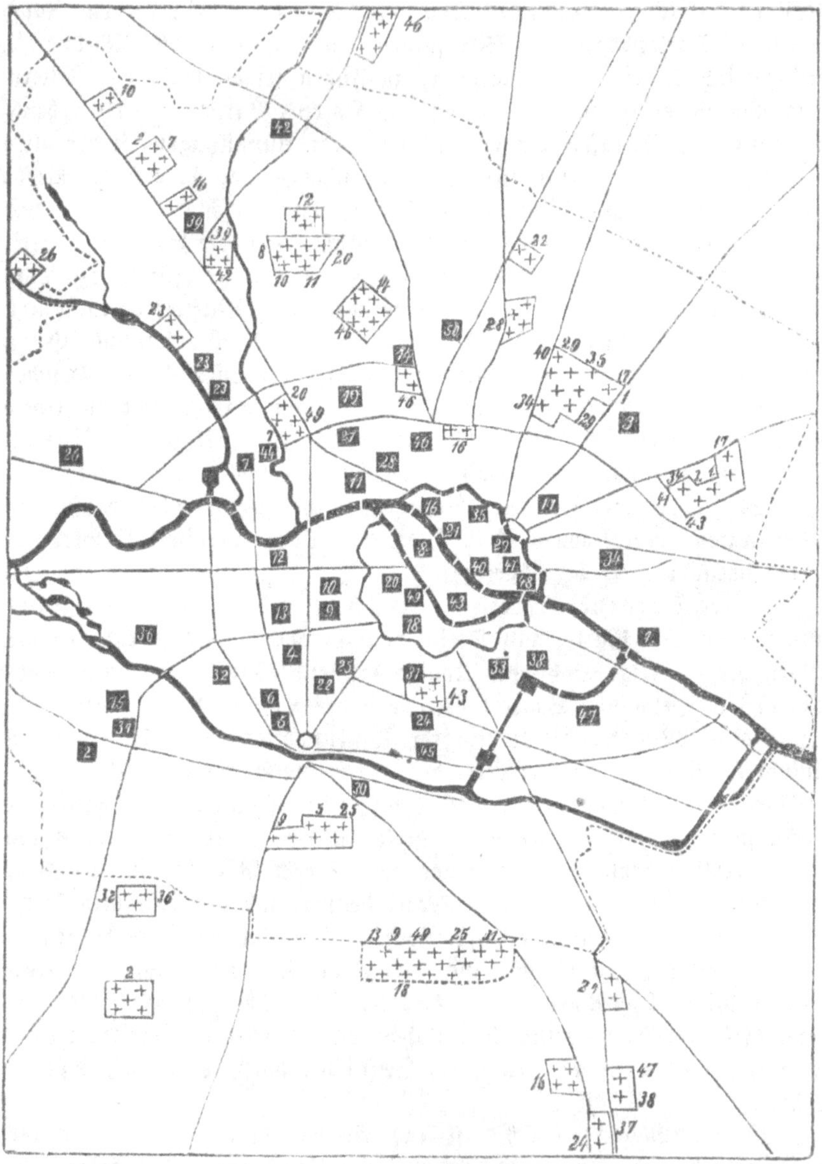

1 Andreaskirche und Kirchhof. 2 Apostel. 3 Bartholomäus. 4 Bethlehem. 5 Brüder. 6 Christus. 7 Charité. 8 Schlossdom. 9 Deutscher Dom oder Neuekirche. 10 Französischer Dom. 11 Domstiftkirche. 12 Dorotheen. 13 Dreifaltigkeit. 14 Elisabet. 15 Elisabetkrankenhaus. 16 Garnison. 17 Georgen. 18 Gertraud. 19 Golgatha. 20 Hedwig. 21 Heilgegeist. 22 Irvingianer, dazu der Dissidentenkirchhof. 23 Invaliden. 24 Jakobi. 25 Jerusalem. 26 Johannis Täufer. 27 Johan-

nis Evangelisten. 28 Judentempel. 29 Kloster. 30 Kreuz. 31 Luise. 32 Lukas. 33 Luther. 34 Markus. 35 Marie. 36 Matthäi. 37 Matthias. 38 Michaelis. 39 Nazareth. 40 Nikolai. 41 Parochial. 42 Paulus. 43 Petri. 44 Philippus. 45 Simon. 46 Sophie. 47 Thomas. 48 Waisenhaus. 49 Werder. 50 Zion.

Die Nummern der Kirchen und Begräbnisplätze sind einander entsprechend.

Bei der Parochialkirche merken wir das Grab des Jugendschriftstellers Prediger Wilmsen.

Auf dem alten Jakobikirchhofe in der Kürassierstraße ist das Grab des Buchhändlers Nikolai.

Auf dem alten Petrikirchhofe in der Oranienstraße ruhen die Geistlichen Süßmilch, Teller und Hanstein.

Auf dem alten Domkirchhofe in der Elisabetstraße sind die Gräber der Geistlichen Strauß, Theremin, Sack und des Professors Dieterici.

Auf dem alten Sophienkirchhofe bei der Sophienkirche ruhen der Dichter Ramler, die Dichterin Luise Karsch und der Musikdirector Zelter.

Dicht daneben ist der alte Judenkirchhof, der vor 200 Jahren unter dem großen Kurfürsten 1670 angelegt wurde; hier liegen, lehnen und stehen eine Menge Grabsteine mit hebräischen Inschriften; es ruhen hier der Philosoph Moses Mendelssohn und seine Tochter Doris, die Gattin des verdienstvollen Kaufmanns Simon Veit; der Naturforscher Markus Bloch; der Professor Markus Herz mit seiner Gattin Henriette Herz; der Mathematiker Meier Hirsch, der Arithmetiker Wolf Rechenmeister und der Philosoph Satenaf.

Im Garten des Hauses Gollnowstraße 30 ist das Grabmal der Geographen Büsching.

Merkenswerte Gräber.

1. Andreaskirche, am Stralauerplatze; mit dem Begräbnisplatze in der Greifswalderstr. und Landsberger Chaussee.

2. Apostelkirche, Kurfürstenstr. 140; mit dem Begräbnisplatz in der Kolonnenstraße bei Schöneberg.

3. Bartholomäuskirche, Neue Königstr. 25; mit dem Begräbnisplatze an der Landsberger Chaussee.

4. Bethlehems- oder Böhmische Kirche, an der Mauer- und Krausenstr. Ecke; Begräbnisplatz in der Pionierstr. und Hasenhaide. Grabmäler der Prediger Goßner und Jänicke.

5. Brüder- oder Herrenhuter Kirche, Wilhelmstr. 136; mit dem Begräbnisplatze in der Pionierstr. und Hasenhaide.

6. Christuskirche, Königgrätzerstr. 96. Begräbnisplatz, Bergmannstr.

7. Charitékirche, Unterbaumstr. 7. Begräbnisplatz in der Invalidenstr. und Müllerstr.

8. Dom, Schloss-Dom, Lustgarten. Alter Begräbnisplatz in der Elisabetstr; neuer in der Liesenstr., mit den Gräbern vom Musikdirector Neidhardt, Regierungsrat Ludwig Richter, Erfinder der Stenographie Wilhelm Stolze. Neuester Domkirchhof in der Müllerstr.

9. Dom, Deutscher Dom, oder Neuekirche, am Schillerplatze. Begräbnisplätze in der Pionierstr. mit den Gräbern von den Schauspielern Blume, Fleck, Gern, Iffland; Schauspielerinnen: Friederike Unzelmann, Bethmann, Auguste Krelinger, Klara Stich, Luise Schröck. Ärzte: Cothenius, Mösen, Pätsch, Gräfe, Heim. Theologen: Marot, Deibel, Hossbach, Neander; Astronom Bode; Musiker Fasch und Kreisler; Kupferstecher Chodowiezki; Holzschneider Gubitz und Denzelmann; Dichter Stägemann; Naturforscher Pallas; Romanschreiber Heun, genannt Clauren; Hofrätin Henriette Herz; Schriftsteller Theodor Mügge.

10. Dom, Französischer Dom, am Schillerplatze. Begräbnisplatz der französischen Gemeinde, in der Chausseestr. und Liesenstr. Hier die Gräber des Ministers Aecillon, des Schauspielers Ludwig Devrient, der Schauspielerin Lombard, der Philosophen Guhl und Jordan, Malerin Luise Henry und des Kunstfreundes Ravené; in der Liesenstraße ruht der Dichter Angely.

11. Domstiftkirche, Oranienburgerstr. 76.

12. Diakonissenkirche, in Bethanien, Mariannenplatz.

13. Dorotheenkirche, Mittelstraße 28. Auf dem Begräbnisplatz in der Chausseestraße ruhen Chemiker Akkun, Klaprot; Anatom Schlemm, die Ärzte Hermbstädt, Hufeland; Maschinenbauer Borsig, General Hahn, Literat Franz Horn, Juristen Gans, Eduard Hitzig, Klenze; Philosophen Hegel, Fichte, Förster, Gabler, Johannes Schulz, Baumeister Cantian, Philologen Böckh und Buttmann; Dichter Langbein, Dichterin Amalie Imhof, geb. Helwig; Bildhauer Schadow, Stüler und Schievelbein; Musikdirektor Rungenhagen; Geheimrat Nikolovius und seine Frau Luise, eine Tochter der Cornelie Schlosser, der Schwester Göthes. Die Gegend um Fichtes Grab heißt der Gelehrtenwinkel. Auf dem Begräbnisplatze in der Liesenstr. ruhen der Turner Eiselen, der Kapellmeister Nikolai.

14. Dreifaltigkeitskirche, Mauer- und Mohrenstr. Ecke. Begräbnisplatz in der Pionierstr. Hier ruhen der Componist Felix Mendelssohn Bartholdy und seine Schwester Fanny mit ihrem Gatten, dem Maler Wilhelm Hensel; der Schriftsteller Varnhagen von Ense und seine Gattin Rahel Levin, nebst ihrer treuen Dienerin Dora Neuendorf; die Theologen Hecker und Silberschlag, die Schauspieler Lemm und Beschort, der Arzt Ernst Horn, Dichter Raupach, Gymnasialdirector Spilleke, Gesanglehrer Thiessen. In der Bergmannstraße ruhen: die Theologen Gustav Benecke, Marheinicke, Schleiermacher; die Pädagogen Eduard Benecke, Plamann; Minister Altenstein, Philosophen Lachmann, Steffens; die Dichter Kopisch und Tieck; die Schauspielerin Amalie Wolf; die Maler Blechen und Kolbe; der Jurist Friccius, welcher das Grimmasche Thor in Leipzig erstürmte, Arzt Steinrück, Buchhändler Reimer, Charlotte von Kalb, die Freundin Schillers; die Fürstin von Osten Sacken; die Familien Fleischinger und Oppenfeld.

15. Elisabetkirche, Invalidenstr. 3. Begräbnisplatz in der Ackerstr.

16. Elisabetkapelle, Lützowstr. 24.

17. Französischekirche, Klosterstr. 44. Begräbnisplatz in der Liesenstr.

18. Golgathakapelle, Borsigstr. 9. Begräbnisplatz in der Ackerstr. und Gartenstraße, dem alten Sophienkirchhofe.

19. Garnisonkirche, Neue Friedrichstr. 45. Begräbnissplatz in der Linienstr. Hier liegen begraben der Dichter de la Motte Fouqué, der Freischaarenführer Adolf von Lützow, der Feldmarschall Kleist von Nollendorf, die Generäle v. Borstell und v. Brauchitsch. Hierher gehört auch der Bepräbnissplatz bei der Hasenhaide, auf dem die Krieger ruhen, welche an den in den Schlachten bei Großbeeren und Dennewitz erhaltenen Wunden in den hiesigen Lazareten gestorben sind.

20. Gertrauden- oder Spittelkirche am Spittelmarkt. Begräbnissplatz in der Bergmannstr.

21. Georgenkirche, auf dem Georgenkirchplatz. Begräbnißplatz Greifswalderstr. und Landsberger Chaussee. Auf ersterem ruhen der Geograph Zeune und der Jugendschriftsteller Theodor Dielitz. Zwischen beiden Georgenkirchhöfen, auf der höchsten Fläche des Friedrichshaines am städtischen Krankenhause befinden sich die Gräber der Barrikadenmänner und anderer Gefallenen vom 18. März 1848.

22. Heilgegeistkirche, Spandauerstr. 2.

23. Hedwigskirche, am Opernplatz. Begräbnissplatz der katholische Kirchhof in der Chausseestr. und Liesenstr.; auf dem ersteren ruhen die Schauspielerin Luise von Holtei und der Thiermaler Franz Krüger, scherzweise der Pferdekrüger genannt. Auf dem Liesenkirchhofe befinden sich die Gräber vom Maler Josef Begas und Peter Cornelius; Sängerin Lenore Ahna und Anna Milder; Physiologe Johannes Müller, Jurist Waldeck und Josef Kroll, dem Begründer der Wintergärten. Der neueste Begräbnissplatz der katholischen Gemeinde liegt an der Britzer Chaussee, auf den Rollbergen.

24. Invalidenkirchen, für Protestanten und Katholiken, die letztere heißt auch Sebastianskirche, Invaliden- und Scharnhorststr. Ecke. Begräbnissplatz in der Scharnhorststr. Hier ruhen viele tapfre Männer; sie liegen friedlich Hand in Hand, zerschossen und zerschunden! o Deutschland, großes Vaterland, komm her, sieh' ihre Wunden. Feldmarschall v. Boyen, die Generäle v. Gagern, v. Reyher, v. Rauch, v. Witzleben, v. Wolzogen, Hiller von Gärtringen, Tauentzien von Wittenberg, Winterfeld, der bei Mois fiel, Raven, der bei Düppel fiel; Selasinski, der Ordensmeister der großen Landesloge; Scharnhorst, der bei Großgörschen tödtlich verwundet wurde; Friedrich Friesen, Lützows Adjudant, der im Ardennenwalde fiel; der österreichische Oberst Illeschütz, der bei Översee fiel; auch der 19jährige Sohn des Prinz-Admirals Adalbert, Friedrich von Barnim, der auf der Reise in Abyssinien starb. Im benachbarten Invalidenpark haben diejenigen Krieger eine Ruhestätte gefunden, die in den Kämpfen von 1848 und 1849 ihr Leben verloren; über ihren Gräbern erhebt sich die Invalidensäule mit dem Adler.

25. Jakobikirche, Oranienstr. 133. Begräbnissplatz am Rollkruge. Hier ruht der Philosoph Erhard und der Bautechniker Ferdinand Friese, der Besitzer der Feilnerschen Ofenfabrik und genialer Künstler.

26. Jerusalemskirche, Jerusalemer- und Kochstr. Ecke. Begräbnissplatz in der Pionierstr., Bellealliancestr. und Bergmannstr. Auf den ersteren finden wir die Gräber der Naturforscher Link und Lichtenstein, der Präsidenten Lette und Taddel, der Reisenden Barth und Schomburg, der Gelehrten Theodor Hoffmann und v. Chamisso, des Klavierspielers Berger, des Schauspielers Hendrichs, des Bürgerfreundes Hollmann.

27. Johanniskirche, des Täufers, in Moabit. Begräbnissplatz in der Seestr.

28. Johanniskirche, des Evangelisten, Auguststr. 90.

29. Judentempel oder Synagoge, der alte, Heidereitergasse 5, der neue, Oranienburgerstr. 30, der Reformer, Johannisstr. 11. Begräbnissplatz in der Schönhauser Allee. Hier ruhen Baruch Auerbach, der Gründer des Waisenhauses; die Familie Beer

Philosoph Ben David, die Rabbiner Holdheim und Sachse, die Fabrikanten Herrmann Gerson und Leonor Reichenheim, der Bankier Josef Mendelssohn, der Mathematiker Meier Hirsch, Consistorialpräsident Jakobsohn, Buchhändler Moritz Veit, Componist Jakob Meierbeer, Stadtrat David Friedländer und die Wohlthäterin Sara Lewy.

30. Kreuzkirche, am Johannistisch. Begräbnisplatz, Britzer Chaussee.

31. Klosterkirche, Klosterstr. 73. Begräbnisplatz, Prenzlauerstr.

32. Lukaskirche, Bernburgerstr. 4. Begräbnisplatz, Großgörschenstr.

33. Lutherische Kirche, Annenstr. 52. Begräbnisplatz, Britzer Chaussee; eine Filiale dieser Kirche ist die Jesuskapelle, Alexandrinenstr. 11.

34. Luisenkirche, Alte Jakobstr. 55. Begräbnisplatz, Bergmannstr. mit den Gräbern vom Historiker Klöden, Großmeister der Loge Royal York, Maler Klüber, Dichter Karl Müchler, Schulrat August Schulze.

35. Matthäikirche, Matthäikirchstr. im Thiergarten. Begräbnisplatz Großgörschenstraße; derselbe umschließt die Ruhestätten der Minister Bornemann, Hansemann, Eichhorn, der Brüder und Sprachforscher Wilhelm und Jakob Grimm, der Professoren Bopp, Rosenstiel, Yrem, Regierungsrat Kortüm, Buchhändler Decker, Kunstforscher Kugler, Naturforscher Karsten und Mitscherlich, Präsidenten Rönne und Wentzel, Pädagoge Diesterweg, Ärzte Kaspar, Strahl, Philosoph Krause, Bildhauer Kiß, Jurist Stahl, Musiker Marx, Schriftsteller Theodor Mundt, Alterthumsforscher Panofka, Landschaftsmaler Schirmer, Zeitungsbesitzer Karl Spener, Schriftstellerin Aline v. Schlichtegrull.

36. Matthiaskirche, Potsdamerstr. 37. Begräbnisplatz, Britzer Chaussee; katholischer Kirchhof.

37. Marienkirche, am Neuen Markte; Begräbnisplatz, Prenzlauerstr.

38. Markuskirche, Weberstr. 55. Begräbnisplatz, Greifswalderstr. und Landsberger Chaussee.

39. Michaeliskirche, Michaelskirchplatz. Begräbnisplatz, Britzer Chaussee; katholischer Kirchhof. Hierher gehört die Piuskapelle in der Pallisadenstr.

40. Nikolaikirche, Poststr 23. Begräbnisplatz, Prenzlauerstr. Die Begräbnisplätze der Nikolai-, Marien- und Klostergemeinde befinden sich vereint am Ende der Prenzlauerstr.; man bezeichnete sie ehemals ins Gesammt als den Wach'schen Kirchhof und trug die Todten zum Vater Wach, so hieß ein beliebter und bekannter Arzt unserer Stadt; das Gebiet des Vater Wach ist zu klein geworden und ein neuer Begräbnisplatz ist entstanden auf dem Kirchhofberge, dem Windmühlenberge gegenüber. Auf den Wach'schen Kirchhöfen ruhen: die Theologen Jonas, die Philologen Bellermann, Gedicke und Köpke, die Brüder Wilhelm und Eduard Knoblauch, der Philosoph und der Architect; der Arzt Wache, der Chemiker Heinrich Rose, der Maler Bernhard Rode, der Schulrat Otto Schulz, Fabrikant Eduard Goldschmidt, der Freiherr von Eckardstein, der bei Düppel fiel, der Polizeipräsident von Hinkeldey, dem Berlin so viele gemeinnützige Einrichtungen verdankt; der Waisenhausstifter Wadzeck; der Geograph Ritter.

41. Nazarethkirche, Müllerstr. 27. Begräbnisplatz, Gerichtsstr.

42. Parochialkirche, Klosterstr. 67. Begräbnisplatz, Landsberger Communication; und Boxhagen.

43. Paulskirche, Badstr. 81 auf dem Gesundbrunnen. Begräbnisplatz, Gerichtsstraße.

44. Petrikirche, Petriplatz. Begräbnisplatz, Landsberger Communication; hier das Grab des Literaten Ludwig Rellstab und des Kunstfreundes Wilhelm Wagner, des Gründers der Nationalgalerie.

45. Philippuskirche, Philippstr. 11. Begräbnisplatz, Müllerstr.

46. Sophienkirche, Sophienstr. 3. Begräbnissplatz, Gartenstr. und Ackerstr.; mit den Gräbern des Componisten Lortzing, des Dichters Heinrich Stieglitz und seiner Frau Charlotte, die sich tödtete um ihren Gatten anzuspornen. Der neue Sophien Kirchhof befindet sich am Eschengraben der Prinzenallee bei Pankow und Gesundbrunnen.

47. Stephanskapelle, Fliederstr. 15. Begräbnissplatz, Landsberger Chaussee.

48. Simeonskirche, Wasserthorstr. 21. Begräbnissplatz, Britzer Chaussee.

49. Thomaskirche, Mariannenplatz. Begräbnissplatz, Britzer Chaussee.

50. Ursulinerkapelle, Lindenstr. 48.

51. Waisenhauskirche, Stralauerstr. 58.

52. Werdersche Kirche, am Werderschen Markte. Begräbnissplatz, Chausseestr. und Bergmannstr. In der Chausseestr. befinden sich die Gräber des Kulturisten Beuth, der Bildhauer Rauch und Schinkel; in der Nachbarschaft anderer Künstlergräber auf dem Dorotheenkirchhofe; deshalb heißt diese Gegend der Künstlerwinkel. In der Bergmannstraße ruhen der Arzt Dieffenbach, Baumeister Kolscher, Theologe Spieker, Malerin Wilhelmine Wach, Schauspielerin Adolfine Neumann, Schriftstellerin Henriette Paalzow.

53. Wallonenkirche, Kommandantenstr. 5. Begräbnissplatz, Liesenstr.

54. Zionskirche, Zionskirchstr. Begräbnissplatz, Ackerstr.

55. Zionskapelle, Schönhauser Allee 142.

56. Die Begräbnissplätze der Dissedenten, d. h. abweichender Glaubensgenossen, befinden sich in der Pappel Allee, bei Bremerhöhe. Baptisten Gemeinde, Schmidtstr. 17. Irvingianer Gemeinde, Stallschreiberstr. 8. Mothodisten Gemeinde, Junkerstr 6. Freie Gemeinde, Rosenthalerstr. 38.

XVI. Gebäude.

Bei der Betrachtung der Denkmäler und Kunstwerke unserer Stadt ist es unmöglich die hervorragenden Bauwerke zu umgehen und gelegentlich das Wohngebäude und seine Theile kennen zu lernen. Nahrung, Kleidung und Wohnung sind unsere wichtigsten Bedürfnisse; unten ihnen ist die Wohnung von der größten Bedeutung, denn sie wirkt am meisten fürs praktische Leben und der gebildete Mensch stellt an die Wohnung die meisten Anforderungen. Nicht blos Lage und Größe, Bequemlichkeit und Dauerhaftigkeit, sondern auch Stoff und Form werden beim Bau eines Hauses in Betracht gezogen, und unter den technischen Künsten, die sich mit der Verschönerung notwendiger Dinge beschäftigen, hat die Baukunst den höchsten Grad von Vollkommenheit erreicht. Die einfache Verbindung rohbehauener Hölzer und Steine war das erste Werk der Hand, oder der Anfang des Bauhandwerkes, das sich fort und fort entwickelte bis zur kunstvollen Zusammenfügung sorgfältig gearbeiteter Theile zu einem schöngeformten Ganzen. Wenn das Auge nichts findet, was überflüssig, nichts vermisst, was notwendig ist; wenn sich Ebenmaß und Uebereinstimmung in allen Theilen wahrnehmen lassen, dann erregt das Gebäude unser Wohlgefallen und ist schön zu nennen. Das Geheimnis der schönen Verhältnisse besteht nicht in Zahlen, sondern in der richtigen Wahl einander entsprechender Formen. Fischerhütten und Pfahlbauten, Hirtenzelte und Blockwohnungen, Lehmhäuser und Steingebäude, Paläste und Tempel bezeichnen in ihrer Reihenfolge eben so viele Bildungsstufen, und wenn die Geschichte keine Schriftstücke über ein Volk aufzuweisen hat, so geben uns die baulichen Überreste Fingerzeige von der Bildung und Befähigung derjenigen, die solche Bauwerke ins Leben riefen. Die baulichen Anlagen haben je nach den Himmelsstrichen, nach der Bodenbeschaffenheit und Geistesbildung viele Veränderungen erfahren; aber die einmal beliebte Bauart wurde in der Regel festgehalten, wiederholt und so lange behauptet, bis eine andere Darstellungsweise größeren Beifall fand. Wir nennen die geordnete Zusammenstellung bestimmter Bauformen, in denen sich die Geschmacksrichtung eines Volkes zu erkennen giebt, den Baustil. Bei jedem Volke, welches in der Bildung fortschreitet, ändern sich die Bedürfnisse und die mit der Befriedigung derselben beschäftigten Personen gewinnen mehr und mehr an Geschicklichkeit und Sachverständnis; aus Handwerkern werden Künstler; aus Maurern und Zimmerern werden Baumeister; und wenn der Baumeister dem Werke einfacher Handfertigkeit das Gepräge seines Geistes aufdrückt und im Gebäude seine Idee zur Anschauung bringt, dann ist er ein Baukünstler oder ein Architect. Die Architectur ist eine Kunst, welche alles begreift, was zur Sicherung, Bequemlichkeit und Verschönerung des Lebens gehört; sie ist eine sinnbildliche Kunst, weil sie durch Stoff und Form, Maß und Zahl zum Nachdenken und Vergleichen auffordert; sie ist eine erhabene Kunst, weil sie durch Mächtigkeit und Schönheit das Gemüt ergreift und vorzüglich im Tempelbau sich übte und vervollkommnete; sie ist eine monumentale Kunst, weil sie alles Kleinliche und Unhaltbare von sich entfernt hält und der Nachwelt die vergangenen Zeiten vor die Augen führt; sie ist die steinerne Sprache der gebildeten Menschheit.

Wer in einem Dorfe, oder in einer kleinen Stadt, also auf dem Lande lebt, den beschäftigen täglich die wechselnden Bilder der Natur; wer aber in einer großen Stadt lebt, dessen Blicke schweifen täglich durch lange Häuserreihen über Gebäude und Denkmäler, und ihn beschäftigen beständig die wechselnden Bilder der Kunst; zum Verständnis dessen, was uns umgiebt, ist es notwendig die Heimatskunde von Berlin, um das vorliegende Kapitel zu erweitern. Wir wollen zunächst das Haus und seine Theile kennen lernen, darauf die verschiedenen Säulen betrachten, dann kurze Zeit bei der Geschichte der Baukunst verweilen und uns endlich mit den Bauwerken unserer Stadt und den Namen der Baumeister bekannt machen

A. Das Wohnhaus.

Bei dem Häuserbau in großen Städten fassen Bauunternehmer und Baumeister andere Gesichtspunkte ins Auge, als bei Bauten in kleinen Städten oder auf dem Lande, denn fast jedes Haus vertritt die Stelle eines verzinslichen Kapitals und ist der Inbegriff mehrerer abgesonderten, mit allen Bequemlichkeiten versehenen Familienwohnungen. Die Baumeister haben beim Häuserbau äußerlich auch die Farbe und Form zu berücksichtigen, um der ermüdenden Einförmigkeit in den langen und breiten Straßen vorzubeugen. Unsere Häuser werden meist von Back- oder Ziegelsteinen, seltner von Feld- und Bruchsteinen aufgeführt; den Hofraum umschließen oft Seiten- und Hintergebäude. Den Grund des Hauses bildet ein steinernes Fundament, den Umfang geben die darauf gesetzten Mauern an; die stärkern, etwas vorstehenden Untermauern bilden den Sockel oder Mauerfuß. Die Raumvertheilung bestimmen die Wände, den Schutz darüber gewährt das Dach, dessen Seiten mehr oder weniger geneigt, nach oben in eine Kante auslaufen, welche der First heißt. Das Mauerwerk des Grundbaues ist das Kellergeschoß, darauf steht das Erdgeschoß, über diesem erhebt sich das Haupt- oder Schöngeschoß, dann folgt das Mittel- oder Nachgeschoß, endlich das Ober- und Dachgeschoß. In vielen Häusern befindet sich zwischen diesen Geschossen oder Stockwerken noch ein Raum von geringerer Höhe, das sogenannte Halb- oder Zwischengeschoß.

In Berlin sind für Stockwerke oder Geschosse meist französische Namen gebräuchlich wie Souterrain, Parterre, Belletage, zweite und dritte Etage und Entresol; doch pflegt man auch die Wohnung näher zu bestimmen durch die Bezeichnung: Kellerwohnung, Gleichererde, ein, zwei, drei Treppen, Dachwohnung. Die von uns bewohnten Räume heißen Stuben, nach den Stowen oder Stäben, welche ehemals die Wandung stützten; sie heißen auch Zimmer oder Zimbar nach dem Holzgefüge, welches den bewohnten Raum umschloß. Die Stuben sind nach der Lage: Vorder-, Hinter-, Ober-, Unter-, Mittel- und Eckstuben; nach Umfang und Form: Große, Kleine, Hohe, Lange, Schiefe, Runde Stuben; nach der Bestimmung: Wohn- Schlaf- Kinder- Gast- Putz- Eß- Spiel- Studirstuben.

Räumlichkeiten ohne Ofen heißen Kammern; ungewöhnlich große und hohe Stuben werden Saal genannt, eine Bezeichnung, die auch den Palasthöfen der indischen Fürsten zu Theil wird; einen kleinen Saal nennen die Franzosen Salon. Der Alkoven ist ein kleines Schlafzimmer und bezeichnet ursprünglich bei den Arabern das Zeltgemach, al Kubbe. Ein Nebenzimmer wird Kabinet genannt; ursprünglich verstand man darunter eine kleine Kabane oder Bretterbude; der Begriff hat sich nach und nach veredelt, jetzt versteht man unter Kabinet auch ein fürstliches Arbeitszimmer. Die Platte der Schreibtische in Amtszimmern überzog man der weichen Unterlage wegen mit Büre oder grobem Tuche, und so entstand für diese Schreibstuben der Name Büreau. Das Geschäftszimmer der Kaufleute heißt Comtoir oder Rechnungsstube; eine Werkstätte wird jetzt gewöhnlich Atelier genannt, obgleich sich das französische Wort auf eine Geschirrkammer bezieht; ein kleiner Verschlag führt den holländischen Namen Kabuse; ein Geheimgemach oder Sperrkämmerchen den englischen Namen Kloset; im Garderobenzimmer werden Kleider aufbewahrt, in einer Rumpel- oder Polterkammer aber alte Geräte.

Die Wände der meisten Stuben sind mit Tapeten oder gemustertem Papiere beklebt, die Dielen sind geölt, auch gebohnt d. h. gebahnt oder mit Wachs bestrichen, um das Stubenwaschen zu vermeiden. In vielen Wohnungen ist der Fußboden mit Teppichen belegt. Teppiche und Tapeten stammen aus Persien, wo schon in alter Zeit Tabes oder Zimmerbekleidungen gebräuchlich waren.

Durch die Fenstern kommt Licht und Luft in die Wohnung; Öfen, Kamine und Maschinen erwärmen die Räume und durch den ganzen Bau ziehen sich Röhren, welche Gas und Wasser in alle Stockwerke leiten. Die verschiedenen Stockwerke sind durch Treppen, die Zimmer durch Thüren und Gänge, die Wohnungen durch Flure, Laufgänge oder Corridore mit einander verbunden; die Absätze der Treppen heißen Podeste; der Sicherheit wegen sind die Treppen mit einem Geländer versehen, der Feuergefährlichkeit wegen werden die meisten Treppenbauten in Stein ausgeführt. An verschiedenen Stellen der Mauer innerhalb und außerhalb des Hauses werden zuweilen halbrunde Vertiefungen angelegt, die sich nach oben kuppelförmig schließen, wir nennen sie Nestungen oder Nischen, nach einem italienischen Worte, welches eine Muschel bezeichnet; die Nischen dienen zur gedeckten Aufstellung von Vasen, Öfen oder Figuren; an Mauern und Façaden vertreten sie die Stelle von Fenstern, um die Einförmigkeit einer langen Wandfläche zu beseitigen. In ähnlicher Absicht werden Blenden oder blinde Wände angelegt; dies sind vermauerte oder angedeutete Fenster und Thüren. Nischen und Blenden sind bei uns häufig wahrzunehmen. In den Nischen des Opernhauses zu beiden Seiten des Peristils oder Säulenvorbaues stehen die

Standbilder griechischer Dichter; auch am Dom machen sich die großen Engelnischen bemerkbar.

Der vom Keller zum Söller aufsteigende gemauerte Kanal, welcher von Kaminen, Öfen und Küchen den Rauch ins Freie leitet, heißt Schlot, Schlauch oder Rauchfang; die steinerne Heerdplatte, auf welcher das Feuer brennt und geschürt wird, heißt der Schür oder Schorstein; dieser Name ist als Schornstein auch auf den Rauchkanal übergegangen; derselbe soll sich gesetzlich mindestens einen Fuß hoch über den First des Daches erheben. Der trichterförmige Raum über dem Feuerheerde, dessen Decke der Mantel genannt wird, heißt wegen der Ansammlung der heißen Luft „die Hitze" oder die Hisse, :welche Bezeichnung landschaftlich als Esse für den ganzen Rauchfang gebräuchlich ist; mit dem Schornstein stehen die Rauchkammern in Verbindung. Ein Dach mit zwei schräg liegenden Seitenflächen heißt ein Satteldach; zuweilen erscheint es in zwei Absätzen als gebrochenes, oder nach seinem Erfinder als Mansardendach, wie wir beispielsweise ein solches auf dem Radziwilschen Palais, Wilhelmstr. 77 bemerken, ein nach allen Seiten abhängiges Dach heißt Zeltdach. Die aufrechtstehenden Seitenwände des Daches sind die Giebel. Des besseren Abschlusses wegen erhält derselbe einen geformten Rand, das Gesims, welches wiederum häufig mit Stuckarbeiten oder Gipsmörtelverzierungen versehen ist. Verzierte Giebel bringt man auch als Verdachung über Fenstern und Thüren an.

Nach alter Bauart war die Giebelseite, als Hauptseite immer der Straße zugekehrt; die Form des Giebels ist dreieckig. In unseren Gegenden sind der wechselnden Witterung wegen die Hochdächer gebräuchlich; der heitere Himmel der südlichen Gegenden gestattet die orientalischen Flachdächer, die auch bei uns in Anwendung gekommen. Der Raum über dem Flachdache heißt der Söller oder der Sonnenraum, der Raum unter dem Hochdache heißt der Boden; die Öffnungen im Dache heißen Luken oder Lücken in der Bedachung, die mit einem Schieber verschlossen werden können. Der große Dachboden wird häufig als Wäschboden bezeichnet, wegen seiner Benutzung zum Trocknen der reinen Wäsche; zur Aubfbewahrung der schmutzigen Wäsche dient der Hängeboden, ein Zwischengeschoß oder niedriger Raum, der sich fast in jeder Wohnung über einer Kammer befindet. Das vom Dache ablaufende Schnee- und Regenwasser wird in blechernen Dachrinnen abgeleitet und der Gosse zugeführt, in manchen Haushaltungen aber als beliebtes weiches Wasser für die Wäsche in großen Gefäßen angesammelt. Der Raum am Hause, welcher durch das vom Dache herabtriefende Wasser begrenzt wird, heißt die Traufe.

Auf der Giebelspitze oder dem Dachfirste bemerken wir zuweilen ein leichtbewegliches fahnenartiges Blechblatt, das sich um eine Spindel dreht und dem Winde zum Spiele dient; es ist dies die Wind- oder Wetterfahne; „der Wind macht das Wetter“, pflegt der Bauer zu sagen und giebt deshalb seinem Hause eine Wetterfahne. Gewöhnlich erhält das Fahnenblech die Gestalt eines Hahnes; dieses Thier war von jeher ein beliebtes Bild der Wachsamkeit und sein Krähen hält man für voraus-deutend oder prophezeihend. Die Spitze des Matthäikirchthurmes trägt einen Wetterhahn.

Außer dem beregten Dachschmucke sind viele Häuser noch mit Blitzableitern versehen; diese von dem Amerikaner Benjamin Franklin 1750 erfundene Sicherheitsvorrichtung bei Gewittern erhielt Berlin 1777 zuerst auf dem Dache des Modellhauses, Köpnickerstr. 11. Die Giebel, als die freien Enden des Gebäudes, erhalten zuweilen noch An- und Aufsätze oder Akroterien, die mit Stirnziegeln, Palmetten, Anthemien, Thürmchen und anderen Ausschmückungen versehen werden.

An manchen Gebäuden bemerken wir einen mehr oder weniger offenen Vorbau, um die freie Luft zu genießen, oder eine freiere Aussicht über die Straße zu gewinnen; dieser Vorbau ist gewöhnlich in den oberen Stockwerken angelegt und gestattet einen unmittelbaren Austritt ins Freie; wenn ein solcher Vorbau auf den aus der Mauer hervorragenden Balkenköpfen ruht, so heißt er Balkenvortritt oder Balkon; die Balkenköpfe, welche die Unterlage bilden, vertreten die Stelle der Kragsteine oder Konsolen. Ruht der Balkon auf Pfeilern oder Säulen, so heißt er Hochvortritt oder Altan. Zum Schutz gegen die Sonnenstrahlen spannt man Baldachine und Markisen aus; die ersten sind leichte schöne Himmeldächer, wie sie in Bagdad gebräuchlich waren, daher ehemals Bagdachine; die letztern sind leinene Fallschirme, wie sie an den Fenstern eines Marquis in Paris zuerst angebracht wurden. Balkone und Altane sind von festen oder durchbrochenen Brustlehnen oder Brüstungen umgeben; die kurzen, dicken verschieden geformten Säulen dieser Geländer heißen Dokken; die Verzierungen desselben wurden in südlichen Gegenden der Granatblüte oder Balustra entlehnt, daher der Name Baluster oder Balustrade; auch flache Dächer werden mit solchen Brüstungen versehen. Die frühern steinernen und hölzernen Dokkengeländer werden jetzt oft durch eiserne ersetzt. Balkone, welche eine feste Decke und ringsum Fensterverschluss haben, heißen Erker oder Arkor, so nannte man den Vorbogenbau mit thurmähnlicher Bedachung, der aus dem Morgenlande stammt und durch die Normänner im Abendlande verbreitet wurde.

Eine eingerückte, vorn offene luftige Haushalle mit Wandgemälden geschmückt und von schlanken Säulen getragen, um die sich Rankengewächse winden, heißt **Veranda** oder spanische Sommerhalle. Alle die genannten Bauformen stammen aus südlichen Gegenden, wo sie des Klimas wegen zum Bedürfnis geworden sind.

Die Auffahrt zur Thür eines Hauses heißt die **Rampe**; führt aber eine Treppe zum Eingange, so wird der mit breiten Steinen belegte Freiplatz vor der Thür die Steinplatte oder der **Perron** genannt. Oft zeichnet sich der Eingang zum Kellerraum noch durch einen besonderen Vorbau aus; diesen den Verkehr sehr beeinträchtigenden Vorbau nennen wir den **Kellerhals**.

Der aufmerksame Beobachter bemerkt auf den Stufen und Schwellen am Eingange vieler Wohnungen befestigte **Hufeisen** und erhält, wenn er nach dem Grunde gefragt wird, die Antwort: „'s soll Glück bringen!" Über den Zusammenhang des Glückes mit dem Eisen belehren uns alte Göttergeschichten. Wode, der große Gott unserer heidnischen Vorfahren, war zugleich der Sonnengott; er hatte nur ein Auge, und dieses eine Auge war die Sonne. Alle mit der Sonne zusammenhängenden Naturerscheinungen wurden auf Wode bezogen, so auch die lange kalte Winterzeit, in welcher die Sonnenstrahlen so wenig Kraft haben; da meinte man, der gute Wode habe sich vor seinem Erbfeinde, dem Winterdrachen, zurückziehen und diesem eine Zeit lang die Weltherrschaft überlassen müssen. Endlich aber siegte Wode und kehrte zu den Menschen zurück und hielt als Frühlingsgott auf einem blendend weißen Rosse mit großem Gefolge seinen segnenden Umzug. Weil Wode väterlich für alle Menschen sorgte, so nannte man ihn Allvater und opferte ihm Pferde als die ihm geheiligten Thiere. Pferdeopfer gefielen Wode und erwarben seine Gunst, darum wurde der Kopf des geopferten Thieres am Dache, der Huf aber an der Schwelle befestigt, um das Haus unter Wodes besonderen Schutz zu stellen und alles Unglück von der Wohnung fern zu halten. Aus diesem Grunde erblicken wir noch heute an den Giebeln vieler Bauernhäuser geschnitzte Pferdeköpfe und auf Schwellen und Stufen befestigte Hufeisen. Dieser uralte Gebrauch hat sich beim Volke erhalten, ohne dass sich dasselbe heute noch seines Grundes bewusst ist.

Die Wände und Fußböden, Vorhöfe und Plätze zeigen oft allerlei Figuren, die aus kleinen Steinen und Stiften von verschiedener Farbe zusammengesetzt sind; man nennt eine solche Arbeit musivisch; sie ist uralt und stammt aus dem Orient. In Griechenland war der Fußboden eines Musentempels auf diese Weise geschmückt, und diese Zierde wurde nun als **musische** Arbeit überall verbreitet; bei den Deutschen ist dafür der Name musivisch, bei den Franzosen mosaïk gebräuchlich. Diese Stein- und Stiftmalerei ist um so schöner, je kleiner die Steinchen, Stiftchen, Glas- und Holztäfelchen sind; man setzt die bunten Stückchen passend zusammen, befestigt sie mit einem festen Kitt, dann sieht das entstandene Bild aus der Ferne wie gemalt aus. Gewöhnliche musivische Arbeit zu betrachten, haben wir in Berlin überall Gelegenheit; ein feines Mosaikbild ist das Brustbild des Apostels Petrus im Dome; der Papst Leo XII. schenkte es dem Könige Friedrich Wilhelm III.

Die durchschnittlich 20 Meter hohen Privathäuser wenden ihre meist 4 bis 6 Fenster breite Vorderseite der 20 Meter breiten Straße zu; vergleichsweise sei bemerkt, dass die Zettelsäulen 4 Meter hoch sind. Die Mauern der Häuser sind mit Kalk beworfen, abgeputzt und der Witterung wegen mit Ölfarbe bestrichen; viele Gebäude jedoch sind im Rohziegelbau ausgeführt, wie das Rathaus, die Münze und unsere Schule; diese Letztere ist 44 Meter lang, 38 Meter breit und 22 Meter hoch.

Jedes Grundstück in Berlin hat eine Nummer, da aber auf einem Grundstück zuweilen mehrere Häuser erbaut werden, so gesellt sich zur Nummer noch die Buchstabenunterscheidung z. B. Königgrätzerstraße Nr. 46a, 46b 46c, 46d. Ehemals hatte jedes Haus einen besonderen Namen wie Grüner Baum, Goldener Löwe, u. s. w. In einer Stadt mit so vielen tausend Häusern ist eine Wiederholung der Namen nicht zu vermeiden, und eine solche würde amtlich und gesellschaftlich zu Weitläufigkeiten und Irrthümern führen, deshalb empfiehlt sich die Verzifferung mit genauer Straßenangabe als einfacher und zweckmäßiger.

B. Die Säulenarten.

Nicht blos Kirchen, Paläste und öffentliche Gebäude, sondern auch die Häuser reicher Privatleute bieten viel architektonischen Schmuck und zeigen Baustile aller Art. Ein Spaziergang Unter den Linden, durch die Kaisergalerie durch die Wilhelm-, Bellevüe-, Lenné-, Thiergartenstraße durch die Neubauten am zoologischen Garten und bei der Alsenbrücke giebt reichen Stoff zur Anschauung, zu Vergleichungen und Belehrungen. Wer z. B. nach dem zoologischen Garten geht, nehme seinen Weg durch die Bellevüestr.; hier findet man eine Menge von architectonischen Gliederungen und eine Fülle des architectonischen Schmuckes.

Bei der Beurtheilung des Stiles hat man sich, abgesehen von der Säulenordnung, nach den Öffnungen der Gebäude zu richten, auf Fenster- und Thürenschluss und auf die Durchführung und Einfassung der Gesimse zu achten.

Der Pfeiler- und Säulenbau gehört bei uns zu den gewöhnlichsten Erscheinungen. Die Wichtigkeit der Stütze war eine der ersten Wahrnehmungen der Bauleute und der weiteren Ausbildung derselben verdankt die Säule ihre Entstehung. Pfähle und Baumstämme bildeten die ersten

Wand- und Dachstützen und damit der Pfahl nicht in die Erde einsinke, erhielt er eine Unterlage, aus der sich später der Säulenfuß entwickelte; die knorrige Spitze des Baumstammes mit den Ansätzen abgehauener Zweige bildete den Knauf, oder den Säulenknopf, und in den Rissen der Rinde finden wir die Andeutungen zur Riefelung oder Kannelirung des Schaftes. In den Säulen spricht sich das aufstrebende Pflanzenleben aus. Die Palmenhaine der südischen Natur gewähren, Schaft an Schaft mit üppiger Blätterkrone, das Bild einer luftigen Säulenhalle; die Buchenwälder der nordischen Natur, mit zugespitztem Laubdache über den glatten Stämmen gewähren den Anblick eines majestätischen Pfeilergewölbes. Wie dem Stamme die Zweige, so entspringen dem Stengel die Blätter, es folgen Blumen und Ranken; alles strebt nach oben und sucht die sich entgegenstellenden Hindernisse zu umgehen; das Drängen nach oben und der gefundene Widerstand zwingt sie zum Wechsel der Form, die je nach der Stärke des Widerstandes freier oder gedrückter erscheint; und dieses allmählige Aufsteigen der ruhenden wagerechten zur stehenden senkrechten Linie zeigt den Triumph der Stütze über die Last. In der Architectur oder Baukunst führte diese Erscheinung zur Bildung von Wellen, Wülsten, Polstern, Kehlungen und Bauchungen, welche geneigt oder gedrückt auf eine schwere, aufgerichtet oder voll auf eine leichte Last schließen lassen. Der italienische Baumeister Vignola (Winjola), welcher 1550 lebte, hat feste Regeln aufgestellt, nach welchen die Formen der alten oder antiken Baukunst zu beurtheilen sind. Die Säule wurde gleich bei ihrem Entstehen ein Gegenstand der Kunst; am vollkommensten hat sie sich bei den Griechen und Römern ausgebildet; die bei ihnen gefundenen fünf Säulenarten lassen sich auf drei Hauptformen, dorische, jonische und korinthische Säulen zurückführen. Mit geringer Mühe kann sich jeder die Eigenthümlichkeiten und Verschiedenheiten dieser drei Stile aneignen. Am Potsdamer Platze zeigen sich dorische Säulen beim Telegraphenhause; jonische, auf dem Treppenbau des Potsdamer Bahnhofes, korinthische über ihnen. Abgesehen von dem Zahlenverhältniss der Durchmesser sind Fuß und Kopf die unterscheidenden Merkmale der Säule. Dieselbe erhebt sich gewöhnlich auf einem Stufenbau, welcher zur Erhebung des Gebäudes dient. Jede Säule besteht aus drei Theilen, dem Fuße oder der Basis, dem Körper oder dem Schafte und dem Kopfe, Knaufe oder Kapitäl.

Der Säulenfuß steht entweder frei auf einer Steinschwelle, einer Steinbank, dem Stereobate; so heißt auch der treppenartige massive Unterbau. Über demselben befindet sich ein würfelförmiger Untersatz, der Säulenstuhl, Stilobat, Postament oder Piedestal. Der untere Theil des Fußes ist eine starke viereckige Steinplatte, die Unterlage oder die Plinthe;

auf dieser Unterlage ruht eine mehr oder weniger gedrückte Rundplatte oder Rundstab, Polster, Kissen, oder Pfühl auch Torus genannt.

Der Säulenschaft oder der eigentliche Stil war ursprünglich ein Monolith oder Vollstein, dann wurde er aus übereinandergelegten Scheiben, den sogenannten Trommelstücken zusammengesetzt; die Verdünnung des Schaftes nach seinen Enden heißt die Verjüngung; ihr entgegengesetzt ist die Schwellung. Die meisten Säulen sind in der Längenrichtung mit parallelen Furchen versehen, man nennt sie Rinnen, Riefeln, Flachkehlen oder Kanneluren; Säulen, welche nur an den Enden kannelirt, in der Mitte aber glatt sind, heißen Mantelsäulen; es giebt auch geschuppte und gewundene Säulen; der Baumeister Bernini hat mit solchen Wendelsäulen die Peterskirche in Rom geschmückt; auf dem Kirchhofe am Halleschen Platze befindet sich eine gut gearbeitete Wendelsäule. Der untere Theil des Schaftes beginnt mit dem Fußgesims; und endet mit dem Schlussgesims, darauf folgt der Säulenreif oder der Astragal, das ist ein dünnner Rundstab oder Knöchelring, zwischen diesem und dem Knauf ist der Säulenhals oder das Trachelium.

Der Säulenkopf oder das Kapitäl besteht aus mannigfaltigen Verzierungen von Eiern, Blättern, Blumen, Masken, Windungen, selbst Thierköpfe und Straußfedern sind angebracht worden, am meisten sind die Bärenklau- oder Akanthusblätter zur Anwendung gekommen. Über dem Knaufe, der entweder eine Wulst oder einen Laubkopf darstellt, liegt eine viereckige Steinplatte, der Abakus, auf dem das Balkenwerk ruht, dem die Säule zur Stütze dient.

Achten wir nun auf Fuß und Kopf der obenbenannten drei Säulenarten und halten die Merkmale fest, so werden wir mit Leichtigkeit jede Säule in eine der drei Ordnungen unterbringen:

Die dorische Säule, nach dem griechischen Volksstamm der Dorer genannt, ist kurz, stämmig und ohne Fuß; sie erhebt sich unmittelbar von der Steinbank, oder dem Stereobat; der Schaft setzt mit einem Fußgesims an, und endet verjüngt mit einem Schlussgesims oder Astragal; über diesem befindet sich als Polster der Eierstab oder Echinus, auf den wiederum die viereckige Steinplatte oder der Abakus drückt. Der Typus dieser Säule findet sich in ägyptischen Tempeln; welche von den Phöniziern nach Italien gebracht und von den Etruskern ausgebildet und verbreitet wurde. In Berlin bemerken wir dorische Säulen bei der Hauptwache und am Potsdamerplatz bei dem Telegraphenamte und dem Bahnhof.

Die jonische Säule erinnert an den Volksstamm der Jonier; an ihr bemerken wir einen Fuß, bestehend in eckiger Plinthe und rundem Pfühl; der Schaft ist länger als bei der dorischen Säule über dem Echinus oder Eierstabe liegt ein Polster, dessen Enden nach unten gerollt, die die angedeutete Windung, Schnecke oder Volute zeigen; dieser Rollenschmuck stammt aus Syrien, obgleich Schriftsteller behaupten, die Voluten seien eine Nachbildung der Haarflechten griechischer Mädchen. Über den Schnecken liegt die Deckplatte oder der Abakus. In Berlin sind die Muster zur jonischen Säulenordnung häufig, wie beispielsweise am Säulengange des Palais vom Prinzen Albrecht.

Die korinthische Säule ist von allen die zierlichste. Fuß und Schaft entsprechen der jonischen Form, nur ist der Schaft noch schlanker; das charakteristische Merkmal dieser Säule ist der Laubkopf, der Blätterknauf oder das Akanthenkapitäl. Der Baumeister Kallimachos aus Korinth erblickte auf einem Grabe einen alten Blumenkorb, den Bärenklaublätter umwucherten; die Blätter hatten sich in schönen Formen abwärts gebogen; nach diesem Typus oder Vorbilde arbeitete Kallimachos den Knauf einer Säule, und so entstand das korinthische Kapitäl. Es gleicht einer umgekehrten Glocke mit gebogenem Akanthusblättern und Schnecken. Die Deckplatte zeigt abgestumpfte Ecken und geschweifte Seiten mit Blumen in den Buchten. Die römische Säule unterscheidet sich von der korinthischen nur durch eine reichere Ausschmückung und durch ein höheres Fußgestell oder Stilobat. Die korinthische Säule ist bei uns sehr beliebt; in unserer Nähe finden wir solche zwischen den Fenstern des Schulsaales des königlichen Realiums in der Kochstraße, auch zeigt die obere Säulenreihe am Potsdamer Bahnhofe korinthische Kapitälen; ebenso das Peristil der Lukaskirche; die Säulen der Lukaskirche sind unkannelirt. Auf den Säulen ruht das Gebälk. Der Haupt- Lang- oder Bindebalken heißt der Architrav; er bildet die Oberschwelle, welche sich wie ein Rahmen über alle Säulen ausdehnt und dieselben verbindet. Auf dem Hauptbalken liegen die Köpfe der Querbalken; sie bilden mit den ausgefüllten Zwischenräumen den Fries. Um die unschönen Querbalkenköpfe dem Auge zu entziehen, bedeckte man sie mit einem geschmackvollen Kräuselwerk oder Fries; dieser Name hat sich später auf die ganze Balkenfüllung über dem Architrav verbreitet.

Der jonische Fries ist glatt, der korinthische zeigt Verzierungen oder Darstellungen aus der Göttergeschichte, am dorischen wechseln Dreischlitzen oder Triglyphen mit Zwischenfeldern, Stirnbändern oder Metopen; die Letzteren sind oft mit Figuren geschmückt. Die Dreischlitze sind Nachahmungen der Balkenköpfe. Ueber dem Fries zeigt sich das Gesims; es gehört zu den zusammengesetzten Baugliedern und besteht aus verschiedenen Platten, deren Ränder oder Kragungen einander überragen und dem Bau einen gefälligen Abschluss geben. Zu den Hauptgesimsen gehören die Verdachungs-, Kranz-, Gurt- und Brustgesimse; zu den Sockel-

1. Der Karnieß.
2. Die Modillons.
3. Die Kronplatte.
4. Der Zahnschnitt.
5. Die Welle.
6. Der Fries. Mit Dreischlitzen und Stirnfeldern.
7. Die Tropfen.
8. Der Architrav.
9. Der Abakus.
10. Der Eierstab.
11. Der Säulenhals.
12. Der Astragal.
13. Das Schlußgesims.

a. Dorisches Kapitäl.

14. Der Säulenschaft mit Kanneluren.

b. Korinthisches Kapitäl.

c. Jonisches Kapitäl.

15. Das Fußgesims.
16. Das kleine Polster.
17. Die Kehlleiste.
18. Das große Polster.
19. Die Plinthe.
20. Das Kyma.
21. Der Säulenstuhl.
22. Die Glockenleiste.
23. Die Sockelplatte.
24. Die Schwelle.

gesimsen gehören die Fußgesimse; zu den Fassungsgesimsen gehören die Einfassungen und Umrahmungen. Die Kragungen zeigen sich eckig als Platten, wie die Auflage und Unterlage; ist die Platte gebaucht oder konvex, so heißt sie Rundstab, Pfühl, Kissen, Polster oder Torus; ist sie gekehlt oder konkav, so heißt sie Hohlkehle. Der in wagrechter Richtung durchschnittene Rundstab führt zur Form eines Viertelstabes, weil der Begrenzungsbogen den vierten Theil eines Kreises oder einen Quadranten abgiebt; eine solche Form heißt Wulst. Zeigt sich die Verkragung gleichzeitig gebaucht und gekehlt d. h. mit Ausquellung und Einbiegung, so entsteht die Welle; diese ist steigend, wenn der obere Theil über den untern vorragt, Kranzleiste; oder fallend, wenn der untere Theil unter dem obern hervortritt, Glockenleiste; die steigende Welle, mit welcher ein Gesims nach oben abschießt, heißt Kranz- oder Kerngesims. Die unter dem Kranzgesims liegende Hauptplatte heißt auch Oberplatte. Zwischen den angegebenen Structurtheilen sind noch kleinere zu merken, welche trennend zwischen jene gelegt werden, wie Plättchen, Stäbchen, Reifen und Ringe; dahin gehört der Säulenreif oder Knöchelring, Astragal am Säulenhalse, welcher oft durch einen Perlenstab ersetzt ist. Zu den kleineren Ausschmückungen gehören die geschnitzten Sparrenköpfe und Kragsteine unter dem Kranzgesims, die Zahnschnitte unter der Hauptplatte, und die Tropfen oder Nagelköpfe unter den Dreischlitzen.

Der Baukünstler bedient sich für diese Structurtheile fremder Namen. Der Torus, Polster; der Echinus, Wulst, Eierstab; das Kymation auch die Kyma, Welle; die Sima, das Sigma wegen der dem Buchstaben Σ entlehnten Form, Glockenleiste. Der Astragal, Säulenreif; die Modilions oder Konsolen, Sparrenköpfe; die Dentilen, Zahnschnitte; die Gutten, Tropfen, der Karnieß oder Hornleiste, Triglyphen, Dreischlitze; Metopen, Stirnflächen; Trochilus, Hohlkehle; Trachelium, Säulenhals; Stilobat, Säulenstuhl; Stereobat, Stufung, Schwelle.

Über der Gesimsplatte erhebt sich der dreieckige Giebel, der wiederum von einem Kranzgesims eingerahmt ist; das Giebelfeld ist mit allerlei historischen oder allegorischen Figuren geschmückt; meist sind es Relief- oder Hochbilder, wie sie in den Giebelfeldern oder Frontespicen am Unterbau der Thürme des Schillerplatzes gesehen werden. Das einfache dorische Gesims an Dach, Fenster und Thür zeigt Wellen oder Kimatien, das jonische Gesims Rollen oder Voluten, das korinthische aber Sparrenschmuck oder Modilions.

Von den runden Säulen sind die kantigen Pfeiler zu unterscheiden; freistehende, vierkantige Pfeiler heißen Pilaren, die in der Wand stehenden Pilaster, Wandpfeiler. Die Eckpfeiler der Wand nennt der Architect Anten oder Stirnpfeiler. Thürpfeiler sind Pfosten, kurze Stützpfeiler werden Stilobaten genannt; Bündelpfeiler gewähren, wie Bildsäulen, den Anblick mehrerer dicht an einander stehender Stützen. Die Ausschmückung des Pilasters entspricht der der Säule; sie zeigen sich wie diese mit und ohne Kanneluren oder Riefeln. Zu den Pfeilern und Säulenbauten gehören die Peristile, Kolonnaden und Arkaden. Ein Peristil ist ein von Säulen umgebener Ort, eine Säulenhalle, wie wir solche am alten Museum, Schauspielhause und Opernhause wahrnehmen. Eine Kolonnade ist ein Säulengang, wie solcher am neuen Museum, an der Königsbrücke und am Prinz Albrecht'schen Palais zur Anschauung sich darbietet. Arkaden sind Bogengänge oder Pfeilerhallen, wie sie am Mühlendamm zur Erscheinung kommen.

Auch menschliche Gestalten vertreten die Stelle der Säulen und tragen das Gebälk des Überbaues und der Balkone; bald erscheinen sie in ganzer, bald in halber Figur, bald bekleidet, bald nackend. Die männlichen Figuren heißen Atlanten, nach dem Riesen Atlas, von dem die Fabel erzählt, er habe den Himmel auf seinen Schultern getragen; auf dem Potsdamer Rathause erblicken wir diesen Riesen mit der vergoldeten Himmelskugel. Die Figuren heißen auch Telamonen, nach dem Könige von Salamis, von dem die Sage erzählt, er habe, um dem siegreichen Herkules einen Altar zu bauen, viele große Steine zusammengetragen. Die weiblichen Figuren heißen Karyatiden nach den Frauen der Stadt Karya, welche als Verräterinnen von den Spartanern zum Lasten tragen verurtheilt wurden; man nennt sie aber auch Kanephoren oder Korbträgerinnen, dann erinnert man sich der Jungfrauen, welche bei Götterfesten die Heiligthümer des Tempels in geflochtenen Körben auf dem Kopfe trugen. Es werden die Bezeichnungsweisen von den Architecten nicht genau unterschieden; wenn wir uns aber vorstellen, daß der Riese Atlas und die Weiber von Karya die schwere Arbeit als Strafe nur gezwungen verrichteten, während Telamon und die Kanephoren in ihrer Beschäftigung eine Ehre suchten, dann werden wir geneigt sein die Darstellungen mit den finstern Gesichtszügen, den entblößten Körpern mit starker Muskulatur, und den emporgehobenen die Last haltenden Armen, für Atlanten und Karyatiden zu halten. Das Gesims des berühmten Schlosses Sanssouci wird von 36 kolossalen Karyatiden getragen.

Zuweilen bemerken wir als Stützen pfeilerartige Gebilde, deren breites Oberende mit einem Kopfe geschmückt ist, der untere Theil verjüngt sich und ruht auf einem Säulenfuße; solche Büstenpfeiler werden Hermen genannt; sie erinnern uns an die Jugendgeschichte der Meißelkunst. Die ersten Versuche beschränkten sich auf die Bearbeitung von Holzklötzen und Steinblöcken, und so entstanden die unförmlichen Kopfstücke der ältesten Götterbilder; man nannte die aufgerichteten Steine Hochsteine oder Hermaten und unterschied sie nach dem Kopfe des Götterbildes als Hermapollen oder Apollosteine, Hermeroten oder Erossteine, u. s. w. Die meisten Hermaten trugen den Kopf des Merkur, denn dieser Gott fand als Schirmherr der Straßen und Grenzen, als Beschützer der Kaufleute, Reisenden und Hirten die meiste Verbreitung; deshalb hieß Merkur vorzugsweise Hermes d. h. der Hermengott; Hermen, bei den Römern, Termen, vertraten auch die Mark- oder Grenzsteine.

C. Baugeschichte.

Das Größte und Schönste was die Menschen hervorgebracht haben, leisteten sie im Dienste der Gottheit, deshalb sind die Tempel die Wunder- und Musterbauten aller Zeiten gewesen. Staunenerregend sind die indischen Tempelbauten. Klimatische Verhältnisse drängten die Menschen, sich kühle Räume zu verschaffen, und so entstanden die Grottenbauten und Felsentempel, welche Zeugniss ablegen, dass man schon vor fünftausend Jahren die Kunst verstand, den harten Stein mit dem Meißel vielgestaltig zu bearbeiten. Der Grottenstil hat sich bei den indischen Tempeln am vollkommensten entwickelt. Den Mittelpunkt des Gotteshauses bildet der Dagop, oder das heilige Grab, in welchem irgend eine Reliquie, oder ein heiliges Überbleibsel aufbewahrt wird. Der Dagop hat die Gestalt der dem Reformator Budda heiligen Wasserblase, ist also halbkugelförmig, und dieser Form entsprechend wölbt sich über ihm die Tempelkuppel. Kurze Säulen, nach unten bauchig, nach oben verjüngt, tragen die Steinplatten, welche den heiligen Raum umschließen, der mit den Bildern der ausschweifendsten Einbildungskraft ausgeschmückt ist. Menschen, Thiere und Pflanzen sind hier in wunderlichster Weise mit einander verbunden und zeigen Figuren, die sich als Greife, Roke, Sphinxe, Phönixe, Drachen, Einhörner, Fischmenschen, Flügelstiere, Rüsseltiger und Menschenadler auch auf unsere Bilderwelt übertragen haben, auch Deckentragende menschliche Figuren und hohe Säulenuntersätze kommen bei diesen Urkunstbauten schon zur Anwendung. In den alten portugisischen Berichten werden die Dagopen irrthümlich Pagoden genannt, mit welchem Namen wir heute noch die indischen Tempel bezeichnen. Die berühmten Heiligthümer von Salsetta, Ellora, Dschaggernat und Mavalipuram halten die Braminen für fünf Tausend Jahre alt. Inder sowohl wie Meder sind die Abkömmlinge jener berühmten Arier, Eriener oder Ehrenmänner, welche in unvordenklichen Zeiten von den Hochländern Asiens herabstiegen und in den umliegenden Thalländern die erste Kultur verbreiteten. Die Palasttrümmer von Ekbatana und Persepolis verraten Schönheit und Gedankenfülle und in der Darstellung abenteuerlicher

Thiergestalten gaben Meder und Perser, so wie die ihnen benachbarten Babylonier und Assyrer den Indern nichts nach. Von den babylonischen Bauten hat der große Thurm von je her unser Interesse erregt; derselbe war eine Pyramide in sieben Absätzen und der Beschreibung nach von auffallender Ähnlichkeit mit den Teokallis oder mechikanischen Tempeln. Die farbigen, vergoldeten und glasirten Ziegeln geben dem Bauwerke, das als Sonnentempel und Sternwarte berühmt war, ein prächtiges Ansehen. Dem Thurme benachbart waren die hängenden Gärten der Semiramis, ein großer Terrassenbau, der zu den hundert Wundern der Welt gerechnet wurde; terrassirte Berge mit Gartenanlagen gehören zu den Lieblingsbauten der Perser. Der Königin Nitokris wird der Bau des ersten Tunnels, einer Verbindung der beiden Theile Babylons unter dem Eufrat zugeschrieben. Auch die Trümmer von Ninive sind für den Alterthumsforscher eine reiche Fundgrube. Der Thonboden von Parapotamien, dem reichbewässerten Lande zwischen Tigris und Sagros, lieferte die Backsteine für die Bauten von Babylon und Susa; in Persien sind die ersten Ziegeleien angelegt worden. Die ägyptischen Bauwerke erregen unsere Bewunderung weniger durch Schönheit als durch die Mächtigkeit der Massen und den Reichthum der Formen; die Tempel, Paläste, Pyramiden, Obelisken, Pylonen, Hypogeen, Nekropolen, Katakomben liefern seit Jahrtausenden das Material zur Erforschung der Geschichte, besonders seit unser Professor Lepsius, (Bendlerstraße 18) zum Verständniss der ägyptischen Bilderschrift oder der Hieroglyphen so viel beigetragen hat. Das hundertthorige Theben ist der Ausgangspunkt der ägyptischen Kultur. Wie sich bei den indischen Tempeln alle Theile um den Dagop gruppiren, so bildet bei den ägyptischen Tempeln der Sekos oder der Käfig eines verehrten Thieres den Kern des Heiligthums. Auch der ägyptische Säulenbau ist kurz und gedrungen; die Verzierungen sind aus dem Thier- und Pflanzenreiche entlehnt und haben sinnbildliche Bedeutung; die Kanneluren sind ägyptischen Ursprungs.

Die Kopfstücke der ägyptischen Säulen zeigen Masken, Dattelbüschel und allerlei Zierraten; der Tempelschmuck war äußerst mannigfaltig und ist auch bei der Ausschmückung der Stiftshütte vorbildlich gewesen, wie denn überhaupt die Ägypter als Lehrer der Phönikier, Hebräer und Griechen anzusehen sind. Die Ägypter transportirten ihre Lasten auf Steinbahnen und verstanden die Kunst die Granitblöcke zu zersägen. Die Blütezeit der Bau- und Meißelkunst scheint die der 18. und 19. Herrscherfamilie gewesen zu sein; an den Pharao Amenophis erinnert das kolossale Sitzbild, das von den Griechen die klingende Memnonssäule genannt worden ist. Der Pharao Amenemes baute das Labyrinth, das ein

Allgötterpalast und Ständehaus gewesen zu sein scheint; der vielen Gänge und Gemächer wegen konnte man sich in diesem Gebäude leicht verirren, daher ist es in dieser Beziehung sprichwörtlich geworden.

Ein anderes kunstvolles Gebäude war das Schatzhaus des Pharao Rampsinit, welches der Baumeister Thimoneps anlegte. Eigenthümlich sind die Hypogeen oder Untererdbauten, in einem derselben wurde das Urbild des Thierkreises gefunden; ferner die Pylonen oder Tempelthorthürme, zu denen die Widder- und Sphinxalleen führten.

Die syrische Baukunst hat sich selbstständig entwickelt; die syrischen Tempel sind gewöhnlich doppelt so lang als breit, und der Eingang befindet sich auf der Langseite; die Syrer liebten viele und hohe Säulen; unter den Trümmern der berühmten Palmenstadt Thadmor oder Palmyra fand man 2000 Stück Säulen, wovon viele 20 Meter lang waren. Erst als die Römer das palmyrenische Reich erobert hatten, wurden sie mit dem syrischen Bauschmucke bekannt und verpflanzten ihn nach Rom. Der abgestumpfte und ausgebuchtete Abakus, so wie die Konsolenfiguren gehören zur syrischen Ornamentik. Die syrische Baukunst bildet den Übergang vom Massigen und Riesigen zum Gefälligen und Schönen. Bei den kunstsinnigen Griechen entwickelte sich die Baukunst zu mustergiltigen Formen; ihre Tempel, Gymnasien, Thermen, Stoen, Basiliken, Odeen, Theater, haben bei den gebildeten Völkern des Abendlandes Beifall und Nachahmung gefunden. Die ältesten Baudenkmäler Griechenlands sind die Steinblockbauten der alten Pelasger; sie heißen wegen ihrer Massenhaftigkeit Riesen oder Cyklopenwerke und noch an vierhundert Orten finden sich die Reste davon; sie gehören einer Zeit an, wo die Unsicherheit der Verhältnisse zur Anlage von Befestigungen zwang; es ist dies die Heroen- oder Heldenzeit, welche bis Abraham also 2000 Jahre vor unsere Zeitrechnung zurückreicht; Perseus, Theseus, Herkules, und Jason waren Zeitgenossen Abrahams. Das Schatzhaus des Königs Atreus und das Löwenthor zu Mykenä werden auch den Cyklopenbauten zugezählt.

Die durch Phönikier und Ägypter gebildeten Hellenen streiften das Massige ab und ihre Vorliebe für das Luftige und Freie führte sie zur Schöpfung der schönen Tempelhallen und Marktplätze, der geräumigen Theater und Thermen, und zur Kultivirung der Säule, in deren Darstellung sich der Character der beiden griechischen Hauptstämme zu erkennen giebt. In dem ernsten, ruhigen dorischen Stile spricht sich die Kraft aus, in dem heitern jonischen Stile, die Anmut; Athen ins Besondere behandelte die Bauweise in der elegantesten Form und erzielte eine Architectur, die vorzugsweise die attische genannt wird. Das Brandenburger Thor, die Hauptwache, das Telegraphenamt am Potsdamer Platze, die Museen, das Schauspielhaus und Opernhaus liefern Beispiele für den griechischen Stil. Von einigen griechischen Architecten sind uns die Namen aufbewahrt worden. Rökos baute den Junotempel zu Samos, Metagenes, den alten, Dinokrates aber den neuen Tempel der Diana von Ephesus; Spintharos den Apollotempel zu Delphi; Libon den Jupitertempel zu Olympia; Iktinos den Minerventempel zu Athen, das sogenannte Parthenon oder den Jungfrautempel, zu dem die von Mnesikles erbauten Propyläen oder Vorhallen führten; Skopas baute den Minerventempel zu Tegea und das Mausoleum zu Halikarnossos; Sostratos errichtete den Leuchtthurm oder Pharos von Alexandrien; Kleisthenes schmückte die Agora von Athen mit den berühmten Stoen oder Säulenhallen und baute das erste Theater. Die Theater verdanken den Bakchosfesten zur Zeit der Weinlese ihre Entstehung. Die Festsitte verlangte dem Weingotte einen Bock, als den Verwüster des Weinstocks zu opfern; der während des Opfers ausgeführte ernste Chorgesang hieß Tragodia oder der Bocksgesang; bei denselben Festen belustigten sich die Winzer auf den Dörfern nach ihrer Weise, in dem sie scherzhafte Umzüge hielten und dabei lustige Lieder sangen; ein solches Winzerlied hieß Komodia oder der Dorfgesang; daher sprechen wir bei unsern Bühnenstücken von Trägödien (Trauerspielen) und Komödien (Lustspielen).

Von Griechenland und Phönizien verpflanzte sich die Baukunst nach Italien. Die Etrusker verstanden die Kunst des Wölbens und führten in dem republikanischen Rom die meisten Bauten aus, wie die unterirdischen Abzugskanäle oder Kloaken, die überirdischen Wasserleitungen oder Aquäducte, Befestigungen und Tempel; denn die Römer schenkten den Künsten des Friedens wenig Aufmerksamkeit, sie ließen sich lieber von ihren besiegten Nachbarn bedienen. Erst als Marcellus die sicilische Stadt Syrakus erobert hatte, fingen die Römer an sich für griechische Baukunst zu interessiren und ihren Geschmack zu bilden. Den ersten schönen Tempel ließ Metellus bauen aus der Beute des macedonischen Feldzuges; er war dem Jupiter und der Juno geweiht; die griechischen Baumeister Sauros und Batrachos mußten die an den Säulenfüßen angebrachten redenden Bilder, eine Eidechse und einen Frosch, als eine Entweihung des Tempels wieder entfernen. Die römischen Baumeister suchten etruskische und hellenische Formen mit einander zu verbinden. Die schönsten Bauten entstanden in der Zeit von 150 vor bis 150 nach Christo; sie tragen das Gepräge der Sicherheit, Kühnheit und Pracht. Rom wurde der Sammelplatz der berühmtesten griechischen Architecten, doch werden auch römische Baumeister genannt, wie Vitrurius und Cossutius. Die Stadt füllte sich mit Triumphbogen, Ehrensäulen, Mausoleen,

Tempeln, Thermen, Basiliken, Theatern, Amphitheatern, Naumachien, Cirken, Portiken und Palästen. Das Pantheon war das schönste Gebäude Roms; Agrippa weihte diesen Tempel allen Göttern, daher der Name; Papst Bonifaz IV. machte daraus eine Kirche und widmete sie allen Heiligen; die Hedwigskirche ist eine Nachbildung des Pantheons. Naumachien sind Theater zur Darstellung von Schiffsspielen und Seegefechten. Die Thermen bildeten die Römer nach den griechischen Gymnasien, mit Wasserbecken und umgeben von Säulengängen und schattigen Alleen. Das große Amphitheater ließ Kaiser Vespasian für öffentliche Schauspiele errichten; 1200 Juden wurden dabei als Arbeiter verwendet und die Arena oder der Sandplatz zur Zeit der Christenverfolgungen mit dem Blute vieler tausend Märtyrer getränkt; von dem dort aufgestellten Kolossbilde des Kaisers Nero erhielt das Theater den Namen Kolosseum; die terrassirten Sitze konnten 80,000 Zuschauer aufnehmen. Größer noch war der vom Könige Tarquinius erbaute Circus oder Schaukreis für allerlei Volksspiele, Wettfahrten und Wettrennen, die früher auf dem Marsfelde abgehalten worden waren; die hier stattfindenden Volksbelustigungen nannte man die circensischen Spiele. 200,000 Menschen hatten auf diesem Schauplatze, der dem griechischen Hippodrom nachgebildet war, Raum. Das Forum oder der Marktplatz war mit schönen Gebäuden geschmückt; ausgezeichnet war die Basilika, in welcher Gerichtsverhandlungen statt fanden und Handelsgeschäfte abgemacht wurden; hier versammelten sich die Abgeordneten des Volkes oder die Tribunen und der erhöhte Platz, der vom Oberrichter eingenommen wurde, hieß das Tribunal; aus diesem Grunde erhielten Marktplatz und Gerichtshof gleiche Bedeutung. Nennenswert sind noch das Grabmal Hadrians oder die Engelsburg und das goldene Haus des Kaisers Nero, welches dieser Kaiser nach dem großen Brande erbauen ließ durch die Baumeister Celer und Sever; dieser Palast übertraf an Pracht und Bequemlichkeit alles Dagewesene, Nero sagte deshalb beim Einweihungsgastmahle zu seinen Tischgenossen: „Jetzt erst fängt der Mensch an auf Erden sich wohnlich einzurichten“. Nicht blos die Kaiser, sondern auch die reichen Privatleute bauten mit großem Aufwande; die Ausgrabungen der unter Kaiser Titus vom Vesuv verschütteten Städte Herkulanum, Pompeji und Stabiä geben uns ein Bild von der Wohnweise der Römer zur Zeit Jesu. In unserer Stadt erinnert außer der Hedwigskirche und den Domthürmen am Schillerplatze noch das Portal Nr. 3 an der Schloßfreit an den römischen Stil. Der Letztere ist eine Nachahmung des Triumphbogens vom Kaiser Septimius Severus. Die Prachtliebe führt zu Uebertreibungen, und die damalige verdorbene Geistesrichtung ging auch auf den Baustil über; es musste den Kunstbestrebungen ein neuer Inhalt gegeben werden; und dies geschah durch den Sieg des Christenthums über das Heidenthum.

Als im Jahre 323 das Monogramm Christi auf dem Fahnenblatte einer römischen Legion zur Geltung kommen konnte, war dieser Sieg so gut wie entschieden. Konstantin sprach das Wort der Duldung aus und die Christen wagten es hervorzutreten aus den Waldesdickichten und Felsenschluchten, aus Grotten und Katakomben und erhielten durch kaiserliche Vermittelung die Säle der Paläste und die Hallen der Gerichtshöfe zu gottesdienstlichen Versammlungen angewiesen; nach 70 Jahren wurde das römische Reich getheilt und wiederum nach 80 Jahren die abendländische Hälfte im Sturme der Völkerwanderung aufgelöst. Da gewann das alte Byzanz oder das neue Konstantinopel als Haupt- und Residenzstadt der übrig gebliebenen Osthälfte des römischen Reiches oder des nunmehr griechischen Kaiserthums für die Christen eine erhöhte Bedeutung, und die Architectur war an einem Wendepunkte angelangt.

Die Künstler wurden von der Begeisterung für die neue Lehre zu neuen Schöpfungen getrieben und alles, was die Heiden Großes und Kunstreiches geschaffen hatten, unterwarf der neue Geist neuen Wandlungen. Die heidnischen Baumeister berücksichtigten beim Tempelbau mehr die äußeren, die christlichen mehr die inneren Formen; die heidnischen Tempel waren nur Behältnisse für Götterbilder und Opferstätten der Priester, daher konnten sie nicht zu christlichen Kirchen benutzt werden, denn diese mussten geräumig und zur Aufnahme vieler Menschen eingerichtet sein. Die christlichen Architecten strebten darnach die Kirchen innerlich geräumig und äußerlich schön herzustellen. Der Baustil der alten christlichen Kirchen verfolgte den beiden Reichshälften entsprechend, zwei Richtungen, die in der Architectur als neugriechischer oder byzantinischer, und als altchristlicher oder lateinischer Stil bezeichnet werden.

Der Grundriss einer byzantinischen Kirche ist mehr quadratisch als ablang und fast immer in Kreuzform ausgeführt; über dem Altare wölbt sich eine große Kuppel, welche die Façade oder Vorderseite des Gebäudes weit überragt; die Kuppelbogen ruhen auf Eckpfeilern, über denen wiederum kleinere Kuppeln emporsteigen. Der Altar oder Ambon ist ein Würfel von Stein ohne Unterbau, dessen kostbare Bekleidung mit einem griechischen Kranze geschmückt ist; die Säulenkapitäle sind einfach und würfelförmig; erst in der spätern Zeit zeigen sich an demselben allerlei phantastische Figuren. Die der Sophia oder ewigen Weisheit gewidmete Hauptkirche von Byzanz oder Konstantinopel, welche Kaiser Justinian vom Baumeister Anthemios aus Tralles aufführen ließ, wurde der Typus aller byzantinischen Kirchenbauten des Morgenlandes, auch die Markuskirche in Venedig zeigt diesen Stil. In Berlin haben wir an der Matthäikirche eine Andeutung. Die den Griechen religionsverwandten Russen ahmten den byzantinischen Stil nach, doch konnten sie sich des mongolischen Einflusses nicht erwehren; ihre nach oben zugespitzten Kuppeln, erhielten einen mehrfach aufgesetzten Unterbau von Trommelstücken und auf diese Weise entstand der russische Zwiebelstil, den wir am Thurme von Nikolskö bei Potsdam wahrnehmen. Die Kirche zu Alexandrowka bei Potsdam ist ein russisch- byzantinischer Bau.

Neben der morgenländischen, griechischen Bauweise bildete sich die abendländische lateinische aus. In Athen nannte man das Gebäude in welchem der Obrigkeitsvorsteher oder der Basileus Gericht hält, die Stoa des Basileus, oder kurzweg die Basilika, das Königsgebäude; diese Bezeichnungsweise ging auf alle Gerichtshallen über und verbreitete sich vorzugsweise im Abendlande. Viele Basiliken wurden der Geräumigkeit wegen den christlichen Gemeinden zum Gottesdienste überwiesen, und galten den Baumeistern als Muster für den Kirchenbau und so entstand der Basilikenstil. Zur Anschauung kommt dieser Stil bei uns in der Johanniskirche zu Moabit, in der Elisabet- und Jakobikirche, und in der Friedenskirche zu Potsdam. Die Kirchen sind Nachahmungen der Basilika des heiligen Bonifacius in München, aber in verkleinertem Maßstabe; sie stammen aus der Regierungszeit des kunstsinnigen Königs Friedrich Wilhelm IV., der sich gern mit Bauentwürfen und Planzeichnen beschäftigte. Die älteste Basilika, welche Konstantin bauen ließ, war die Jahanniskirche im Palaste Lateran zu Rom; das flache Dach und die Decke der Basiliken sind aus Holz construirt. Ein viereckiger Sarkophag oder Steinsarg bildete den Kern des Gotteshauses und sollte an das heilige Grab erinnern; derselbe war mit verschiedenen Sinnbildern geschmückt; oft wurden in einer Gruft unter dem Sarkophage die Gebeine eines Märtyrers aufbewahrt; den Gruftraum, zu dem man auf Stufen hinabstieg, erhielt später eine solche Ausdehnung, dass er ein unterirdisches Gotteshaus darstellte und Geheimkirche oder Krypte genannt wurde. Als der römische Bischof Sabian die zu Nola in Kampanien erfundenen Glocken 450 dazu verwandte, um die abgelaufenen Tagesstunden zu verkünden, richtete man sich auch in gottesdienstlicher Beziehung nach diesem Klange; das Wohlgefallen daran förderte die Verbreitung und bald hatten die meisten Basiliken neben sich ein freistehendes Glockenhaus; dasselbe wurde des Schalles wegen immer mehr erhöht und so entstanden die Glockenthürme, welche den Baumeistern neue Gelegenheit boten ihre Kunstfertigkeit zu zeigen. Schon zur Zeit Karls des Großen liebte man viele Glocken und ein harmonisches Glockengeläut. Im Jahre 866 schenkte der venetianische Herzog (Doge) Ursini dem griechischen Kaiser Michael zwölf große Glocken für die Sophienkirche. Mit Glocken wurden die Gläubigen zum Gebet gerufen, mit Glocken die entflohene Zeit bekannt gemacht; das erhöhte Glockenhaus hatte noch den Zweck dem Wanderer die Lage der Kirche anzudeuten.

Als die Araber aus ihren Wüsten hervorbrachen, um die Lehre Muhameds zu verbreiten, wurden sie mit der byzantinischen Baukunst bekannt und brachten sie beim Bau ihrer Moscheen, Medschids oder Bethäuser in Anwendung. Der arabische Stil der in seinen Abweichungen bald maurisch, bald sarazenisch genannt wird, zeichnet sich aus durch den Kuppelbau, durch schlanke Säulen mit würfelförmigem Kapitäl, über denen die sogenannten Hufeisenbogen die Wölbung bilden, welche bei den Sarazenen in Spitzbogen ausläuft. Reichthum an musivischer Arbeit und Stuckverzierungen, schöner Deckenschmuck und häufige Anwendung von Koransprüchen an den Wänden sind die charakteristischen Merkmale dieses Stiles, dessen Auffassung durch die Betrachtung des neuen Judentempels und des maurischen Hauses am Hafenplatz, am besten vermittelt wird. Auf der Spitze muhamedanischer Moscheen prangt die vergoldete Mondsichel, es ist dies das Wappen der Stadt Byzanz. In uralten Zeiten wurde von den Anwohnern des schwarzen Meeres der Mond als Himmelskönigin und Ernährerin alles Lebendigen göttlich verehrt; auch in Byzanz hatte diese Göttin ihre Tempel, unter den vielen Namen sind Artemis und Diana, d. h. die Starke und die Tagende, am gebräuchlichsten; sie wird auch verehrt als Göttin der Nacht und der Jagd. Unter Kaiser Konstantin verfiel der Dianenkultus und das göttliche Attribut, die Mondsichel zierte, als Erinnerungsbild nur noch die öffentlichen Gebäude und wurde das stellvertretende Bild Konstantinopels oder das Stadtwappen, wie es bei uns der Bär ist. Als Residenz der morgenländischen Kaiser, als tonangebende Stadt in künstlerischer und wissenschaftlicher Beziehung behauptete Konstantinopel einen großen Ruf und wurde für das Haupt, sowie der Kaiser für den Beherrscher der Orients angesehen. Nach diesem Ansehen strebten auch die türkischen Sultane, und als Muhamed II. 1453 Konstantinopel erobert hatte, machte er die byzantinische Mondsichel zu seinem Heereszeichen und zur Signatur der muhamedanischen Herrschaft. Außer der Kuppel ist jede Moschee noch mit Thürmen geziert, es sind schlanke, meist achteckige, in mehreren Stockwerken aufsteigende mit Kranzbalkonen versehene Hochbauten, die an Feier- und Festtagen erleuchtet werden und deshalb Leuchter oder Minarets heißen. Der arabischen Ornamentik eigen sind die phantastischen Pflanzenformen, welche auch in unserer Architectur bei Geländern und Brüstungen ihre Verwendung finden. Den Arabern und Mauren oder Mohren erlaubte die muhamedanische Religion nicht Menschen und Thiere bildlich darzustellen, deshalb übten sich die Künstler in allerlei Blumen- und Blattverzierungen, die von uns als Arabesken und Moresken bezeichnet werden. Bei Griechen und Römern kamen schon solche Schnörkelbilder vor unter dem Namen Anthemien, Palmetten, Rosetten, doch zeigten sich in den Blattgewinden und Blumenranken auch allerlei Menschen- und Thierfiguren. Man fand solche Verzierungen in den Trümmern eines Badehauses vom Kaiser Titus, und da diese Trümmer von den Leuten die Grotten genannt wurden, so erhielten die hier gefundenen Schmuckwerke den Namen Grotesken. Dem berühmten Maler Rafael dienten sie als Vorbilder bei der Schöpfung seiner neuen Arabesken, mit denen er die Gemächer des vaticanisches Palastes besonders die Logen oder Hallen und die Stanzen oder Zimmer ausstattete.

Zu den berühmtesten Bauten arabischen Stiles gehört die Moschee Abderamans in der spanischen Stadt Kordova, die Perlenmoschee Akbars in der indischen Stadt Agra. Die arabischen Palastbauten sind nicht minder bewundernswert, ihre architectonische Ausschmückung erinnert an den Zauber der orientalischen Märchen; nennenswert ist der Palast des Großmoguls Dschehan, in Delhi und des Kaisers Abdalla, die Alhambra, oder das rote Haus zu Granada.

Gleichzeitig mit dem arabischen entwickelte sich der neupersische Stil, der von Vorderindien ausgegangen zu sein scheint; die Dächer der Wohnhäuser sind flach gewölbte Terrassen, die der Bethäuser aber ausgeschweifte Kuppeln von der Form eines umgekehrten Schiffsbauches mit hohem Kiel; diese Bogenform führt in der Architectur den Namen Eselsrücken und hat in Frankreich Nachahmung gefunden. Auch die Markthallen stammen aus dem Oriente und scheinen Persien anzugehören. In Ispahan befindet sich das größte Gebäude dieser Art.

Während im Osten, Süden und Westen des Mittelmeeres der Halbmond auf Kuppeln und Minerats die arabische Herrschaft verkündete, hatten sich im Norden dieses Meeres germanische Völker verschiedene Reiche gegründet. Zur Zeit der Völkerwanderung waren die Westgothen plündernd und zerstörend durch Galizien und Italien gezogen und hatten die schönsten Werke der Baukunst in Trümmerhaufen verwandelt; daher wurden die Gothen den Barbaren gleichgeachtet, und diese Identificirung hat sich in Italien über ein Jahrtausend erhalten.

Nach den Westgothen nahmen die Ostgothen von Italien Besitz, doch hatten diese durch langen Verkehr mit den Griechen an Bildung gewonnen und ihr König Dietrich von Bern, das ist Theodrich von Verona, war sogar ein großer Kunstfreund und schmückte seine Hauptstadt Raben oder Ravenna mit schönen Bauten. Die Ostgothen brachten den neugriechischen Stil der Byzantier nach Italien und lernten hier den altchristlichen der Basilika kennen; aus der Verbindung dieser Stile entstand die gemischte Bauart, die nach den später herrschenden Lombarben der lombardische Stil genannt wurde. Pavia war der Mittelpunkt des lombar-Kunstgeschmackes. Durchbrochene Mauern, hohe Giebel, pyramidale Thurmspitzen, kleine Fenster zwischen kurzen Pfeilern und halbkreisrunden Bogen, unförmliche Würfelkapitäle und am Eingange ein Verein von Säulen zu einem perspectivischen Portale sind die Kennzeichen dieser Bauart, die sich auch im fränkischen Reiche verbeitete. Im Jahre 900 hatten sich die überall umherschweifenden Normänner im Süden Italiens festgesetzt und eine kleine Herrschaft gegründet; sie waren Freunde und Verbreiter der Kunst und fanden an römischen und arabischen Bauten Geschmack; sie verbanden beide zu einer gefälligen Form und so entstand der normännische Stil. Zu ihrer Zeit erforderte die Sicherheit eine feste Bauart und die Mauern erhielten Pfeiler, gezahnte Aufsätze oder Zinnen und Arkoren oder Erker; deshalb wird diese Bauart auch der Burgstil genannt; er erreichte in Mitteleuropa seine höchste Vollendung und ist vorzugsweise eine Architectur nach germanischem Geschmacke, denn nicht blos die Normänner, sondern auch Gothen, Franken, Angeln, Sachsen, Schwaben und Burgunder pflegten diese Bauart mit gleicher Vorliebe. Die deutsche Pfalz und Burgund sowie das spanische Kastilien sind die Landschaften der befestigten Schlösser, Pfalzen, Burgen oder Kastelle. Schloss Babelsberg die Ulanenkaserne, das Zellengefängniss und die Dammühle liefern zu diesem Stile die erforderlichen Beispiele. In die Zeit Karls des Großen fällt der Scheidungsprozess alter und neuer Kulturverhältnisse, aber auch der Mischungsprozess lateinischer und deutscher Elemente, dessen Ergebniss sprachlich wie baulich als romanisch bezeichnet worden ist. Die Kunst trat in neuen kräftigen Formen auf und die Bauweise dieser Zeit wird der romanische Stil genannt. Die Basis desselben war die lateinische Basilika; aber diese erhielt ein gewölbtes Dach und statt der Architrane über den Säulen, schwingen sich Bogen von Pfeiler zu Pfeiler und bilden die Arkaden des Mittelschiffes. Michaelis- und Markuskirche sind im romanischen Rundbogenstile aufgeführt. Auf die Ausschmückung der Portale wurde große Sorgfalt verwendet; auch bei dem Schlösserbau und den Façaden bürgerlicher Wohnhäuser fand diese Bauart mannigfaltige Anwendung; die Dome von Worms, Speier und Mainz gehören diesem Stile an.

Im romanischen Stile erscheinen die Thürme schon mit den Kirchen verbunden; man setzte sie sogar auf die Kreuzung des Kirchendaches, indem man ihnen die Pfeiler des Gewölbes zu Stützen gab. Die Pyramidenspitzen gehören dem gothischen Stil an. In der Reformationszeit entstanden die mannigfaltigsten Thurmformen; der viereckige Unterbau ging oft in einen achteckigen oder kreisförmigen Oberbau über; oft zeigten die Thürme mehrere Stockwerke mit Fenstern und Schalllöchern; man setzte mehrere bauchige Holzgesimse oder Zimbars übereinander und trennte diese wiederum durch einen Säulen- oder Pfeilerkranz; dieser lustige Zwischenbau bildete die Durchsicht oder die Laterne. Die zwiebelförmig zugespitzte Kuppel wird mit einer Spindel versehen, und auf verschiedene Weise geschmückt; z. B. mit einer Kugel, dem Knopfe, einem Kreuze, Sterne, Hahne, Fahne u. s. w. Nach der Spitze führen die Thürme verschiedene Namen. Berlin besitzt mehrere Kuppelthürme, dahin gehören die Thürme der Kirchen am Schillerplatz; Pyramidenthürme sind bei der Bartholomäus- und Zionskirche; Nadelthürme sind die Thürme der Nikolai- und Jerusalemerkirche; zu den Laternenthürmen gehört der Marien- und Parochialkirchthurm. Stutzthürme zeigt die Werderkirche und Markuskirche. Uhren wurden erst um 1350 auf Thürmen angebracht; die deutschen besonders Nürnberger Uhrmacher der damaligen Zeit waren berühmt. Heinrich Wick baute die erste Thurmuhr, und wurde 1365 nach Paris gerufen, um den Schlossthurm mit einem solchen Kunstwerke zu versehen.

In die Entwickelungsperiode des romanischen Stils fallen die Anfänge der deutschen Baukunst, die wie oben angedeutet von dem italienischen Baumeister Vasari als die gothische, das ist so viel als die barbarische, bezeichnet worden ist. Der deutsche Baustil ist aus dem Herzen unseres Vaterlandes hervorgegangen. Die etwas plumpen An- Anfänge verraten jedoch schon den aufstrebenden Geist, der bald alles ungeschickte abstreifte und in großartigen und dabei anmutigen Formen das Auge ergötzte. Zu den ältesten Bauten dieses Stils gehört der Dom zu Meißen, von 950, der von Merseburg 960, und die Schlosskirche zu Zeitz 970. Vor dieser Zeit ist der Spitzbogen nirgends anzutreffen, und in dieser Zeit nur in Deutschland, daher ist derselbe ein ursprünglicher oder rein deutscher Stil, und da die Anwohner der Saale die Therwinger oder Thüringer zum gothischen Volksstamme gehörten, so kann er auch der gothische heißen, wenn auch nicht in Vasarischer Bedeutung. Die deutschen Baumeister führten die Hauptwölbung in Spitzbogen aus, welche nur einer leichten Wandung bedarf, denn der Druck wird auf die beigefügten Strebepfeiler übertragen; diese also kennzeichnet den Stil, indem sich die aufwärts strebende Bewegung ausspricht, die den Geist des Beschauers emporrichtet; die Pfeiler entfalten sich frei und setzen sich als Reliefllinien oder Gurtungen am Gewölbe fort; die Theilung des Gewölbes erscheint durch die Kreuz- und Quergurte belebter und nicht die Massenhaftigkeit sondern die Structur des Gewölbes fesselt die Aufmerksamkeit. Schlanke, einfache, oder verwachsene Bündelpfeiler tragen die leicht gerippte Decke; zwischen ihnen schimmert das Licht der hohen zierlich durchbrochenen Fenster von farbigem Glase; geschmackvolle, weitgreifende Strebepfeiler bilden das Außenwerk und erhöhen die Lebendigkeit des Baues, über dessen luftigen Vorhallen am Westende zwei Thürme ihre pyramidalen Spitzen wie Finger der Kirche zum Himmel zeigen. Alles ist kühn und durchbrochen, leicht und zierlich, luftig und duftig, wie die Dome, Münster und Kathedralen des Mittelalters bezeugen.

Die gothischen Kirchenbauten Berlins wie Nikolai- Marien- Klosterkirche sind nur schwache Nachbildungen der großen Schöpfungen des Mittelalters, selbst die neuern gothischen Spitzbogenbauten, wie Petri- Werder- Bartholomäus- und Zionskirche werden von dem Neubau der Kirche Marienhilf zu München und von der Nikolaikirche zu Hamburg übertroffen. Unsere Werderkirche ist der Westminsterabtei in London nachgebildet.

Zu den berühmtesten Werken der Gothik in Deutschland gehört der Kölner Dom; er wurde durch den Erzbischof Konrad von Hochstraaten gegründet, und 1248 von dem Baumeister Gerhard von Trond in Angriff genommen, aber erst 1322 dem Gottesdienste übergeben; der unterbrochene Bau ist auf Veranlassung Friedrich Wilhelm IV. 1826 vom Baumeister Zwirner fortgesetzt worden; der großartige, trefflich durchdachte Plan für dieses Meisterwerk des Spitzbogenstils wird dem Dominikanermönch Albertus Magnus zugeschrieben.

Der Straßburger Münster ist 1002 vom Bischof Wernher angelegt; 1050 waren die Schiffe noch nicht gewölbt. Der unvollendete Bau wurde 1277 durch Erwin von Steinbach von Neuem aufgenommen; er schuf die Wölbung, die Bündel- und Strebepfeiler und die Thurmfaçade bis zum Dach, sein Sohn Johannes führte den Thurmbau weiter bis zur Plattform, seine Tochter Sabina baute das prächtige Portal mit allen dazu gehörigen Meißelwerken; die bewundernswürdige Thurmpyramide baute Johann Hültz, dessen Enkel sie 1440 vollendete. Erwin von Steinbach hat auch längere Zeit den Bau der Freiburger Münsters geleitet, den ein Herzog von Zähringen 1122 begann, und der Baumeister Hans Niesenberger 1515 vollendete. Zum Stephansdome in Wien wurde 1144 der Grund gelegt durch den Herzog Heinrich Jasomirgott; diesen Bau zerstörte 1275 eine Feuersbrunst. Den Neubau übernahm Anton Pilgramm und vollendete ihn 1313 nach dem Plane des Bischofs Peter von Passau; den Thurm vollendete 1430 Wenzel Hauser von Klosterneuburg.

Der Magdeburger Dom wurde auf den Trümmern einer 963

vom Kaiser Otto gegründeten Kirche angelegt, nach dem Plane des Baumeisters Bohnensack; die Einweihung erfolgte 1363.

In Straßburg, Köln und Wien waren die Hauptwerkstätten, Hütten oder Logen der deutschen Baugesellschaften, deren Bildung von den Steinmetzen ausgegangen ist. Zur schnellen Entwickelung des Städtewesens im Mittelalter trug der blühende Zustand der Gewerke bei. Die Handwerksgenossen verbanden sich zur Förderung ihrer Interessen zu Körperschaften, Einungen oder Innungen, und wie die Genossen des Baufaches schon im Alterthume eine bevorzugte Stellung einnahmen und die Brückenmacher sogar den Priestern gleich geachtet wurden, so erfreuten sich die Steinmetzer des Mittelalters der besonderen Gunst der Kaiser und der Päpste und gelangten zu großer staatlicher Unabhängigkeit. Die Baugewerke stellten sich unter den Schutz der Kirche, da der Kirchenbau ihre wichtigste Aufgabe war; aufgeklärte Geistliche beschäftigten sich gern mit der Architectur und mehrere von ihnen haben umfassende Kirchenbaupläne entworfen. Das Gefühl der Zusammengehörigkeit prägte sich bei keinem Stande so kräftig aus als bei den Steinmetzen; denn die Glieder blieben zu gleichem Dienste nach einem Plane bei den umfassenden, langdauernden Kirchenbauten Lebenslang mit einander verbunden. Dies führte zu einer engeren Verbrüderung; die Werkstätten am Bauplatze wurden zu Bauhütten, in welcher der kunstverständige Meister mit seinen kunstverständigen Gesellen in anderer Weise verkehrte, als es bei anderen Gewerken üblich war. Die Mitglieder des Baugewerkes gehörten in jenen früheren Zeiten zu den hellen Köpfen, waren aber wegen ihrer Verbindung mit der hohen Geistlichkeit, wegen ihres religiösen Sinnes und ihrer Verschwiegenheit weniger der Verketzerung ausgesetzt. Die hohe vaterländische Baukunst wurde als ein Geheimniss gehegt und gepflegt, und die Gesellschaften der verschiedenen Baubezirke wählten zu ihrem Schirmherrn einen Heiligen, dessen Namen sie führten. Als der Johannishütte zu Straßburg vom Kaiser und Papste neue Freiheiten ertheilt wurden, nannte sie sich seit 1440 die Hütte der freien Maurer. Ehrbarkeit und Frömmigkeit waren neben dem Kunstverständniss die Hauptbedingungen der Hüttenvereine oder Logen, aus denen sich die Freimauerei, oder das Logenwesen entwickelt hat, dessen Bestreben auf die Förderung des Guten gerichtet ist. Berlin zählt drei Groß-Logen: die zu den drei Weltkugeln, die deutsche Landesloge und die preußische Loge Royal York zur Freundschaft.

Als im Zeitalter der Reformation die großen Kirchenbauten aufhörten oder unterbrochen wurden, geriet die Kunst der Steinmetzen in Verfall und in der Architectur machte sich eine lange Pause bemerklich. Die Reformation lenkte die Aufmerksamkeit denkender Menschen auf die Zustände der Zeit Christi; man beschäftigte sich mit der Kultur jener

Zeit, lernte den römischen alten Baustil kennen und strebte darnach ihn wieder zur Geltung zu bringen; die Wiederlebung oder Wiedergeburt der altrömischen Bauart führte zum Rénaissancestil. Umfangreiche Ausgrabungen alter Bauwerke begünstigten das Studium der römischen Baukunst und die in Italien herrschend gewordene florentinische Bauart, welche romanische, byzantinische und normannische Ideen in Verbindung brachte, wurde durch die Schöpfungen Bramantes, Angelos, Rafaels und Palladios verdrängt, sie kehrten zur Schönheit des Alterthums zurück und strebten danach innere Zweckmäßigkeit mit äußerer Schönheit zu vereinbaren. In dieser Zeit entstand die Peterskirche zu Rom, der Ausführung nach ein Werk des Baumeisters Bramante. Aus Italien wanderte dieser Kunstsinn zunächst nach Frankreich, wo König Franz I. die großen italienischen Künstler mit Ehre und Gnade überhäufte. In England baute Kristoph Wreen die Londoner Paulskirche. In Berlin ist das kaiserliche Schloss ein Beispiel zu diesem Stile; die florentinische Bauart zeigt das Haus des Grafen Redern am Pariser- und das des Grafen Arnim am Leipziger Platze. Aber auch die Stunde der Rénaissance schlug, denn dem wechselnden Geschmacke der Menschheit genügt Nichts auf die Dauer; man war der einfachen schönen Formen überdrüssig und ging zu den aberteuerlichsten Ausschmückungen über. Die Eitelkeit großer Herren und der Ehrgeiz schmeichelnder Künstler begünstigten die Verschlechterung des Geschmackes.

Die Ausartung der Baukunst zeigt sich in zwei kurz auf einander folgenden Darstellungsformen, die von Italien ausgingen, aber in Frankreich bis zur Übertreibung ausgebildet wurden. Der ersten Form liegt die Arabeske zu Grunde; die Verzierungen gingen in Verzerrungen über und es entstanden sinnlose Schnörkel, in denen man weder griechische, noch römische oder gothische Formen zu entdecken vermochte. Masken und Drachen, phantastische Thier- und Pflanzengebilde drängen sich dem Beschauer bis zum Überdruss auf. Man bezeichnet diese dem Zeitalter Ludwigs XIV. eigenthümliche Bauform als den Barokkostil, mit welchem Worte man etwas Unnatürliches andeutet; die deutschen Baumeister machten daraus scherzweise den Perrückenstil. Eine gleiche Verirrung des Geschmackes, ein gleiches Haschen nach dem Seltsamen und Wunderlichen, des Effectes wegen, zeigt sich in der zweiten Form, welcher die Grotteske zu Grunde liegt; sie gehört dem Zeitalter Ludwig XV. an. Allerlei Muschelwerk, Schilde, Blätterbüschel und Blumenbündel wechseln mit bauchigen Flächen; alles ist schieflinig, krummbeinig, gebrochen, gerippt, aber kühn ausgeführt, stark wirkend, vom Boden der Schönheit auf den Boden der Sinnlichkeit verschoben. Man begreift die baulichen Erzeugnisse dieser Zeit unter dem Namen Rokkokostil, zuweilen auch Grottenwerk, weil allerlei Gestein und Muschelwerk dabei zur Verwendung kommt; da diese Geschmacksrichtung in die Zopfzeit fällt, so wurde bei den Architecten der Name Zopfstil gebräuchlich. Das Haus Dorotheenstraße 27 ist ein Überbleibsel jener Zeit; es ist die Loge Royal York; man erkennt die Bauart, aber die beregten Übertreibungen sind an ihm nicht wahrzunehmen. Auch die Bibliothek am Opernplatz gehört diesem Stile an.

Der Kaiser Napoleon I. befahl, bei kaiserlichen Bauten sich der antiken Formen wieder zu bedienen, und so herrschte im französischen Reiche für kurze Zeit der sogenannte imperialistische Stil, eine nüchterne, kahle Nachahmung griechischer und römischer Architectur, ein Durcheinander von Formen, die sich nicht von dem Zopfstil frei machen können. Nach Beseitigung des ersten französischen Kaiserreiches traten wiederum die Deutschen als Reformatoren der Baukunst auf, nachdem die großen Kunstkenner Winkelmann, Lessing, Herder, Schiller, Göthe und Friedrich Richter (Jean Paul) den Geschmack geläutert hatten. Zwei kunstliebende Monarchen förderten die Schöpfungen der neuen Ära. Fiedrich Wilhelm III. im Norden und Ludwig I. im Süden Deutschlands, und so entstanden die Berliner und Münchener Kunstschulen, denen die größten Architecten der Gegenwart angehören. Friedrich Schinkel und Leo von Klenze bestrebten sich den griechischen Stil wieder zur Geltung zu bringen. Heideloff und Zwirner wandten sich der gothischen Bauart zu, welche von dem Engländer Bowrys beim Londoner Parlamentsgebäude und von dessen Landsmann Scott bei der Hamburger Nikolaikirche zur Ausführung kam. Knoblauch und Tietz huldigen dem Renaissancestil. Die in Berlin gegenwärtig vorherrschende Bauart ist ein gemischter Renaissance- und Rundbogenstil, bald in italienischer, bald in deutscher Auffassung.

Alle Baustile entwickeln sich aus der Konstruction, oder aus der folgerichtigen Verbindung der Theile zu einem Ganzen; die an Erfindungen reiche Zeit schafft beständig neue Konstructionsmittel; Metall und Glas kommen häufiger zur Verwendung, und die Industrie hat der Baukunst ein neues Gebiet der Thätigkeit eröffnet. Durch Eisenkonstruction wird es möglich Flächen von großem Umfange zu überdecken, ohne der gewaltigen Stützen, Pfeiler, Säulen und dicken Mauern zu bedürfen.

Seit der Fabrikant Reinold in England 1766 die eisernen Fahrgeleise einführte, der englische Schmied Wilkinson 1777 die erste eiserne Brücke baute, seit James Watt 1782 die Dampfmaschine, Robert Foulton 1808 das Dampfschiff und Robert Stephenson 1814 den Dampfwagen erfunden hat, machte die Technik außerordentliche Fortschritte. Der Franzose Isambert Brunel baute 1841 den Themsetunnel, der Engländer Josef Paxton 1850 den ersten Glaspalast zu London, der allen andern Industriebauten dieser Art zum Muster diente; die Engländer Fowler und Johnson bauten 1863 die unterirdische Verbindungsbahn in London; der Deutsche Sammiller und der Italiener Grattoni schufen 1870 den Frejustunnel in der Montcenisbahn; der Deutsche August Robling, ein wirklicher Pontifex maximus, baute 1872 die größte bisher geschaffene Eisenbahnbrücke über den Ostfluss, um New York mit Brooklyn zu verbinden. Solche Vorarbeiten und Vorbilder unterstützen die Bestrebungen der Architecten, denen es vorbehalten bleibt mit der Summe der vorhandenen Mittel den gesteigerten Anforderungen der Gegenwart zu genügen, und einen neuen Baustil zu schaffen.

D. Berliner Bauten.

Nach diesem geschichtlichen Überblicke werden wir die monumentalen Bauten der Vaterstadt verständnissfertiger ins Auge fassen. Die Werke der Baukunst in Berlin sind verhältnissmäßig noch jung, denn die einheitliche Entwicklung der Architectur beginnt erst mit dem Regierungsantritte des großen Kurfürsten; was Berlin aus früheren Zeiten aufzuweisen hat, ist dürftig und den Prachtwerken anderer Orte nicht an die Seite zu stellen. Die ältesten Baudenkmäler sind die aus den Wanderblöcken der Mark errichteten Kirchen, deren Gründung in die heidnische Zeit fällt, die der Periode der gothischen Kunst noch fern lag. Die kleinen Gotteshäuser der ersten christlichen Gemeinden wurden nach dem Bedürfnisse durch Anbau und Umbau vergrößert, wie die Jahreszahl 1223 in der Nikolaikirche andeutet. Der Steinbau überdauerte den großen Stadtbrand von 1380, er diente dem erweiterten aus Ziegeln hergestellten Neubau als Grundlage. Damals war die Blütezeit der deutschen Baukunst vorüber, auch lag Berlin dem Schauplatze der Kunstthätigkeit sehr fern, seine Pröpste gehörten nicht zu den einflussreichen Kirchenfürsten und die Landesherren besaßen weder Mittel noch Neigung die dann und wann besuchte Stadt mit einem kostspieligen Prachtbau zu schmücken.

Die 1271 erbaute Klosterkirche hat sich in ihrer Alterthümlichkeit bis heute erhalten, sie ist ein kleines, aber ehrwürdiges Denkmal gothischer Baukunst; auch die Nikolai- und die Marienkirche sind in diesem Stile gebaut; der obere Theil des Thurmes von Nikolai ist 1514, der von Maria aber 1789 hergestellt worden. In früheren Zeiten beobachtete man beim Kirchenbau das Innehalten der Ostwest- oder sogenannten heiligen Linie, nach welcher der Altar im östlichen Ende der Kirche, der

Chor ihm gegenüber im westlichen Ende errichtet wurde; am Westende befand sich auch die Eingangshalle, über der sich der Thurm erhebt; es gewähren demnach die alten Kirchen Anhaltepunkte zur Orientirung. Ein alter, aber unbedeutender Bau ist die Heilgegeistkirche von 1220; die um 1300 vollendete markgräfliche Pfalz ist das heutige Lagerhaus. Durch die eingewanderten Niederländer erhielt Berlin mehrere kunstvolle Holzbauten, unter denen das Rathaus auf der langen Brücke eine hervorragende Stelle einnahm; viele deutsche Städte haben dergleichen Holzbauten noch aufzuweisen. Kurfürst Friedrich der Eiserne baute 1450 die Markgrafenburg an der Spree mit mehreren Thürmen, deren einer, der runde Thurm, als Burgverließ diente; dieses Überbleibsel der alten Burg bezeichnen wir heute als den grünen Hut. Ein anderer Thurm, der Wendelstein, war so eingerichtet, dass man mit Geschützen auf einem mäßig ansteigenden Wege bis zum obersten Stockwerk fahren konnte; außerdem befand sich in dieser Burg eine Sternwarte und eine kleine Kirche, die sogenannte Erasmuskapelle, nach einem Heiligen benannt, der alle Gefahren, denen man bei Gewittern ausgesetzt ist, abzuwenden vermochte und bei den Anwohnern des Mittelmeeres als Sanct Elmus verehrt wurde. Nach hundert Jahren ließ Kurfürst Joachim II. diese Burg größtentheils abbrechen und durch seinen Baumeister Caspar Theiß ein Schloss aufführen, welches den Namen „das zweite Haus" führte. Der achteckige Thurm dieses Schlosses, die sogenannte Reitschnecke, war so gebaut, dass man auf einem Wendelwege ohne Stufen emporreiten konnte. Graf Roch zu Lynar erweiterte das Schloss, und seinen Neubau nannte man das dritte Haus. Als hervorragendes Privathaus jener Zeit wird das des Ritters von Ribbeck, Breitestraße 35 angeführt, welches nachmals zum Marstall gehörte. Die angedeuteten Baulichkeiten überlebten zwar die Schrecknisse des dreißigjährigen Krieges, doch nicht ohne die Spuren des Verfalles. Der große Kurfürst griff kräftig umgestaltend in alle, so auch in die baulichen Verhältnisse ein. Der Baumeister Georg Memhardt begann 1650 die Verwandlung der Stadt in eine zeitgemäße Festung; Matthias Smids baute den Münzthurm, den Marstall und die Lauben des Mühlendammen. Unter dem ersten Könige trat Arnold Nering als Baumeister auf; an ihn erinnert das Dankelmannsche, oder heutige Fürstenhaus, das Derfflingersche, oder das heutige d'Heureusische Haus am Fischmarkt; auch die Akademie und das Zeughaus sowie die Kurfürstenbrücke erinnern an diesen Baumeister. Der größte Künstler und Baumeister dieser Zeit aber war Andreas Schlüter, welcher die verschiedenen Theile des Schlosses zu einem einheitlichen Ganzen verband und die inneren Räume des großen

Palastes auf eine bewundernswerte Weise ausschmückte; die Stukkatur des Rittersaales zeigt seine Meisterschaft nach dieser Richtung.

Diesem Künstler verdanken wir auch die Decorationsbauten des Zeughauses, die Mars- und Minervagruppen und den Trophäenschmuck der Ballustrade. Die Schlusssteine der Fensterwölbungen an der Außenseite schmückte er mit Helmstücken, die des Hofraumes aber mit den Masken sterbender Krieger, nach dem Vorbilde des leidenden Laokoon. Von Schlüter ist auch das Reiterbild des großen Kurfürsten und die Kanzel in der Marienkirche. Nach Schlüter übernahm der Schwede Eosander von Göthland die Weiterführung des Schlossbaues und baute das Hauptportal nach dem Muster des römischen Triumphbogens vom Kaiser Alexander Severus. König Friedrich Wilhelm I. ließ viel bauen und forderte sogar vom Magistrate die Herstellung von jährlich 200 Häusern. Der Oberst von Derschau kommandirte den Häuserbau, der nach dem Willen des Königs uniform ausfallen musste, daher die gleichförmigen langen Häuserreihen. Mauermeister Naumann baute die Dreifaltigkeits- und Bethlehemskirche. Martin Grünberg baute das Köllnische Rathaus, Gral den Thurm der Sophienkirche, Philipp Gerlach das Kammergericht, de Bodt den Johanniterpalast, jetzt Palais des Prinzen Karl, Wiesen das Haus des Baron Vernezobre, jetzt Palais des Prinzen Albrecht, Richter das Haus des Grafen von Schulenburg, jetzt Palais des Fürsten Radziwil, Böhme vollendete den Schlossbau. Unter Friedrich dem Großen verwandelte Knobelsdorf den Thiergarten in einen Park mit anmutigen Anlagen, baute das Opernhaus und führte den Bau von Sanssouci aus, nach Friedrichs eigenhändiger Federzeichnung.

Bumann, der Vater, schuf die Hedwigskirche nach dem Vorbilde des Pantheons in Rom, und den Palast des Prinzen Heinrich, die jetzige Universität, scherzweise der Palast Kakaki, weil dem Prinzen Heinrich dieser aus Kasernen- Kasematten- und Kirchenbau componirte Stil nicht zusagte. Dieser Baumeister führte auch das Potsdamer Rathaus aus, nach dem Muster des Amsterdamer Rathauses; man erhält hier die Anschauung eines Terrassen Daches. Bumann, der Sohn, baute die Bibliothek nach der bekannten Commodenidee, Unger leitete den Bau des deutschen, Gontard den des französischen Domthurmes am Schillerplatze. Von Gontard wurden auch die Leipziger- und die Königskolonaden hergestellt; Grünberg baute den Parochialthurm. Unter Friedrich Wilhelm II. war Langhans, der Vater, der maßgebende Architect; von ihm ist das Brandenburger Thor, welches Schadow mit der Quadriga schmückte; der Marienkirchthurm, die Mohrenkolonnaden und die Herkulesbrücke mit den Schadowschen Bildergruppen. Langhans, der Sohn, baute das Palais des Prinzen Wilhelm Unter den Linden, jetzt Palais unseres Kaisers. Unter Fridrich Wilhelm III. begann der berühmte Baumeister Friedrich Schinkel die nordische Residenz mit klassischen Bauten zu schmücken; die griechischen Werke aus der Zeit des Perikles gelten ihm als Musterbilder. Die kleinen Telegraphengebäude zwischen dem Potsdamer- und Leipzigerplatze zeigen uns den reinen dorischen Tempelstil; die Hauptwache ist nach dem Modell eines römischen Kastrums geschaffen, mit dorischer Vorhalle; die griechische Architectur zeigen ferner das alte Museum und das Schauspielhaus. Beim Palais des Grafen von Redern, am Pariser Platze, versuchte sich Schinkel im toskanischen oder florentinischen Baustile. An Schinkel erinnern ferner die Bauakademie, die Werdersche Kirche, die Sternwarte, die Schlossbrücke, das Kreuzbergmonument und das Mausoleum. Unter Friedrich Wilhelm IV. hat August Stüler, Schinkels Schüler, die meisten Bauten ausgeführt. Das neue Museum und der Kuppelbau über dem Triumphbogen des Schlosses sind seine Werke; unter den von ihm gebauten Kirchen sind die Jakobi-, Markus- und Bartholomäuskirche nennenswert. In neuester Zeit ist Berlin das Arbeitsfeld einer großen Zahl genialer Architecten, welche die verschiedensten Baustile zur Anschauung bringen. Adler baute die Thomaskirche; Busse das Zellengefängniß; Cohn, das Coppel- Jacque- und Bleichrödersche Haus; Cremer das Laboratorium und die Anatomie; Drewitz die Ulanenkaserne; Erdmann die städtische Turnhalle; Erbkam die Nationalgalerie; Ende-Böckmann, die preußische Bodencreditbank an der Opernpromenade, das Industriegebäude, das Rote Schloss, das Abelsche Haus, und die meisten Häuser der Beuthstraße; Ende die Anlagen im zoologischen Garten; Ebe Benda, Pringsheimsches Haus, Wilhelmstraße 67; Fleischinger das Kriegsministerium und die Dragonerkaserne; Geisler den Ostbahnhof; Hitzig, Börse, Bank, Circus, Markthalle, viele Häuser der Lenné-Bellevüe- und Victoriastraße, Krausesches Haus, Wilhelmstr. 66, Liebermann-Reichenheimsches Haus, Linden 6, Herzogs, Breitestr. 6, Eckardstein, Wilhelmstraße 66, Weimarsche Bank, Wilhelmstr. 67; Hennicke, Arnims Palais; Hanel, Köllnisches- und Sophien-Gymnasium, Luisenstädtische Gewerbeschule, Victoriaschule, 44. und 27. Gemeindeschule; Hesse, Thierarzneischule; Heiden-Killmann die Kaisergalerie; von der Hude, Gerson-, Markwald-, Seeger- und Süssmannsches Haus. Knoblauch den neuen Tempel und das russische Gesandtschaftspalais. Lohse das Wilhelms-Gymnasium; Lenth den Hannoverschen Bahnhof; Lüer das Aquarium; Möller die Erziehungsanstalt Urban; Neumann, Finanzministerium und Münze, Bodencreditbank, Linden 34; Orth, Zionskirche, Viehhof, Görlitzer Bahnhof, Stroußbergsches Haus; Persius, Schloss Babelsberg, Dammmühlen, Friedenskirche und Nikolaikirche in

Potsdam. Richter das Blüchersche Palais. Stein, Bethanien; Strack, Petrikirche, Biersches Haus, am Leipziger Platz, Borsigs Fabrik, Raczinskis Palais, Siegesdenkmal; Steuer, Generalstabsgebäude; Statz, Hedwigskrankenhaus; Eduard Schmidt, Alsenbrücke; Schmieden-Gropius, Kassenverein und Reichstagsgebäude; Sendler, Frankfurter Bahnhof; Sillich, Potsdamer Bahnhof; Soller, Michaeliskirche; Schwatlo, Reichspostgebäude; Tietz, Victoria-. und Wallner Theater, Kroll; Wäsemann, Berlinisches Rathaus, dessen innere Decorationen von Kolscher ausgeführt wurden.

Zu den monumentalen Bauten Berlins gehören außer den Kirchen folgende Gebäude:

Das kaiserliche Schloss, Renaissance; das kaiserliche Palais; Kronprinzliches Palais, Rampe und Veranda mit korinthischen Säulen; die markgräfliche Pfalz, das Lagerhaus von 1280; Zeughaus, Rokkoko-Renaissance; Hauptwache, dorisch; Universität, antik-romanisch; Bibliothek, Zopfstil; Opernhaus, Schauspielhaus, griechisch; Museen; Nationalgalerie, griechischer Tempelbau; Bau-Akademie; Münze, Renaissance; Börse, klassische Renaissance; Rathaus, venetianisch; Chemisches Laboratorium, Rundbogenstil; Prinz Albrecht, Karl, Friedrich Palais; Fürst Radziwil, Blücher, Pless Palais; Schloss Bellevüe und Monbijou; Graf Raczinski, Redern, Arnim Palais; die Ministerien; Telegraphenamt; Russisches Gesandtschaftshaus; Rotes Schloss, antike Renaissance; Aichungsamt am Enkeplatz von Spieker; Anatomie, romanisch; die Bahnhöfe, der Frankfurter mit der größten Halle in Deutschland 8300 □Meter, 220 Meter lang, 38 Meter breit. Haupt-Bank, griechische Renaissance; Bodenkredit Bank, italienische Renaissance; Kassen-Bank, Oberwallstr. 3 von Gropius und Schmieden, griechische Antike; Grundbank, Behrenstr. 7, von Kaiser und Großheim, italienische Renaissance; Meininger Bank, Behrenstr. 2, von Ende-Böckmann; von demselben Unionsbank, Behrenstr. 9, Renaissance; Generalstabsgebäude, Rundbogenstil; Industriegebäude, Renaissance; Gertraudenhospital; Dragoner- und Ulanenkaserne, normännischer Stil. Städtisches Krankenhaus, 14 Backsteinbauten nach dem Pavillion (Zelt) System, von Gropius und Schmieden; Kaiserliches General-Postamt, Leipzigerstr. 14, Renaissance von Schwatlo; Ressource (Gesellschaftshaus), Schadowstr. 7, Renaissance, von Heidecke; Antilopenhaus im zoologischen Garten, maurischer Stil von Ende-Böckmann; Elephantenhaus, daselbst, im indischen Pagodenstil, von Ende-Böckmann; Kaisergalerie, Galerie, Wallgang, Guallere, neuester Renaissancebau, von Heyden-Kyllmann; die eigentliche Glasstraße ist ganz in Terra cotta ausgeführt, aus der Fabrik von March; Terracotten (terra cocta, gebrannte Erde) sind aus feinem Ton bereitete unglasirte Arbeiten, die nur zur Ornamentirung dienen, in allen Schattirungen von braun und gelb bis weiß; die Schenkel der Galerie vereinigen sich in einem achteckigen Kuppelbau, dem Octogon. Pringsheim'sches Haus, venetianischer Palast, von Ebe-Benda, farbige Terra cotta, die Façade zeigt in venetianischem Glas-Mosaik das menschliche Leben, den Balkon stützen Kolossal-Karyatiden aus 500 Centner schweren Sandsteinblöcken. Coppel'sches Haus, Behrenstr. 31, italienische Renaissance, von Cohn. Seeger'sches Haus, Karlsbad 1, von Hude; Beck'sches Haus, Karlsbad 3, von Heyden-Kyllmann; Seelig'sches Haus, Leipzigerstraße 121, von Becker; Abel'sches Haus, florentinisch mit Loggien, offenen Oberhallen; Lessing'sches Haus, Dorotheenstr. 15; Musterbau eines Berliner Wohnhauses im neuesten Entwurfe von Gropius, als Gegensatz zu den französischen Mietskasernen und Speculationsbauten. Jacques'sches Haus, Mauerstr. 36, von Cohn; hier wohnte Varnhagen von Ense. Bleichröder'sches Haus, Behrenstr. 62, von Cohn; Geber'sches Haus, in der Rauchstr., Renaissance, von Heyden-Kyllmann; Gerson'sches Haus, Victoriastr. 26, von v. d. Hude; Quistorp'sches Haus, am Hegelplatz, von Petzholt; Stroußberg'sches Haus, von Orth; Markwald'sches Haus, Thiergartenstr. 27, v. d. Hude; Friedenthal'sches Haus, Lennéstr., Majolikenbau (Halbporzellan) von Gropius-Schmieden; Sußmann'sches, Hohenzollernstr. 5, Rokkokostil, v. d. Hude; Krause'sches Haus, Wilhelmstr. 66. Liebermann-Reichenheim'sches Haus, Linden 6; Bier'sches Haus, venetianisch, von Strack. Zahlreiche Bauten sind in Angriff genommen und die Baumeister wetteifern untereinander in der Darstellung schöner Formen und prachtvoller Einrichtung.

XVII. Inschriften und Sinnschriften.

A. Inschriften, Inscriptionen oder Epitaphen sind erklärende Aufschriften und bestehen in kurzen, inhaltreichen Sätzen an Denkmälern und Gebäuden, um außergewöhnliche Thaten und Ereignisse aufzubewahren; um dem zerstörenden Einflusse der Zeit recht lange Widerstand zu leisten, pflegt man die Inschriften in Erz und Stein zu graben; dieser Gebrauch ist uralt. Auf der Halbinsel Sinai, die aus der Lebensgeschichte von

Moses bekannt ist, giebt es ein Regenbach=Thal oder Wadi, das von beschriebenen Felswänden meilenweit begleitet wird; die Araber nennen es Wadi Mokatteb, das beschriebene Thal, oder das Thal der Inschriften; das Alter dieser Inscriptionen ist bis jetzt nicht ermittelt worden, einige sind neuern Ursprungs und stammen aus der Zeit der Kreuzzüge. Ein Haupterforderniss bei Inschriften ist Kürze, da sie sich nur über eine kleine Fläche ausbreiten dürfen. Die lateinische Sprache, die Sprache der Römer, ist wegen ihrer Bündigkeit ganz besonders geeignet mit wenigen Worten viel zu sagen, daher sind die lateinischen Inschriften am häufigsten anzutreffen. Da die meisten alten Inschriften in Lapide d. h. in Stein ausgeführt sind, so nennt man die kurze inhaltreiche Schreibweise auf Denkmälern den Lapidarstil; und die wegen ihrer Einfachheit dabei verwendete lateinische Schrift, die Lapidarschrift. Die wichtigsten Inschriften, welche sich an Gebäuden und auf Denkmälern in Berlin vorfinden, sind in lateinischer Sprache. Bei der folgenden Anführung sind nur die Uebersetzungen bezeichnet.

Die Inschriften am kaiserlichen Schlosse sind vom Professor Georg Wachler, welcher für die Verfertigung derselben vom Könige Friedrich Wilhelm I. zwölf Thaler erhielt.

Schlossportal Nr. 1. Das Schloss, welches der beste und größte Fürst Friedrich, als Kurfüst erbauen und neugestalten ließ, fand derselbe, als er mit Gottes Hilfe zum König von Preußen gekrönt war, vollendet. Begonnen im Jahre der Wiedergeburt der Welt 1699, vollendet im ersten Jahre des neuen Jahrhunderts der preußischen Königsherrschaft.

Schlossportal Nr. 2. Nach Beendigung des Krieges mit Pommern hat Friedrich Wilhelm König von Preußen und Kurfürst von Brandenburg das Schloss das von seinem in Gott ruhenden Vater vergrößert worden, vollendet und beide Gebäude durch einen Seitenflügel verbunden. Im Jahre 1716 der christlichen Zeitrechnung.

Schlossportal Nr. 3. Außenseite, an der Schlossfreiheit. Diese erhabenen Mauern erbaute Friedrich mitten im Kriege. Das Werk gleicht an Größe dem Sieger. Nicht anders durfte der preußische Kriegsgott in seiner Hauptstadt wohnen.

Schlossportal Nr. 3. Innenseite im Schlosshofe. Der in Gott ruhende König Friedrich von Preußen, Kurfürst von Brandenburg, hat nach Wiederherstellung des alten Preußenreiches das königliche Schloss gegründet und der Würde der Königsreiches gemäß erweitert, er, der Erhabene, der die schönen Künste zur ewigen Zierde der Hauptstadt und seines Jahrhunderts, wiederherstellte.

Schlosskuppel=Umschrift: Es ist in keinem andern Heil, ist auch kein anderer Name den Menschen gegeben, darinnen sie sollen selig werden, denn allein der Name Jesu Christi.

Zeughausportal. Den gerechten Waffen, zum Schrecken der Feinde, zum Schutze seiner Unterthanen und Verbündeten ließ Friedrich der Erste, König von Preußen, dieses Zeughaus mit jeder Art Kriegsgerät, Beute und Siegeszeichen angefüllt, von Grund aus erbauen. 1706.

Joachimsthalsches Gymnasium, Heilgegeiststr. 4. Diese Werkstätte der Frömmigkeit und der Wissenschaften hat Joachim Friedrich, Kurfürst von Brandenburg, in Joachimsthal gegründet und mit reichen Einkünften ausgestattet, im Jahre des Heils 1607. Friedrich Wilhelm der Große verlegte diese Anstalt nach der Hauptstadt, erneute und erhöhte ihre Einnahmen im Jahre 1650. Friedrich der Erste, König von Preußen, zeichnete sie in jeder Hinsicht aus, Friedrich Wilhelm erweiterte und vollendete sie glücklich im Jahre 1717.

Reiterbild des großen Kurfürsten, auf der Kurfürstenbrücke. Dem erhabenen Friedrich Wilhelm dem Großen, des heiligen römischen Reiches Erzkämmerer und brandenburgischen Kurfürsten, seinem, wie des Vaterlandes und des Heeres trefflichsten, berühmten Vater, der ein unvergleichlicher Held, während seines Lebens die Liebe der Menschen, aber auch ein Schrecken der Feinde gewesen, setzte dies ewige Denkmal der Verehrung freudig und betrübt, Friedrich, erster König von Preußen, aus seinem Stamme, im Jahre nach Christi Geburt 1703.

An der Kurfürstenbrücke ist zu lesen: Friedrich III. Kurfürst von Brandenburg.

Am Büstenbilde Friedrichs des Großen im Friedrichshain. Seinen Mitbürgern, die durch Gründung dieses Haines das Andenken an den großen König bewahren wollen, errichtete dieses Denkmal, als ein Zeichen des Dankes der Bürger Samuel Freytag. 1848. Neben diesem Samuel Freytagschen Büstenbilde merken wir uns die Anton Freytagsche Messingtafel, in der Poststraße.

Denktafel im Freytag'schen Hause, Poststr. 4. Zur Erinnerung an den Tod des Kurfürsten Johann Sigismund. An dieser hier bezeichneten Stelle gab, nach überstandenen Mühen seine Seele dem Himmel zurück, der durchlauchtigste Fürst und Herr, Johann Sigismund, der Marken zu Brandenburg Kurfürst, zu Preußen und Berg Herzog, in Gegenwart der durchlauchtigsten Kurfürstin, seines Nachfolgers und dessen Gemahlin, ferner dreier kurfürstlichen Töchter, so wie in Gegenwart vieler Geheimräte und treuer Diener, im Jahre Christi 1619, am 23. December, Nachmittags 3 Uhr, nachdem er auf dieser Erde 47 Jahr 6 Monat und 4 Tage gewandelt. Zum allerunterthänigsten Danke und zum ewigen

Andenken für die Nachkommenschaft, als besonderer und unauslöschlicher Ruhm für dieses Gebäude, ließ diesen Ort durch die gegenwärtigen Zeilen in unvergänglicher Schrift bezeichnen der Besitzer des Hauses, damaliger Zeit des verstorbenen Kurfürsten, höchstseligen Andenkens, geheimer Kammerdiener Anton Freytag und dessen Ehefrau Anna Steinfeld.

Am Denkmale Johann Cicero's; Grabschrift oder Epitaph im Dome. Anno Domini 1499, am Mittwoch nach dem heiligen Dreikönigstage ist gestorben der durchlauchtigste, hochgeborene Fürst und Herr Johannes, Markgraf zu Brandenburg, des heiligen römischen Reiches Erzkämmerer und Kurfürst; zu Stettin Pommern, der Kassuben und Wenden Herzog, Burggraf zu Nürnberg und Fürst zu Rügen, ein Vater Herrn Albrechts, Cardinal und Erzbischofs zu Mainz und Magdeburg und Herrn Joachims des Namens des Ersten, Gebrüder Markgrafen zu Brandenburg, beider Kurfürsten, dem Gott gnädig und barmherzig sei. Amen!

Am Reiterbilde Friedrichs des Großen; am Anfange der Linden: Friedrich dem Großen, Friedrich Wilhelm III. 1840. Vollendet unter Friedrich Wilhelm IV. 1851.

Standbild Friedrich Wilhelms III. im Thiergarten. Ihrem Könige Friedrich Wilhelm III. die dankbaren Bewohner Berlins. 1849.

Am Denkmale des Grafen von der Mark in der Dorotheenkirche; Epitaph. Friedrich Wilhelm Moritz Alexander, Graf von der Mark, geboren den 4. Januar 1779, gestorben den 1. August 1787, vom Vater beweint, mit trefflichen Eigenschaften geziert, in den freien Künsten frühzeitig unterrichtet, hat er sich zu einer höheren Geisteswelt aufgeschwungen und in die Chöre der Himmlischen gemischt.

Hedwigskirche, Giebelschrift, als ein Denkmal der Milde König Friedrichs, ließ der Kardinal Quirini dieses Portal, der heiligen Hedwig zu Ehren, auf eigene Kosten erbauen.

Garnisonkirche. Umschrift am Sonnenar: Er weicht nicht der Sonne!

Dreifaltigkeitskirche. Gipfelschrift am Sonnenaar: Gott allein die Ehre!

Denkmal Pufendorfs in der Nikolaikirche. Hier ruhen die Gebeine des Baron Samuel von Pufendorf, Geheimerrat des Kurfürsten von Brandenburg. Seine Seele ist in den Himmel aufgenommen, sein Ruf ist in der ganzen Welt bekannt. Geboren den 8. Januar 1637, gestorben den 26. October 1694.

Denkmal Speners, in der Nikolaikirche. Allhier ruhet der entseelte Leichnam Herrn Philipp Jakob Speners, welcher in seinem Leben, Lehren und Schriften nichts anderes als den wahren Gottesdienst in

Heiligkeit und Gerechtigkeit, die ihm gefällig ist, zum Zweck gehabt. Derselbe, nachdem er 70 Jahre und 8 Tage in seinem Leben und beinahe 50 Jahre in seinen an verschieden Orten getragenen ansehnlichen Ehrenämtern in der Welt geleuchtet, ist endlich den 5. Februar 1705 als ein Licht erloschen. Er leuchtet nun in der Ewigkeit unter den Sternen großer Lehrer und in seinem guten Namen auf Erden. Geboren 1635. Gestorben 1705.

Denkmal Schleiermachers auf dem Dreifaltigkeitskirchhofe in der Bergmannstr. Gedenket an eure Lehrer, die euch das Wort Gottes gelehrt haben, und folget ihrem Glauben nach.

Begräbnißplatz der Krieger von Großbeeren und Dennewitz, in der Hasenhaide. Heilig und unverletzlich ist die Ruhestätte der in den Jahren 1813 und 1814 in den hiesigen Lazarethen an ihren Wunden verstorbenen Vertheidiger des Vaterlandes.

Denkmal der Krieger vom Garde Schützen Regiment im Karlsgarten, in der Hasenhaide. Gott war mit uns, Ihm sei die Ehre. Am 30. October 1871. Jahrestag der Schlacht von Le Bourget.

Pallas Denkmal auf dem Halleschen Kirchhofe in der Pionierstr. Durch viele Länder hin und her getrieben, um das Wesen der Dinge zu erforschen, ruht er endlich hier. Das Grabmal mit der von ihm vorgeschriebenen Inschrift, errichteten die Berliner und Petersburger Akademie.

Fichtes Denkmal auf dem Dorotheenkirchhofe, in der Chausseestraße. Die Lehrer werden leuchten wie des Himmels Glanz, und die, so viele zur Gerechtigkeit wiesen, wie die Sterne, immer und ewig.

Lortzings Denkmal auf dem Sophienkirchhofe in der Bergstr. Deutsch war sein Lied und deutsch sein Leid, sein Leben Kampf mit Not und Neid. Das Leid flieht diesen Friedensort, der Kampf ist aus, sein Lied tönt fort.

Altes Museum. Friedrich Wilhelm errichtete dieses Museum für das Studium der Alterthümer jeder Gattung und der freien Künste.

Neues Museum. Morgenseite. Das von seinem hochseligen Vater gegründete Museum hat der Sohn erweitert. 1855. Abendseite: Die Kunst hasst nur derjenige, welcher sie nicht kennt.

Opernhaus. Mitternachtseite. König Friedrich dem Apollo und den Musen. Mittagseite. Friedrich Wilhelm IV. hat das abgebrannte Opernhaus wiederhergestellt 1844.

Schauspielhaus. Friedrich Wilhelm III. hat das abgebrannte Schauspielhaus in größerer Pracht wiederhergestellt 1821.

Universität. König Friedrich Wilhelm III. der wissenschaftlichen Hochschule im Jahre 1809.

Bibliothek. Nährung für den Geist.

Kadettenhaus. Neue Friedrichstr. 13. Den Zöglingen des Mars und der Minerva.

Invalidenhaus. Invalidenstr. Den verwundeten und unbesiegten Kriegern.

Münze. Von Friedrich Wilhelm III. errichtet für das Münzwesen, den Bergbau und die Baukunst 1800.

Kriegersäule im Invalidenpark. National Krieger-Denkmal zum Gedächtnifs der in den Jahren 1848 und 1849 treu ihrer Pflicht für König und Vaterland, Gesetz und Ordnung gefallenen Brüder und Waffengenossen errichtet durch den Unterstützungsverein von Berg und Mark.

Denktafel am Bankgebäude, Jägerstr. 34. Grenadier Theissen, vom Kaiser Franz Grenadier Regiment, aus dem Kreise Kochem, Regierungsbezirk Koblenz, fiel hier durch Meuchelmord als erstes Opfer der Revolte in Berlin den 18. März 1848 in Erfüllung seiner Pflicht als treuer Soldat. Sein Andenken ehrt König Friedrich Wilhelm IV.

Nationaldenkmal auf dem Kreuzberge. Der König dem Volke, das auf seinen Ruf hochherzig Gut und Blut dem Vaterlande darbrachte, den Gefallenen zum Gedächtnifs, den Lebenden zur Anerkennung, den künftigen Geschlechtern zur Nacheiferung.

Standbild Schillers auf dem Schillerplatze. Dem Dichterfürsten, die Stadt Berlin 1871.

Koppe Denkmal auf dem Koppenplatz. Herrn Christian Koppe, Ratsverwandter und Stadthauptmann zu Berlin, widmete diesen Platz und dessen Umgebung im Jahre 1705 als Ruhestätte den Armen und Waisen, in deren Mitte Er selbst mit den Seinigen ruhen wollte und ruht. Sein Andenken ehrt dankbar die Stadt Berlin. 1855.

Amazonendenkmal im Invalidenpark. Ihren geliebten Kindern, die trauernden Eltern. 1861. Dabei die Namen der 114 verunglückten Seeleute.

Standbild Blüchers am Opernhause. Friedrich Wilhelm III. dem Feldmarschall Fürsten Blücher von Wahlstadt. 1826.

Standbild Thär's auf dem Schinkelplatze. Albrecht Thär, geb. 1752, gest. 1828. Dem Begründer des wissenschaftlichen Landbaues das dankbare Vaterland.

Portalschrift des neuen Tempels. Öffnet die Thore! Es möge eintreten das gerechte Volk, das die Treue bewahret! Jes. 26, 2.

B. Sinnschriften, Denksprüche, Wahlsprüche, (Gnomen und Mottos) waren schon in alten Zeiten gebräuchlich; besonders beliebt waren sie bei uns im vorigen Jahrhunderte. Wenn der Spruch einem Sinnbilde oder Simbole beigefügt ist, und zu dessen Erläuterung beiträgt, so heißt er Devise, Bekleidungsspruch oder Leibspruch.

In keiner der bedeutenden Herrscherfamilien Europas hat die Eintracht und das gute Vernehmen unter den einzelnen Gliedern so vorgewaltet, wie in der Familie der Hohenzollern; die Geschichte erwähnt nicht eines einzigen Gewaltactes oder blutigen Ereignisses, welche in Folge einer Palastverschwörung oder eines Thronstreites sich zugetragen hätte, vielmehr ist die Geschichte dieses Fürstengeschlechtes reich an Bildern eines glücklichen Familienlebens. Der ritterliche Sinn ist das Erbtheil des männlichen Geschlechtes; der häusliche Sinn wohnt dem weiblichen Geschlechte inne, beide umschlingt die Religiosität und bildet den Grundzug ihres Charakters. Diese Religiosität giebt sich kund in den mancherlei Sinnschriften und Wahlsprüchen, welche uns die Geschichte aufbewahrt hat vom Burggrafen Friedrich bis zum Kaiser Wilhelm, von der schönen Else bis zur leutseligen Augusta.

Kurfürst Friedrich I. der Burggraf von dem schon der Papst Martin sagte: „Jeder Zoll ein Kaiser", liebte den Wahlspruch: „Wer Gott vertraut den verlässt er nicht." Er sprach diese Worte beim Antritte seiner Regierung in der Mark, deren missliche Verhältnisse einen festen und entschlossenen Mann verlangten. Der Archivar Georg Neumark aus Weimar legte diesen Ausspruch seinem Liede „Wer nur den lieben Gott lässt walten", zum Grunde. Die Burggräfin und erste Kurfürstin, Elisabeth von Landshut, die schöne Else, die während der Abwesenheit ihres fürstlichen Gemahles die Regierungsgeschäfte mit Umsicht leitete, drückte obigen Wahlspruch kürzer aus mit den Worten: „Gott mit uns!" Mit diesen Worten eröffnete Gustav Adolf die Schlacht bei Lützen; auch finden sich dieselben als Randschrift an einigen Münzen.

Friedrich II. der Eiserne hatte keinen bestimmten Wahlspruch, doch drückte sich das „Bete und arbeite" in seinen Handlungen aus. Der berühmte Äneas Sylvius, der nachmalige Papst Pius II. sagte von ihm: „in Recht und Sitte fest!" Sein Schwert weihte Friedrich dem Dienste Gottes und empfahl es seinen Nachkommen durch die Inschrift: „Nimm dieses Schwert, als ein Geschenk von Gott, mit ihm wirst du immer die Feinde Gottes tödlich treffen!" Der ritterliche Albrecht, der deutsche Achilles kennzeichnet sich durch die Worte mit denen er die Vorschläge zu rauschenden Vergnügungen abwies: „Wir wollen als fromme Fürsten den Fußtapfen unserer Eltern nachgehen:" sein Wahlspruch war: „Gottes Fügung, meine Begnügung!". Auf seinem Harnisch las man die Worte: „In Gott's Gewalt, hab' ich's gestallt!" Johann, wegen seiner Gewandheit in der lateinischen Sprache, der deutsche Cicero genannt, bediente sich öfter der Worte: „All Ding, ein Weil". Joachim I. der strenge und ernste Wiederhersteller der Gerechtigkeitspflege sagte: „Mit Recht und Gerechtigkeit; sein heiterer Sohn Joachim II., der allen

Landeskindern mit landesväterlichen Wohlwollen entgegenkam, sprach: „Königlich ist es, allen wohlzuthun!“ Seine Mutter, die glaubensstarke Elisabeth von Dänemark hatte den Wahlspruch: „Gottes Wort und Luthers Lehr, wird vergehen nimmermehr“! Der Markgraf Johann von Küstrin der Bruder des Kurfürsten Joachim II. schrieb und sprach: „Schweigen und Hoffen ist meine Stärke.“ Diesen Wahlspruch theilte er mit seinem berühmten Zeitgenossen, dem großen Oranier Wilhelm, dem Schweigenden, dem Helden des niederländischen Befreiungskrieges. Als Dienstmann des Kaisers Karl V. schrieb Johann auf seine Fahne: „dem Kaiser, was des Kaisers ist, und Gott was Gottes ist!“ Der Markgraf von Anspach und Herzog von Jägerndorf, Georg der Fromme, der Enkel des Kurfürsten Albrecht Achilles, trat auf dem Reichstage zu Augsburg mit seinem Wahlspruche: „Ist Gott für uns, wer mag wider uns sein!“ vor die protestantischen Abgeordneten. Sein Sohn der Markgraf Georg Friedrich von Anspach-Baireuth, machte das salomonische Wort: „Alles hat seine Zeit“ zu seinem Wahlspruche. Die Gemahlin des Markgrafen, Elisabeth, die Tochter des genannten Johann von Küstrin, bediente sich der Worte: „Meine Zeit in Unruhe, meine Hoffnung in Gott.“

Auch die Schwester der Markgräfin, unsere Kurfürstin Katharina, die gute Käte, führte diesen Wahlspruch, den man über ihrem Sarge im Dome zu Königsberg lesen kann. Albrecht Alkibiades, der Neffe Georg des Frommen, ein rauher unbändiger Krieger, pflegte zu sagen: „der Stärkere überwindet den Starken!“ Wenn er sein Streitroß bestiegen hatte betete er: „Das walte unser Herr Jesus Christ, mit Gott dem Vater, der über uns ist: wer stärker ist als dieser Mann, der komme und thue ein Leid mir an!“ Der Herzog Albrecht I. von Preußen, der Bruder Georg des Frommen von Anspach, hatte den Wahlspruch: „Der Gerechte lebt von der Treue.“ In den Stammbüchern seiner Enkelinnen, der fünf preußischen Erbtöchter finden sich Denksprüche, denen die zu Fürstinnen erhobenen Prinzessinnen stets treu geblieben sind. Anna von Brandenburg schrieb: „Gottes Wort, mein Hort!“ Maria von Baireuth: „Alles nach Gottes Willen!“ Sophie von Kurland: „Gott allein mein Trost!“ Eleonore von Brandenburg: „Gott hilft den Elenden!“ Magdalene von Sachsen: „Was Gott will, das geschehe mir!“ Der Kurfürst Johann II. Georg wählte zum Motto: „Gerecht und Milde.“ Die jüngste von seinen sieben Töchtern, Dorothee Sibille, die liebe Dorel, welche an den Herzog Christian III., von Liegnitz Brieg verheiratet war, pflegte zu sagen: „Alles von Gottes Gnaden!“ Der Älteste von ihren zehn Brüdern, Kurfürst Joachim III., Friedrich, liebte den Spruch: „Die Furcht des Herrn ist der Weisheit

Anfang. Sein Sohn Johann III., Sigismund, äußerte sich mündlich und schriftlich: „Für die reine Lehr und die Unterthan' will ich gerne mein Leben lahn. Sein Bruder, der Herzog Johann Georg von Jägerndorf, der Heermeister des Johanniterordens, der vom Kaiser Ferdinand II. seines Herzogthumes beraubt wurde, handelte nach seinem Leibspruch: „Ich wag's, Gott walt's!" Auf seinen Reitersiegeln erscheint er als Ritter Georg, der den Drachen tödtet. Sein Sohn Ernst theilte in der Jugend des Vaters Widerwärtigkeiten. Als er in die kurfürstliche Familie nach Berlin zurückkehrte, und die wegen ihrer Klugheit und Schönheit bewunderte Kurprinzessin Charlotte, die Schwester des großen Kurfürsten seine Braut wurde, nahm er zu seinem Wahlspruch die Worte: „Durch Schwierigkeit zur Herrlichkeit! Durchs Kreuz zur Krone!" Eleonore, die Tochter Johann Sigismunds, die Gemahlin Gustav Adolfs, pflegte zu sagen: „Gott heil, mein Theil!" Ihre Schwester Katharine, Gemahlin des Königs Betlen Gabor von Ungarn, bediente sich des Wahlspruches: „Gottesfurcht ist meine Burg!" Der große Kurfürst Friedrich Wilhelm, dem der Sonnenaar mit der Devise: „Auch nicht der Sonne weicht er" ein beliebtes Sinnbild war, wählte den Spruch: „Gott ist meine Stärke!" Er verglich sich vor seinem Regierungsantritte mit dem verfolgten David, dessen Psalmen er stets bei sich führte, und schöpfte aus ihnen Trost und Stärke. Seine erste Gemahlin, Luise, die Enkelin des großen Oraniers Wilhelm, stellte ihren Lieblingsspruch: „Jesus meine Zuversicht" an die Spitze eines geistlichen Liedes. Die zweite Gemahlin des großen Kurfürsten, Dorothee, eine Prinzessin von Holstein liebte den paulinischen Ausspruch! „Prüfet Alles, und das Beste behaltet!" Der zweite Sohn des Kurfürsten Johann Georg, der Markgraf Christian von Bayreuth wählte den Vers: „Meine Hilfe kommt von dem Herrn!" Sein Urenkel Georg Karl von Bayreuth, machte die Worte: „Aufrichtig und Beständig", zu seinem Motto, welches er nachmals dem von ihm gestiftetem rotem Adlerorden einverleibte. Sein Bruder Friedrich Christian schnitt seinen Wahlspruch am Tage seines Regierungsantrittes mit einem Diamantringe in die Fensterscheibe seines Wohnzimmers: „Der schönste Vorzug eines großen Herrn besteht darin, dass er Tausenden Gutes erweist." Der Sohn der großen Kurfürsten, Philipp, Markgraf von Schwedt, bediente sich der Worte: „Immer Derselbe." König Friedrich I. liebte den Wahlspruch: Jedem das Seine. Schon Kaiser Karl V. pflegte durch diese Worte seine Gerechtigkeitsliebe auszudrücken. Der preußische Donneraar mit Blitzen und Blättern kennzeichnet des ersten Königs festen Entschluss, zu strafen und zu belohnen. Dieser Donneraar bildet den Mittelpunkt des schwarzen Adlerordens, mit jenen Worten in lateinischer Sprache als Devise. Des Königs geistreiche Gemahlin, die Königin Charlotte, eine Prinzessin von Hannover liebte das Bild der Biene mit der Devise: „Meine Pflicht ist mein Vergnügen!“

König Friedrich Wilhelm I. gesellte zum Donneraar, noch den Sonnenaar, einen der Sonne zu fliegenden Adler mit der Devise: Er weicht nicht der Sonne. Dies war schon des großen Kurfürsten Lieblingsbild; sein gleichnamiger Enkel schmückte mit demselben die Thüren der Garnisonkirche und die Spitze der Dreifaltigkeitskirche. Licht und Recht, Wahrheit und Gerechtigkeit sollen der Staatsweisheit unveränderliche Folie sein.

Friedrich der Große weihte seinen Degen mit den Worten: „Für den Ruhm und das Vaterland.“ Mit mächtigem Flügelschlage erhoben sich die preußischen Aare auf den Wink dieses Monarchen; und all die einköpfigen und zweiköpfigen Wappenthiere der europäischen Großmächte wurden überflügelt.

Friedrich Wilhelm III. hatte in trüber Zeit am Sarge der Kurfürstin Katharina im Dome zu Königsberg die Worte gelesen: „Meine Zeit in Unruhe, meine Hoffnung in Gott“; diese Worte bildeten fortan seinen Wahlspruch. Seine Gemahlin, die Königin Luise, eine Prinzessin von Mecklenburg Strelitz that Alles „Mit Gott für König und Vaterland!“ Dieser Ausspruch wurde das Losungswort der preußischen Landwehr, die den Thron der Hohenzollern wieder aufgerichtet hat. Mit den Worten: „Ich und mein Haus wollen dem Herrn dienen“, trat Friedrich Wilhelm IV. vor den vereinigten Landtag. Sein Bruder Wilhelm, der siegreiche Kaiser von Deutschland huldigt dem alten Wahlspruche: „Gott mit uns!“ Von Friedrich Wilhelm, dem Kronprinzen des deutschen Reiches haben wir den Denkspruch: „Furchtlos und beharrlich.“ Prinz Friedrich Karl empfahl seine kühnen Unternehmungen mit dem Wahlspruche des Johanniter Heermeisters: „Ich wag's, Gott walt's! Der Geist, der uns aus diesen Sprüchen entgegen weht, belebt die Anhänglichkeit für die Familie der Hohenzollern. Unwandelbar wachse und blühe dieses Herrscherhaus. Dieser Wunsch ist gleichbedeutend mit dem lateinischen Weihespruche auf der Krönungsmünze vom Jahre 1701. Der Ewigkeit des erhabenen Geschlechtes: „Aeternitati gentis Augustae!“

XVIII. Stadt und Staat.

A. Linienlage.

Denken wir uns durch Berlin in der Richtung von Norden nach Süden eine Linie gezogen und auf diese Linie einen senkrechten Stab gestellt, so würde der Schattenstrich dieses Stabes Mittags zwölf Uhr mit der Linie zusammenfallen; diese Erscheinung wiederholt sich täglich zur Mittagszeit. Deswegen heißt diese Linie die Mittagslinie, oder der Meridian. Nach Norden hin verlängert, würde diese Linie die dänische Hauptstadt Kopenhagen, nach Süden hin die italische Hauptstadt Rom berühren; beide Orte, sowie überhaupt alle Orte, die unter dieser Linie liegen, haben mit Berlin zu gleicher Zeit Mittag. Durch jeden Ort der Erde kann man sich eine solche Nordsüdlinie gezogen denken, darum hat jeder Ort seinen Meridian.

Wir können uns aber auch in der Richtung von Osten nach Westen durch jeden Ort eine Ostwestlinie gezogen denken; alle Ostwestlinien sind untereinander gleichlaufend oder parallel, deshalb heißen sie Parallelen. Die Linien, mit denen wir die Erde überziehen, müssen krumm sein, weil die Oberfläche jeder Kugel gebogen ist, es müssen Kreislinien sein, weil sie die Erdkugel umschließen; sie müssen ein Netz bilden, weil sie sich alle durchschneiden. Betrachten wir einen kleinen Theil der Erdkugeloberfläche, so werden wir von ihrer Krümmung nicht viel bemerken, die Oberfläche zeigt sich dann als Ebene und die Linien des Netzes erscheinen als gerade Striche, die sich rechtwinklig schneiden.

Durch das Liniennetz der Erdkugel ist es möglich die Lage eines Ortes auf das genaueste zu bestimmen. Zunächst ist es notwendig von den vielen Meridianen und Parallelen eine bestimmte Zahl anzunehmen; das Maß dafür ist die Kreislinie; die Parallellen sind Vollkreise von 360°, die Meridiane Halbkreise von 180°. Indem nun durch jeden Parallelgrad ein Meridian, und durch jeden Meridiangrad ein Parallel gelegt ist, ergiebt sich von selbst die Zahl von 360 Meridianen und 180 Parallelen. Es muſs ferner eine von den vielen Linien beiderlei Bezeichnung, als Anfangspunkte der Zählung angenommen werden; in Bezug auf diese Nordsüdlinien ist es der Nullmeridian oder der Mittler, in Bezug auf die Ostwestlinien ist es der Nullkreis oder der Gleicher. Die Zählung wird von den bezeichneten Anfangspunkten nach zwei Richtungen hin vorgenommen: vom Mittler nach Osten und Westen; vom Gleicher nach Norden und Süden; es giebt also $2 \times 180 = 360$ Meridiane und $2 \times 90 = 180$ Parallelen. Zum bessern Verständniſs diene beifolgende Zeichnung: Ein oblonges Viereck ist durch dreizehn senkrechte und 9 wagrechte Linien netzförmig überzogen, so daſs 140 kleine Felder entstehen, welche wiederum durch zwei sich kreuzende Theilstriche in vier Viertel abgetheilt werden; jedes Viertel wird der Bestimmung wegen farbig gedacht und jedes der 35 Viertelfelder wird mit einem Buchstaben bezeichnet. Ferner sei bemerkt, daß die Figur in der Ostwestrichtung sich weiter ausdehnt, als in der Nordsüdrichtung und daſs man die größere Ausdehnung die Länge die kleinere Ausdehnung aber die Breite der

Fläche nennt. Die Menschen der alten Zeit wussten von der Kugelgestalt der Erde nichts; sie nahmen die Erde für das, was sie scheint, für eine Fläche, und da ihnen dieselbe in der Ostwestrichtung weiter bekannt war, als in der Nordsüdrichtung, so nannten sie die Ostwestrichtung die Länge, die Nordsüdrichtung aber die Breite der Erde. Diese Eintheilung der Erdoberfläche ist beibehalten und auch auf die Kugeloberfläche übertragen worden. Nach dieser Vorstellung wollen wir auf unserm Bilde die senkrechten Linien, Längengrade nennen, weil sie dazu dienen, die größere Ausdehnung der Fläche zu messen; die wagerechten Linien dagegen Breitengrade weil sie sich auf die kleinen Ausdehnungen der Fläche beziehen. Die Zahl der Längengrade müssen wir uns östlich und westlich vom Mittler auf 180, die der Breitengrade nördlich und südlich vom Gleicher auf 90 fortgesetzt denken.

Nördliche Breite.

rot. Mittler. gelb.

7 6 5 4 3 2 1 0 1 2 3 4 5 6 7

Westliche Länge. 0 Kreis. Östliche Länge. Gleicher

5–4	a	b	c	d	e	f	g	a	b	c	d	e	f	g
4–3	h	i	k	l	m	n	o	h	i	k	l	m	n	o
3–2	p	q	r	s	t	u	v	p	q	r	s	t	u	v
2–1	w	x	y	z	j	ch	sch	w	x	y	z	j	ch	sch
1–0	ä	ö	ü	au	ei	eu	ui	ä	ö	ü	au	ei	eu	ui
0–1	a	b	c	d	e	f	g	a	b	c	d	e	f	g
1–2	h	i	k	l	m	n	o	h	i	k	l	m	n	o
2–3	p	q	r	s	t	u	v	p	p	r	s	t	u	v
3–4	w	x	y	z	j	ch	sch	w	x	y	z	j	ch	sch
4–5	ä	ö	ü	au	ei	eu	ui	ä	ö	ü	au	ei	eu	ui

7 6 5 4 3 2 1 0 1 2 3 4 5 6 7

grün. Meridian. blau.

Südliche Breite.

Beispielsweise: Rot m liegt zwischen dem 2. und 3. Grade westlicher Länge; (2—3° W. L.) und zwischen dem 3. und 4. Grade nördlicher Breite; (3—4° N. B.) Gelb sch (sche) liegt zwischen dem 6. und 7. Grade östlicher Länge; (6—7° Ö. L.) und zwischen dem 1. und 2. Grade nördlicher Breite; (1—2° N. B.) Grün g liegt zwischen dem Nullten und 1. Grade westlicher Länge; (0—1° W. L.) und zwischen dem Nullten und 1. Grade südlicher Breite; (0—1° S. B.) Blau ch (che) liegt zwischen dem 5. und 6. Grade östlicher Länge; (5—6 Ö. L.) und zwischen dem 3. und 4. Grade südlicher Breite; (3—4° S. B.); — in dieser Weise werden die Übungen fortgesetzt.

Die Erläuterung führt zum Verständniss mit der Linienlage Berlins. Berlin liegt zwischen dem 31. und 32. Grade östlicher Länge, und zwischen dem 52. und 53. Grade nördlicher Breite d. h. Berlin liegt in dem Netzviereck, dessen senkrechte Seiten 31. und 32. Grad vom Mittler östlich, die wagerechten Seiten aber 52. und 53. Grad vom Gleicher nördlich entfernt sind. Wir zeichnen ein Viereck von 18 Centimeter Länge und 9 Centimeter Breite, überziehen dasselbe den Theilungspunkten entsprechend mit senkrechten und wagerechten Strichen und erhalten ein Viereck mit 162 Feldern; es soll dies das erweiterte gelbe Viertel unserer Tafel vorstellen. Ein Centimeter hat 10 Millimeter; diese Millimeter werden als Grade gedacht, dann ergiebt die Zeichnung 180 östliche Längen- und 90 nördliche Breitengrade. Berlin würde auf demjenigen Felde anzugeben sein, das von dem 30. u. 40. Längen- und dem 50. u. 60. Breitenstrich eingeschlossen wird; der Kreuzungspunkt der Linien 31 und 52 ist leicht zu finden. Zu bemerken ist, dass der 31. Meridian von der Gabelung der Tegel-Daldorfer Chaussee durch den Plötzensee, östlich von Martiniken, durch die Porzellanfabrik, westlich vom zoologischen Garten durch den Kurfürstendamm, östlich von Wilmersdorf, durch den Halteplatz Lichterfelde an der Anhalter Bahn streicht. Der 52. Parallel streicht nördlich vom Schildhorn und Halensee, durch den Kurfürstendamm, südlich vom Nollendorfplatz, durch dem Dresdener Bahnhof, Belleallianceplatz, Görlitzer Bahnhof und Rummelsburger See. Der Kreuzpunkt beider Netzlinien liegt zwischen dem zoologischen Garten und Wilmersdorf an der Verbindungsbahn.

B. Neigungslage.

Man nimmt auf der Erdkugel zwei Punkte an, um welche sich dieselbe dreht, deshalb heißen sie Drehpunkte, Angelpunkte oder Pole; der eine heißt Nord-, der andere Südpol, sie sind die Endpunkte der geraden Linie, welche man sich durch die Erdkugel gezogen denkt und um welche sich dieselbe dreht, Axenpunkte. Die Gegenden in der Nähe der Pole heißen Polargegenden, es sind die kältesten der Erde; sie liegen unter dem kalten Himmelsstriche. Zwischen diesen Drehpunkten denkt man sich eine Kreislinie um die Erdkugel gezogen, von beiden Polen gleichweit entfernt, sie theilt die Oberfläche der Erde in zwei ganze gleiche Hälften, deshalb heißt diese Linie der Gleicher, Gleichmacher oder Äquator. Die Gegenden zu beiden Seiten derselben sind die wärmsten der Erde, sie liegen unter dem heißen Himmelsstriche. Die beiden Pole sind vom Gleicher je 1350 Meilen entfernt. Denken wir uns noch zwei Kreise um die Erdkugel durch die Halbirungspunkte dieser Strecken gezogen, vom Pole und Äquator gleich weit also 675 Meilen entfernt, so erhalten wir die Temperallinien; die Gegenden zu beiden Seiten derselben sind weder zu kalt noch zu warm, sie liegen unter dem gemäßigten Himmelsstriche. Da wir uns die Himmelsstriche wie breite Streifen um die Erdkugel gelegt denken, so sind sie mit Gürteln oder Zonen verglichen worden, demnach giebt es eine heiße, zwei gemäßigte und zwei kalte Zonen. Unter den Parallelkreisen der Erdkugel ist der Gleicher der größeste; diese Kreise werden nach den Polen hin immer kleiner; der neunzigste fällt mit dem Pol zusammen. Würden alle Parallelen auf der Durchschnittsebene der Erdkugel der Äquatorebene zusammenfallen, so müsste der Pol den Mittelpunkt von 89 concentrischen Kreisen bilden, deren äußerster der Gleicher ist. Der Äquator theilt die Erde in die nördliche und südliche Halbkugel. Von Pol zu Pol umspannen 360 Halbkreise die Erde; sie durchschneiden die Parallelen rechtwinklig; im Gleicher sind ihre Durchschnittspunkte 15 Meilen von einander entfernt. Die Zählung beginnt mit dem Nullmeridian oder Mittler; als solcher wird schon seit alten Zeiten derjenige angenommen, welcher die kanarische Insel Ferro streift; diese liegt 555 Meilen von Berlin in südwestlicher Richtung. Der Mittler theilt die Erde in die östliche und westliche Halbkugel. Die Schnittfläche des Mittlers steht auf der Schnittfläche des Gleichers senkrecht. Für die Meridianrichtung liefern geriefelte Melonen und geschälte Apfelsinen passende Vergleiche. Die Erdkugeloberfläche auf welcher sich Deutschland ausbreitet, ist mehr dem Pole, als dem Gleicher zugeneigt, deshalb übt die kalte Luft des Nordens bei uns einen größern Einfluss aus, als die warme Luft des Südens. Die angedeutete Neigung bezeichnen wir mit dem Worte Klima und die Beschaffenheit der Luft in Beziehung auf Kälte und Wärme, mit dem Worte Temperatur; darum sagen wir: Deutschland, ins Besondere Berlin hat ein rauhes Klima; die schöne Jahreszeit hält bei uns selten fünf Monate an. Der Nordpol ist von uns 560, der Gleicher aber 785 Meilen entfernt. Unser südlich gelegenes Nachbarland Italien neigt sich mehr zum Gleicher als zum Pole, daher ist die Luft mehr warm als kalt und wir nennen das Klima dieses Landes mild. Beide Länder gehören dem gemäßigten Himmelsstriche an, denn sie liegen zu beiden Seiten der Temperallinie oder des Tempers; aber die verschiedene Neigung bringt große

Temperaturunterschiede hervor. Italien liegt unter dem lauen Himmelsstriche und besitzt ein mildgemäßigtes Klima; Deutschland liegt unter dem rauhen Himmelsstriche und besitzt ein strenggemäßigtes Klima.

C. Witterungslage.

Mit dem Temperaturwechsel hängt auch der Wetterwechsel zusammen, denn die Krümmung der Erdoberfläche beeinflußt nicht blos die Erleuchtung und Erwärmung sondern auch die Witterung, daher wird sie dem Begriffe Klima untergeordnet, man unterscheidet danach ein mathematisches und physisches Klima. Bei dem Letzteren kommt es darauf an, ob ein Ort hoch oder niedrig, frei oder gedeckt, auf sandigem oder sumpfigem Boden, in waldreicher oder wasserreicher Umgebung, am Ost-, Süd-, West- oder Nordabhange eines Gebirges liegt. Zwischen Deutschland und Italien auf dem Temper erhebt sich die 2000 Meter hohe Alpenwand; diese Gebirgsmauer bildet zugleich die Wetterscheide der beiden Länder. Der warme Südwind weht über Italien bis zu den Alpen; die Alpenmauer hält ihn von Deutschland ab; der kalte Nordwind weht über Deutschland bis an die Alpen; die Alpenwand schützt Italien vor seinem Eindringen; daher ist der Temperaturunterschied beider Länder so groß.

Was im Allgemeinen von Deutschland gesagt ist, gilt im Besondern von der Mark Brandenburg und bezieht sich auch auf Berlin. Die Witterung ist häufigem Wechsel unterworfen, aber ein plötzlicher Übergang ist ungewöhnlich. Die Mark wurde ihres losen Bodens wegen des heiligen römischen Reiches Sandbüchse genannt, demnach müsste die Luft sehr trocken sein, aber die reiche Bewässerung und Bewaldung trägt dazu bei, dass der Feuchtigkeitsgehalt der Luft überwiegend ist.

Regelmäßige Luftströmungen sind nicht wahrzunehmen; vorherrschend ist der Westwind, er bringt häufig feuchtes, für Berlin sogenanntes Spandauer Wetter; Nordwinde sind kalt, Ostwinde trocken, Südwinde lau. Günstiges Wetter ist selten von langer Dauer; von den durchschnittlich 60 heitern Tagen im Jahre sind gegen 6 wolkenlos. Die mittlere Temperatur beträgt nach 150 jähriger Beobachtung + 10° C; im Winter 0°, im Frühling + 7, im Sommer + 18, im Herbst + 8; die größte beobachtete Kälte ergab —26° C unter dem Winde; die größte Wärme +38° C im Schatten.

D. Richtungslage.

Die niedrigste Stelle der Erdoberfläche ist der Meeresspiegel; das feste flache Land muss höher liegen als die Meeresfläche, sonst würde eine Überschwemmung statt finden. Die Unebenheiten des festen Landes: Anhöhen, Hügel, Tafelländer und Berge erheben sich mehr oder weniger über die Meeresfläche: je höher sie sich in die Luft erheben, desto kühler wird die Temperatur. Die amerikanische Stadt Atacames am Meere in Peru, wo Pizarro landete, liegt fast unter dem Gleicher und hat 22° + mittlere Jahreswärme. Die 20 Meilen davon entfernte Stadt Quito (Kito) der Hauptmarkt der Kinarinde hat nur 14° + wegen ihrer hohen Lage, denn sie erhebt sich 8000′ über den Wasserspiegel. Von einem Temperaturunterschiede, beziehentlich der Erhebung können wir uns bald überzeugen, wenn wir einen hohen Thurm besteigen. Die Vergleichung der Orte beziehentlich ihrer Erhebung nennt man die Richtlage. Berlin liegt 33 Meter höher als der Spiegel der Nordsee, oder des deutschen Meeres, das gegen 50 Meilen von uns entfernt ist; eine so geringe Erhebung ist ohne großen Einfluss beziehentlich des Temperaturwechsels. Die Wasserrinne von Berlin bis Kuxhafen neigt sich von Meile zu Meile durchschnittlich um ein halbes Meter; die Ostsee oder das baltische Meer ist 30, das adriatische Meer 140 Meilen entfernt. Die Spreequelle am Kottmarberge bei Herrenhut liegt 500 Meter höher als der Meeresspiegel, 33 Meter tiefer als der Scheitelpunkt des genannten Berges. Hier weht schon eine frischere Luft. Der Scheitelpunkt des Kreuzberges erhebt sich 33 Meter über die Ebene des Flussthales, oder über seine Sohle, deshalb sagen wir, der Kreuzberg hat 33 Meter Sohlhöhe (relative Höhe) und 66 Meter Seehöhe (absolute Höhe). Die Spitze des Petrithurmes erhebt sich 96 Meter über das Straßenpflaster, 16 übereinandergestellte Petrithürme würden dem Scheitelpunkte der Schneekoppe gleichkommen, dessen Höhe zu 1550 Meter angegeben ist. 90 Petrithürme erreichen die Höhe des Gaurisankar, des höchsten Berges der Erde, der 8888 Meter misst und 70 Meilen nördlich von der ostindischen Hauptstadt Kalkutta im Himalaya zu suchen ist. Unsere Spree ist 48 Meilen lang; der größte Strom der Erde, der Maranjon (Wildnisswasser) in Südamerika übertrifft die Länge der Spree um das siebzehnfache, denn er ist 800 Meilen lang und an seiner Mündung 10 Meilen breit. Die Spreequellen liegen in der Luftlinie 22 Meilen südsüdöstlich von Berlin; die Havelquelle im Rötesee bei Kratzeburg nicht weit von der mecklenburgischen Stadt Neustrelitz befindet sich 15 Meilen nordnordwestlich von uns; die Spreemündung bei Spandau ist 1 Meile westlich, die Havelmündung bei Quitzhövel und Werben 15 Meilen westnordwestlich entfernt.

E. Gesundheitslage.

Das aus den örtlichen Verhältnissen hervorgehende Befinden der Bevölkerung ist andern Großstädten gegenüber befriedigend zu nennen; die von der Stadt entfernt liegenden Stadttheile haben eine gesunde Lage; doch herrscht in der Thiergartengegend zuweilen das Fieber, und in der Gegend des Südkanals um den Hafenplatz die Ruhr, weil die äußere Friedrichstadt größtentheils auf dem sumpfigen Grunde der Teplitzwiese erbaut ist. Das Sterblichkeitsverhältniß hat sich gegen frühere Zeiten wesentlich verändert. Vor 200 Jahren starb jährlich der zwanzigste Mensch von der Bevölkerung; vor hundert Jahren der dreißigste und in der Gegenwart der vierzigste. Die große Sterblichkeit war eine Folge der engen Straßen und der in denselben sich häufenden, die Luft verpestenden Ablagerungsstoffe; die Pocken gehörten zu den gewöhnlichen Krankheiten und rafften von Zeit zu Zeit eine Menge Menschen hin. Straßenreinigung, Wasserleitung, Pockenimpfung haben einen bessern Gesundheitszustand herbeigeführt; auch sind Gärten und Parkanlagen, Springbrunnen und Sprengwagen die Regeler des Wohlbefindens; die frische Luft kann in den breiten und geraden Straßen frei circuliren und die verdorbene Atmosphäre reinigen. Das Wasser ist wie die Luft größtentheils gut, und wenige der großen Städte haben so frisches Trinkwasser wie Berlin; im Innern der Stadt beeinträchtigen Senkgruben und Ableitungskanäle die Güte desselben.

Außer der Linien-, Neigungs-, Witterungs-, Richtungs- und Gesundheitslage ist noch der Verkehrslage zu gedenken.

F. Verkehrslage.

Berlin, die Hauptstadt des deutschen Reiches und Residenz des Kaisers liegt in einer flachen, sandigen und reizlosen Gegend, zu beiden Seiten der Spree, zwischen den märkischen Landschaften Barnim und Teltow und den Städten Köpnick und Spandau. Der Fürsorge der Hohenzollern hat die Stadt außerordentlich viel zu danken, aber die vortheilhafte Lage hat nicht minder zu ihrer schnellen Entwickelung beigetragen. Berlin liegt in der Mitte der Mark, in der Mitte des Preußischen Staates und Norddeutschlands; die beiden wichtigen Grenzstädte des Reiches Memel im Osten und Metz im Westen sind je hundert Meilen von uns entfernt und alle wichtigen Handelsplätze Europas gruppiren sich um Berlin, wie um ihren Mittelpunkt. Die großen Handelsstraßen, welche wie Diagonalen das Reichsgebiet durchschneiden, kreuzen sich in Berlin, das zwischen Elbe und Oder, an der schiffbaren Spree, selbst im Wasserverkehr eine bedeutende Stelle einnimmt. Die Handelsstraße von Magdeburg a. d. Elbe nach Frankfurt a. d. Oder geht durch Berlin; der Verkehr zwischen Leipzig und Stettin wendet sich Berlin zu; von Breslau nach Hamburg und von Danzig nach Frankfurt a. M. führen die Straßen durch Berlin. Berlin ist der Knotenpunkt von 20 Kunststraßen und zehn Eisenbahnen. Der Austausch der Kunsterzeugnisse des europäischen Westens mit den Rohproducten des Ostens wird bei uns vermittelt. Die wichtigsten Städte Deutschlands umschließen Berlin, alphabetisch geordnet, wie folgt:

Amberg a. d. Vils i. d. Oberpfalz 60 M. ssw. Arnheim a. Rhein i. Geldern 80 M. w. Kap Arkona, nördlichste Spitze von Rügen, 40 M. n. Bremen a. d. Weser i. Niedersachsen 50 M. wnw. Breslau a. d. Oder in Niedeschlesien 45 M. ö. Bern a. d. Aar i. d. Schweiz 128 M. sw. Brünn a. d. Schwarza in Mähren 70 M. ssö. Danzig a. d. Radaune in Westpreußen oder Pommerellen 60 M. onö. Dessau a. d. Mulde in Anhalt 18 M. ssw. Dresden a. d. Elbe i. Obersachsen 23 M. s. Emden a. d. Ems i. Ostfriesland 66 M. wnw. Erfurt a. d. Gera i. Thüringen 40 M. sw. Flensburg a. Flensburger Busen i. Schleswig 86 M. n. w. Frankfurt a. M. in Nassau 66 M. s. w. Gratz a. d. Mur i. d. Steiermark 100 M. ssö. Görlitz a. d. lausitzer Neiße i. d. Oberlausitz 30 M. s. Gröningen a. d. Hunse in West Friesland. Hechingen a. d. Starzel in Hohenzollern 100 M. sw. Hamburg a. d. Elbe i. Albingen 38 M. nw. Helgoland, Insel der Nordsee 64 M. nw. Hannover a. d Leine i. Hannover 40 M. w. Insbruck a. Inn i. Tirol 100 M. s. Karlsruh a. d. Oos i. Baden 80 M. s. w. Kassel a. d. Fulda in Hessen 50 M. wsw. Cöln a. Rhein in Rheinland 86 M. wsw. Königsberg a. Pregel i. Ostpreußen 86 M. onö. Klagenfurt a. d. Glan i. Kärnten 120 M. s. Lübeck a. d. Trave in Holstein 40 M. n. w. Laibach a. d. Sau in Krain 120 M. s. Lüttich a. d. Maas i. Brabant 90 M. wsw. Luxemburg a. d. Elze in Luxemburg 95 M. sw. München a. d. Isar i. Baiern 80 M. ssw. Maastricht a. d. Maas in Limburg 90 M. wsw. Magdeburg a. d. Elbe in Mittelsachsen 22 M. wsw. Metz a. d. Mosel in Lothringen 100 M. sw. Memel a. d. Memel in preußisch Litthauen 100 M. n. ö. Mühlhausen a. d. Ill i. Sundgau 112 M. s. w. Münster a. d. Aa i. Westfalen 66 M. w. Nürnberg a. d. Pegnitz i. Franken 60 M. ssw. Oldenburg a. d. Hunte im Kaukenlande 60 M. wnw. Pola a. Meer i. Istrien am Kap oder am Promontore 150 M. s. Posen a. d. Warte i. Posen 40 M. ö. Prag a. d. Moldau i. Böhmen 46

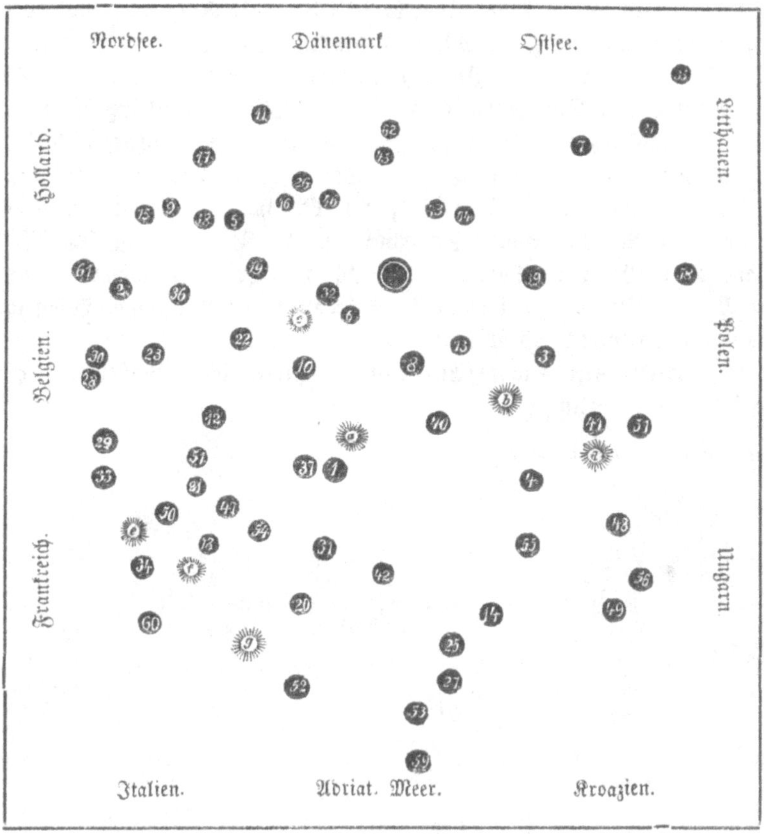

1 Amberg. 2 Arnheim. 3 Breslau. 4 Brünn. 5 Bremen. 6 Dessau. 7 Danzig. 8 Dresden. 9 Emden 10 Erfurt. 11 Flensburg 12 Frankfurt a. M. 13 Görlitz. 14 Gratz. 15 Gröningen. 16 Hamburg. 17 Helgoland. 18 Hechingen. 19 Hannover. 20 Jnsbruck. 21 Karlsruh. 22 Kassel. 23 Kölln. 24 Königsberg. 25 Klagenfurt. 26 Lübeck. 27 Laibach. 28 Lüttich. 29 Luxemburg. 30 Mastricht. 31 München. 32 Magdeburg. 33 Metz 34 Mühlhausen. 35 Memel. 36 Münster. 37 Nürnberg. 38 Oldenburg. 39 Posen. 40 Prag. 41 Ratibor. 42 Salzburg. 43 Stettin. 44 Stargardt. 45 Stralsund. 46 Schwerin. 47 Stuttgard. 48 Schemnitz 49 Stuhlweißenburg. 50 Straßburg. 51 Speier. 52 Trient. 53 Triest. 54 Ulm. 55 Wien. 56 Budapest. 57 Krakau. 58 Warschau. 59 Pola. 60 Bern. 61 Amsterdam. 62 Arkona. a Der Ochsenkopf auf dem Fichtelgebirge. b Die Schneekoppe auf dem Riesengebirge. c Der Brocken auf dem Harz. d Der Polom am Jablunkapaß auf den Beskiden. e Der Sulzer Belchen auf den Vogesen. f Der Feldberg auf dem Schwarzwalde. g Der Ortler oder der Spitzleinberg auf den Tiroler Alpen.

M. s. Oppeln a. d. Oder i. Oberschlesien 60 M. s. ö. Salzburg a. d. Salzach i. Salzburg 88 M. s Stettin a. d. Oder in Pommern 21 M. nnö. Stargard a. d. Ihna i. Hinterpommern 24 M. nö. Stralsund a. Gellen i. Vorpommern 35 M. n. Stuhlweißenburg a. d. Sarwitz i. Transleithanien 112 M. sö. Stuttgart a. Neckar i. Würtemberg 80 M. s. w. Schemnitz a. d. Schemnitz in Waagland 92 M. sö. Speier a. Rhein i. d. Unterpfalz 80 M. sw. Schwerin a. See in Mecklenburg 28 M. nw. Straßburg a. d. Ill i. Elsaß 92 M. sw. Trient a. d. Etsch i. Südtirol 130 M. s. Triest a. Meer i. Illyrien 145 M. s. Ulm a. d. Donau i. Schwaben 80 M. sw. Wien a. d. Donau in Österreich 85 M. ssö.

Die wichtigsten Städte Europas gruppiren sich alphabetisch geordnet wie folgt um Berlin:

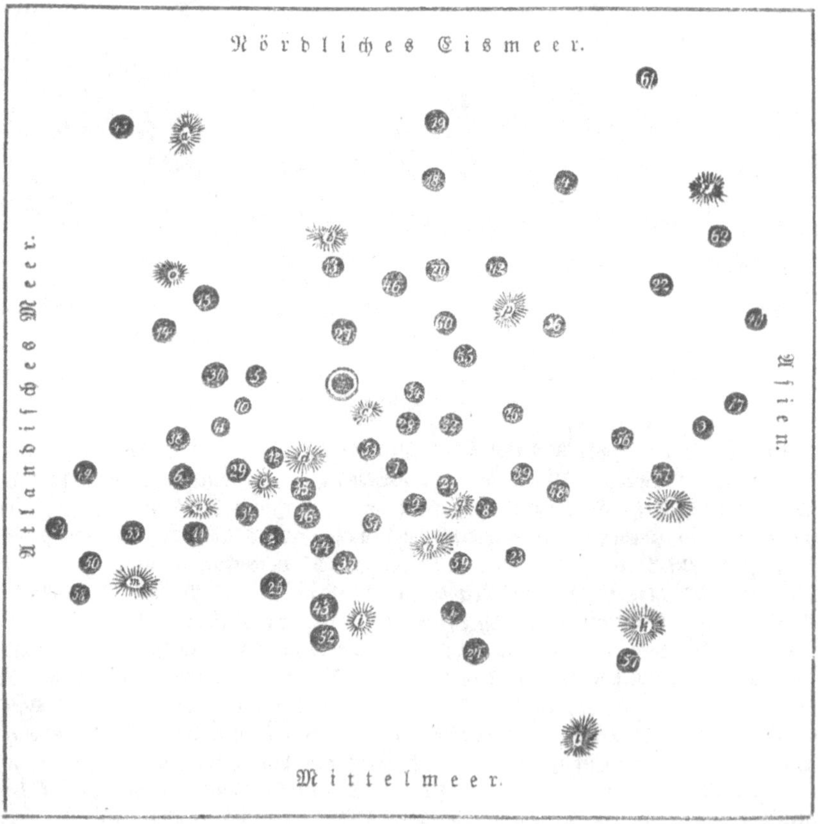

1 Athen. 2 Ajaccio. 3 Astrachan. 4 Archangel. 5 Amsterdamm. 6 Bordeaux 7 Bestofen. 8 Bukarest. 9 Belgrad. 10 Brüssel. 11 Barcelona. 12 Bern.

13 Christiania. 14 Dublin. 15 Edinburg. 16 Florenz. 17 Gurjew. 18 Haparanda. 19 Hammerfest. 20 Helsingfors. 21 Hermannstadt. 22 Kasan. 23 Konstantinopel. 24 Kandia. 25 Kaljari. 26 Kiew. 27 Kopenhagen. 28 Krakau. 29 Lyon. 30 London. 31 Lissabon. 32 Lemberg. 33 Madrid. 34 Marseille. 35 Mailand. 36 Moskau. 37 Neapel. 38 Nantes. 39 Odessa. 40 Orenburg. 41 Paris. 42 Petersburg. 43 Palermo. 44 Rom. 45 Reikiavik. 46 Stockholm. 47 Stauropol. 48 Sebastopol. 49 Sanjago. 50 Sevilla. 51 Spalato. 52 Valetta. 53 Wien. 54 Warschau. 55 Wilna. 56 Tscherkask. 57 Jerusalem. 58 Gibralter. 59 Thessalonich. 60 Riga. 61 Götzenkap. 62 Perm. a Der Hekla auf Island. b Die Schneehaube auf dem Kielgebirge, Kjöl. c Die Schneekoppe auf den Sudeten. d Der Gottbard auf den deutschen Alpen. e Der Montblanc auf den französischen Alpen. g Der Elbrus auf dem Kaukasus. h Der Kriwosa auf dem Balkan. i Der Ätna auf Sicilien. k Der Hermon auf dem Libanon. l Der Sinai in Arabien. m Der Mulhazen auf dem Nevada- oder Schneegebirge. n Die Maladetta auf den Pyrenäen. o Der Ben Nevis auf dem Grampiangebirge. p Die Popowagora auf dem Waldaïgebirge. p Negoï auf den siebenbürgischen Karpaten.

Athen a. Ilissus i. Griechenland 280 M. sö. Ajaccio (Ajatscho) a. M. auf Korsika 222 M. sö. Astrachan a. d. Wolga i. Kalmückien 400 M, osö. Archangel a. d. Dwina in Uborien 380 M. n. ö. Amsterdam a. Y (Ei) in Holland 92 M. w. Bordeaux (Bordo) a. d. Garonne i. Aquitanien 222 M. sw. Brüssel a. d. Senne i. Belgien 108 M. wsw. Bern a. d. Aar i. d. Schweiz 128 M. sw. Bukareschť a. d. Dumbowitza i. Rumänien 240 M. sö. Barcelona a. Meer i. Katalonien 244 M. sw. Belgrad a. d. Donau i. Serbien 170 M. sö. Christiania a. d. Agger i. Norwegen 144 M. n. Dublin a. Liffi i. Irrland 200 M. w. Edinburg a. Forth (Fords) i. Schottland 190 M. nw. Gurjew a. Kaspisee i. Kirgisien 440 M. osö. Haparanda a. d. Tornea (Torneo) in Bottnien 240 M. nnö. Helsingfors a. M. in Finnland 180 M. nö. Hermannstadt a. Zibin i. Siebenbürgen 180 M. sö. Hammerfest auf Qualö i. Lappland 380 M. nnö. Kasan a. d. Wolga i. Kasanien 385 M. ö. Konstantinopel a. Bosporus i. d. Türkei 275 M. sö. Kischnew a. Bick i. Bessarabien 200 sö. Krakau a. d. Weichsel i. Westgalizien 86 M. s. ö. Kopenhagen a. Sund i. Dänemark 86 M. n. Kagliari (Kaljari) a. M. auf Sardinien 244 M. ssw. Kandia a. M. auf Kreta 880 M. ssö. Kiew (Ki—eff) a. Dniepr (Dni—äpr) i. Klein Rußland 190 M. ö. Lyon a. Rhone i. Burgund 150 M. sö. London a. d. Themse i. England und Groß Britanien 130 M. w. Lissabon a. Tejo (Teschu) i. Portugal 385 M. sw. Lemberg a. Peltew i. Ost Galizien 110 M. osö. Marseille (Massälj) a. M. i. d. Provence (Prowangs) 195 M. sw. Mailand a. d. Olona i. Lombardien 170 M. ssw. Moskau a. d. Moskwa i. Groß Rußland 230

M. ö. Madrid a. Manzanares i. Spanien 312 M. s. w. Neapel a. M. i. Kampanien 140 M. s. Nantes (Nangt) a. d. Loire (Loar) i. Klein Britanien. Odessa a. M. i. Limanien (das Buchtenland) 270 M. sö. Orenburg a. Jaïk i. Uralien 440 M. ö. Pestofen a. d. Donau i. Ungarn 117 M. sö. Paris a. d. Seine (Ssän) i. Frankreich 134 M. wsw. Petersburg a. d. Newa i. Russland, Ingermannland 226 M. nö. Palermo a. M. auf Sicilien 240 M. s. Perm a. d. Kama i. Permien 440 M. onö. Palma auf Maljorka a. d. Balearen 240 M. sw. Pustoſersk a. d. Petschora i. Tundrien, (Tundra die Moossteppe) 430 M. nö. Rom a. d. Tiber i. Italien 222 M. s. Riga a. d. Düna i. Baltien (Livland) 160 M. nö. Reikiavik a. Faxafjord, i. Island 400 M. nw. Spalato a. M. i. Dalmazien 190 M. ssö. Stockholm a. Mälar i. Schweden Skandinavien 144 M nnö. Stauropol a. d. Taschla i. Kaukasien 380 M. osö. Sewastopol a. d. Tschernaja i. d. Krim, Taurien, 240 M. osö. Santjago (die Kompostela) a. Arzobispo i. spanisch Galizien 320 M. sw. Sevilla (Seevilja) a. Quadalquivir (Gadalkibir) i. Andalusien 390 M. sw. Thessalonich a. M. i. Mazedonien 244 M. sö. Tscherkask a. Don i. Asowien 320 M. osö. Valetta a. M. auf Malta 280 M. s. Warschau a. d. Weichsel i. Polen 78 M. ö. Wilna a. d. Wilia i. Litthauen 170 M. nö. Wien a. d. Donau i. Österreich 85 M. ssö. Jerusalem a. Kidron i. Palästina 450 M. sö., eben so weit sö. ist der Berg Ararat i. Armenien von uns entfernt, desgleichen Kaïro a. Nil i. Ägypten ssö. und Marokko a. Tensif i. Mauretanien (Mauren- oder Mohrenland) sw. Algier (Aldschir) a. Meer i. Algerien (Numidien) 280 M. sw.

G. Bauart.

Unsere Stadt gehört zu den schönsten europäischen Städten und zeigt größtentheils eine regelmäßige und sichere Bauart; verheerende Feuersbrünste, wie sie früher vorkamen sind bei der jetzigen Bauführung und der vortrefflich geordneten Feuerwehr nicht mehr möglich; die 780 Brände des vorigen Jahres haben die Mauergrenze eines Hauses nicht überschritten. Die langen 18 Meter breiten Straßen werden von meist drei- bis vierstöckigen Häusern begrenzt und geben der Stadt ein geräumiges Ansehen. Der lebhafte Verkehr, der in andern großen Städten ein Gewühl verursacht, kann sich bei uns mehr ausbreiten; doch gewähren die engen Straßen in den ältern Stadttheilen ein Bild von dem Ameisengetümmel in den beschränkten Räumlichkeiten andrer Orte. Zu den Hauptadern des Verkehrs gehören außer den Linden die König-, Rosen-, thaler=, Gertrauden=, Kommandanten=, Leipziger=, Friedrich=, Spandauer=, Stralauerstraße und der Mühlendamm. Die Kurfürstenbrücke und die Königsbrücke, die Rheinische Ecke, die Kranzlersche Ecke, und die Gleichgiltige Ecke (zwischen Riquet und Nuglisch an der Bank) sind vorzugsweise Tummelpunkte der laufenden und fahrenden Bevölkerung. Innerhalb der fünf Meilen langen Weichbildgrenze befinden sich 15,000 Grundstücke, die zur Zeit mit 30,000 Baulichkeiten jeder Art besetzt sind. Von diesen dienen 220 zur Verwaltung, 200 dem Militär, 140 der Schule, 70 dem Gottesdienste, 90 der Polizei, 80 der Verpflegung, 1200 zu Fabriken, 18000 zu Stallungen, Speichern, Magazinen und andern Zwecken. Die Straßen sind meist mit doppelten oft dreifachen Häuserreihen besetzt und die Höfe mancher Häuser bilden Binnengassen mit zahlreicher Bevölkerung. Die Friedrichstraße zählt 266 Vorderhäuser; auch die Linien=, Köpnicker=, Oranienstraße haben über 200, 44 Straßen über 100 Vorderhäuser. Berlin zählt nach der neuesten Angabe 680 Straßen, 55 Plätze, gegen 100 Brücken, von denen sich aber nur 50 auszeichnen. Die Straßen bilden eine Länge von 50 Meilen. Zehn Plätze sind mit Parkanlagen fünf mit Springbrunnen versehen. Berlin hat viel Paläste und palastartige Gebäude aufzuweisen, aber unter den 60 Kirchen giebt es nur wenige von monumentaler Bedeutung. Wien hat 80 Kirchen. Paris 300, London 600 Kirchen. Berlin besitzt 30 Krankenhäuser, 20 Hospitäler, 7 Waisenhäuser, 12 Kasernen, 10 Bahnhöfe, 10 Ministerialgebäude, 22 Theater.

H. Bevölkerung.

Es ist nicht ohne Interesse von den Zustandsverhältnissen unserer Stadt, beziehentlich der Bevölkerung, des Verkehrs, des Verbrauchs u. s. w. Kenntniß zu nehmen; es sind bei dem beständigen Wechsel derselben genaue Zahlenangaben nicht möglich, doch genügen schon die angegebenen runden Summen, um von gewissen Dingen und Verhältnissen annähernd einen Begriff zu erhalten. Berlin zerfällt in 20 Stadtheile, 210 Stadtbezirke, 30 Kirchspiele oder Parochien und 55 Polizeibezirke oder Reviere. Die Bevölkerung Berlins vertheilt sich auf 200,000 Wohnungen und Haushaltungen; sie ist sehr ungleich vertheilt; in einigen Häusern wohnen nur wenige Menschen, selbst nur eine Familie; in manchen leben viele Familien und in einem Hause der Köpnickerstraße wurden 370 Personen gezählt. Die Einwohnerschaft besteht wie in allen größen Städten aus den verschiedensten Elementen und giebt einzelnen Stadttheilen ein bestimmtes Gepräge. In Berlin leben, einschließlich der 30,000 Mann starken Besatzung gegen eine Million größentheils protestantische Einwohner; es werden angegeben 50,000 Katholiken, 40,000 Juden, 4000 Dissidenten; außerdem leben hier viele Muhamedaner und Japanesen. Die flottirende d. h. hin und her wogende, ab und zuziehende Bevölkerung der Arbeiter, Dienstboten, Handwerksburschen und Schiffsleute wird jährlich auf eine halbe Million angegeben; auf jedem der Bahnhöfe kommen beispielsweise täglich durchschnittlich 20 Dienstmädchen an. Der Fremdenverkehr in den Gasthöfen wird täglich auf 30,000 Personen abgeschätzt. Berlin zeichnet sich vor allen andern großen Städten aus durch die geringe Anzahl von Bettlern. Die Stadt zählt 10,000 Almosenempfänger und 3000 Pflegegeldempfänger für 4500 verwaiste Kinder; im Säuglingsasyle werden 150 Kinder verpflegt; das Asyl für Obdachlose wurde von 5500 in Anspruch genommen. Ins Arbeitshaus sind abgeliefert worden 2600 Arrestanten und 2000 Herumtreiber; in die Stadtvoigtei werden jährlich gegen 40,000 Personen abgeliefert.

Berlin ist die viertgrößte Stadt in Europa; London 2½, Paris 1½ und Konstantinopel 1 Million Einwohner; die beiden Kaiserstädte Berlin und Wien waren eine Zeit lang in der Bevölkerungsziffer einander gleich; der Umschwung in den politischen Verhältnissen hat Berlin einen Vorsprung gewinnen lassen. Die letzte Zählung von 1871 ergab die Summe von 830,000 Einwohnern; es stellt sich heraus, daß seit 1868 die Bevölkerung jährlich um 40,000 Menschen zunimmt, nach dieser Wahrnehmung dürfte 1874 die Einwohnerzahl Berlins die von Konstantinopel erreicht haben. Wien hat 900,000; Petersburg 600,000 Einwohner. Die Bevölkerungsziffer Berlins zeigt seit 500 Jahren folgende Unterschiede: 1350 = 6000. 1450 = 7. 1550 = 12. 1650 = 6. 1700 = 30. 1750 = 100. 1800 = 150. 1830 = 250. 1840 = 350. 1850 = 400. 1860 = 450. 1870 = 750. 1873 = 950 Tausend Einwohner. Zu den deutschen Großstädten gehören außer Berlin noch zehn, welche mehr als 100,000 Einwohner haben.

Hamburg 250,000. Breslau 230,000. Dresden 180,000. München 180,000. Cöln 150,000 Magdeburg 120,000. Königsberg i. Pr. 120,000. Leipzig 110,000. Danzig 100,000. Frankfurt a. M. 100,000.

I. Bildung.

Für die Bildung sorgen zahlreiche Unterrichtsanstalten, Büchersammlungen und belehrende Zeitschriften. Berlin besitzt 1 Universität, 10 Akademien, 2 Seminare, 2 Handelsschulen, 10 Gymnasien, 8 Realien, 4 höhere Töchterschulen, 10 Vorschulen, 75 Volks- oder Gemeindeschulen und viele Privatschulen. Die Vorlesungen der hiesigen Universität, an welcher 200 Lehrer thätig sind, werden von 5000 Personen besucht, einschließlich der 2000 eingezeichneten oder immatrikulirten Studenten. Es giebt in Berlin 4 Hauptturnanstalten und 22 Turnvereine.

Gegen 2000 wissenschaftliche und technisch geprüfte Lehrer ertheilen Unterricht in 222 Schulanstalten mit 2000 Klassen an 100,000 Schüler. Die kleinen Kinder werden beschäftigt in 36 Kindergärten und 36 Spielschulen. Das wissenschaftliche und geistige Leben fördern viele Bibliotheken, von denen die Kaiserliche-, die Universitäts- und die 12 Volksbibliotheken am meisten in Anspruch genommen werden. In Berlin bestehen 320 Zeitschriften, Zeitungen und Fachblätter; zu den am meisten gelesenen gehören: die Börsenzeitung mit 14,000 Abnehmern oder Abonnenten; Bürger-Ztg. 30. Fremdenblatt 10. Figaro 12. Germania 7. Gerichts-Ztg. 22. Intelligenzblatt 7. Kreuz-Ztg. 11. Kladderadatsch 50; Montags-Ztg. 2. National 14. Norddeutsche Ztg. 11. Post 10. Publicist 6. Spener 4. Tageblatt mit dem Beiblatte „Ulk" 7. Tribüne mit dem Beiblatte „Wespen" 20. Volks 35. Voss 17. Die Letztere muss täglich 160,000 Bogen auf die Minute fertig bringen, damit nicht der Post- und Lokal-Versandt ins Stocken gerät. Mit der Seelsorge sind 100 Geistliche betraut, es kommen also 10,000 Einwohner auf einen Geistlichen; vor 500 Jahren hatte Berlin 6000 Einwohner und 200 Geistliche, es kamen also 30 Einwohner auf einen Seelsorger.

K. Beschäftigung.

Die Bewohner einer großen Stadt, einer Hauptverkehrsstadt, einer Residenz und Weltstadt gehen den verschiedensten Zweigen des Erwerbes nach und widmen sich der mannigfaltigsten Thätigkeit. Nur die wichtigsten derselben sollen hier angeführt werden: Es giebt in Berlin 100 Anwalte, Notare und Advocaten, 800 Ärzte, 55 Apotheker, 400 Architecten oder Baumeister, 800 Bäcker, 500 Bildhauer, 160 Buchdruckereibesitzer, 320 Buchhändler, 550 Buchbinder, 500 Barbiere, 300 Conditoren oder Zuckerbäcker, 444 Destillateure oder Branntweinbrenner, 300 Brauer, 1300 Fuhrherren, 650 Gärtner, 100 Gasthofbesitzer oder Hoteliers, 555 Goldarbeiter oder Juweliere, 600 Holzhändler, 300 Instrumentenmacher, 200 Lithographen oder Steindrucker, 2200 Maler, 800 Materialisten oder Kolonialwaarenhändler, 300 Kleiderhändler darunter sind 50 Händler mit Kindergarderoben; in einem solchen Geschäfte in der Leipzigerstraße werden täglich gegen 200 Kinderanzüge verkauft; 333 Mauermeister, 400 Mechaniker, 400 Möbelhändler, 180 Photographen 700 Passementer, 1400 Restaurateure oder Speisewirte, 2000 Schankwirte, 900 Schlächter,

900 Schlosser, 4000 Schneider, 4000 Schuhmacher, 450 Sattler und Riemer, 1100 Tabackshändler und Cigarristen, 655 Tapeziere, 2700 Tischler, 70 Thierärzte, 300 Töpfer, 350 Uhrmacher, 1100 Weber, 300 Weinhändler, 250 Zimmermeister, 50 Zinngießer, 2000 Victualisten und Budiker, 500 Vorkosthändler.

Es finden sich auf den Wochenmärkten durchschnittlich gegen 20,000 Händler ein. Davon handeln 3000 mit Fleisch, 2000 mit Vorkost, 1500 mit Fischen, 2000 mit Kurzwaaren, 10,000 mit Grünkram, die Übrigen mit allerlei andern Dingen.

Es beschäftigten sich im Jahre 1872 mit der Gärtnerei 2000 Personen, mit Gewerbe 170,000, mit Handel 60,000, mit Gastwirtschaft 30,000, Aufwartung 100,000, Unterricht 5000, Gesundheitspflege 3000, Kirchendienst 1000, Künste und Wissenschaften 4000, Verwaltung 1200, Lernen 100,000. Von ihren Renten oder Einkünften lebten 50,000 Personen. In der höchsten Stufe der Einkommensteuer befinden sich zehn Personen; diese haben ein jährliches Einkommen von über 200,000 Thaler, 50 Personen haben über 100,000 Thaler Einkünfte, überhaupt lassen sich in Berlin 160 Millionäre ermitteln; d. h. Leute, welche jährlich über 32,000 Thaler Revenüen oder Renten haben.

In Berlin giebt es 444 Actiengesellschaften, 88 Banken, 66 Baugesellschaften, 22 Theater, 160 Buchdruckereien mit 400 Schnellpressen, 60 Badeanstalten, 60 Gastherbergen oder Chambregarnies, 100 Mühlenwerke, 1300 Bierhallen.

Zur Erhaltung der öffentlichen Ordnung sind in Thätigkeit 2000 Schutzmänner, 700 Spritzenmänner und 350 Nachtwächter. Auf dem Stadtgericht wurden im vorigen Jahre 70,000 Prozesse geführt; täglich sind 400 Termine anberaumt und in den Mittagsstunden verkehren in diesem Gebäude gegen 2000 Menschen. Die Börse wird täglich von 3500 Menschen besucht.

Bei einer Stadt wie Berlin ist die Straßen- und Marktreinigung, die Abfuhr und Beseitigung aller übelriechenden und gesundheitswidrigen Gegenstände von der größten Bedeutung. Die Aufsichtsbehörde oder die Polizei ist nicht im Stande ohne den größten Kostenaufwand Alles zu bewältigen und überlässt die Ausführung dieser heiklen aber in sanitärer Beziehung wichtigen Arbeit umsichtigen und unternehmenden Personen. Zu den Verwaltungszweigen dieser Art gehört auch das Geschäft der Abdeckerei. Das bisher übliche Vergraben und Entgiften oder Desinficiren gewährte keinen sichern Schutz gegen die Entstehung von Krankheitsstoffen oder Miasmen. Die Methode des Berliner Abdeckereibetriebes hat sich bis jetzt als die beste bewährt und mehrere große Städte haben sie der Nachachtung für wert befunden. Diese Methode ist ein Werk des Chemikers W. Bilter, des Begründers der großen Fabriken für Producten und Knochenmehl, für Schwefel- und Salpetersäure, welche Letzteren bei dem Zersetzungs- und Verdichtungsprocessen der bezeichneten Stoffe unentbehrlich sind. Die Nachfrage nach Knochenmehl, als dem besten Düngstoff steigert sich von Jahr zu Jahr und macht die Anlage neuer Fabriken bei Heiligensee notwendig. Der Commissionsrat Bilter hat zu diesem Behufe das Schwefelkiesbergwerk Dylta bei Orebro in Schweden erworben. In den Bilterschen Fabriken werden die geringfügigsten scheinbar unbrauchbarsten und widerlichsten Stoffe mechanisch zerlegt, chemisch zersetzt, entgiftet und für landwirtschaftliche und gewerbliche Zwecke präparirt und verwertet; sie liefern jährlich an 100,000 Centner Knochenmehl, und eben so viel Thierfette und Schmieröle für Seifensiedereien und Maschinerien; die gewonnene Leimlösung kommt als Appreturmittel in den Verkehr.

Das Material zu diesen Fabriken liefert nur zum kleinsten Theile die Abdeckerei; der größte Theil wird aus allen Stadttheilen zusammengebracht und besteht in Abgängen aus den Schlacht- und Speisehäusern, den Gerbereien und Kürschnereien; es sind Knochen, Flechsen, Sehnen, Horn- und Hufabfälle, Haare und Wolle, außerdem die Grieben aus den Fettschmelzereien; auch werden täglich gegen 100 Centner frisches Blut verarbeitet. Das Centralbüreau dieses großen Geschäftes liegt in der Mitte der Stadt und steht mit dem Polizeibüreau telegraphisch in Verbindung. Die Betriebskosten sind sehr groß, da die tägliche regelmäßige Abfuhr von der Thierarzneischule, den Schlachthäusern, Viehmärkten, Rossschlächtereien, Marktplätzen und die sofortige Beseitigung aller todten und kranken Thiere bedeutende Gespannkräfte in Anspruch nimmt. Es wurden 1872 zur Abdeckerei abgeliefert 1300 Pferde, 1000 lebende und 500 todte Hunde, außerdem an crepirten und incurablen Thieren 90 Rinder, 5 Fohlen, 500 Schweine, 140 Kälber, 220 Schafe, 6 Ziegen und 34 Katzen.

Der Berliner Viehmarkt am Humboldtshain bietet sehenswerte Räumlichkeiten; er umschließt Verkaufshallen für 20,000 Stück Schaafe, und offene Hallen für 15,000 Stück Hammel; große Rinder-, Kälber- und Schweineställe und 4 Schlachthäuser; im Rinderschlachthause sind 50 mit allem Bedarfe ausgerüstete Schlachtkammern. Man findet hier eine Kaldaunenwäsche, Talgschmelze, Malzkarre, Albuminfabrik, ein Maschinenhaus, große Kellerräume und ein Gasthaus mit 100 Zimmern. Ein vom Halteplatz Gesundbrunnen abgezweigter Strang der Verbindungsbahn führt in den Viehhof, wo an drei Auftritten oder Perrons in wenigen Minuten große Viehtransporte erledigt und 150 Wagen auf einmal ausgeladen werden können. Auf der benachbarten Wasserstelle wird die

Desinficirung der Viehtransportwagen mittelst Spülung durch 76° C heißen Wassers vollzogen. In Berlin ist der Mittelpunkt des deutschen Viehhandels, aber auch des Transit- oder Durchganghandels vom Osten zum Westen Europas. Ungarn und Polen liefern, England und Frankreich bedürfen große Viehsendungen. Der Montagsmarkt auf dem Berliner Viehhofe ist wohl eines der interessantesten Bilder des großstädtischen Verkehrs. Es sind Markttage notirt, an welchen 3000 Rinder, 1500 Kälber, 20,000 Hammel, 8000 Schweine zum Verkauf zugefahren oder getrieben waren und 6000 Menschen das Betriebsgeschäft vermittelten.

L. Verbrauch.

Die Consumtion oder Verbrauchsmenge deuten annähernd folgende Zahlen an:

Fleischverbrauch; es wurden geschlachtet 33,000 Ochsen, 35,000 Kühe, 90,000 Kälber, 190,000 Hammel, 200,000 Schweine, 2000 Ferkel, 2000 Lämmer, 3000 Pferde, außerdem kamen 30,000 Centner ausgeschlachtetes Fleisch und 9000 Centner feinere Fleischwaaren zum Verkauf. Ferner verzehrte Berlin 1300 Stück Rotwild, 900 Stück Damwild, 12,000 Rehe, 500 Stück Schwarzwild, 200 Frischlinge, 170,000 Hasen, 40,000 Stück Geflügel aller Art; am 21. December 1871 wurden 20,000 Stück Gänse verkauft.

Getreide- und Mehlverbrauch. 18,000 Wispel Weizen, 24,000 Wispel Roggen, 18,000 Wispel Gerste, 70,000 Wispel Hafer, 7000 Wispel Erbsen, Linsen, Bohnen; 20,000 Centner Graupe, 20,000 Centner Gries, 500,000 Centner Malz, 50,000 Centner Reis; 600,000 Centner Weizenmehl, 800,000 Centner Roggenmehl; es kamen 200,000 Brote von außerhalb nach der Stadt und es wurden noch 500,000 Centner Backwaren der verschiedensten Art verzehrt.

Materialverbrauch. 150,000 Centner Kaffee, 7000 Ctr. Gewürz, 23,000 Ctr. Rosinen und Mandeln, 5 Millionen Ctr. Zucker, 300,000 Ctr. Butter, 100,000 Ctr. Schmalz, 14,000 Ctr. Sirup, 75,000 Ctr. ausländische und 40,000 Ctr. inländische Weine, 36 Millionen Liter feinsten Sprit, meistens nach England Frankreich und Spanien versandt. 20 Millionen Liter Petroleum, 12,000 Ctr. Stearin, 3000 Ctr. Talg, 160,000 Ctr. Seife, 60,000 Ctr. Taback; es werden täglich gegen eine Million Stück Cigarren verraucht; unter der constanten Bevölkerung sind 200,000, unter der flottirenden 100,000 Raucher.

Verschiedener Verbrauch. Eine unserer besuchten Conditoreien braucht täglich gegen 2000 Eier, 90 Liter Schlagsahne, einschließlich der

Beigabe zu 1000 Windbeuteln; es werden daselbst täglich durchschnittlich 100 Berliner Tassen Chokolade mit Schlagsahne und 500 Tassen Kaffee getrunken; in den Sommermonaten werden an manchem Tage 80 Liter Speiseeis in tausend Portionen verabreicht. Fastnacht setzte man 20,000 Pfannkuchen ab. In einer der größten Brauereien werden täglich gegen 6000 Seidel Bier, oder 25 Tonnen ausgeschenkt; die Tonne hält 250 Seidel; zur Osterzeit werden täglich am selbigen Orte gegen 30,000 Seidel getrunken, ebenso 30,000 Eier, 1500 Paar Würstchen abgesetzt. Der Verbrauch an Roheis in sämmtlichen Brauereien wird auf 5 Millionen Centner angegeben. Die Luisenstädtische Vierhalle am Moritzplatz ist bis jetzt die größte Berlins, sie besitzt zwei Säle für 1500 Personen und 14 Billards. In der Gratweilschen Bierhalle sind 600 Sitzplätze und 8 Billards. In den Unterhaltungsorten unserer Stadt giebt es überhaupt 4000 Billards, die eine jährliche Einnahme von ungefähr 2 Millionen Thaler abwerfen.

In den 13 Berliner Volksküchen wurden 1872 an 2½ Million Portionen zu 2 Groschen verabreicht. Die Zufuhr an Heu, Stroh, und Futter beträgt jährlich an 50,000 Wagen voll. An Brennmaterial verbraucht die Stadt 6 Millionen Tonnen Steinkohlen, 200,000 Klafter Holz, 100,000 Klafter Torf. Die sechs Gasanstalten speisen 10,000 öffentliche und 500,000 Privatflammen; es werden in einem Jahre 300,000 Kubikmeter Gas verbraucht. 20,000 Centner Gummi werden jährlich verarbeitet. Berlin ist der bedeutendste Wollmarkt in Europa, denn es kommen jährlich gegen 350,000 Centner Wolle auf den Markt.

M. Verkehr.

Den Verkehr vermitteln 10 Bahnhöfe, eine Verbindungsbahn mit 10 Halteplätzen, 20 Chausseen und 3 Kanäle, außerdem sind zwei Pferdebahnen mit 50 Wagen, 200 Straßenomnibusse, 360 Thorwagen, 4000 Droschken, überhaupt 6000 öffentliche Fuhrwerke und 15 Dampfboote als Beförderungsmittel anzuführen; die 20,000 Pferde in Berlin sind meistens Wagenpferde, von den 25,000 Hunden sind aber nur 3000 Wagenhunde. Auf der Pferdebahn wurden im Jahre 1871 bei 75,000 Fahrten gegen 2 Millionen Menschen befördert; durch Pferdebahn und Straßenomnibusse wurden 1872 über 13 Millionen Personen befördert. Auf den Bahnhöfen liefen ein 35 Millionen Centner Güter, es liefen aus 12 Millionen Centner; es kamen an 4 Millionen Personen, es reisten ab 3¾ Millionen Personen. 80 Personenzüge gehen täglich ab und eben so viel treffen täglich ein. Der Verkehr auf der Verbindungsbahn wächst von Tage zu Tage und ist kaum zu bewältigen; erst wenn der eiserne Gürtel vollständig geschlossen und der Kreislauf geregelt sein wird, ist es möglich die großen Verkehrszahlen annähernd anzugeben. Gegen 50,000 Schiffe und eben so viel Flöße gelangen jährlich nach Berlin.

Berlin besitzt ein General- oder Hauptpostamt (Reichs- Hof- Stadt-Post) 44 Nebenpostämter, 400 Briefträger, 260 Briefkasten; es wurden 1871 an 10 Millionen Briefe und 3 Millionen Packete zur Beförderung aufgegeben; von Außerhalb liefen ein gegen 20 Millionen Briefe; am 31. December 1871 wurden 360,000 Briefe expedirt. Durch die 30 Telegraphenämter liefen 5 Millionen Depeschen. An die Stelle der frühern Eckensteher sind für Handleistungen und Botengänge Dienstleute getreten, die zehn Dienstmanninstituten angehören. Eine Abzählung beziehentlich der Frequenz auf der Kurfürstenbrücke hat ergeben, dass in einer Stunde 500 Wagen und 5000 Fußgänger die Brücke passiren.

N. Allgemeines.

Unter den großen Hauptstädten Europas ist Berlin die jüngste, denn erst seit einem Menschenalter hat sie sich schnell zu dieser Größe entwickelt und die meisten Hauptstädte an Glanz und Bedeutung überflügelt. Wer in einem betäubenden Straßenlärme, in den bunten Gestalten fremder Völkerschaften und in der Mannigfaltigkeit der Sprachen die Merkmale einer Weltstadt sucht, der wird Berlin für keine solche halten. Berlin ist eine vorherrschend deutsche und eine nordische Stadt, in der sich das gewerbliche Leben größtentheils der Öffentlichkeit entzieht und das Studium den zehnten Theil der Bevölkerung ans Zimmer fesselt. Die städtischen Einrichtungen von London und Paris übertreffen an Großartigkeit und Zweckmäßigkeit die unsern, aber die genannten Orte behaupten schon seit Jahrhunderten das weltstädtische Ansehen.

Die Verhältnisse der preußischen Hauptstadt, die vor 40 Jahren noch 250,000 Einwohner zählte, waren gegen heute bescheiden zu nennen. Die städtischen Einrichtungen von ehemals bestehen größtentheils noch; eine Umgestaltung derselben ist notwendig bei einer Stadt, die eine Million Einwohner zählt. Der Umwandlungsprozess vollzieht sich allmählig. In wissenschaftlicher und geistiger Beziehung aber ist unsere Stadt schon seit 50 Jahren als Weltstadt anerkannt worden. Wir wollen andere Weltstädte um den größern Lärm, die bunten Völkertrachten und das Sprachengewirr nicht beneiden; vielmehr dürfte es sich empfehlen, dem Übel der immer noch bei uns herrschenden Ausländerei entgegenzutreten. Kunstausdrücke und wissenschaftliche Bezeichnungen sind zu allen Zeiten und bei allen gebildeten Völkern üblich gewesen; Fachmänner und Bildungsanstalten können dieselben nicht entbehren, aber wer zum deutschen Volke gehört und mit ihm verkehrt, der soll deutsch schreiben und sprechen. Bei uns wird viel in der Ausländerei geleistet; der deutsche Musiker giebt seinem Werke ein fremdes Titelblatt, der deutsche Kaufmann empfiehlt seine Waare unter fremden Namen, der deutsche Fabrikant giebt seinem Fabrikate fremde Aufschriften und fremde Stempel, deutsche Gast- und Speisewirte überreichen ihren Gästen fremde unverständliche Rechnungen, deutsche Frauen gefallen sich in fremden Trachten, und die deutsche Sitte wird immer mehr beschränkt durch fremde Unsitte. Alles huldigt der Ausländerei und möchte gern weit her sein. Das Übel wurzelt im deutschen Volke schon seit Beginn unserer Zeitrechnung. Unter den römischen Kaisern war Rom der Mittelpunkt des Glanzes und der Bildung; viele Deutsche dienten in römischen Heeren, und wenn sie dann nach einer Reihe von Jahren in die Heimat zurückkehrten, zeichneten sie sich durch ihr Benehmen unter ihren Landsleuten vortheilhaft aus. Italien war bis zur Reformation die Bildungsstätte der Deutschen. Vor zweihundert Jahren war der französische Königshof der glänzendste in Europa und Paris wurde die Stadt der Moden und feinen Sitten, man ging nach Paris, wie ehemals nach Rom. Doch nur reiche und vornehme Leute konnten die Kosten eines längern Aufenthaltes im Auslande bestreiten. Kehrte der Deutsche ins Vaterhaus zurück, so wurde er bewundert und angestaunt, wie er sich räuspert und wie er spuckt, das wurde ihm alles abgeguckt; sein Benehmen, seine Ausdrucksweise wurde mustergiltig selbst über den Familienkreis hinaus, und so gelangte die Ausländerei in den höhern und die Vornehmthuerei in den mittleren Ständen immer mehr zur Herrschaft. Zwar haben sich die Zeiten zu Gunsten Deutschlands geändert, in so fern das Ausland seine Sendlinge der Bildung wegen nach Deutschland schickt; aber die Ausländerei in Worten und Werken, in Tracht und Schrift wird nicht beseitigt. Die Zeitung, die Schule und die Familie können die Wendung zum Bessern in dieser Beziehung am kräftigsten unterstützen. Deutschland hat dem französischen Dünkel großen Vorschub geleistet und die Meinung aufkommen lassen, als beherrsche Frankreich nicht nur durch Sitte und Mode, sondern auch durch die Sprache die Welt, denn an allen deutschen Fürstenhöfen und bei dem gesammten Adel deutscher Nation war die Umgangssprache ausschließlich französisch; es gab sogar eine Zeit, in der die deutsche Sprache in jenen Kreisen aufhörte Muttersprache zu sein, denn die Mutter sprach mit ihren Kindern nur französisch; die deutsche Sprache lernten die Kinder gelegentlich von der Dienerschaft. Die statistischen Tabellen belehren uns, dass die Erde von einer Milliarde Menschen bewohnt wird, diese verkehren untereinander in ungefähr 800 Sprachen; einige dieser Sprachen haben die Grenzen der Heimat überschritten und sind für die Bildungsgeschichte der Menschheit von großem Einflusse gewesen.

Aus den Tabellen erfahren wir, dass 90 Millionen Menschen englisch sprechen, davon kommen 20 Millionen auf das Mutterland; 80 Millionen sprechen deutsch, davon kommen 40 aufs Mutterland; 60 Millionen sprechen spanisch, davon kommen 20 auf das Mutterland; 46 Millionen sprechen französisch, davon kommen 36 Millionen aufs Mutterland. Aus diesen Angaben entnehmen wir die Bedeutsamkeit der Sprachen für den Weltverkehr.

O. Bedeutsamkeit.

Berlin ist Haupt- und Residenz-, aber auch Handel- und Fabrikstadt. Gegen 500,000 Menschen leben von der Industrie oder dem Gewerbefleiße; darnach ist Berlin der bedeutendste Industrieplatz des Kontinents. Unter den Fabrikaten sind vorzugsweise Berlinisch: Band, Farben, Porzellan, Tassen, Öfen, Spazierstöcke, Kunstblumen, Dampfmaschinen, Nähmaschinen, Seiteninstrumente, mathematische-, physikalische-, chirurgische-, meteorologische Instrumente, Wagen (die zweisitzigen Berlinen). Bekannt sind ferner die feinen Liköre, das Weißbier, die künstlichen Schaumweine (Pseudochampagner), der feine Sprit; die kaiserliche Porzellanfabrik liefert ausgezeichnete Waaren, die Gewehrfabrik die besten Schusswaffen, die Borsigsche Maschinenfabrik die gesuchtesten Locomotiven, bis jetzt 3000 Stück. In der Fabian'schen Schlosserei werden die besten Geldschränke gearbeitet, bis jetzt 4000 Stück. Aus Brauers Lederwaaren Fabrik kommen die meisten Geldtaschen (Portemonnais). Die Feilnersche und Marchsche Thonwaarenfabrik liefert die beliebtesten Terracotten und Stuckarbeiten, die Cottenet-Bergemannsche Saffianfabrik liefert täglich 5000 Stück des feinsten und besten farbigen Leders; auch in der Architectur steht Berlin vor anderen Städten nicht zurück. Zu erwähnen sind noch die bequemen in den meisten Häusern sich findenden Berliner Eckstuben.

Berlin ist die Stadt der Intelligenz oder der Geistesbildung, denn in keiner Stadt giebt es so viele und so sehr benutzte Hebel zur Förderung des Könnens und Wissens als bei uns. Damit hängt auch die Bezeichnung „Spreeathen" zusammen. Schon unter Friedrich Wilhelm III. hatte die Spreestadt verhältnissmäßig die meisten Namen berühmter Männer aufzuweisen, wie ehemals die griechische Hauptstadt Athen; und bis auf den heutigen Tag ist es noch keiner Stadt gelungen Berlin vom Throne der Wissenschaftlichkeit zu verdrängen. Unsere Stadt wird auch ein steinernes Epos (Heldengedicht) genannt, in so fern die vielen Denkmäler von Ereignissen, von den Leistungen berühmter Männer und Thaten vaterländischer Helden erzählen.

Berlin ist eine Weltstadt, denn sie ist in den Kreis der Orte getreten, welche für die gebildete und schaffende Menschheit den Ton angeben, durch zahlreiche Einrichtungen zur Erleichterung des Verkehrs, durch mannigfache Vorkehrungen für die Bequemlichkeit und das Vergnügen der Fremden, durch die kaum zu übersehenden Anstalten für Künste und geistige Genüsse, für Volks- und Gelehrtenbildung. Die Fäden seiner Kultur spinnen sich um die ganze Erde, und auf den großen Geld- und Weltmärkten giebt auch Berlin seine gewichtige Stimme ab.

Die Kunde von den glorreichen Ereignissen der letzten Jahre ist in die entlegensten Gegenden der Erde gedrungen, und Berlin wurde auf den Vordergrund der Weltbühne gedrängt, denn die Kulturvölker aller Erdtheile sind von Bewunderung erfüllt von den Leistungen des deutschen Volkes; ihre Sendlinge erscheinen in der Hauptstadt des neuen Reiches, um das Material der deutschen Kraft zu prüfen und Gewinn davon zu tragen. Unserer Stadt wird die schöne Aufgabe zu Theil, Jene erkennen zu lassen, daſs Licht und Recht in der Heimat gepflegt werden, und daſs diese in der schweren Stunde der Entscheidung den Ausschlag gegeben haben.

Die Jugend Berlins aber möge sich die Devise der Garnisonkirche vergegenwärtigen und sich wie der Adler dem Lichte zuwenden, dann wird sie mehr und mehr in der Erkenntniſs wachsen und dazu beitragen, daſs die Vaterstadt Berlin, (Berolinum) das werde, was sie als Anagramm unter ihrem lateinischen Mantel bescheiden verbirgt, ein Lumen orbi, oder: Ein Licht der Welt!

XIX. Vaterland und Landesvater.

A. Staatliche Begriffe.

Heimat nenne ich den Ort, wo ich zu Hause bin. Berlin ist meine Heimat, denn in Berlin bin ich zu Hause. Muttersprache nenne ich die Sprache, die ich von meiner Mutter gelernt habe: die deutsche Sprache ist meine Muttersprache. Vaterland nenne ich das Land, in dem sich mein Vater ernährt; Deutschland ist mein Vaterland. Alle Menschen sind durch gleiche Sprache zu einem Volke, durch gleiche

Gesetze zu einem Staate verbunden. Ein Volk ist eine Gesammtheit von Menschen, die einerlei Sprache sprechen; ich gehöre dem deutschen Volke an. Das Land, welches vom deutschen Volke bewohnt wird, heißt Deutschland. Ein Staat ist eine Gesammtheit von Menschen, die einerlei Gesetz haben; ich gehöre dem preußischen Staate an. Das Land, in welchem die preußischen Gesetze gelten, heißt Preußen. Da ich dem deutschen Volke durch die Sprache und dem preußischen Staate durch das Gesetz angehöre, so nenne ich Deutschland und Preußen mein Vaterland. Weil sich die Grenzen Deutschlands weiter ausdehnen, als die Grenzen Preußens, so nenne ich Ersteres, das weite, Letzteres, das engere Vaterland.

Gesetze sind Vorschriften, nach denen sich Jeder richten muss; sie bezwecken Ordnung und Sicherheit. Jeder Mensch, der Ordnung und Sicherheit liebt, wird seinen Willen unter den Willen des Gesetzes thun. Wer seinen Willen unter den Willen des Gesetzes thut, ist ein Unterthan. Wir sind preußische Unterthanen. Diejenigen Personen, denen die Sorge für Ordnung und Sicherheit anvertraut ist, bilden in ihrer Gesammtheit die Landesregierung, oder die Obrigkeit. Es giebt eine Stadt- und eine Staats-Obrigkeit, jene nennen wir den Magistrat, diese das Ministerium. Wir gedenken hierbei der Mahnung des Apostels Paulus im Römerbriefe: Jedermann sei Unterthan der Obrigkeit, die Gewalt über ihn hat, denn es ist keine Obrigkeit ohne von Gott; wo aber Obrigkeit ist, die ist von Gott verordnet.

In jedem Staate muss es Gesetze geben, und diese Gesetze müssen befolgt und nach dem Bedürfnisse vermehrt und vermindert werden. Ein Staat, in welchem die Landesregierung mit der Landesvertretung die Landesgesetze bespricht, vermehrt und verändert, heißt ein Verfassungsstaat oder ein constitutioneller Staat. Preußen ist ein Verfassungsstaat. Die Landesregierung ist eine Gesammtheit von Männern, welche dem Landesherrn mit ihrem Rate beistehen; die einzelnen Mitglieder heißen Staatsräte oder Minister; der Vorsitzende ist der Ministerpräsident, oder der Kanzler. Die Landesvertretung ist eine Gesammtheit von Männern, welche dem Landesherrn den Willen des Volkes kund thun; die einzelnen Mitglieder des Volkes heißen Abgeordnete oder Deputirte, der Vorsitzende ist der Landtagspräsident. Landtag heißt die Zeit ihrer gemeinschaftlichen Thätigkeit. Die Landesvertretung theilt sich in zwei Abtheilungen oder Häuser: das Herrenhaus und das Abgeordnetenhaus. Das Ministerium und die Abgeordneten sind in Bezug auf den Staat dasselbe, was der Magistrat und die Stadtverordneten in Bezug auf die Stadt vorstellen, nämlich ausübende und gesetzgebende Gewalten; denen die Wohlfahrt des Staates und der Stadt anvertraut ist. An der Spitze des Magistrates oder des Stadtrates steht der Oberbürgermeister; an der Spitze der Stadtverordneten, der Stadtverordneten-Vorsteher. Ratssitzung heißt die Zeit der gemeinschaftlichen Thätigkeit.

Verfassung oder Constitution heißt eine Sammlung von Bestimmungen über die Rechte des Landesherrn, über die Rechte des Volkes und über die Grundsätze, nach denen der Staat regiert werden soll. Jede einzelne Bestimmung in diesem Schriftstücke heißt ein Verfassungsparagraph. Der wichtigste Paragraph steht in einem Briefe des Apostels Petrus: In diesem sind die Pflichten eines guten Staatsbürgers zusammengefasst mit den Worten: „Thut Ehre Jedermann, habet die Brüder lieb, fürchtet Gott, ehret den König!“

Die erste Person im Staate, oder das Oberhaupt des Staates führt den Titel Kaiser, König, Herzog, Fürst, Markgraf oder Kurfürst. Das Oberhaupt des preußischen Staates ist gleichzeitig das Oberhaupt des deutschen Reiches, und führt in dieser doppelten Beziehung den Namen Kaiser und König.

Die alten Deutschen theilten sich in Geschlechter oder Kunis, eine Absonderung, die sich später im Volke verlor und verwischte, während sie sich bei angesehenen Familien erhält; solche Familien bezeichneten sich vorzugsweise als Geschlechter oder Patrizier; der Älteste der Familie erhielt als Geschlechtshaupt den Namen Kuning. In den kriegerischen Zeiten der Völkerwanderung führten einzelne tapfere Heerführer ausschließlich diesen Namen, gleichsam als die edelsten des Volkes, und so kam das Wort Kuning oder „König“ bei den verschiedenen deutschen Volksstämmen als höchstes Würdenamt zur Geltung. Bei den Römern hatte der Familienname des berühmten Feldherrn und Staatsmannes Julius Cäsar eine noch größere Bedeutung gewonnen. Die Beherrscher des römischen Reiches pflegten den Namen Cäsar ihrem Namen voranzustellen, um sich gewissermaßen zu verherrlichen; aus dieser Gewohnheit wurde Cäsar, oder nach griechischer Schreibweise „Kaisar“ zum Würdenamen, der 800 Jahre später auch auf die deutschen Regenten übergegangen ist. Unabhängige oder souveräne Landesherren setzen ihrem Titel die Worte: „Von Gottes Gnaden“ bei. Dieser Beisatz ist bei den geistlichen Herren schon seit 1400 Jahren, bei den weltlichen Herren seit 1000 Jahren gebräuchlich. Kaiser Karl der Große gab diesen Worten einen besonderen Ausdruck: Er bekannte, dass er die höchste Stellung im Staate nicht durch eigenes Verdienst, sondern durch die Gnade Gottes bekleide, eingedenk der Worte Pauli: „durch Gottes Gnade bin ich, was ich bin.“ Er erkannte, dass mit dieser höchsten Stellung so viele Pflichten verbunden sind, dass er zur gewissenhaften Erfüllung derselben der Gnade Gottes ganz bedürftig sei, eingedenk der Worte Jesu: „wem viel gegeben ist, von dem wird man viel fordern!"

Der Kaiser soll sein ein Landesherr und ein Landesvater; in ersterer Beziehung hat er zu wachen über die äußere und innere Sicherheit des Staates; in letzterer Beziehung darf er das leibliche und geistige Wohl der Landeskinder nicht aus dem Auge verlieren. Alle Anordnungen, welche die Wohlfahrt des Staates bezwecken, heißen Staatseinrichtungen oder Institutionen. Zu den Staatseinrichtungen für die äußere Sicherheit gehört die Armee; zu denen der innern Sicherheit, die Polizei; zu den Staatseinrichtungen für das leibliche Wohl, gehören öffentliche Arbeiten, für das geistige Wohl sorgen öffentliche Schulen. Die Sorge für das Wohl so Vieler übersteigt die Kräfte eines Einzelnen, deshalb umgiebt sich der Kaiser mit Männern, denen er die verschiedenen Regierungsgeschäfte anvertrauen kann. Diese Männer sind die obersten Staatsdiener oder Minister; sie bilden in ihrer Gesammtheit die Staatsbehörde, die Staatsobrigkeit, die Landesregierung oder das Ministerium.

Der Kaiser regiert, d. h. er sorgt dafür, dass die Gesetze befolgt und die Staatseinrichtungen erhalten, oder zeitgemäß geändert werden, dass der Friede erhalten, die Ehre gewahrt und die Grenze unverletzt bleibe. Jedes Landeskind, welches den Staatsgesetzen Folge leistet und Staatsrechte für sich in Anspruch nimmt, ist ein Staatsbürger. Jeder Staatsbürger ist zur Erhaltung der Staatseinrichtungen durch Abgaben verpflichtet; denn wer sich der Ordnung und Sicherheit erfreuen will, muss zur Ehaltung derselben beitragen.

Der Wohnsitz des Landesherrn heißt die Residenz; der Wohnsitz der Landesregierung heißt die Hauptstadt; nicht jede Hauptstadt ist eine Residenz; Charlottenburg ist beispielsweise eine Residenz, aber keine Hauptstadt, Magdeburg eine Hauptstadt aber keine Residenz. Berlin ist Haupt- und Residenzstadt des deutschen Reiches, und des preußischen Staates. Der preußische Staat ist eine Vereinigung von Landestheilen, die nach und nach zusammen gekommen sind, theils durch Eroberung und Erbschaft, theils durch Kauf und Bündnisse; er besteht aus zwölf Provinzen: Preußen, Pommern, Posen, Schlesien, Brandenburg, Sachsen, Holstein, Hannover, Hessen, Westfalen, Rheinland, Hohenzollern. Diejenige Provinz, von welcher die Bildung des Staates ausgegangen ist, oder mit welcher der Staat angefangen hat, wird das Stammland genannt. Brandenburg ist das Stammland des preußischen Staates; die Nordmark wiederum das Stammland der Provinz Brandenburg. Das deutsche Reich ist eine Vereinigung von Staaten, unter einem obersten Kriegsfeldherrn unter einheitlicher Wehrverfassung mit einheitlichen Verkehrsmitteln und unbeschränkter Grenzverbindung. Das Reich besteht aus 22 Staaten: Anhalt, Baden, Baiern, Braunschweig, Hessen, 2 Lippe, 2 Mecklenburg, Oldenburg, Preußen, 2 Reuß, 5 Sachsen, Schwarzburg, Waldeck, Würtemberg. Die Bundesregierung besteht aus den Regierungsbevollmächtigten der einzelnen Staaten unter dem Vorsitze des Reichskanzlers. Die Abgeordneten des deutschen Reiches versammeln sich in der Reichshauptstadt Berlin, um mit der Bundesregierung die Angelegenheiten Deutschlands zu besprechen. Die Zeit der gemeinsamen Beratung heißt der Reichstag.

B. Hohenzollern.

Der oberste Kriegsfeldherr des gesammten deutschen Heeres ist der Kaiser; die Kaiserwürde ist dem Könige Wilhelm erblich übertragen worden. Kaiser Wilhelm gehört der Familie Hohenzollern an. Die Familie, welcher der Landesherr angehört, heißt die Herrscherfamilie oder Dynastie. Ein übersichtliches Verzeichniss aller Familienglieder, wie sie von einander abstammen, heißt ein Stammbaum, ein Geschlechtsregister, oder eine Genealogie. Diejenige Person mit welcher der Stammbaum beginnt, oder bis zu welcher sich die Abstammung einer Familie nachweisen lässt, wird der Ahnherr genannt. Die Sage macht einen Grafen Thassilo, der vor elf hundert Jahren lebte, zum Ahnherrn der Familie Hohenzollern. Im Schwabenlande zwischen Donau und Neckar liegt der Zollerberg; mit dem Worte „Soler" bezeichneten unsere Vorfahren einen hochgelegenen sonnigen Ort; es bildeten sich daraus die Namen Söller und Zoller. Alles Land um den Zollerberg hieß das Zollerland, und die Herren desselben wohnten am Fuße des Berges zu Hechingen an der Starzel. Zur Zeit Karls des Großen erwarb Graf Thassilo dieses Land, indem er die Erbin desselben, die Gräfin Irmengard von Zollern, heiratete. Graf Thassilo gehörte zu den Paladinen oder Palastrittern des großen Kaisers, als solcher war er dessen Vertrauensmann und steter Begleiter. Ein Enkel Thassilos war Graf Meinhard der Einsiedler, der in einer Wildniss der Schweiz 860 von Räubern ermordet wurde; daran erinnert das Kloster Einsiedlen und des Dichters Kristof Schmidt Legende vom heilgen Menrad. Thassilos Urenkel war Graf Rudolf von Zollern, der treue Begleiter Kaiser Heinrichs I. im Wenden- und Ungarnkriege. Rudolf soll während des neunjährigen Waffenstillstandes mit Ungarn den Bau der Burg auf dem Zollerberge begonnen haben. Mit geschichtlicher Sicherheit wird unter Kaiser Heinrich IV. Graf Burkard von Zollern genannt, der in der Schlacht bei Rheinfelden sein Leben verlor; sein Freund, Graf Friedrich von Büren, vollendete 1080 die Burg Hohenstaufen.

Der Sohn Burkards ist Graf Friedrich I., Waute, d. h. der Ansehnliche oder Stattliche, der von der Stadt Speier und dem Kaiser Heinrich V. sehr geehrt worden ist; er nannte sich zuerst ein Graf von Hohenzollern. Wautes Enkel, Graf Friedrich III. war mit Sofie von Rabs, der einzigen Tochter des Burggrafen von Nürnberg, verheiratet. Dieser Burggraf Konrad kam 1190 auf einem Kreuzzuge ums Leben und Kaiser Heinrich VI. überwies die Burggrafschaft dessen Schwiegersohne dem Grafen Friedrich von Hohenzollern; als Burggraf dieses Namens der Erste. Die deutschen Kaiser setzten überall in Deutschland Reichsvögte ein, welche die kaiserlichen Güter verwalten und kaiserliche Rechte ausüben sollten. Auch in Franken regierte ein solcher Reichsvogt, dem als Amtssitz die Burg oder Pfalz (Palatium) von Nürnberg angewiesen war; daher man sie Burggrafen nannte. Erst verwalteten die Grafen von Hohenlohe dieses Amt, dann die Grafen von Rätz oder Raabs. Die Nürnberger Burggrafen spielten eine wichtige Rolle in der deutschen Geschichte und waren stets treue Anhänger der Kaiser. Kaiser Sigismund übergab dem Burggrafen Friedrich VI. von Hohenzollern 1415 auf dem Reichstage zu Kostnitz die Mark Brandenburg nebst der Kur- und Kämmererwürde, als Anerkennung seiner Verdienste um Kaiser und Reich und als Entschädigung für eine Schuldforderung von 400,000 Dukaten. Dieser Burggraf führte als Markgraf und Kurfürst von Brandenburg wiederum den Namen Friedrich I.

Als der deutsche Kaiser Ferdinand II. 1619 zur Regierung kam, am Anfange des dreißigjährigen Krieges wurde Kurfürst Johann Sigismund, Herzog von Preußen. Unter Kaiser Leopold I. verwandelte Kurfürst Friedrich III. dies Herzogthum in ein Königreich, am 18. Januar 1701. Er entschied sich bei dieser Rangerhöhung für den Namen Preußen und nannte sich als König Friedrich I. Das Kurfürstenthum Brandenburg war ein abhängiges deutsches Reichsland, Preußen aber ein unabhängiges Herzogthum. Der Name Preußen ging auch auf alle Landesgebiete über, welche zwischen Memel und Maas liegen und nach und nach unter das Zepter der Hohenzollern gekommen sind. Als der deutsche Kaiser Franz II. die deutsche Kaiserkrone niederlegte, regierte in Preußen König Friedrich Wilhelm III. Das alte deutsche Reich geriet nach einem tausendjährigen Bestehen in die Gewalt des französischen Kaisers Napoleon I. und wurde nach dessen Sturze 1815 zu Wien in einen Bundesstaat verwandelt, dessen 38 unabhängige Fürsten ihre Stellvertreter nach Frankfurt a. M. schickten, um im Allgemeinen über Deutschlands Sicherheit, im Besonderen aber über die Unverletzlichkeit jedes einzelnen Staates zu wachen. Frankfurt war der Sitz der Bundesregierung. Der neuesten Zeit war es vorbehalten diese beklagenswerte Schöpfung des Wiener Kongresses zu zertrümmern. Ehe wir jedoch den Verlauf der Ereignisse weiter verfolgen, werfen wir einen Blick auf die Entstehungsgeschichte der Mark Brandenburg.

C. Brandenburg.

Im südlichen Theile des Havellandes liegt ein abgerundeter Sandhügel, der ehemals bewaldet, von Seen und sumpfigen Wiesen umgeben und somit schwer zugänglich war. Schon vor der Völkerwanderung bestand hier eine germanische Bur, oder verschanzte Ansiedlung, die wegen ihrer hohen Lage Branibur oder die Bergfeste hieß. Als die Wenden das Havelland in Besitz genommen hatten, verwandelten sie die Feste in ein Heiligthum ihres Götzen Triglaw, und nannten ihre Ansiedlung am Fuße der Berge Gorelize oder die Bergstadt. Doch war die fünfhundertjährige Wendenherrschaft nicht im Stande, den Namen Branibur zu verdrängen; die alt angesessenen Germanen hielten ihn fest und überlieferten ihn gleichsam als Reliquie, den neuen deutschen Eroberern. Als Karl der Große den Wendenfürsten Dragoïd bekriegte, weil dieser den heidnischen Sachsen Hilfe geleistet hatte, zerstörte er dessen Wohnsitz Dragowice d. i. Trechwitz bei Lehnin. Der Wendenfürst wählte sich nun das von der Natur geschützte Gorelize oder Branibur zur Hauptstadt. Nach Karls Tode, drangen die Wenden von Neuem vor und überschritten die Elbe. Kaiser Heinrich I. sah sich gezwungen die unruhigen Nachbarn mit Krieg zu überziehen. Er trieb sie über die Elbe zurück, ging im Januar 928 über die gefrorene Havel und eroberte Brandenburg. Das den Wenden abgenommene Land zwischen Elbe und Ohre, welches diese hundert Jahre lang besessen hatten, hieß die Mark, weil es an der Grenze oder Marke lag, in Beziehung auf die nördliche Lage von der kaiserlichen Pfalz Memmleben, auch die Nordmark; der Markgraf oder der kaiserliche Beamte, welcher die Nordmark verwaltete, wohnte zu Salzwedel.

Nach zweihundert Jahren hatten sich die Verhältnisse wesentlich verändert; der kinderlose Wendenfürst Pribislav war zum Christenthum übergetreten und befreundet mit Albrecht von Ballenstädt, dem damaligen Markgrafen von der Nordmark, auch die Gemahlinnen beider, die Markgräfin Sophie und die Fürstin Petrussa, waren einander innig zugethan. Pribislav sicherte dem Markgrafen die Erbfolge im Havellande, damit das Fürstenthum nicht wieder in heidnische Hände gerate. Als Pribislav 1140 starb, nahm Albrecht von dem Erbe Besitz und nannte sich von der Zeit an Markgraf von Brandenburg. Ein sorbischer Fürst Jazzo (Jakob) von Köpnick machte ihm zwar den Besitz streitig, doch entschied die 1147 bei Groß Glienicke geschlagene Schlacht zu Albrechts Gunsten und Kaiser Friedrich Barbarossa bestätigte diesem das neuerworbene Gebiet. Im Jahre 1184 verwaltete Albrechts Enkel, Markgraf Otto II., auf dem Reichstage zu Worms als deutscher Reichsfürst das Erzkämmereramt und erhielt als Inhaber der obersten Gerichtsbarkeit zum Reichsamtswappen den deutschen Adler in roter Farbe. Der rote Adler verblieb von dieser Zeit an der Mark als Landeswappen.

Die Familien Ballenstädt, Wittelsbach, und Lützelburg folgten einander im Besitze der Mark, die 1415 in die Hand der Hohenzollern gelangte. Durch ein Reichsgrundgesetz des Kaisers Karls IV. wurde bestimmt, daß nach dem Tode eines Kaisers, dessen Nachfolger von sieben der vornehmsten Standesherren gewählt oder gekürt werden solle, das sind die sieben Kurfürsten, zu denen auch seit 1355 der Markgraf von Brandenburg gehört. Das Reichsgrundgesetz, das wegen der goldenen Siegelkapsel oder Bulla, auch die goldene Bulle genannt wird, bestimmt über die sieben Erz- oder Oberämter Folgendes: Am kaiserlichen Hoflager erscheinen die Inhaber des Erzamtes vor dem Kaiser zu Pferde und sitzen ab, um ihre Dienstleistungen zu vollziehen. Der Erzmarschall, Herzog von Sachsen, bietet in einem silbernen Gefäße dem kaiserlichen Reitpferde den Hafer; darauf begiebt sich der Kaiser in die Pfalz. Hier erledigt er verschiedene Geschäfte, wozu ihm die geistlichen Kurfürsten Siegel und Feder überreichen und wieder zurückempfangen; dann geht es zur Tafel; hier spricht ein geistlicher Kurfürst den Segen; darauf reicht der Erzkämmerer, Markgraf von Brandenburg, in silbernen Becken dem Kaiser Waschwasser nebst Handtuch; es erscheint nun der Erztruchseß, Pfalzgraf bei Rhein, und setzt 4 silberne mit Speise gefüllte Schüsseln vor den Kaiser und endlich präsentirt der Erzschenk, König von Böhmen, dem kaiserlichen Herrn einen silbernen Becher voll Wein. Die Oberkämmerer übergeben alsdann den hinter ihnen stehenden Unterkämmerern die benutzten Gegenstände und setzen sich an sieben für sie bereit gehaltenen Tische mit dem Kaiser zur Tafel. Später erhielt der Herzog von Baiern, das Erzschatzmeisteramt als 8. und der Herzog von Braunschweig-Hannover das Erzbanneramt als 9. Kurwürde. Die geistlichen Kurfürsten, die Erzbischöfe von Mainz, Trier und Köln, waren Erzkanzler beziehungsweise für Deutschland, Burgund und Italien.

Bei dem Wiederaufbau des neuen deutschen Reiches hat man die alten Werkstücke in anderer Weise und mit festerem Kitte wieder zusammengefügt; zum Fundamente des Baues gehören die Grafschaft Hohenzollern, die Burggrafschaft Nürnberg, die Markgrafschaft Brandenburg, aber auch das Herzogthum Preußen. In wenigen Worten wollen wir der Entwicklung dieses Landes gedenken.

D. Preußen.

Ursprünglich bezeichneten die Germanen alle ihnen östlich wohnenden Völker mit dem Namen Äften oder Ostländer; nach der Völkerwanderung treten diese unter verschiedenen Namen auf; diese Namen haben meist eine örtliche Bedeutung und zeigen an, dass die Absonderung in Volksstämme keine ursprüngliche gewesen, sondern aus vereinzelten Niederlassungen hervorgegangen ist. So hießen die Anwohner des Meeres Pomoren (Pommern); die der Ebene Polänen oder Polen; die im Thale Podolen; die an der Russe, (der älteste Name der Memel) Porussen oder Preußen; die an der Labe (Elbe) Polaben; u. s. w. Die Bewohner der Halbinsel Kurland, die von der Wendawa (Windau) bewässert wird nannten sich Wenden. Die Preußen an der Memel, deren Mündungsarm heute noch Russe heißt, breiteten sich über den ganzen Küstenstrich zwischen Memel und Weichsel aus. Schon 400 Jahre vor Christi Geburt war dieses Land den Griechen als Bernsteinland bekannt. Zur Zeit Karls des Großen bestand Preußen aus zwölf Landschaften, deren Namen zum Theil noch heute im Munde des Volkes fortleben. Erst ums Jahr 1000 erhalten wir bestimmte Nachrichten von diesen Gegenden, als der Bischof Adalbert von Prag den Versuch machte, die heidnischen Preußen für das Christenthum zu gewinnen; bei Tenkitten erlitt er 997 den Märtyrertod. Die Polen machten vergebliche Anstrengungen sich des Preußenlandes zu bemächtigen; am Ende wurden die Preußen die Angreifer und der Polenherzog Konrad von Masowien kam in solche Verlegenheit, dass er aus seiner Hauptstadt Plotzk entfliehen und die Hilfe der deutschen Ordensritter (Kreuzherren, Deutschherren oder Marianer) in Anspruch nehmen musste. Diese Ritter hatten sich zur Zeit der Kreuzzüge durch Gelübde zum beständigen Kampfe gegen die Ungläubigen, zur Krankenpflege und geistlichen Übungen verpflichtet. Das Ordenshaupt war der Ordens- oder Hochmeister; damals Hermann von Salza in Venedig. Dieser Hochmeister schickte 1230 den Landmeister Hermann Balk mit einer Schaar von Reisigen nach Polen. Herzog Konrad räumte ihnen die Burgen Vogelsang und Nassau an der Weichsel ein; von da aus begannen sie einen 50jährigen Kampf, durch den sie zur Herrschaft in Preußen gelangten, denn das eroberte Land blieb der Verabredung gemäß im Besitze des deutschen Ordens. Noch oft versuchten die Preußen sich der Kreuzheere zu entledigen, aber aus Deutschland rückten immer neue Kreuzherren heran, denen sich viele Bauernfamilien als Ansiedler anschlossen. Auch der böhmische König Ottokar I. führte 1254 ein Heer nach Preußen; an die Anwesenheit dieses Fürsten knüpft sich die Gründung der preußischen Hauptstadt Königsberg. Als die Landmeister die Herrschaft des Ordens befestigt hatten, verlegte der Hochmeister Siegfried von Feuchtwangen 1309 seine Residenz nach der neuerbauten Marienburg. Die darauf folgende dreißigjährige Regierungszeit des Hochmeisters Winrich von Kniprode war die Glanzperiode des preußischen Hochmeisterthums. Nach ihm beginnt der Verfall des Ordens. Reichthum förderte den Hang zum Wohlleben; die Kraft ließ nach, und durch Stolz und Übermut machten sich die Ritter bei den Bauern verhasst. Den inneren Unfrieden unterhielten die benachbarten Polen, welche sich Preußens bemächtigen wollten; als der Krieg nicht mehr zu vermeiden war, unterlag die von den Bauern im Stiche gelassene Ritterschaft, und im Walde bei Tannenberg verlor der Hochmeister Ulrich von Jungingen 1410 Schlacht und Leben gegen den Polenkönig Wladislav Jagello; im Frieden von Thorn musste der Orden, den westlichen Theil von Preußen an Polen abtreten und durfte nur den östlichen Theil als polnisches Lehen behalten. (Ost- und Westpreußen.)

Der letzte Hochmeister, Albrecht von Brandenburg, ein Enkel unseres Kurfürsten Albrecht Achilles, verwandelte 1525 das geistliche Hochmeisterthum in ein weltliches Herzogthum, in Folge des Krakauer Vertrages; fünf und zwanzig Jahre später erlangte Kurfürst Joachim II. von Brandenburg auf dem Reichstage zu Lublin die Mitbelehnung über Preußen. Als der Herzog Albrecht II. 1618 ohne männliche Erben starb, nahm sein Schwiegersohn, der Kurfürst von Brandenburg, Johann Sigismund, auf Grund des Lubliner Vertrages von Preußen Besitz, indem er die polnische Lehnshoheit anerkannte. Im schwedisch-polnischen Kriege gelang es dem großen Kurfürsten die Souveränität oder Unabhängigkeit für sein Herzogthum Preußen zu gewinnen.

Der dreitägigen Schlacht bei Warschau 1656 folgte der Vergleich von Labiau mit dem Schwedenkönige Karl Gustav, der das Lehnsverhältnis aufhob. Missliche Umstände bestimmten den Polenkönig Kasimir drei Jahre später zu Welau dem Kurfürsten Gleiches zu gewähren. Beide Vergleiche erhielten durch den Frieden von Oliva 1660 noch ihre besondere Bestätigung. Der Sohn des großen Kurfürsten Friedrich III. erwarb 1701 die Königskrone; er war das zwölfte Glied in der Reihe der Hohenzollerschen Kurfürsten und das erste in der Reihe der sieben nun folgenden Könige, die mit dem Kaiser Wilhelm schließt als Wiederhersteller einer neuen Regentenreihe, als Kaiser Wilhelm, der Siegreiche. Unter ihm haben die Deutschen unter den Völkern Europas die früher behauptete Ehrenstelle wieder eingenommen.

E. Deutschland.

Die Deutschen sind die Nachkommen jenes großen Kulturvolkes, welches nach den Kelten in Europa einwanderte und vor zweitausend Jahren zum ersten Male mit den Römern an den Alpen und am Rheine in Berührung kam. Damals wurden nur die Namen einzelner Volksstämme genannt. Als Julius Cäsar auf seinem gallischen Feldzuge sich dem Rheine näherte, bezeichneten ihm die Eingeborenen, die jenseits des Flusses wohnenden Menschen als Girimana oder Waldgebirgsleute. Durchs Cäsars Soldaten fand der Name Verbreitung und in den römischen Berichten werden von der Zeit an alle Volksstämme zwischen Rhein und Donau bis zur Nord- und Ostsee, Germanen und das Land Germania genannt. Die Germanen im Osten der Maas heißen seit ungefähr zwölfhundert Jahren die Deutschen. Das Ländergebiet des Frankenkönigs Klodwig zerfiel nach dieses Königs Tode in die Reiche Austrien und Neustrien, zu beiden Seiten des Argun oder Hochwaldes. (Argonnen.) Im Ostreiche, um Metz, wurde die allen verständliche fränkische Mundart gesprochen, daher die deutliche, diotische oder deutsche Sprache. Im Westreiche, um Paris, hörte man die den Ostfranken schwerverständliche gälische oder wälsche Mundart. Wo man diotisch sprach, war Deutschland, wo man gälisch sprach, aber Welschland. Als das Reich Karls des Großen zerfiel, erhielt sein Enkel Karl den westlichen Theil als Frankenreich, Ludwig aber den östlichen Theil als Deutschland.

Durch die Völkerwanderung waren die Germanen in den meisten Ländern Europas zur Herrschaft gelangt, aber die Sieger verschmolzen größtentheils mit den Besiegten, und nur aus dem Kerne ist das heilige römische Reich deutscher Nation hervorgegangen; denn der Kaiser war der Schirmherr der Kirche und der Erbe Roms, daher fand in Rom die Krönung statt. Doch dieser Titel hat dem deutschen Volke viele Wunden geschlagen, und die deutschen Kaiser hatten beständig zu kämpfen gegen Abfall und Auflehnung. Nach dem hohenstaufischen Regimente gingen Burgund und Belgien verloren, die Schweiz und Holland trennten sich vom Reichskörper und Deutschlands Macht und Ansehen welkte sichtlich dahin, Eifersucht und Parteiung entzweite Völker und Fürsten und als vor 200 Jahren die Franzosen mitten im Frieden das schöne Rheinland verheerten und Elsaß und Lothringen raubten, da war die Mutter Germania ohnmächtig und konnte ihren Kindern nicht beistehen; aber der Schmerz über diesen Verlust schlug in jedem deutschen Herzen tiefe Wunden; er vererbte sich von Kind auf Kindeskind, und das deutsche Volk hoffte von Jahr zu Jahr auf den großen Tag der Einigung, Kräftigung und Sühne. Friedrich von Hohenstaufen musste lange auf seine Erlösung warten. Wilhelm von Hohenzollern weckte ihn und er konnte des neuen deutschen Reiches Herrlichkeit sehen; das Waffengeklirr und der Kanonendonner von 1870 hat den Kyffhäuser Zauber gelöst. Den letzten Krieg veranlasste ohne irgend einen erheblichen Grund französische Eitelkeit und Übermut. Der Unwille darüber war in Deutschlend so allgemein, dass Fürsten und Völker sich Eins fühlten in ihren Unternehmungen gegen den leichtfertigen Nachbar. Wir haben des Ereignisses am Siegesdenkmale gedacht. Im Spiegelsaale des Schlosses zu Versailles, in dem alle Pläne zur Schädigung und Zertrümmerung Deutschlands seit Jahrhunderten geschmiedet worden waren, fand auch die Einigung wieder statt, denn König Wilhelm nahm hier die ihm von den deutschen Fürsten und Völkern angebotene Kaiserkrone an. Der alte Bundesstaat in dem die Sonderinteressen der einzelnen Staaten höher geachtet wurden, als die Interessen des gemeinsamen Vaterlandes musste einem Staatenbunde weichen, in dem die Macht und das Ansehen des gemeinsamen Vaterlandes die erste Berücksichtigung findet.

Wie ganz anders ist das Ergebniss der Schlacht bei Sedan am 3. September 1870 im Vergleiche zu dem der Schlacht bei Leipzig am 18. October 1813. Im Herzen von Deutschland hielten damals die geschädigten Fürsten und Völker mit dem europäischen Friedenstörer eine blutige Abrechnung und die Ketten der napoleonischen Gewaltherrschaft wurden gebrochen; doch die geraubten Reichsländer waren nicht wiedergewonnen und des Vaterlandes Einheit nicht herbeigeführt; aber das Nationalgefühl war in allen Deutschen lebendig geworden, der Gedenktag jenes Sieges gestaltete sich zum Festtage für die deutsche Jugend. An jedem 18. October wurde die Begeisterung für Deutschlands Einheit und Größe durch mächtige Flammenzeichen im ganzen Vaterlande aufgefrischt, und um die helle Flamme, die zum dunklen Himmel aufloderte, ertönte das Gersbachsche Feuerlied, das seines herrlichen patriotischen Inhaltes wegen der deutschen Jugend erhalten bleiben muss.

Sei gegrüßt, du heil'ge Flamme, Feuer, das vom Himmel ist,
Sei vom ganzen deutschen Stamme mit Frohlocken heut begrüßt.
Heil dir, du, des Vaterlandes großer Auferstehungstag,
Wo im Feuer deutschen Brandes Deutschlands Kette schmolz und brach.
Ja, Glück auf, des Vaterlandes großer Auferstehungstag,
Der die Sklavenkette brach in dem Feuer deutschen Brandes.
Wie sie aufgehn nah und ferne, rund am Himmel hell und klar
Feu'r auf Feu'r, recht wie Sterne, Morgensterne sind's fürwahr,

Sonnen, die den Tag verkünden neuer deutscher Herrlichkeit,
Alle Berge rings entzünden, alle Thale, weit und breit.
Wie sie lodern um die Wette, alle Berg', im lichten Brand
Um das ganze deutsche Land, eine große Feuerkette,
Und gleich wie aus tausend Flammen doch Ein Feuer werden muss,
Also schmelzen wir zusammen in Ein Herz, in Einen Guss.
Deutschlands Ruhm, verjüngt aus Staube, steigt im Siegesfeuer auf;
Alte Treue, alter Glaube steigt in Flammen herrlich auf.
Die fürs Vaterland gefallen, sei's ein Ehrenfeuer Euch,
Ein Dankopfer Gott zugleich, und ein Bundesfeu'r uns allen!

Die Begeisterung, welche sich in dem Feuerfeste und in dem Feuerliede zu erkennen gab, flößte den Feinden der deutschen Einheit Besorgnisse ein, und es gelang ihnen, dem Vaterlande neue Wunden zu schlagen; es begann die Zeit der Anklagen und Verfolgungen. Da verstummte jenes Feuerlied, da erloschen die Feuerzeichen, aber unter der Asche erhielt sich die Glut, und als nach langem fünfzigjährigen Warten Deutschlands Grenzen wiederum erzitterten im tausendfältigen Kanonendonner, da schlug die Erlösungsstunde: die tausend Flammen flossen zusammen in ein Feuer, die Millionen Herzen schmolzen zusammen in einen Guss. Grossartiger, herrlicher und allgemeiner war die Begeisterung im Jahre 1870; ein neues Lied gab dem Einheitsgefühle des deutschen Volkes den kräftigsten Ausdruck, und Wilhelms Melodie der Wacht am Rhein wogte über Berg und Thal. Kaiser Wilhelm einte die besten Söhne des großen Vaterlandes unter dem schwarz weiß roten Banner und errang mit ihnen die unvergleichlichsten Siege.

F. Feldzeichen.

Wenn die alten Deutschen in den Kampf zogen, so wurden als Heereszeichen die siegverheißenden Bilder der Gottheit vorangetragen: in der Schlacht bei Vercellä erbeuteten die Römer 33 kimbrische Heereszeichen, meist Thierbilder von schwarzer Farbe, dem ernsten Volkscharakter entsprechend; sonst finden wir bei unseren Vorfahren weder Wappen noch Farben. Erst als die Germanen mit den Griechen und Römern in nähere Verbindung traten, macht sich eine Veränderung in ihren Feldzeichen bemerkbar; im gothischen Heere flatterten schon goldene und silberne Fahnen. Papst Leo III. krönte am Weihnachtsfeste des Jahres 800 seinen Schirmherrn, den Frankenkönig Karl, zum römischen Kaiser mit einem goldenen Lorbeerkranze. Von der Zeit an machte Karl den römischen Adler zu seinem Bannerbilde; auch die Thurmzinne der kaiserlichen Pfalz zu Aachen schmückte ein solcher Adler.

Als dieser Kaiser die heidnischen Sachsen unterworfen hatte und diese durch christliche Priester für die neue Lehre gewonnen waren, kennzeichnete man den Übergang aus der Finsternis des Heidenthums in das Licht des Christenthums durch den Farbenwechsel; die schwarzen Feldzeichen und Schilde wurden weiß, oder der Erinnerung wegen schwarz und weiß, wie der hohenzollersche Schild. Das Pferd des alten Sachsenlandes erinnert an die Sage von den Brüdern Hengist und Horsa, die das Pferd als redendes Bild zu ihrem Feldzeichen machten; ein rotes Fahnenblatt mit weißem Pferde soll nach der Sage dem getauften Herzoge Wittekind vom Kaiser Karl überreicht worden sein. Der Kaiser Heinrich I. war im 5. Gliede der Nachkomme Wittekinds und Haupt eines Regentengeschlechts, unter dem Deutschland den Höhepunkt seiner Macht erreichte. Dem Kaiser standen schwere Kämpfe bevor; aber er ging ihnen mutig entgegen im Vertrauen auf den Beistand des Schirmherrn der christlichen Kirche.

Die Lichtgestalt des Erzengels Michael war sein Panier und auch die Ottonen huldigten diesem Feldzeichen, das auf den Schlachtfeldern a. d. Saale und am Lech, a. d. Tiber und Eider, a. d. Havel und Seine zum Siege führte. Die Feinde Deutschlands fürchteten dieses Bild und beugten sich vor der Majestät des deutschen Kaisers in dem sich die Kraft des deutschen Volkes concentrirte; aber es ist nicht immer so geblieben; denn unfähige, schwache Regenten, untreue, auffätzige Vasallen, uneinige und ungebildete Unterthanen brachten das Vaterland um Macht und Ansehen, und der gefürchtete deutsche Michael wurde unsern Nachbarn zum Spott und als Collectivname für das ganze Volk zum deutschen Michel mit dem Nebenbegriffe politischer Unreife, Gleichgiltigkeit und Schwerfälligkeit. Die salischen Kaiser machten wiederum den Adler zum Sinnbilde landesherrlicher Hoheit und die Beamten, Markgrafen, Burggrafen, Landvögte und Reichsstädte bedienten sich des Adlerbildes in roter Farbe, als Zeichen der ihnen verliehenen Hoheitsrechte oder Regalien.

Das berühmte Dynastengeschlecht der Hohenstaufen hat hundert zehn Jahre lang den Kaiserthron inne gehabt; der berühmteste ist der vom Dichter Rückert besungene Friedrich Barbarossa. Außer Karl dem Großen ist kein Kaiser so mit dem Volksbewusstsein verwachsen als Friedrich der Rotbart; zwar hat er durch seine vielen Römerzüge des Vaterlandes Macht untergraben und Italien zu einem deutschen Kirchhofe gemacht; aber seine Erscheinung war edel, ritterlich und thatkräftig. Die Burg Kyffhausen in Thüringen wurde von ihm bewohnt. Friedrich kam auf einem Kreuzzuge ums Leben, und viele Jahre vergingen, ehe man der Trauerbotschaft Glauben schenkte, der größte Theil des Volkes aber glaubte ihn vom Zauber umfangen in den Räumen eines unterirdischen

Schlosses des Kyffhäuser Berges; seit Friedrich das Vaterland verließ, war die Herrlichkeit des Reiches geschwunden; jetzt musste er im Zauberschlafe auf dessen Erlösung harren; Deutschlands Ohnmacht und Zerrissenheit verkündeten die krächzenden Raben, welche den Berg umkreisen; von Zeit zu Zeit scheint der Kaiser zu erwachen, dann schickt er einen Knappen zur Oberwelt, ihm Nachricht zu bringen vom Reiche und von den Raben. Die Neuzeit hat den Zauber gelöst und die Raben verscheucht; der große Hohenstaufe konnte schauen die Herrlichkeit eines neuen Reiches unter dem großen Hohenzoller, und dann ungestört, dem ewigen Schlafe sich hingeben.

Unter den Hohenstaufen entfaltete sich die Macht und das Ansehen des Vaterlandes noch nach einer anderen Seite. Die deutschen Kaufleute, die im Auslande einfach die Kaufleute des Kaisers oder des Reiches genannt wurden, verbanden sich zu selbständigen Vereinen, deren Mitglieder das Handelsinteresse wahrnahmen und den deutschen Namen in der Handelswelt vertreten sollten.

Diese im Auslande geschlossene Verbindung oder die Hansa hatte eine rückwirkende Kraft und kam auch den Handelsstädten der Heimat zu Gute. Deutsche Schiffe durchfurchten alle bekannten Meere und die hanseatische weiß-rote Flagge wurde in allen Häfen geachtet. Ursprünglich sind alle Schiffsflaggen weiß, weil diese Farbe das Schiff schon in großer Ferne meldet, die rote Flaggenhälfte der Hanseaten bezieht sich auf die vom Kaiser verliehenen Hoheitsrechte. Von den Regentenfamilien des getheilten Vaterlandes ist die der Hohenzollern am kräftigsten emporgeblüht und hat unter dem schwarz-weißen Banner den mächtigsten Staat gegründet. Der Kampf mit Österreich um die Hegemonie oder Vorherrschaft ist zu Preußens Gunsten ausgefallen und das geeinte Norddeutschland erhielt in dem schwarz-weiß-roten Feldzeichen einen neuen Dreifarbner. Das schwarz-rote Band der Hohenstaufen, die weiß-rote Flagge der Hanseaten, das schwarz-weiße Schild der Hohenzollern sind aus zweifarbigen Ehrenbildern zu einem dreifarbigen vereint worden. In dem letzten großen Kriege wurde von ganz Deutschland dem bewährten Preußen die Führerschaft übertragen, und nie ist das Vertrauen glänzender gerechtfertigt worden. Keine Fahne hat in so kurzer Zeit eine so großartige Geschichte aufzuweisen; unter dem Donner von hunderttausend Kanonen hat sie ihre Bluttaufe empfangen; Alle, welche unter dieser Fahne standen, waren sich der Pflicht bewusst, für Deutschlands Ehre und die Wiederherstellung des Reiches zu streiten, zu leiden und das Leben zu lassen. Der deutsche Heerbann ist die beste Bürgschaft für Deutschlands Macht und Sicherheit, denn er vereinigt alle, Hohe und Niedre, Reiche und Arme, Gelehrte und Ungelehrte zu gleichen Entbehrungen und Gefahren in dürftiger Hütte bei magerer Kost und führt sie alle ohne Ansehen der Person Schulter an Schulter auf den verhängnisvollen Kampfplatz; der freie Mann unterwirft sich dem blinden Gehorsam, der denkende Mensch der strengen Mannszucht, der geistig Begabte der Anordnung eines gewöhnlichen Mannes; darin besteht die deutsche Gleichheit und Brüderlichkeit, das sind die Grundlagen der deutschen Freiheit, die in den deutschen Farben zum Ausdrucke gelangen. Wo kein Licht ist, da ist Finsternis und in der Finsternis ist alles schwarz. Der älteste Gerichtshof in Athen behandelte wichtige Rechtsfälle im Finstern, um sich von der Persönlichkeit des Angeklagten nicht bestechen zu lassen; daher ist die schwarze Farbe, die Farbe der Unbestechlichkeit, aber auch der Gerechtigkeit. Sprüche 14, 34. Gerechtigkeit erhöhet ein Volk. Mit der Gerechtigkeit verbindet sich die Gleichheit. Bei der verschiedenen geistigen Begabung und körperlichen Geschicklichkeit, bei der Mannigfaltigkeit irdischer Verhältnisse ist eine Standes- und Vermögensgleichheit nicht möglich, aber vor dem Gesetze und unter der Fahne gilt kein Ansehn der Person, da sind die Deutschen einander gleich. Also ist die schwarze Farbe auch die der Gleichheit. Weiß ist der Gegensatz von schwarz; im Weiß vereinigen sich alle Farben; weiß ist die Farbe des Lichtes und der Reinheit; Licht verbreitet Klarheit und diese führt zur Wahrheit, Joh. 8, 32. Die Wahrheit wird uns frei machen. Durch die Wahrheit gelangen wir zur Freiheit, diese besteht aber nicht in der Erlaubnis alles zu thun, was wir wollen, sondern in der Beachtung der Gesetze, welche vom Staate und der gesellschaftlichen Ordnung vorgeschrieben sind. Von allen Farben ist rot die lebendigste; hellrot ist das Bild der Lebensfrische und die Farbe des Blutes; ihr Anblick ruft uns die Blutsverwandschaft aller deutschen Stämme ins Gedächtnis, damit sie zusammenhalten und einig seien, Ebr. 13, 1. Bleibet fest in der Brüderlichkeit. Die rote Farbe mahnt zur Einigkeit, denn Einigkeit macht stark.

Schwarz-weiß-rot sind die Farben des Landes, welches alle Deutschen umschlingt; in diesen Farben spricht sich die deutsche Gleichheit, Freiheit und Brüderlichkeit aus. Nach solchem Einheitsbilde haben wir immer Verlangen gehabt. Als nach dem großen Befreiungskriege die Wiener Staatsversammlung die Zerstückelung Deutschlands fortbestehen ließ, da wollten die deutschen Studenten zeigen, dass sie eines Herzens seien in allen deutschen Gauen; sie vereinten sich deshalb zur Begründung einer allgemeinen deutschen Burschenschaft 1817 auf der Wartburg bei Eisenach, und entfalteten zur Verherrlichung dieses Festes eine schwarz-rot-goldene Fahne. Die Anregung dazu war von den Jenenser Studenten ausgegangen; sie hatten ein Jahr vorher zu Jena das Fest des Pariser Einzuges gefeiert, und junge Damen lieferten dazu eine schwarz-rote Fahne; ein Fräulein Amalie Nitschke hatte diese Fahne mit schönen Goldstickereien versehen. Diese schwarz-rot-goldene Wartburgsfahne erhielt durch Bingers Studentenlied eine erhöhte Bedeutung, und als die deutschen Studenten 1819 angeschuldigt wurden, staatsgefährliche Dinge zu unternehmen, waren sie Verfolgungen ausgesetzt, und wer die burschenschaftlichen Farben trug, war in Gefahr seine Freiheit zu verlieren; dies Märtyrerthum verlieh den Farben die höchste Bedeutung. Deshalb klammerten sich im Revolutionsjahre 1848 alle Begeisterten, aber auch alle Unzufriedenen an diese Farben, doch wiederum ohne Erfolg. Als endlich das mächtige Preußen den ersten kräftigen Schritt unternahm, um die Hoffnungen zu erfüllen und ein einiges Deutschland zu schaffen, da erhob sich ein gewaltiges Geschrei, die Kyffhäuser Raben erfüllten die Luft lauter als je mit ihrem Gekrächze und die Feinde der deutschen Einheit schaarten sich unter dem schwarz-rot-goldenen Banner gegen Preußen. Die großen Ereignisse der letzten Jahre haben die Fahnenstange jenes Banners gebrochen, dessen 50jährige Geschichte nur vom Missgeschick begleitet war. Heute weht die schwarz-weiß-rote Fahne von Metz bis Memel, vom Allgau bis zur Königsau, und die junge deutsche Flotte verkündet in dieser Farbenschrift in allen Häfen der Erde die Wiedergeburt des deutschen Reiches; der deutsche Barokaar prangt in allen Gauen vom Fels zum Meer.

Der Reichsadler ist ein von der Natur abweichende barokke Darstellung, ein sogenanntes heraldisches Bild, das schon unter den salischen Kaisern stylisirt worden ist und auf diese Weise ein bestimmtes unabänderliches Gepräge bekam. Der Barokaar ist schwarz und schaut heraldisch nach rechts; er liegt auf dem Rücken mit gespreiteten Flügeln, Füßen und Klauen; er ist rot bewehrt und bezungt und zeigt einen arabescirten Schwanz; auf seiner Brust liegt das preußische Wappenschild, dessen Adler Zepter und Krone trägt. Über seinem Haupte schwebt die goldne Reichskrone, von der zwei goldne Bänder abfliegen. Der Barokaar hat sich wie der Phönix verjüngt aus seiner Asche erhoben, und was er bei den Hohenstaufen war, das wird er auch bei den Hohenzollern sein, den Feinden des Vaterlandes ein gefürchtetes Machtzeichen.

Die Geschichte des Vaterlandes belehrt uns, dass wir einem großen und biederen Volke angehören, dass wir in einem großen geordneten Staate leben, dass wir unter dem Schutze eines mächtigen und erleuchteten Kaisers wohnen. Dies zu wissen thut wohl und macht Freude. Die Freude am Vaterlande verwandelt sich in Liebe zum Vaterlande, und diese Vaterlandsliebe nennen wir Patriotismus. Wer innig an seinem Vaterlande hängt und freudig ihm dient, der ist ein

Vaterlandsfreund oder ein Patriot. Wir gedenken hierbei der Mahnung Schillers:

„An's Vaterland, an's theure, schließ' dich an,
Das halte fest mit deinem ganzen Herzen!
Hier sind die starken Wurzeln deiner Kraft.
Dort in der fremden Welt stehst du allein,
Ein schwankes Rohr, das jeder Sturm zerknickt!"

XX. Geschichte.

A. Vermutung.

Bis auf den heutigen Tag sind keine Urkunden aufgefunden worden, welche über den Ursprung und Namen der deutschen Kaiserstadt einen genügenden Aufschluss geben. Der Faden der Geschichte lässt sich nur bis ins Mittelalter verfolgen, dann reißt er plötzlich ab und hinterlässt wie ein unaufgelöster Akkord das Gefühl der Nichtbefriedigung. Der Ursprung Berlins bleibt dunkel; aber der Geschichtsfreund beruhigt sich nicht damit, denn das Nachdenken über den kleinen Anfang eines Gegenstandes von außerordentlicher Bedeutung ist mit einem besonderen Reize verbunden. Darum haben sich viele der Mühe unterzogen Materialien zu sammeln, welche über die Jugendgeschichte unserer Vaterstadt einiges Licht verbreiten; da keine Gewisheit zu erlangen ist, muss man sich mit Vermutungen begnügen, und auf Vermutungen beruhen ja die meisten Urgeschichten der Völker und Städte.

Es wäre irrthümlich anzunehmen, dass die Zeit der ersten geschichtlichen Erwähnung der Stadt auch die Zeit ihrer Entstehung gewesen sei; es sind vielmehr Anzeichen vorhanden, welche vermuten lassen, dass schon vor mehr als tausend Jahren an dieser Stelle der Spree, Orte bestanden, die sich durch einen lebhaften Land- und Wasserverkehr auszeichneten. Der Örtlichkeit nach mag sich die erste Bevölkerung in dieser Wald- und wasserreichen Gegend mit Jagd und Fischfang beschäftigt haben; es mögen demnach die ersten baulichen Anlagen hiesigen Orts Jäger- und Fischerhütten gewesen sein. Bei Jägern und Fischern hängt das Bestehen der Ansiedlung lediglich von der Ergiebigkeit des Geschäftes ab; sind aber die Kolonisten soweit in der Kultur vorgeschritten, dass sie Grund und Boden für sich nutzbar zu machen verstehen, dann ändern sie nicht so leicht ihren Wohnsitz. Eine ackerbautreibende Bevölkerung gründet bleibende Niederlassungen und baut Hütten und Gehöfte nachbarlich nebeneinander. In solcher Weise waren hier an der Spree zwei Dörfer entstanden, deren eigenartige Lage die Bewohnerschaft beeinflusste, denn die Mehrzahl der Einwohner des Inselortes Kölln beschäftigte sich mit der Fischerei; während man sich auf dem gegenüberliegenden Berlin mehr dem Ackerbau zuwandte. Die genannten Dörfer mögen, gleich vielen andern Ortschaften, Jahrhunderte lang bestanden haben, ohne dass ihre Schicksale die Grenzen der damals gebildeten und schriftkundigen Welt berührt und ihre Namenangabe veranlasst hätten. Wären die Römer bis hierher vorgedrungen, so würden sie diese Orte schon vorgefunden, ihre Bedeutsamkeit erkannt und in ihren Berichten genannt haben. Kölln und Berlin gewannen an Bedeutung, als sich der Handelsverkehr zwischen Süd- und Norddeutschland, später zwischen dem Sachsen- und Wendenlande steigerte und seine Richtung dahin nahm, wo die Natur dem Fortkommen die wenigsten Hindernisse entgegenstellte. Es war nicht die Anmut des Platzes, sondern die Bedeutsamkeit desselben, welcher der Ansiedlung das Bestehen sicherte, denn es schürzte sich an diesem Kreuzpunkte eine belebte Land- und Wasserstraße, ein für jene Zeiten nicht unwichtiger Verkehrsknoten. Wer mit Aufmerksamkeit die Karte des Vaterlandes betrachtet, wird bemerken, dass sich zwischen Elbe und Oder, in der Gegend ihrer größten Annäherung eine Bodenvertiefung hinzieht, längs welcher sich die Gewässer der Spree und Havel eine Furche gezogen haben. Nördlich und südlich von diesem Wasserthale zeigen sich mehrere Tafellandschaften von verschiedenem Umfange und die Configuration des Ganzen lässt schließen, dass ein Überschreiten des Stromthales in alten Zeiten schwieriger gewesen sein muss, als das Überschreiten eines Felsenkammes in einem Gebirgslande. Ein solcher Complex von Tafellandschaften bedingte viele Übergangsstellen und machte die Mark zu einem Lande der Wasserpässe. Unter allen diesen Pässen war derjenige, an welchen sich der Ursprung der deutschen Kaiserstadt knüpft, am günstigsten gelegen, daher am meisten gesucht und es lässt sich annehmen, dass die baulichen Anlagen an dieser Stelle tief in das Alterthum hineinreichen. An diesem Passe haben die Kelten Jahrhunderte lang gewaltet; nach ihnen haben die Germanen lange Zeit hier ihre Herrschaft behauptet; aber vor tausend Jahren bewohnten die Wenden das Spreeland, in welchem sich nach längen Kämpfen wiederum die Deutschen festsetzten.

Wir wissen Nichts von den Urzeiten und Urmenschen unseres Vaterlandes, aber von den gebildeten Völkern des Alterthums, den Griechen und Römern erfahren wir, dass vor ungefähr zweitausend Jahren die Kelten den mittleren Theil von Europa inne hatten. Die Kelten gehörten zu den Wandervölkern Asiens, die gegen Westen vorrückten und nach und nach die Halbinsel Europa besetzten. Dem Vordringen in die Wildnisse unbekannter Gegenden stellten sich viele Schwierigkeiten entgegen; es waren steile Gebirge zu übersteigen, breite Ströme zu überschreiten, verworrene und versumpfte Waldgebiete zu durchdringen, und vielleicht erst nach hundertjährigen Kämpfen mit der Natur erhielten bestimmte Örtlichkeiten als Übergangsstellen, oder Pässe für den Völkerverkehr eine Bedeutung. Ohne Zweifel hatten die Jäger und Fischer der Vorzeit auf ihren Streifzügen die gefundenen Pässe und Furten, so gut es anging, zugänglich gemacht, und die Kelten mögen auf solchen Pfaden vorgedrungen sein. Die Kelten waren ein Kulturvolk d. h. ein Volk, das sich mit Ackerbau und Viehzucht beschäftigte, in gesellschaftlicher Ordnung lebte und in Bezug auf Nahrung, Kleidung und Wohnung bemerkenswerte Fortschritte gemacht hatte. Lange, sehr lange mögen sich die Kelten in Deutschlands Wäldern heimisch gefühlt haben, denn ihre Sprache schlug tiefe Wurzeln, haftete an allen Orten und wurde gleichsam als eiserner Bestand den nachfolgenden Geschlechtern überliefert. Jeder Bevölkerungswechsel hat eine Sprachwandlung zur Folge; die Ortsnamen widerstehen am längsten der Veränderung, weil das Beibehalten der vorgefundenen Bezeichnungsweisen den fremden Ankömmlingen zur Orientirung notwendig ist; aber der Sinn der im Namen liegt, geht mit der Zeit verloren, und es finden mancherlei Umbildungen und Entstellungen statt. So wurde die Mehrzahl der ursprünglich keltischen Namen von den später einwandernden Germanen gemodelt, in veränderter Gestalt wiederum den Wenden überliefert und endlich von slavischen und deutschen Zungen so lange hin und her geworfen, bis die fortschreitende Bildung und die Herrschaft der Schriftsprache einer ferneren Umwandlung Grenzen setzte.

Die Kelten treten in der Geschichte unter verschiedenen Namen auf; der blonden Haare wegen hießen sie neben ihren schwarzhaarigen Nachbarn den Kimeren und Iberen, die Galen oder die Gelben, welchen Namen die Griechen in Galater, die Römer aber in Gallier verwandelten. Bei den Franken war der Name „Wala“ üblich; es sind daraus die verschiedenen Formen: Galen, Walen, Walachen, Wallisen, Wollonen hervorgegangen, und es hat sich damit der Begriff des undeutschen, fremden und ausländischen verbunden, daher das Ausland auch Wälschland genannt wurde.

Als die Kelten vom Spreelande Besitz nahmen, fanden sie in dem Bruchlande unserer Gegend die Andeutungen eines Flussüberganges, und auf einzelnen Inseln vielleicht auch die Spuren verlassener Lagerstätten; sie nahmen wahr, dass selbst beim höchsten Wasserstande einige dieser Inseln Sicherheit gewähren und eine Zufluchtsstätte sein konnten; es mögen sich in Folge dieser Wahrnehmung einzelne Familien auf diesen abgerundeten Bruchinseln oder Kollen niedergelassen haben, und so kann die erste bauliche Anlage an dieser Stelle zu dem Namen Kollnä oder Inselhaus gekommen sein. An Koll und Kull knüpft sich der Begriff der Abrundung, wie er bei Kugeln und Walzen erscheint; an Kall und Kell aber der Begriff der Aushöhlung, wie er bei Buchten und Becken wahrgenommen wird; daran erinnern die Worte Kelle, Keller und Kehle. In mehreren Gegenden Deutschlands werden noch heute die runden Hügelinseln im Bruchlande „Kullen“ genannt. Die Verbindung der beiden Ufer wurde durch Kähne und Fähren vermittelt; die Fischer hatten bei ihren Wasserfahrten mehr das Geschäft, als eine bestimmte Stelle im Auge; als aber die Gegend durch die Lebhaftigkeit des Verkehrs den Charakter eines Passes annahm, wandte man sich einer bestimmten Stelle zu, welche für die Landung die meiste Bequemlichkeit bot; man fand sie auf einer Insel, die aus dem Schilfgebüsch des rechten Ufers hervortrat und des Grasreichthums wegen der Lin oder die Wiese hieß; sie war durch einen schmalen Flussarm vom Lande getrennt; da man mit Bior oder Björ das Wasser bezeichnete, so ist die Entstehung des Namens Björlin erklärlich. Dieser Name ging auch auf die Hütte über, die das Bedürfniss an der Fährstelle auf der Wasserwiese ins Leben rief, und schmiegte sich später dem Orte an, der in nächster Nähe entstand. Der wichtigste Wasserpass der Mark befand sich zwischen dem Inselhause und der Wasserwiese, oder zwischen dem Kollnä und dem Björlin.

Die Römer erzählen, dass die im Handel und Wandel erfahrenen Gallier es verstanden hätten, ihre Ortschaften an einem dem Geschäftsverkehr günstigen Orte anzulegen; da die Gallier oder Kelten auch Deutschland bewohnten, so wird der günstig gelegene Spreepass ihrer Aufmerksamkeit nicht entgangen und frühzeitig besetzt worden sein. In germanischer Zeit verfolgten die Kaufleute, welche den Handel zwischen dem adriatischen und baltischen Meere betrieben, den kürzesten Weg, der sie durch das Land der Sennonen führte; diese bewohnten die an der Havel und Spree gelegenen Landschaften; die große Handelsstraße verfolgte wahrscheinlich die Richtung über den bequem gelegenen Spreepass.

Im Zeitalter der Wenden mögen Kölln und Berlin mancherlei Veränderungen erfahren haben, da sich die Wohnweise dieser Ostländer von den gesonderten Burg- oder Wallanlagen der Germanen wesentlich unterschied. Die Wenden bauten ihre bequemer eingerichteten Häuser nachbarlich neben einander und gründeten zusammenhängende Ortschaften. Aus geschichtlichen Andeutungen lässt sich entnehmen, dass die Spree ein Grenzfluss gewesen sein muss, dessen Anwohner auf getrennten Gebieten besondere Interessen verfolgten; dies mag auch dazu beigetragen haben den verschiedenartigen Charakter der Bevölkerung von Kölln und Berlin noch schärfer auszuprägen. Als Karl der Große Magdeburg erobert hatte, machte er diese Stadt zur Pforte des Wendenlandes, denn nach kaiserlicher Verordnung durfte nur von hier aus der Handel in die östlich gelegenen Länder betrieben werden. Damals blühte als Seestadt, Vineta, ein Hauptmarkt für die Anwohner des baltischen Meeres, an dem sich aber auch die Handelsplätze des Binnenlandes lebhaft betheiligten. Auch Magdeburg dirigirte seine Handelszüge nach diesem Völkermarkte, um die von den Ostländern gesuchten deutschen Metallwaaren abzusetzen, und die hier aufgestapelten Erzeugnisse des Morgenlandes der Heimat zuzuführen. Nach der Bodengestaltung des nördlichen Deutschlands zu schließen, nahmen diese Waarenzüge ihren Weg über Berlin, das auf der Hälfte des Weges den Kaufleuten eine willkommene Zwischenstation gewesen sein muss.

Die wendischen Fürsten begünstigten den Handel, weil er ihnen Gewinn brachte, und die deutschen Kaufleute erlangten von ihnen für Berlin das Niederlagsrecht. Den Magdeburger Handelszügen schlossen sich christliche Sendboten an, die in der Ausbreitung ihrer Lehre von der duldsamen wendischen Bevölkerung selten behindert wurden. Die Lehren des Christenthums hatten durch Kaufleute und Kriegsgefangene im Wendenlande Verbreitung gefunden und Wurzel geschlagen, und die geistlichen Brüder fanden auch am Spreepasse einen gut vorbereiteten Boden; es lag ihnen nur ob die zerstreuten Gläubigen aufzusuchen und durch Gründung eines Gotteshauses zu einer christlichen Gemeinde zu vereinigen; so entstanden in Kölln und Berlin die ersten Kirchen. Da sich die Bevölkerung von Kölln vornehmlich von der Fischerei nährte, so wurde die Kirche der kleinen Gemeinde zu Kölln unter den Schutz des heiligen Petrus, des Schirmherrn der Fischer, gestellt. Berlin verdankte dem Fremdenverkehr seinen Wohlstand, deshalb widmete man die Kirche dem heiligen Nikolaus, dem Schirmherrn der Fremden.

Es wird erwähnt, dass die Einwohner von Kölln und Berlin in keinem freundlichen Einvernehmen gestanden hätten, und dass die anfängliche Abneigung schließlich in Hass und Verachtung übergegangen sei. Die Anfänge der Missstimmung sind in Kölln zu suchen, dessen Bevölkerung nicht ohne Neid auf das örtlich begünstigte Berlin hinüberblickte, auch beeinflusste die Grenzlage der Orte die Einwohnerschaft, die von verschiedenen politischen Ansichten geleitet, öfter mit einander in Streit geriet; doch arbeiteten noch andere Faktoren an dem bemerkten Zerwürfnis. Die ungesunde Luft in dem von Sümpfen und Schilfgewässern umgebenen Kölln ließ die Niederlassungen fremder Einwanderer nicht aufkommen, auch hinderte und erschwerte die abgeschlossene Insellage und der Moorboden der Umgegend jede bauliche Erweiterung. Berlins Lage dagegen war trocken und gesund, dem Ackerbau und der Ansiedlung günstig, auch stellte sich der Erweiterung des Ortes kein Hindernifs entgegen; der Fremdenverkehr nährte einen großen Theil der Einwohner und verbreitete einen gewissen Wohlstand. Der beständige Umgang mit deutschen Kaufleuten und christlichen Kolonisten machte die Bevölkerung gefälliger, freundlicher, dem Deutschthum und Christenthum zugänglicher. Als die Deutschen im Wendenlande zur Herrschaft gelangt waren, wurde die wendische Bevölkerung mit Stolz behandelt und auch in Berlin hatten die Wenden von dem Übermute der Deutschen viel zu leiden. Die Deutschen gingen so weit, ihre wendischen Mitbürger verächtlich als Hunde zu bezeichnen, und in diesem Sinne wurde der köllnische Marktplatz von ihnen als Hundemarkt bezeichnet. Im ganzen Wendenlande sah sich die heidnische Bevölkerung nach und nach aus den größten Ortschaften gedrängt und siedelte sich an den Ufern der Flüsse an, um das Geschäft der freien Fischerei zu betreiben, so entstanden die vielen Fischerorte oder Kietze, an welche uns eine Kolonie bei Lichtenberg erinnert. Da sich die Wenden Berlins nach Kölln zurückzogen, so erhielt dieser Ort für Berlin die Bedeutung eines Kietzes, und die Spuren wendischer Sitten und Gewohnheiten haben sich hier bis in die Zeiten des großen Waldemar erhalten. Die Versuche der deutschen Markgrafen die Schwesterstädte einheitlich zu verbinden, waren bei der eingewurzelten Abneigung Köllns schwer durchzuführen; die kleine Stadt hat ihre Sonderstellung trotz des überwiegenden Einflusses der Nachbarin mit großer Zähigkeit bis zum dreißigjährigen Kriege behauptet. Nach diesem Kriege wurde die geringe, geistig und leiblich verarmte Bevölkerung beider Städte durch den Zuzug fleißiger, geschickter und wohlhabender Einwanderer so regenerirt, dafs man sich der früheren Zustände kaum mehr erinnerte. Der Name Kölln wurde im auswärtigen Verkehr immer seltner gehört und verlor sich nach und nach ganz in dem von Berlin, das in weiteren Kreisen bekannt, und seit der Rangerhöhung von 1701 ausschließlich genannt worden ist.

Als vor tausend Jahren die Deutschen auf ihren Eroberungszügen sich der Spree näherten, erhielten die Wasserpässe der Mark eine kriegerische Bedeutung und wurden von den Wenden befestigt. Damals entstanden die burgähnlichen Anlagen auf dem Stralow, Treptow gegenüber; auf dem Berlin, Kölln gegenüber; und auf dem Kasow, Lietzow gegenüber. Markgraf Udo von Stade fand im Jahre 1100 diese Befestigungen vor. Bei seinem Versuche in der Nähe von Treptow die Spree zu überschreiten, wurden die Stralauer Wassermühlen zerstört; die bald darauf erfolgte neue Mühlenanlage verlegte man in die Strom-

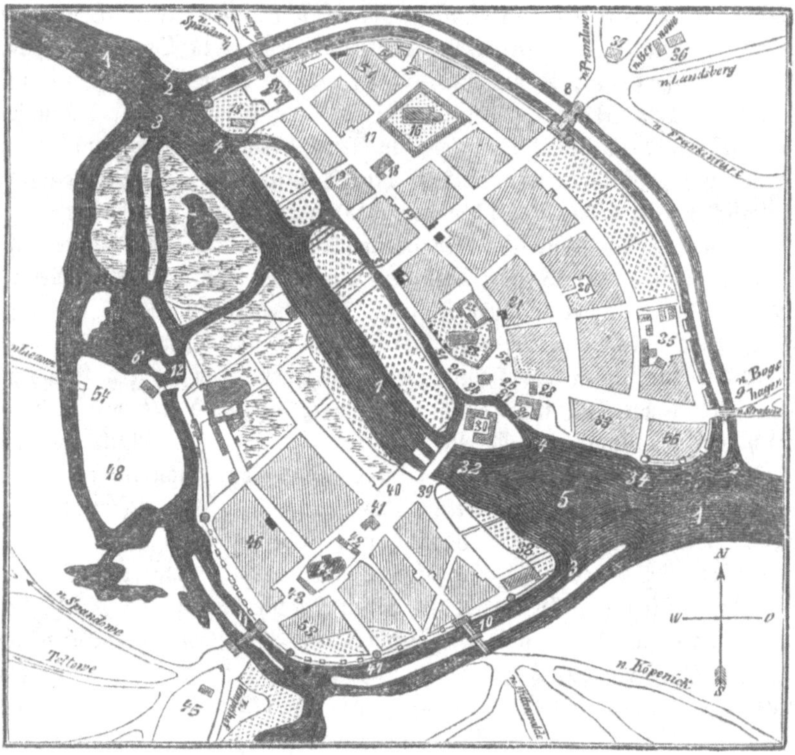

1 Spree. 2 nördlicher Festungsgraben. 3 südlicher Festungsgraben. 4 Wiesenwasser; Bjorlin. 5 Kessel. 6 Schneidemühle. 7 Spandauer Thor. 8 Oderberger Thor; Georgenthor. 9 Stralauer Thor. 10 Köpnicker Thor. 11 Teltower Thor; Gertraudenthor. 12 Mühlenpforte. 13 Heilgegeistkirche und Berlinischer Wursthof. 14 Berlinisches Rathaus, mit der Dingstede, Gerichtslaube, Kak. 15 Kleiner Jüdenhof. 16 Marienkirche. 17 Neuer Markt. 18 Kramhaus mit dem Ratskeller. 19 Kalandshof. 20 Großer Jüdenhof. 21 Franziskaner Lectorium. 22 Krankenbuden. 23 Nikolaikirche. 24 Ältestes Rathaus, Standort des Roland. 25 Alter Markt. 26 Mollen- oder Molkenmarkt. 27 Berlinischer Fischmarkt. 28 Badestube am Krögel. 29 Niederlage; Stapelstede. 30 Mollenhof, oder Amt Mühlenhof. Altes Berlin, Wasserwiese. 31 Mollen- oder Mühlendamm; mit dem Kaufhaus an der Oderbergerstraße und der Langen Brücke. 32 Mühlengang. Alte Überfahrt. 33 Alte Stadtweide, Pferch. Krögel oder Kruwel. 34 Paddenthurm. 35 Alter- oder Wendenhof. 36 Georgen Hospital. Leprosenhaus. Haus der Aussätzigen. 37 Stelzenkrug oder Sandkrug. 38 Köllnischer Wursthof. 39 Fischerstraße. 40 Köllnischer Fischmarkt. 41 Köllnisches Rathaus mit der Dingstede. 42 Köllnischer Markt. 43 Hundemarkt. 44 Petrikirche. 45 Gertrauden Hospital oder Spittel. 46 Dominicaner Lectorium; später Dominicaner Kloster an der Mühlenpforte bei Nr. 12. 47 Taschenthurm. 48 Gänse-

werder; später Katharinenvorwerk und Holzgarten. 49 Kohlmarkt. 50 Geckhol. 51 Scharfrichterei. 52 Spandauerstraße, ehemals Middelstraße. 53 Köllnischer Stadthof und Stadtfreiheit. 54 Laufbrücke nach Lietzow. 55 Berlinischer Stadthof.

enge von Kölln, um sie unter den Schutz der Berliner Burg zu stellen. Hundert Jahre später gelang es dem Markgrafen Albrecht II. im Januar die Eisdecke der Spree zu überschreiten und die Burg auf dem Berlin zu zerstören. Die Burgstelle wird durch die Stadtvogtei und das Einwohnermeldeamt angedeutet. Im Jahre 1220 gelangten die Deutschen in den Besitz des Spreelandes; aber Kölln und Berlin werden beziehungsweise erst 1237 und 1244 geschichtlich zum ersten Male erwähnt. Die Deutschen fanden dieselben als nicht unbedeutende wendische Marktflecken vor; es gab schon eine Petri-, Nikolai- und Marienkirche, auch wird eines köllnischen und berlinischen Fischmarkts, eines alten und neuen Marktes gedacht. Über das Gerinne einer dreigängigen Wassermühle führte ein Bohlengang. Auf der Wasserwiese, dem uralten Berlin, zeigten sich die Trümmer der zerstörten Burg, von der eine kurze Brücke nach dem alten Markt hinüberreichte; sie hieß die Dammbrücke, nach dem hier beginnenden Spreeufer, das man durch Schüttungen erhöht und den Mollendamm genannt hatte. Als man in späterer Zeit den Wasserarm und die Brücke beseitigte, verlängerte sich der Mühlendamm und vererbte seinen Namen auf die erweiterte Brückenanlage, die über das Gerinne nach dem köllnischen Fischmarkt führte. In der Nähe der Burg stand ein Packhof, das sogenannte Niederlagsgebäude, dessen Stelle das Polizeipräsidium einnimmt, weiter östlich an der Spree lag ein Pferch oder eine umzäunte Viehweide, Krögel oder Kruwel genannt. Der Krögel wurde einerseits vom Stralauer Wege begrenzt, anderseits bespülte ihn das Wasser des Kessels, so hieß das seeartige Wasserbecken der Spree, oberhalb der Dammmühlen. Wir bemerken ferner ein Kramhaus am neuen Markte, jetzt Spandauerstraße 64, in dem Materialwaaren und Gewürze zum Verkauf ausgeboten wurden; im Kramhause befand sich auch der Ratskeller mit dem Vorrechte fremde Weine zu lagern und auszuschenken. Das Kauf- oder Gewandhaus am Mollendamm, Poststraße 31, diente zum Verkauf von Tuch- und Schnittwaaren. Berlin besaß ein Krankenhaus im Georgenhospital und einen Armenhof im Heilgengeisthospital. Der wendische Wirtschaftshof mit einem verlassenen Herrenhause diente den deutschen Markgrafen als vorläufiger Wohnsitz. Orte von geringer Bedeutung haben solche Baulichkeiten nicht aufzuweisen; die Markgrafen erkannten auch die Wichtigkeit der beiden Marktflecken an und verwandelten sie in deutsche Städte; sie hielten sich oft und gern in Berlin auf und machten diese Stadt zum Hort des Deutschthums im Wendenlande.

Die Städte erhielten Mauern und Thore, ein Schulzenamt und ein Rathaus, und auf der alten Burgstelle wurde das Amt Mühlenhof eingerichtet zu Gunsten der landesherrlichen Einkünfte. Die Urenkel Albrechts des Bären, Johann und Otto, bewilligten den Städten viele Freiheiten und förderten das Gedeihen derselben, wo es nur anging, und da sie zur Umgestaltung und Neugestaltung der städtischen Verhältnisse so viel beigetragen haben, werden sie auch wohl die Gründer Berlins genannt.

Dem mittelalterlichen Gebrauche gemäß erhielt Berlin als befestigte Stadt 1250 zum Wappenbilde zwei Thürme mit einem Thore, an dem der rote brandenburgische Adler prangte, um anzudeuten, dass die Stadt unter markgräflichem Schutze stehe. Berlin wurde der Mittelpunkt eines Kirchensprengels und der Sitz eines Propstes. Nicht lange nach Begründung der deutschen Herrschaft wanderten Mönche ein, welche das Dominikaner- und Franziskanerkloster anlegten, und zu den damals gegründeten Wohlthätigkeitsanstalten gehörten der Kalandshof und der Begginenhof; vor dem Teltower Thore entstand das Gertrauden-Hospital. Die schon zur Wendenzeit eingewanderten Juden verwies man in eine entlegene Gasse; nachmals wurde der ihnen zum Wohnplatz angewiesene Bezirk noch mehr beschränkt und des Nachts verschlossen; so entstanden die Jüdengasse und die beiden Judenhöfe. Die Markgrafen begünstigten die Einwanderung deutscher Kolonisten, viele Sachsen und Niederländer siedelten sich an der Spree an, und schon im Jahre 1250, also erst sechs Jahre nach dem ersten geschichtlichen Auftreten wird Berlin eine Musterstadt genannt. Für Berlins Bedeutsamkeit und Größe unter den Städten der Mark spricht der Landtag, den Markgraf Otto V. ungefähr 33 Jahre nach dem angedeuteten Zeitpunkte hier abhielt. Die angesehensten weltlichen und geistlichen Herren des Landes wurden aufgefordert sich zu einer bestimmten Zeit in Berlin zu versammeln, um mit dem Markgrafen die Landesangelegenheiten zu besprechen. Da erschienen 58 Ritter mit großem Gefolge, eine Menge Prälaten mit ihrem Anhange, außerdem viele Herren von geringerer Bedeutung mit zahlreicher Dienerschaft. Diese beanspruchten standesgemäße Wohnungen und eine nicht geringe Zahl von Herbergen oder Gasthäusern, außerdem noch Stallungen für tausend Pferde. Dieser Landtag dauerte vier Wochen und lockte wie heut zu Tage viele Geschäftsleute und schaulustige Fremde nach Berlin. Die Stadt genügte allen diesen Anforderungen und es ist nicht anzunehmen, dass diese Räumlichkeiten erst zu diesem Zwecke hergestellt worden sind, sondern man prüfte vorher und wählte Berlin als Versammlungsort, weil es die erforderlichen Räumlichkeiten schon besaß. Berlin war damals doppelt so groß als Kölln, denn an landesherrlichen Abgaben hatte Kölln nur die Hälfte von dem zu leisten, was von Berlin gefordert wurde; die Einwohnerzahl mag zur angegebenen Zeit für beide Städte 6000 Seelen betragen und vergleichungsweise der Größe von Neustadt Eberswalde entsprochen haben.

Wenn wir uns nun die märkische Musterstadt von 1250 genauer betrachten, so dürfen wir den Maßstab für jene Verhältnisse nicht der Gegenwart entlehnen; die damaligen Städte waren eben die Spiegelbilder der Zeit und des Ortes, wo Wendenthum und Deutschthum, heidnisches und christliches Wesen mit einander im Kampfe begriffen waren.

Von Ferne gesehen, von irgend einer freien Anhöhe des Thallandes, gewährten die beiden Städte mit ihren zehn Thürmen einen gar stattlichen Anblick, doch entsprach die Umschau innerhalb der Mauern den gehegten Erwartungen nicht. Mordwege schlängelten sich durch einen dichten, finstern Wald, über moorige Wiesen, um schilfiges Bruchland bis dicht vor die Thore, aus denen eine Luft wehte, die mit den Gasen der verschiedensten Ausscheidungsstoffe reichlich versetzt war.

Die einzeln stehenden Häuser wurden nur von einer Familie bewohnt, und die meist drei Fenster breite Giebelseite war immer der Hauptgasse zugewendet. Viele Häuser gruppirten sich um den Marktplatz, andere um die Kirchen, einige standen am Ufer entlang, die meisten folgten der Straßenrichtung, die vom Marktplatz aus, berlinischerseits, nach Spandau, Bernau und Stralau, köllnischerseits, nach Mittenwalde und Teltow führte. Die Kirchen standen ursprünglich frei, wurden aber nach und nach wie die Rat- und Stadthäuser von Kramläden, den sogenannten Zinsbuden umschlossen. Die Häuser der gewöhnlichen Leute, der Handwerker und Ackerbürger, waren von Holz und Lehm, mit Rohr, Stroh und Schindeln gedeckt; es waren daher verheerende Feuersbrünste nicht selten, aber der Holzreichthum und die Gewohnheit ließen eine andere Bauart nicht aufkommen. Durch die trüben Hornscheiben der kleinen Fenster fiel nur ein dürftiges Licht, deshalb arbeitete man, so gut und so lange es anging, im Freien in offenen Schragen, das sind Bretterdächer auf einem Gerüste von schrägverbundenen Hölzern. Nur die Thorstraßen waren erhöht und gepflastert und hießen Steinwege; die Seitengassen und Quergassen zwischen den einzelnen Häusern wurden durch Viehställe, Schweinekoben, Düngerhaufen und Scherbenberge vielfach verengt und waren durch Flüssigkeiten aller Art, besonders durch die Pfützen um die viel benutzten Ziehbrunnen beständig schmutzig: doch die alten Berliner befanden sich solchen Zuständen gegenüber nicht in Verlegenheit, sie waren abgehärtet, von Jugend auf daran gewöhnt und zur Änderung der Verhältnisse durch keine Vergleiche bewogen, denn in den größeren Städten der Mark sah es nicht besser aus. Die landesherrlichen und gottesdienstlichen Gebäude, so wie die Häuser der reichen und vornehmen Leute waren von Stein und mit Glasfenstern versehen; doch zogen auch manche angesehene Familien vor, auf steinernem Unterbau in einem kunstvollen Holzbau, der mit Altanen und Balkonen, mit allerlei Bild- und Schnitzwerk geschmückt war, zu wohnen.

Die der Spree zugewendete Seite gewährte eine Aussicht über Wasser, Wiesen und Schilfgebüsche. Die Post- und Heilgegeiststraße war ehedem ein Wasserarm, das Wiesenwasser, welches sich am Krögel vom Kessel abzweigt und am Heilgengeist-Hospital wieder mit der Spree vereinigte; der zwischen diesem Wiesenwasser und dem Hauptstrome liegende Landstrich bildete mehrere Inseln, von denen die erste am Kessel und den Mühlen von Alters her der Berlin genannt wurde. Die rechte Seite der Poststraße war ein aufgeschütteter Uferweg und hieß der Mollendamm. Die vielen Wasserarme und stehenden Sumpfgewässer sind nach und nach verschüttet und die Inseln dem festen Lande einverleibt worden. Kölln war nur zur Zeit der Wasserschwelle eine Insel, wenn sich das Stauwasser des Kessels durch einen sogenannten wilden Arm Abfluss zu verschaffen suchte; dann setzte die Strömung die westwärts von Kölln liegenden Lachen und Sümpfe in Verbindung und Bewegung. Beim Mühlenbau regelte man den Wasserlauf und wies dem wilden Arme ein bestimmtes Bett an, in welchem er heute noch als Schleusenstrom hingleitet. Gelegentlich dieser Anlage entstand auf einem Werder unterhalb Kölln eine Schneidemühle, welche unter dem eisernen Friedrich in eine Mahlmühle umgewandelt und Werdersche Mühle genannt wurde. Die Stadt Kölln nahm nur den südlichen Theil der Insel ein, auf der sie erbaut ist; das Laubgebüsch mit dem ehemals der Schlossplatz bewachsen war, verlor sich in einem Rohrdickicht, das sich über den heutigen Lustgarten ausbreitete. Eine feste Verbindung zwischen Kölln und Berlin bestand hier nicht, wie denn überhaupt die Dammbrücke über das Mühlengerinn zweihundert Jahre lang, von 1110 bis 1310, als einzige Brückenanlage existirte. Die durch Urkunden beglaubigte Geschichte Berlins beginnt erst mit dem Jahre 1250, als die weltliche und kirchliche Verwaltung geordnet, die Propstei und das Rathaus erbaut und die bethürmte Stadtmauer vollendet war.

Diese vorstehende, auf Vermutungen beruhende Darstellung soll dem Blicke in die vorchristliche Zeit zur Folie dienen. Von deu Historikern, welche die Entstehung und den Namen unserer Stadt zum Gegenstande einer Untersuchung gemacht haben sind zu erwähnen: Garcäus 1570. Angelus 1580. Leutinger 1600. Süßmilch 1750. Nikolai 1786. Wilken 1820. Mila 1829. Riedel 1831. Fidicin 1837. Klöden 1839.

B. Askanier, Wittelsbach, Lützelburger.

Die Markgrafen aus der Familie der **Askanier** von Albrecht dem Bären bis Waldemar dem Großen haben fast zweihundert Jahre lang die Geschicke der Mark mit Umsicht geleitet. Albrechts Urenkel Johann und Otto schenkten den Schwesterstädten an der Spree ihre besondere Aufmerksamkeit; diese erkannten das Wohlwollen ihrer gütigen Herren dankbar an und bewahrten ihnen stets die freundlichste Erinnerung. Die markgräflichen Brüder traten 1227 ihre Regierung an und empfingen 1230 vom Kaiser Friedrich II. Belehnung und Ritterschlag. Seit dem Jahre 1250 war Berlin oft ihr Aufenthaltsort; hier bestimmten die Fürsten in brüderlicher Eintracht, wie es nach ihrem Tode gehalten werden sollte; der eine von ihnen vollzog die Theilung des Besitzthums und überließ dem andern die Wahl, welche Hälfte er für seine Erben in Anspruch zu nehmen gedächte. So entstanden nach dem 1267 erfolgten Tode der Brüder die **johanneische** und **ottonische Regentenlinie**; Berlin fiel der ottonischen Linie zu. Bei ihrem Aufenthalte in Berlin bewohnten die Markgrafen das alte wendische Herrenhaus an der Stelle der Parochialkirche; da es aber den Anforderungen des fürstlichen Hofhaltes nicht entsprach, baute Markgraf Otto V. 1280 am Oderberger Thore eine **Pfalz**, das sogenannte Hohe Haus, weil es weit über die Häuser der Stadt emporragte. Den alten Wendenhof bestimmte man zu andern Zwecken, als dem Hohen Hause gegenüber, an der Stelle des Gewerbeinstitutes ein neuer Wirtschaftshof, nebst Wohnung für die Hofbedienten angelegt worden war; es ist dies der alte **markgräfliche Hof**. Durch Errichtung einer Pfalz erhielt Berlin die Bedeutung eines markgräflichen Hoflagers; in Beziehung darauf wurde das **Wappen** geändert und reicher ausgeschmückt. Das Ritterwesen hatte die Wappen in Aufnahme gebracht; auch die Städte legten sich solche Abzeichen bei, und manche Orte liebten es, sich durch redende Bilder vertreten zu lassen; da die Bedeutung des Namens Berlin verloren gegangen war, wählte man mit Anspielung auf die erste Silbe einen **Bären** zum Wappenbilde. Vielleicht hatte das Bärenbild schon seit 1250 neben dem markgräflichen **Adler** an der Rathausthür Platz genommen. Im Wappen von 1280 scheinen zwei freie aufrechtstehende Bären den markgräflichen Adler vertheidigen zu wollen. Der Ritterhelm macht anschaulich, dass sich die vornehmen und reichen Familien der Städte dem Ritterstande gleich achten. Hat man sich bei dem Entwurfe des Wappens nicht durch die Symmetrie bestimmen lassen, so liegt die Möglichkeit vor, dass sich der Bär im Wappen beider Städte schon vorfand, als Erinnerungsbild an die Urenkel

Albrechts des Bären, denen die Städte ihre Erhebung und viele Gunstbezeugungen zu danken hatten; auch lässt die Sage die Ballenstädter von den Bäringern abstammen. Markgraf Otto veranlasste den Bau des Franziskanerklosters. Sein Sohn Herrmann vereinigte 1308 beide Städte zu einem Gemeindewesen, baute ein gemeinschaftliches Rathaus und ließ von Köln nach Berlin eine zweite, die sogenannte Lange Brücke anlegen. In demselben Jahre verband sich Berlin mit 30 andern Städten der Mark zu einem Schutz- und Trutzbündnisse, in welchem das Gelöbnis ausgesprochen war, jedem Unrecht und allen Gewaltthätigkeiten gemeinschaftlich entgegenzutreten, denn die Macht der Fürsten war gering, die Gesetzlosigkeit allgemein, und der Adel, ein natürlicher Feind der Sädte, lebte vom Stegreif oder vom Steigebügel, d. h. er schweifte reitend und raubend umher und störte den friedlichen Verkehr der Bürger.

Der Markgraf Waldemar hob die seit 1267 bestehende Doppelherrschaft in den Marken auf, indem er als Erbe der johanneischen Lande, die Erbin der ottonischen Lande, Agnes, 1311 heiratete. Zu Berlin im Hohen Hause empfing er die Huldigung seiner neuen Unterthanen. Sein Geheimerat und Kriegsbaumeister, Gerhard, soll bei den Versuchen Feuerwaffen zu erfinden im Hohen Hause ums Leben gekommen sein. Als der große Waldemar 1319 ohne Erben gestorben war, übertrug der Kaiser Ludwig aus der Familie Wittelsbach die Mark als eröffnetes Lehen seinem Sohne Ludwig; aber schon nach fünfzig Jahren ging das Besitzthum 1373 auf die Familie Lützelburg über, deren letzter Regent Sigismund, nach kaum fünfzig Jahren verschiedene Landestheile verpfändete und 1415 die Mark an die Familie Hohenzollern abtrat. In der Zeit von 1319 bis 1415 walteten in der Mark die trübseligsten Zustände, der Raubadel achtete weder Gesetz noch Sitte und die mittellosen, schwachen Fürsten trachten nach der Gunst der Städte und gewährten diesen viele Rechte und Freiheiten. Die Ratsherren von Berlin waren kluge Leute, besonders verstanden es die Bürgermeister aus den Familien Reiche und Blankenfelde die traurigen Verhältnisse auszubeuten und ihrer Stadt eine fast republikanische Unabhängigkeit zu verschaffen. Die Bürger waren reich geworden durch einen blühenden Getreidehandel mit Hamburg, sie fühlten sich stark und führten zwischen ihren 10 Meter hohen und 2 Meter dicken Mauern eine stolze Sprache; in den Stunden der Gefahr handelten sie mit Entschlossenheit und Mut, deshalb wurde Berlin als Haupt des märkischen Städtebundes anerkannt. Dass unter den obwaltenden Umständen in Berlin zuweilen arge Excesse vorgekommen sind, darf uns nicht in Verwunderung setzen. Im Jahre 1327 wurde der Propst Nikolaus von Bernau vom

Volke erschlagen und 1364 der bischöfliche Schreiber Konrad Schütze ermordet. An jenen Propst erinnert das am Eingange der Marienkirche befindliche steinerne Kreuz. Berlin wurde dieses Vorfalles wegen 1325 mit dem Bannfluche belegt; der Landesherr Markgraf Ludwig befand sich schon seit 1323 wegen Nichtachtung päpstlicher Befehle in diesem Fluchverhältniss. Das Wappen aus jener Zeit bezieht sich vielleicht darauf. Auf einem niedergedrückten Bär liegt ein umgefallener Adler; beide sind durch ein Band mit einander verbunden.

Berlin, der glücklichen Zeiten unter den Askaniern eingedenk, erklärte sich für den plötzlich auftauchenden falschen Waldemar und bewillkommnete ihn 1348 im Hohen Hause. Ein Jahr später erschien der Dänenkönig Waldemar mit einem Heere vor Berlin, um zu Ludwigs Gunsten dem Spuke mit jenem Betrüger ein Ende zu machen. Der Danebrog flatterte im dänischen Lager vor dem Spandauer Thore, aber der Bürgermeister Paul von Blankenfelde wusste in friedlicher Weise den grimmen Dänen wieder von Berlin zu entfernen. Von den Lützelburgern verdient Kaiser Karl IV. besonderer Erwähnung; ihn hat das Hohe Haus zweimal beherbergt; er kam nach Berlin, um zu ordnen, zu richten und zu schlichten und Materialien für sein Landbuch zu sammeln. Nach seinem 1378 erfolgten Tode übernahm sein Neffe, der geldgierige Markgraf Jobst von Mähren, als Pfandinhaber das Land. Er bestätigte den Verkauf des Schulzenamtes an den Rat von Berlin, und so erwarb dieser 1291 den Blutbann oder das Recht über Leben und Tod. Man beeilte sich diese Errungenschaft durch die Aufstellung einer Rolandssäule vor dem Gerichtsgebäude auf dem alten Markte öffentlich zu bekunden. Ein großer steinerner Mann mit bloßem Schwerte sollte anschaulich machen, dass Berlin im Besitze der höchsten obrigkeitlichen Gerichtsbarkeit sei. Doch konnte die errungene Machtfülle die Stadt vor dem nahen Falle nicht schützen. Als die vornehmen Familien, die sogenannten Geschlechter, die höchsten einflussreichsten Ämter für sich beanspruchten und nach Alleinherrschaft strebten, entstand Uneinigkeit unter den Bürgern, welche in kurzer Zeit den Verlust aller erworbenen Rechte und Freiheiten und eine empfindliche Demütigung zur Folge hatte.

C. Hohenzollern.

Im Jahre 1415 übernahm die Familie Hohenzollern das Regiment in der Mark, es fiel ihr die schwere Aufgabe zu, die zerrütteten Verhältnisse des Landes zu ordnen und die Regierung wieder zu Ehren zu bringen. Die Stadt empfing zwar den vom Kaiser Sigismund zum

Geschlechtstafel der Familie Hohenzollern.

Friedrich I. d. Burggr. † 1440.
Elisabet v. Baiern.

Friedrich II. d. Eiser. † 1471. — Albrecht Achilles. † 1486.
Margarete v. Baden.

Johann Cicero. † 1499.
Margarete v. Sachsen.

Friedrich v. Anspach. † 1536.
Sofie v. Polen.

Albrecht v. Mainz. † 1545.
Erzbischof.

Joachim I. Nestor. † 1535.
Elisabet v. Dänemark.

Kasimir v. Baireut. — Albrecht I. v. Preußen.

Johann v. Küstrin † 1571.
Katarina v. Braunschweig.

Joachim II. Hektor. † 1571.
Magdal. v. Sachs. Hedw. v. Polen.

Albrecht v. Kulmbach. † 1557. — Albrecht II. v. Preußen. † 1618.

Johann Georg. † 1598.
Sofie v. Liegnitz. Elise v. Anhalt.

Joachim III. Friedrich. † 1608.
Katarina v. Küstrin.

Johann Sigismund. † 1619.
Anna v. Preußen.

Elenore — Katarine
verheiratet:
an Gustav Adolf von Schweden. — an Betlen Gabor von Siebenbürgen.

Georg Wilhelm. † 1640.
Charlotte v. d. Pfalz.

Friedrich Wilhelm. † 1688.
Luise v. Oran. Dorothee v. Holst.

Friedrich I. König. † 1713.
Charlotte von Hannover.

Philipp v. Schwedt. † 1711.
Markgraf.

Friedrich Wilhelm I. † 1740.
Sofie v. England.

Wilhelm. † 1771. — Heinrich. † 1788.

Friedrich II. d. Große. † 1786.
Christine v. Braunschweig.

Aug. Wilh. Prinz v. Pr. † 1758.
Amalie v. Braunschweig.

Heinrich. † 1802. — Ferdinand. † 1813.

Friedrich Wilhelm II. † 1797.
Luise v. Hessen-Darmstadt.

Ludwig. † 1806. — August. † 1843.

Friedrich Wilhelm III. † 1840.
Luise v. Mecklenb.-Strelitz.

Friedrich Wilhelm IV. † 1860.
Elisabet v. Baiern.

Kaiser Wilhelm.
Augusta v. Sachsen-Weimar.

Karl. Marie v. Weimar. — Albrecht. † 1873. Marianne. v. Holland.

Luise
Großherzogin v. Baden.

Friedrich Wilhelm. Reichskronpr.
Victoria v. England.

Friedrich Karl. Marie v Anhalt. — Albrecht. Anna v. S. Altenb.

Kurfürsten von Brandenburg erhobenen Burggrafen von Nürnberg, Friedrich I., mit gebührender Achtung, aber auch mit Misstrauen. Der neue Kurfürst gedachte zunächst den ausgearteten räuberischen Adel zur Ordnung zu bringen; mit Hilfe der faulen Grete zerstörte er die Burgen, und seine Unternehmungen waren vom günstigsten Erfolge begleitet. Seinem Sohne, Friedrich II, war der Kampf mit Berlin vorbehalten; als der Kurfürst von dieser Stadt das Recht eines freien Durchganges beanspruchte, stieß er auf entschiedenen Widerstand, doch der Kurfürst, wegen seines festen Sinnes, der eiserne Friedrich genannt, drang mit 60 Reitern in Berlin ein, besetzte die Stadt, trennte die unzufriedene Bevölkerung von Kölln und Berlin, nahm die verliehenen Rechte und Freiheiten zurück und ließ den erst 55jährigen Roland beim Krögel in die Spree versenken. Damals erhielten Kölln und Berlin wieder besondere Rathäuser; der Bär im Wappen wurde mit einem Halsbande versehen, als Zeichen der Abhängigkeit, auf seinem Rücken aber befand sich der Adler in siegender Stellung. Der eiserne Friedrich baute trotz des Reiche'schen Aufruhrs 1450 die Burg zu Kölln an der Spree und gründete zur Befestigung seiner Herrschaft die abgabenfreien Burglehne, aus denen nachmals die sogenannten Freihäuser hervorgegangen sind.

Die alte markgräfliche Pfalz, „das Hohe Haus", ward dem Hauptmann Ritter von Waldenfels als erstes Burglehen übergeben, mit der Verpflichtung die neuerbaute Burg zu schützen. Das Jahr 1448 war für Berlin von großer Bedeutung, denn die sonst so angesehene, reiche und fast unabhängige Stadt lief Gefahr in die Reihe unbedeutender Landstädte herabzusinken; ihre Macht war gebrochen, ihr Ansehen verloren, ihr Handel verschlagen; aber der Dorn wurde zum Sporn, denn die Burg, welche die Machtstellung gebrochen hatte, trug dazu bei eine glänzende Stellung wieder zu gewinnen. Die Hohenzollern wählten die Stadt zu ihrem beständigen Aufenthaltsorte und verliehen ihr die Bedeutung einer Residenz. Berlin durchlebte alle Phasen der Standeserhöhung des hohenzollerschen Geschlechtes und hat sich nicht allein durch die begünstigte Lage sondern auch durch die Gunst dieser Familie zu seiner heutigen Größe entwickelt.

Seitdem die Hafenstädte des westlichen Europas durch überseeischen Verkehr den Handel in andere Bahnen geleitet hatten, verloren die Handelsplätze der alten Zeit mehr und mehr an Bedeutung. Auch Berlin wurde durch die Vereinsamung der märkischen Straßen empfindlich berührt und musste sich andere Erwerbsquellen zu öffnen suchen. In der damaligen Zeit trank man in der Mark eine unglaubliche Menge Bier; die Bürger Berlins legten sich auf das Geschäft der Brauerei, und unter dem Kurfürsten Albrecht Achilles gehörte die Brauerei zu den Haupterwerbszweigen der Stadt. Albrecht lebte lieber im schönen Franken, als in den sandigen Marken und die Burg zu Kölln an der Spree hat ihn nur selten beherbergt. Berühmt ist die hier im Jahre 1473 ausgestellte Urkunde über die Erbfolge, „die Hausordnung". Im Jahre 1478 fand auf dem Neuen Markte unter großem Zulaufe die Hinrichtung des Hans Kuck statt, eines grausamen Parteigängers des Herzogs Hans von Sagan. Im Jahre 1484 wurde Berlin von einer großen Feuersbrunst heimgesucht; hierbei ging das alte Rathaus auf der langen Brücke, dieser 170 Jahr alte Kunstbau von Holz, zu Grunde. Auch das neue Rathaus in der Spandauerstraße ging in Flammen auf; der Wiederaufbau erfolgte an derselben Stelle; aus dieser Zeit stammt die 1870 nach dem babelsberger Park verlegte Gerichtslaube mit dem Kak. In diesem Brandjahre stiftete der Bürger Müller die Kapelle Jerusalem am Tempelhofer Wege. Kurfürst Johann Cicero war der erste Landesherr, der in der Burg zu Kölln seine bleibende Wohnung oder Residenz aufschlug; er hatte hier schon 1476 in bescheidentlichster Weise seine Hochzeit gefeiert. In Pankow war seine Sommerfrische, dort hatte er einen Vogelheerd und eine Münze, in der die Pankower Gröschlein oder die Finkenaugen geprägt wurden. Wegen der Einführung einer Biersteuer verfeindete er sich mit den Bürgern und wegen der Handhabung der Gesetze mit dem Adel. Obgleich Johann im Gegensatz zu seinem Vater den Frieden über Alles liebte, so trat er den Feinden der öffentlichen Ordnung mit der größten Energie entgegen; die aufrührerischen Städte wurden schnell zur Ruhe gebracht, und gegen die Wegelagerer verfuhr er mit unerbittlicher Strenge. Bei der großen Jagd auf die Auspocher in der Priegnitz wurden 15 Raubschlösser zerstört und 55 der Gefangenen vor ihren Thüren aufgehängt.

Der fünfzehnjährige Joachim I. war ein Freund der Gerechtigkeitspflege, deshalb gründete er das Kammergericht und verfolgte mit unerbittlicher Strenge die Wegelagerer, deren er 70 aufknüpfen ließ; die Köpfe der Herrn von Lindenberg und von Otterstedt wurden als Warnungszeichen beziehentlich auf dem Georgen- und Köpnicker Thore zur Schau gestellt. Joachim liebte die Wissenschaften und veranlasste den gelehrten Abt Tritheim von Sponheim nach Berlin zu kommen; der Astronom Johann Karion errichtete auf der Burg eine Sternwarte. Berlin wurde in dieser Zeit von einer pestartigen Krankheit, dem schwarzen Tod, heimgesucht; dies gab Veranlassung zur Ausführung eines Kalkbildes in der Vorhalle der Marienkirche, welches als Todtentanz bekannnt ist. Im Jahre 1517 besuchte der Ablasskrämer Johann Tetzel Berlin und wurde am Gertraudenthor feierlich empfangen.

Die Kurfürstin Elisabet, welche der Lehre Luthers zugethan war, ließ sich durch die Drohungen ihres Gemahls so einschüchtern, dass sie 1528 durch dasselbe Thor nach Sachsen entfloh. Joachim erwarb einen Theil der Stadthaide zum Jagdgebiete; dies Gebiet wurde eingezäunt und hieß der Thiergarten. Auf dem Werder bestand schon seit uralten Zeiten eine Mühlenanlage; Joachim ließ in der Nähe derselben für die kurfürstliche Dienerschaft Wohnungen herstellen. Joachim II. brach die kaum hundertjährige Burg ab und ließ durch den Baumeister Kaspar Theiß an derselben Stelle ein schöneres Schloss aufführen, von dem sich noch ein Theil an der Wasserseite des heutigen Schlosses erhalten hat; den thurmartigen Vorbau am Zwingergarten bezeichnet man als den grünen Hut. Zwischen der langen Brücke und der Breitenstraße wurde neben der alten Badestube ein Gebäude zur Abhaltung von Turnspielen errichtet. Weil nun das Ringelstechen einen Hauptheil dieses Vergnügens ausmachte, so erhielt das Haus den Namen „Stechbahn". Berühmt ist das Fastnachtsturnier von 1545 zur Feier der Doppelheirat und Befestigung der Erbverbrüderung mit Liegnitz. Als sich die Einwohnerschaft der Hauptstadt der von Wittenberg ausgehenden neuen Lehre zuwandte, erklärte sich der Kurfürst öffentlich für die Reformation, hob die beiden Klöster auf und machte die Dominikanerkirche, die damals noch auf dem Schlossplatze stand, zur Hof- und Domkirche. Eingewanderte Rheinländer brachten den Weinbau in Aufnahme und die Anhöhen rings um Berlin bedeckten sich mit Reben; da an der kurfürstlichen Tafel der Klaretwein sehr beliebt war, versuchte man sich in der Fabrikation dieses würzigen Getränkes. Die große Kellerei eines Winzers am Tempelhofer Berge veranlasste die Ortsbezeichnung dusterer Keller. Zu den kurfürstlichen Beamten gehörte der Artilleriehauptmann und Stückgießer, Michael Dietrich, der mit einem Fräulein Anna von Sydow verheiratet war; allgemein hieß sie die schöne Gießerin. Nach dem Tode ihres Mannes erlangte sie als Gräfin von Rosenthal bei Hofe großen Einfluss; da sie aber denselben missbrauchte, machte sie sich verhasst. Nach Joachims Tode wurde sie ihrer Güter beraubt nach Spandau ins Gefängnis geführt und starb im Elende. Ein solches Schicksal erweckte das Mitleid des Volkes; man missbilligte die Handlungsweise des Kurfürsten Johann und ließ den Geist der Verstorbenen als drohendes Gespenst im Berliner Schloss erscheinen; so entstand die Sage von der weißen Frau. Annas Tochter Magdalene wurde die Frau des kurfürstlichen Secretarius Kohl; die Frau von Kohl erhielt das Haus Spandauerstraße 21, das jetzt zur Post gehört. Unter Joachim lebte auch der bekannte Bürger und Rosshändler Hans Kohlhase, ein allgemein geachteter, vermögender, ehrlicher und bei dem Adel der Mark sehr beliebter Mann. Kohlhasenbrück ruft uns sein Schicksal ins Gedächtnis. Berüchtigt ist der Münzmeister Lippold Luchim, der in der Poststr. 5 wohnte.

Johann II., Georg, ein strenger Lutheraner, zeigte sich unduldsam gegen Andersdenkende. Meinungsverschiedenheiten unter den Reformatoren führten zu Uneinigkeiten zwischen ihren Anhängern; auch in Berlin standen sich die beiden protestantischen Parteien, Lutheraner und Kalvinisten, schroff gegenüber. Der Kurfürst nahm die ihres Glaubens wegen vertriebenen Holländer auf. In Staatsangelegenheiten folgte der Kurfürst seinem berühmten Kanzler Lamprecht Diestelmeier, dessen große Verdienste um die Machtstellung des Kurhauses anerkannt wurden. Wir suchen vergebens nach einem Denkmale, das uns den verdienstvollen Mann vergegenwärtigt; die Stelle seines Wohnsitzes ist das Polizeipräsidium. Diestelmeier veranlasste die Vereinigung der beiden Knabenschulen von Nikolai und Marien zu einer großen Landesschule in den Räumen des aufgehobenen Franziskanerklosters, aus welchem 1574 das Gymnasium zum grauen Kloster hervorgegangen ist. Der Leibarzt des Kurfürsten war Leonhard Thurneißer, dessen Ruhm über Deutschlands Grenzen hinausreichte und viele Fremde nach Berlin zog. Man besuchte Thurneißers große Buchdruckerei, seine Büchersammlung, sein Museum von Naturmerkwürdigkeiten und Alterthümern, seinen botanischen Garten und seine Officin zur Bereitung von Arzneien. Thurneißer bewohnte einen Theil des Klostergebäudes, seine Werkstätten befanden sich dem Kloster gegenüber in dem alten markgräflichen Hofe, an der Stelle des Gewerbeinstitutes; über 200 Menschen wurden von ihm beschäftigt. Graf Rochus von Lynar erweiterte das Schloss und legte Pulvermühlen an. Kurfürst Johann erwarb den Garten des Thomas von Spiegel vor dem Gertraudenthore, zwischen der Gertraudenbrücke und der alten Leipzigerstraße zur Anlage einer Meierei für die Kurfürstin Sabine. Die sumpfige Schilfwiese am Schloss wurde entwässert und vom Gärtner Korbian 1573 in einen Küchengarten umgeschaffen, aus diesem machte der Gärtner Michael Hanf 1650 einen Lust- und Ziergarten, dessen nördlicher Theil wegen der dort angelegten Orangerie auch der Pomeranzengarten hieß. 1720 war hier der Exercierplatz des alten Dessauer und erst hundert Jahre später erhielt der Garten als Lustgarten eine der Umgebung entsprechende Schmuckanlage, die 1870 einige Veränderungen erforderte.

Joachim III., Friedrich, ist der Gründer des Joachimsthalschen Gymnasiums, welches der große Kurfürst 50 Jahre später nach Berlin verlegte. Im Jahre 1600 entstand der Stadttheil Neukölln. Auf den Wunsch der Kurfürstin Katharine richtete Thurneißer einen großen Arzneiladen ein, der als Schlossapotheke heute noch fortdauert; damals erschien der Brantwein noch als Medicament; bald aber war sein Gebrauch so allgemein, dass die Keltereien von den Brennereien verdrängt wurden. In dem Garten des Grafen von Schlick auf dem Gänsewerder legte die Kurfürstin eine Meierei an, mit der man das Grundstück des benachbarten Sabinenvorwerkes vereinigte; das neu entstandene Katharinenvorwerk befand sich zwischen der großen und kleinen Jägerstraße. Da der Kurfürst sich oft auf Reisen befand, so setzte er einen stellvertretenden Staatsrat ein, aus dem das Staatsministerium hervorgegangen ist. Die Spitzen dieser Behörde waren Graf Schlick von Passau und der Kanzler Johann von Löben. Joachim war der Sohn der Sophie von Liegnitz, der Bruder der Dorothee Sibille von Liegnitz-Brieg, genannt die liebe Dorel und der Gemahl der Katharine von Küstrin, genannt die gute Käte.

Durch den Übertritt Johann III., Sigismund, zur kalvinischen Lehre, 1613, entstanden zwischen den Religionsparteien heftige Reibungen, und Berlin wurde der Schauplatz ärgerlicher Auftritte, zu denen der Stulersche Aufruhr einen Belag liefert. Johann war ein Freund der Tonkunst und des Gesanges; der Musikmeister Zange errichtete eine Hofkapelle an der 22 Spieler und 12 Sänger beschäftigt waren; ein Junker Stockfisch belustigte das Publikum durch theatralische Vorstellungen, auch zeigte eine Gesellschaft englischer Springer ihre Leistungen. Die kriegerischen Zeiten veranlassten den Kurfürsten die Bürger zu Waffenübungen anzuhalten; damals entstanden in Berlin die Vogelschießen, welche die Schützenfeste sehr in Aufnahme brachten. Im Thiergarten am hohen Weinberge legte die Kurfürstin Eleonore eine Meierei an; die Hindersinstraße bezeichnet ungefähr die Lage dieses Eleonorenvorwerkes. Der Kurfürst war von Gespensterfurcht nicht frei, er glaubte an das Mährchen von der weißen Frau und wohnte lieber in dem Hause seines Kämmerers Anton Freitag auf der Poststraße, als im Schlosse. Als sich das Gerücht verbreitete, die weiße Frau habe sich im Schlosse sehen lassen, bereitete er sich auf seinen Tod vor. Er starb 1619 im ersten Jahre des dreißigjährigen Krieges.

Der dreißigjährige Krieg hat über unsere Heimat unsägliches Elend gebracht; der damals lebende Kurfürst that nicht das Mindeste, um die Greuel des Krieges zu mildern; vielmehr entzog er sich denselben und lebte meist zu Königsberg in Preußen, seinem Stadthalter Adam von Schwarzenberg die Regierung überlassend. Der Palast des Stadthalters, die sogenannte Stadthalterei, befand sich Brüderstraße 1 und 2, der dazu gehörige Garten lag hinter der Domkirche, auf dem Grundstück des roten Schlosses. Damals beraubte man den Dom aller seiner Kostbarkeiten, um Soldaten zu werben; die lebensgroßen, silbernen Bildsäulen Jesu und seiner zwölf Apostel wanderten in die Münze. Schwarzenberg ließ die scheunenreichen Vorstädte niederbrennen, als er vernahm, dass die den Potestanten helfenden Schweden im Anmarsche seien. Der Kurfürst Georg Wilhelm war der Schwager zweier Könige, welche spottweise von den Feinden die Bezeichnung Winterkönig und Schneekönig erhielten; denn Friedrich von der Pfalz hat nur einen Winter hindurch die Ehre gehabt, König von Böhmen zu sein, und Gustav Adolf von Schweden kam aus einem schneereichen Lande. Im November 1627 besuchte Wallenstein Berlin und wohnte im Schlosse; im Mai 1631 war Gustav Adolf in Berlin, auf seinem Marsche nach Magdeburg. Georg Wilhelm hinterließ Berlin als eine Jammerstätte voll Schmutz und Trümmer. Von 1200 Häusern standen 400 leer, und von 12000 Einwohnern waren nur noch 6000 vorhanden, die mit der Sorge um Nahrung und Kleidung zu kämpfen hatten.

Ein unglaublicher Umschwung der Dinge zum Bessern vollzog sich während der Regierung des großen Kurfürsten Friedrich Wilhelm. Das zertretene, unbeachtete, kleine Brandenburg wurde durch die Energie dieses Fürsten so umgewandelt und gekräftigt, dass die benachbarten Mächte von der Zeit an den Entwickelungsgang des kleinen Staates nicht ohne Besorgniss beobachteten.

Die kaum noch lebensfähige Hauptstadt empfing die Segnungen aus erster Hand, und das Datum des kurfürstlichen Einzuges 1630 ist zugleich das Datum der Wiedergeburt der kurfürstlichen Hauptstadt. In dem fast verfallenen Schlosse versammelte der junge Fürst seine Räte, um ihnen seine Willensmeinung mitzutheilen und schloss mit den Worten: „Gedenket, dass die Unterthanen da, wo sie beten sollten, nicht seufzen dürfen." Der Baumeister Georg Memhard erhielt den Auftrag Berlin in eine Festung zu verwandeln; in jener Zeit entstand der südliche und nördliche Festungsgraben. Der Friedrichswerder und die Dorotheenstadt entwickelten sich als neue Stadttheile und an den Landstraßen von Spandau, Bernau und Stralau bildeten sich Vorstädte. In der verfallenen Stechbahn wurden eine Reihe Verkaufsläden hergestellt, auf dem Werder dagegen ein neues Reithaus errichtet; im Küchengarten entstand ein Ballhaus für die kurfürstliche Familie. Der große freie Platz vor dem Georgenthore erhielt die Bestimmung eines Viehmarktes; hier war das vielbesuchte Wirtshaus „Sandkrug", später der Stelzenkrug; jetzt Alexanderstraße 46. Berlins Straßen erhielten größtentheils Pflasterung und die erste, wenn auch sehr dürftige Beleuchtung; der Marstall, das werdersche Gymnasium und die gemauerten Laubengänge am Mühlendamm gehören zu den Bauten dieser Zeit. In einem kurfürstlichen Gebäude an der Stelle der heutigen Parochialkirche trieb der

Chemiker Kunkel von Löwenstern sein Wesen. Philipp von Chiése ließ sich einen zweisitzigen Wagen bauen, mit dem er 1670 eine Reise nach Paris machte; dieser Wagen fand dort solchen Beifall, dass diese Wagen in Frankreich unter dem Namen „Berlines" eingeführt wurden. Ruprecht Völter eröffnete in Berlin eine Buchhandlung, und 1660 erschien die erste Zeitung. Die Thurneißersche Büchersammlung wurde kurfürstliche Bilbliothek und bedeutend erweitert. Frau Christiane Schmolz errichtete am Nikolaikirchhof eine Mädchenschule; Peter Silverdingen gab wöchentlich einmal eine theatralische Vorstellung und das Vogelschießen auf den Schützenplätzen gestaltete sich zum Volksfeste; durch die Kurfürstin Luise wurde der Weihnachtsmarkt ins Leben gerufen; der Gärtner Michelmann verwandelte den Hopfengarten bei Schöneberg in einen Obst- und Gemüsegarten in dem sich der Kurfürst gern beschäftigte. Auf einem Gartengrunde vor dem Spandauer Thore wurde 1650 ein neues Vorwerk angelegt. Den Obstgarten dieses sogenannnten Luisenvorwerkes ließ die Königin Sophie 1710 in einen Park verwandeln und in demselben durch den Baumeister Scheffler im französischen Zopfstile ein Lusthaus bauen, mit dem französischen Namen „Monbijou" das ist verdeutschet: „Mein Kleinod". Diese Königin gab auch eine bedeutende Summe zum Bau der Sophienkirche, dem Mittelpunkt der Sophienstadt. Die Kurfürstin Dorothee schuf die Dorotheenstadt und veranlasste 1680 die Anlage der Allee „Unter den Linden", einer vierfachen Baumreihe zur Verbindung des Lustgartens mit dem Thiergarten, dessen Eingang ein Lattenthor bei der Schadowstraße bezeichnete.

Eingewanderte Holländer brachten Thee und Taback in Aufnahme. Als König Ludwig XIV. von Frankreich 1685 das Edict von Nantes aufhob und die französischen Protestanten oder Hugenotten der Verfolgung Preis gab, erfolgte vierzehn Tage später das Edict von Potsdam, welches den Flüchtlingen oder Refügiés in der Mark ein Asyl verhieß. 30,000 Franzosen wanderten über den Rhein; damals entstand in Berlin die französische Kolonie. Bei den Versuchen des großen Kurfürsten eine Seemacht zu gründen, unterstützte ihn der Holländer Benjamin Raule als Director des Seewesens; der Hof seines Hauses bildet einen Durchgang von der alten Leipzigerstr. zur Adlerstr. und heißt heute noch „Raules Hof." Durch die Befestigung, durch Bauten und neue Anlagen war das Aussehen der Stadt ebenso verändert worden, wie das Wesen der Bevölkerung durch die vielen Einwanderer. Als Friedrich Wilhelm 1640 die Regierung übernahm, hatte Berlin 6000 größtentheils verarmte und geistig verkommene Einwohner; am Schluss der Regierung dieses großen Fürsten zählte Berlin, einschließlich einer 6000 Mann starken Besatzung, 33,000 gewerbfleißige, strebsame und zufriedene Bewohner. Der Plan zu einer friedlichen Vergrößernng Brandenburgs war vom Kurkanzler Distelmeier klüglich ersonnen und vom Kurfürsten Joachim II. gut geheißen worden, aber in Betreff der unerwartet entgegentretenden Hindernisse musste neben der Klugheit erforderlichen Falles auch die Macht stehen; so dachte Friedrich Wilhelm und schuf ein stehendes Heer von 30,000 Mann, ein, in jener Zeit nicht zu unterschätzendes Waffengewicht. Die Nachfolger des großen Kurfürsten haben in seinem Sinne die Waffenkraft ihres Staates ununterbrochen erweitert und gefördert, so dass der Militärstaat der Hohenzollern von ganz Europa für mustergiltig gehalten wurde; auch wird derselbe bis jetzt an Gleichmäßigkeit der Schulung und Bildung, an Vortrefflichkeit der Waffen und Zahl der Krieger verhältnissmäßig von keinem Staate übertroffen. Die freiliegenden Grenzen unseres weiten Vaterlandes und die theils eifersüchtigen, theils vergrößerungssüchtigen in Waffen geübten Nachbarn zwingen das deutsche Volk zu einer beständigen Kriegsbereitschaft.

Der Sohn des großen Kurfürsten, Friedrich III., strebte nach dem Glanze des Königthumes, deshalb musste der kurfürstlich gesinnte Kanzler Dankelmann vor dem königlich gesinnten Grafen Wartenberg zurücktreten. Berlin wurde am 18. Januar 1701 eine königliche Residenz und die zum Empfange des neuen, aus Königsberg zurückkehrenden Königs geschmückte Georgenstraße, erhielt den Namen Königsstraße. Berlin war zu dieser Zeit eine Pentapolis, eine Fünfstadt, mit fünf Rathäusern und fünf Stadtobrigkeiten. Friedrich gewann die Überzeugung, dass ein einheitliches Regiment besser sei und vereinigte die fünf Städte unter einem gemeinschaftlichen Magistrate. Die neue Rangerhöhung führte 1709 zur Umgestaltung des Stadtwappens. Die unter dem Namen Berlin vereinigten fünf Städte erhielten einen aufrechtstehenden Bären mit einem Halsbande zum Wappenschilde, das mit einer fünfthürmigen Mauer gekrönt war; inmitten zweier Schilde, auf denen der rote märkische und schwarze preußische Adler prangt. König Friedrich I. ließ die verschiedenen Schlossbauten auf dem Kölln nach dem Plane des Baumeisters Andreas Schlüter zu einem großen Palaste einheitlich verbinden; so präsentirt sich das Schloss noch heut. Die lange hölzerne Brücke wurde durch eine kurze steinerne ersetzt und mit dem Reiterbilde des großen Kurfürsten geschmückt, daher die Bezeichnung „Kurfürstenbrücke". Der Baumeister Gustav Nehring baute das Zeughaus, welches Schlüter mit allerlei Trophäen- und Maskenbildern sinnreich ausschmückte. Nehring baute auch die Parochialkirche; außerdem erhielt Berlin das Akademiegebäude, das französische Gymnasium und auf der Stelle des abgebrochenen Reitstalles auf dem Werder eine Kirche. Für den Marschall Schomberg baute Nehring das sogenannte Marschallhaus, das jetzige Palais des deutschen Kronprinzen. Die Stroh- und Schindeldächer wurden aus der Stadt entfernt und auf dem Grund und Boden der kurzen Haide und des Semmelfeldes die Friedrichsstadt angelegt. Die Verkaufsläden der alten Stechbahn an der langen Brücke wurden in den Garten der Stadthalterei gelegt, und so entstand zwischen der Brüderstraße und den Werderschen Mühlen eine neue Reihe von Läden mit gemauerten Laubengängen unter dem Namen der neuen Stechbahn; in neuester Zeit hat diese Anlage dem Baue des roten Schlosses weichen müssen. Hinter dem grauen Kloster ließ der König durch den Jägermeister Pannewitz einen Hetzgarten anlegen, zur Aufbewahrung wilder Thiere, deren Kämpfe dem Könige viel Vergnügen machten; jetzt steht das Kadettenhaus an dieser Stelle. Der Schauspieler Veltheim unterhielt ein Theater. Die Bevölkerung der Hauptstadt mehrte sich durch eingewanderte Waldenser und Wallonen, und für den Fremdenverkehr sorgten 14 Gasthöfe. Am Ende der Regierung des ersten Königs von Preußen war Berlin die zweitgrößte Stadt Deutschlands.

Es folgte dem freigebigen, prachtliebenden Vater ein sparsamer, schlichter Sohn. In der Regentenreihe der Hohenzollern steht das Beispiel nicht vereinzelt da, dass sich Vater und Sohn in der Denk- und Handlungsweise oft recht unähnlich sind; aber auch durch göttliche Fügung folgten sich die Gegensätze in einer die Entwickelung und Kräftigung des Vaterlandes entsprechenden Weise. König Friedrich Wilhelm I. suchte Zucht und Sitte, Fleiß und Sparsamkeit zu fördern, aber in der ihm eigenthümlichen Art, als rücksichtslos gebietender Herr. Als durch und durch deutscher Mann zeigte er gegen das Franzosenthum eine gewisse Abneigung; er war aber auch durch und durch Soldat, daher ist er auch der Soldatenkönig genannt worden. Er liebte Alles, was militärisch war und militärisch aussah; die Berliner Kinder trugen rote Halsbinden, um sie als Mitglieder der Armee zu kennzeichnen; so lebte sich das Volk unmerklich in das straffe Soldatenwesen hinein. Bekannt ist des Königs Leibregiment von 3000 Riesen; bekannt ist, dass der Exerciermeister der blauen Kinder, wie der König die Soldaten nannte, der alte Dessauer war, der mit barbarischer Strenge seine Untergebenen zu Dienstleistungen anhielt. Im Thiergarten und Lustgarten hörte man nur Trommelschlag und Kommandostimme und den gleichmäßigen Tritt übender Soldaten.

Der König betrieb die Bebauung der neuen Stadttheile mit großem Eifer und übertrug die Bewachung des Baues dem strengen Oberst von Derschau. Berlin erhielt Erweiterungen aber keine Verschönerungen; man sah in den Straßen Berlins wohl viele Prachtleute, aber keine Prachtbauten. Vor dem alten Leipziger Thore wurde 1740 der noch stehende Meilenzeiger auf dem Dönhofsplatze errichtet; die Festungswerke wurden abgetragen und der Bau der Charité, des Waisenhauses, des Kammergerichtes, der Dreifaltigkeits-, Bethlehems- und Sophienkirche ausgeführt; der Thurm der Parochialkirche erhielt ein Glockenspiel; die Grotte im Lustgarten wurde in eine Tapetenfabrik verwandelt, und in dem benachbarten Ballhause eröffnete der Neger Olivier ein Kaffeehaus mit dem ersten Billard; jetzt nimmt der Dom diese Stelle des Lustgartens ein. In der alten markgräflichen Pfalz, dem Hohen Hause, errichtete der Minister Kraut ein Woll- und Tuchlager für die Armee, daher der Name Lagerhaus. An diesen Minister erinnert eine Straße im Stralauer Viertel, die zu des Ministers Sommerfrische führte, an der Holzmarkt- und Breslauerstraßen-Ecke. Friedrich Wilhelm war auch ein Freund des gemütlichen Beisammenseins; an bestimmten Abenden versammelten sich seine Generäle und Räte, bei einfacher Kost zu zwangloser Unterhaltung, und da das Tabackrauchen dabei zur Bedingung gemacht wurde, so erhielten diese Versammlungen den Namen „Tabackscollegium." Peter der Große, August der Starke, Stanislaus Lescinsky und andere namhafte Männer haben daran Theil genommen. Zu des Königs treuesten und tüchtigsten Räten gehörte der unbestechliche, unparteiische, unermüdliche Heinrich Ilgen, der geschickteste Steuermann am Ruder des Staatsschiffes in jener Zeit; sein Andenken muss in Ehren gehalten bleiben. Der durch sein trauriges Loos bekannte und gelehrte Freiherr von Gundling lebte unter diesem Könige. Im Jahre 1732 überschritten 20,000 verfolgte Salzburger die Grenzen des preußischen Staates; auch von diesen Flüchtlingen ließen sich einige in Berlin nieder. Als Friedrich Wilhelm I. 1740 starb, zählte seine Hauptstadt 4000 Häuser und 100,000 Einwohner; der König hinterließ seinem Sohne einen Schatz von 9 Millionen Thalern und eine vorzüglich geschulte Armee von 80,000 Mann.

Der in der Schule der Prüfungen aufgewachsene Sohn des verstorbenen Königs, ist der berühmte Friedrich der Große, der Einzige, oder, wie er nachmals im Munde des Volkes fortlebte, „der alte Fritz." Er war 28 Jahr alt, als er 1740 den Thron bestieg; er hat das Scepter zum Heile des Vaterlandes 46 Jahre lang geführt. Im Glanze seines Ruhmes sonnte sich die Hauptstadt, deren Name auch außerhalb Europa mit Achtung genannt wurde. Berlin hat unter Friedrichs Regierung zweimal den Einmarsch feindlicher Truppen erlebt, der Östreicher 1757 und Russen 1760, unter Haddick und Totleben. Für Vergrößerung und Verschönerung seiner Hauptstadt hat Friedrich beständig Sorge getragen. Der Thiergarten wurde in einen Park verwandelt, und der jenseits der Spree gelegene Theil, der sogenannte kleine Thiergarten, eingewanderten Franzosen zur Bebauung überwiesen. So entstand Moabit.

Arbeiter aus dem Erzgebirge legten das Vogtland an, in dem jetzigen Rosenthaler Reviere an der Gartenstraße.

Berlin erhielt ein Arbeitshaus, Invalidenhaus, Schauspielhaus, Opernhaus, Kadettenhaus, eine Bank, eine Seehandlung, eine Lotterie, Bibliothek, Ritterakademie; den Katholiken wurde der Bau der Hedwigskirche gestattet, der Dom wurde vom Schloßplatz in den Lustgarten verlegt und zur Zierde des damaligen Gensdarmenmarktes erhielten die beiden kleinen Kirchen zu beiden Seiten des Schillerplatzes geschmackvolle Thürme. Für den Prinzen Heinrich erbaute der König einen Palast, der sich jetzt als Universitätsgebäude präsentirt. Prinz Ferdinand errichtete das Ordensmeisterhaus der Johanniter am Wilhelmsplatze, das Prinz Karlsche Palais; der Wilhelmsplatz wurde nachmals mit Standbildern der Feldherren des siebenjährigen Krieges geschmückt. Für die Besatzungstruppen der Stadt entstanden mehrere große Kasernen. Da der König dem Freimaurerbunde angehörte, so veranlasste er den Bau der Loge zu den drei Weltkugeln. Der Patriot Gotskowski legte eine Seidenfabrik an, Wegeli eine Porzellanfabrik, Splittgerber eine Zuckerfabrik und der Juwelier Ephraim eine Silberwaarenfabrik. Ephraim galt als der reichste Mann im Lande; seine Sommerfrische am Schiffbauerdamm 20 und 21 war der Schauplatz glänzender Feste und der Sammelplatz ausgezeichneter Persönlichkeiten. Der Schauspieler Schuch errichtete auf dem Neuen Markte eine Bretterbude zu theatralischen Vorstellungen; später befand sich seine Bühne, Behrenstraße 55; nach ihm übernahm der Schauspieler Döbbelin die Bühne. Ein bleibendes Theater errichtete 1770 der Schauspieldirector Koch. Der Prediger Hecker gründete 1747 eine Unterrichtsanstalt, aus welchem das Friedrich-Wilhelms Gymnasium, das Königliche Realium und die Elisabetschule hervorgegangen sind; auch legte er 1748 den Grund zu einer Lehrerbildungsanstalt oder einem Seminare, das später nach Potsdam verlegt worden ist. Zu den angeführten Anstalten gehörte auch der zwischen Königgrätzer- und Bellevüestraße angelegte Schulgarten zur Förderung der Pflanzenkenntniss; dieser Garten wurde später als botanischer Garten mit dem königlichen Küchengarten in Schöneberg vereinigt. Von den Räten des Königs zeichnete sich ins Besondere der Minister von Hertzberg aus, er ist der Nachfolger Ilgens im Besitze von Britz und der Leiter des Hubertsburger Friedens; sein Haus ist zur Werderschen Gewerbeschule eingerichtet worden. Der Fremdenverkehr war zur Zeit dieses Königs in Berlin ungemein lebhaft; unter den 30 größern Gasthöfen war die Stadt Paris in der Brüderstraße der vornehmste; dort wohnte auch Graf Mirabeau kurz vor dem Tode Friedrichs des Großen.

Friedrich hatte durch den glücklich beendeten siebenjährigen Krieg das kleine Preußen zu einer europäischen Großmacht erhoben, d. h. zu einer Macht, deren Verhalten bei wichtigen politischen Fragen zur Geltung kam. Preußen hatte sich in Deutschland dem österreichischen Kaiserstaate ebenbürtig zur Seite gestellt; um diese Stellung zu behaupten und die stets bedrohte Lage des jungen Staates zu sichern, schien es geboten stets über eine tüchtige, schlagfertige Armee verfügen zu können, und so wurde Preußen ein Militärstaat.

Friedrich Wilhelm I. und Friedrich II. hatten zwei Menschenalter hindurch ihren Staat mit festem Willen, unermüdlichem Eifer und weiser Sparsamkeit regiert. Diesen energischen Männern folgte der gutmütige wohlwollende König Friedrich Wilhelm II. der zehn Jahre hindurch seinen Günstlingen vertraute; diese schwächten den Staat und verschuldeten das Unglück, das 1806 über Preußen hereinbrach. Friedrich Wilhelm II. beseitigte die Pallisadenumschließung und ersetzte sie durch eine zwei Meilen lange, 10 Fuß hohe und 3 Fuß dicke Mauer; sie sollte keine Befestigungs-, sondern nur eine Besteuerungslinie bilden; einige der neu-angelegten Thore galten als ornamentale Bauwerke; berühmt ist das von Langhans erbaute Brandenburger Thor. Damals entstand die Herkulesbrücke, der jetzige Marienkirchthurm und die Kolonaden auf der Königs-, Mohren- und Spittelbrücke; das Schloss Monbijou bekam seine heutige Gestalt. Berlin erhielt ein Kriegs- und Schulcollegium, ein Taubstummeninstitut, eine Singakademie, Thierarzneischule, Artillerieschule und eine medicinische Lehranstalt oder Pepinière. Dem Theaterdirector Döbbelin wurde das französische Schauspielhaus auf dem Schillerplatze zur Aufführung deutscher Bühnenstücke eingeräumt; ihm folgten in der Leitung dieser Bühne Engel, Ramler und Iffland, durch welche das Berliner Theater zu einem gewissen Rufe gelangte. Den Glanzpunkt in der Hauptstadt bildeten die Abendgesellschaften im Palaste der Gräfin von Lichtenau, im jetzigen holländischen Pailais, Unter den Linden 36. Die vornehme gebildete Welt versammelte sich hier zu einer zwanglosen Unterhaltung. Der Tod des Königs unterbrach die viel besuchten und gesuchten Zirkel, aber unter Friedrich Wilhelm III. übernahm es der Prinz Ludwig, diesen Genuss, wenn auch an einem andern Orte und in anderer Form der Residenz zu erhalten. Der Palast des Prinzen, das jetzige Prinzessinnenpalais, war der Vereinigungspunkt aller geistreichen und ausgezeichneten Leute, die in Berlin lebten, oder einige Zeit in der preußischen Hauptstadt verweilten.

König Friedrich Wilhelm III. war ein strenger, sparsamer und wortkarger Mann, aber von tiefem Gemüte. „Ich will Friedrich Wilhelm heißen, denn Friedrich ist für mich unerrreichbar", sagte er bei seiner Thronbesteigung. Der König liebte ein häusliches Familienleben, und das

Glück desselben wurde ihm zu Theil; der Mittelpunkt seines Glückes war die von allen geliebte Königin Luise; unbewusst übte sie einen so mächtigen Einfluss auf ihre Umgebung und die Berliner Bevölkerung, dass ihr Verhalten, selbst ihre Kleidung tonangebend wurde; man sprach zum ersten Male von Berliner Moden.

Die Königin war eine Freundin heiterer Familienfeste, und aus dem königlichen Familienkreise sind die Kinderbälle hervorgegangen, die später in Berlin so verbreitet waren. Schlimme Zeiten kamen über Stadt und Land, als der eroberungssüchtige Kaiser Napoleon I. die Franzosen über den Rhein führte. Preußen war auf den Lorbeeren Friedrichs des Großen eingeschlafen, Überschätzung und Unentschlossenheit vereinten sich mit andern Übeln, um den Fall der preußischen Monarchie so schnell herbeizuführen. Napoleon I. zog als Sieger durch das Brandenburger Thor. Das Schicksal Preußens wickelte sich nun an einem schwarzen Faden ab, in dem die Namen Jena und Tilsit als Knoten trübseliger Erinnerung zurückgeblieben sind. Während der Zeit der siebenjährigen Erniedrigung starb 1810 die Königin Luise. Von Stein und Hardenberg unterstützt, vollzog der König eine Neugestaltung der staatlichen Verhältnisse und diese führte zur endlichen Befreiung des Vaterlandes. Seit 1815 kam die Städteordnung, die Gewerbefreiheit, die neue Wehrverfassung und eine allgemeine Volksbildung zur Geltung, und nach dem Befreiungskriege nahm Berlin einen Aufschwung zu neuem Glanze. Es sind der Erweiterungen und Verschönerungen viele zu erwähnen. Die Werderkirche, das Schauspielhaus, das alte Museum, die Bauschule, das Friedrich-Wilhelms Hospital und die Schlossbrücke sind Zierden der Stadt. Berlin erhielt ein Blindeninstitut, eine Gewerbeschule und das Luisenstift; im Lustgarten wurde die Granitschale, und neben der neuerbauten Hauptwache drei erbeutete französische Geschütze aufgestellt. Der runde Weinberg erhielt das Nationaldenkmal, dessen Kreuzspitze Veranlassung gab, den Hügel Kreuzberg zu nennen. Das alte Lagerhaus wurde dem Bildhauer Rauch als Werkstätte überwiesen und der Palast des Prinzen Heinrich der neugestifteten Universität übergeben. Dem Volksschulwesen war bisher keine große Aufmerksamkeit geschenkt worden, seit 1815 begann für dieselbe eine neue Zeit, als die Grundsätze des berühmten Pädagogen Pestalozzi durch preußische Schulmänner Verbreitung fanden.

Die Straßen Berlins erhielten Namenschilder und die Belegung der Bürgersteige mit großen Granitplatten wurde allgemein. Der gesteigerte Verkehr veranlasste 1815 den unternehmenden Bürger Henoch in Berlin die Droschken einzuführen. Die schlechten Wege um Berlin verschwanden, und aus den Thoren führten vortreffliche Kunststraßen oder

Chausseen nach allen Richtungen; ein neues Hauptpostgebäude entstand in der Spandauerstraße und 1838 sahe die Hauptstadt das erste Bahnhofsgebäude zu der nach Potsdam führenden Eisenbahn. 1823 wurde bei Berlin das erste Pferderennen abgehalten; 1826 machte man die ersten Versuche mit Gasbeleuchtung. Drei neue Stadttheile entstanden während der Regierungszeit dieses Königs: die Friedrich-Wilhelmsstadt, die äußere Friedrichs- und die äußere Luisenstadt. Friedrich Wilhelm starb 1840.

Der kunstsinnige und geistreiche Monarch Friedrich Wilhelm IV., unter welchem Preußen 1848 in die Reihe der Verfassungsstaaten getreten ist, bereicherte seine Residenz mit einer großen Zahl ornamentaler Bauten; hierher gehören die Schloßkuppel, das neue Museum, das Kriegsministerium, die Ulanenkaserne, das Zellengefängniß, die Markthalle, Dammmühle, Sternwarte und Schloßterrasse, Bethanien, die Adler- und Friedenssäule, die Ausschmückung der Schloßbrücke und der Treppenwangen am Museum und am Schauspielhause. Berlin erhielt die Petri- und Bartholomäuskirche, das Reiterbild Friedrichs des Großen und das Standbild Friedrich Wilhelms III. im Thiergarten. Als Vergnügungsort entstand der Kroll; Belehrung und Unterhaltung gewährte der zoologische Garten. Viele Pläne des Königs wurden durch die Revolution von 1848 vereitelt, so in architektonischer Beziehung die Erbauung eines der Hauptstadt würdigen Domes, auch war der Neubau einer andern Kirche am Spittelmarkt in Aussicht genommen, ferner sollten die beiden dürftigen Gotteshäuser am Schillerplatze eine den schönen Thürmen entsprechende Umwandlung erfahren; der König pflegte seine Bauentwürfe durch Federzeichnungen den Baumeistern anschaulich zu machen. Vor den Thoren entstanden fünf neue Bahnhöfe, das Telegraphennetz wurde erweitert, zu den öffentlichen Fuhrwerken gesellte sich der Omnibus. Handel und Gewerbe nahmen einen mächtigen Aufschwung, die Anstalten zur Förderung nützlicher Kenntnisse und Fertigkeiten mehrten sich in erfreulicher Weise. Die Bewegung von 1848 hat die Fortentwickelung nur kurze Zeit unterbrochen; und bis auf die Begräbnisplätze im Invalidenpark und Friedrichshain sind fast alle äußern Spuren davon verwischt, doch erinnern an die Errungenschaften jener Zeit die dem Verfassungsstaate angehörigen Häuser der Volksvertretung das Herrenhaus und das Abgeordnetenhaus. Durch den Polizeipräsidenten von Hinkeldey erhielt Berlin eine große Zahl gemeinnütziger Einrichtungen, wie das Institut der Schutzmannschaft, Dienstmannschaft, Feuerwehr, Wasserleitung, Zettelsäulen, Bedürfnisanstalten, Trinkhallen und Straßenreinigung.

Unter König Wilhem, der 1860 seinem Bruder auf dem preußischen Throne folgte, erfuhr die Residenz der Hohenzollern eine neue **Rangerhöhung** und eine damit zusammenhängende große **Umwandlung**. Die schon seit 1840 bemerkte schnellere Entwickelung der Hauptstadt hat sich seit 1870 so beschleunigt, dass fast eine Überstürzung aller Verhältnisse eingetreten zu sein scheint. Berlin befindet sich zur Zeit in einer Übergangsperiode, die vielleicht erst nach einem Menschenalter überwunden sein dürfte. Unter König Wilhelm musste die Stadtmauer entfernt und Berlin in eine offene Stadt verwandelt werden; die neuen Stadttheile hatten die alten Grenzlinien weit überschritten; mit der Erweiterung hielt die Verschönerung gleichen Schritt. Als Neubauten sind anzuführen die Bank, die Börse, die Münze, das Rathaus, das Elisabetkrankenhaus, die Zionskirche, der neue Tempel; das Gefängnis Neu Rummelsburg, der Viehhof, die neuen Bahnhofshallen, das Industrie-, das Telegraphen- und das Generalstabsgebäude, Gertraudenhospital, die Turnhalle, Nationalgalerie, das Aquarium, Reichstagsgebäude, Reichspostamt, Wilhelms- und Sophiengymnasium, und viele schöne Volksschulgebäude. Als Zierden der Stadt sind noch hervorzuheben die Alsenbrücke, das Reiterbild Friedrich Wilhelms III., Ritter Georgsgruppe, Marmorbild Schillers, Erzbild Jahns und die große Siegessäule auf dem Königsplatze. Zu den neuen Anlagen gehört Westend bei Charlottenburg, der Humboldshain am Gesundbrunnen, die Siegesstraße im Thiergarten; für den Verkehr entstanden fünf neue Bahnhöfe, eine neue 3 Meilen lange Verbindungsbahn, zwei Pferdebahnen nach Westend und dem Gesundbrunnen, der Nordkanal und die Kanalstraße durch die Jungfernhaide. Der neuesten Zeit gehören ferner an die öffentlichen Badeanstalten, um Unbemittelten für ein Geringes die Wohlthat der Reinigung zu gewähren; die Volksküchen, in denen warme und nahrhafte Speisen für einen geringen Preis verabreicht werden; die Kindergärten als Sammelplätze für die spielende Jugend, deren Thätigkeit hier geregelt und beaufsichtigt wird.

Den König Wilhelm hatte die Vorsehung zu großen Thaten berufen. Wir wollen der Hauptmomente seines fast 77 jährigen Lebens gedenken. Der junge Prinz Wilhelm wurde am 22. März 1797 zu Berlin geboren; von diesem Tage an bis 1850 gab es zwei Prinzen dieses Namens am preußischen Hofe; der alte Prinz Wilhelm war väterlicherseits der Oheim des jungen und lebte nach dem Befreiungskriege meist auf Schloss Fischbach bei Schmiedeberg; es ist der Vater des vor Kurzem verstorbenen Prinzadmirals Adalbert.

Der junge Prinz Wilhelm erhielt zehn Jahre alt, am 1. Januar 1807, die erste Uniform und trat der alten Sitte gemäß ins Heer ein; dies geschah während der Verbannungszeit seiner Eltern zu Königsberg in

Preußen. Seine Mutter, die allbekannte Königin Luise, die Vielgeliebte, schrieb über diesen ihren zweiten Sohn an dessen Großvater, den Großherzog von Mecklenburg-Strelitz: „Unser Wilhelm wird wie sein Vater, einfach, bieder und verständig.“ Als siebzehnjähriger Offizier ging er mit seinem Vater, dem Könige Friedrich Wilhelm III., am !. Januar 1814 bei Mannheim über den Rhein und zeigte auf dem Feldzuge, besonders in der Schlacht bei Bar für Aube, den seiner hohen Familie angeerbten persönlichen Mut, indem er im heftigsten Gewehrfeuer einen Auftrag seines Vaters ausrichtete, dafür erhielt er am Geburtstage seiner früh verstorbenen Mutter, am 10. März das eiserne Kreuz. Der Prinz wohnte beiden Einzügen in Paris bei, wurde 1815 eingesegnet und vermählte sich 1829 mit der Prinzessin Augusta, Tochter des Großherzogs von Sachsen-Weimar. 1831 wurde dem Prinzen ein Sohn geboren, das ist unser jetziger Kronprinz; die 1838 geborene Tochter ist die jetzige Großherzogin Luise von Baden. 1840 starb sein Vater, und der Nachfolger König Friedrich Wilhelm IV. ernannte ihn als mutmaßlichen Thronerben zum Prinzen von Preußen.

In seiner Jugend hatte der Prinz die Erniedrigung seines Volkes gesehen, schmerzlicher war es ihm die Verblendung desselben inne zu werden, als er in dem Bewegungsjahre 1848 an seinem funfzigsten Geburtstage nach London ging; doch schon nach drei Monaten kehrte er zurück und bewältigte 1849 den Aufstand in Baden; auch hier setzte sich der Prinz in der Schlacht bei Waghänsel großer Gefahr aus; eine verwitterte Steinsäule, das Bildstöckel im Schlosspark zu Babelsberg, ist der Stelle entnommen, welche der Prinz während der Schlacht behauptete. Im Jahre 1858 übernahm er als Prinz-Regent für seinen erkrankten Bruder die oberste Staatsleitung und bestieg 64 Jahr alt mit dem Beginn des Jahres 1861 den preußischen Thron.

Die früher dem Prinzen ungünstige Stimmung war so sehr in das Gegentheil umgeschlagen, dass er nunmehr als Hauptvertreter der Machtstellung Preußens galt und alle Hoffnungen der Patrioten sich ihm zuwandten; trotzdem wurde er am 14. Juli zu Baden Baden der Gegenstand eines Attentates; Gottes Hand wehrte diesem Frevel. Am 23. September 1862 berief der König den Grafen Bismarck in das Ministerium und seit die mit den Ansichten des Königs übereinstimmenden Ratschläge dieses großen Staatsmannes ausgeführt worden sind, haben die Hammerschläge zum Baue der deutschen Einigkeit und Einheit noch nicht aufgehört; die Feinde lieferten selbst das Material zur Errichtung des neuen Thrones, der von dem gegenwärtig mächtigsten, gütigsten aber auch thätigsten Monarchen in Europa eingenommen wird. Der

Vorleser Seiner Majestät des Kaisers, Geheimrat Schneider, hat uns sein Tagewerk in wenigen Worten geschildert:

Kaiser Wilhem residirt abwechselnd im Palais zu Berlin, oder im Schlosse Babelsberg bei Potsdam. Die Anwesenheit des Kaisers signalisirt die aufgehisste Fahne. Einfachheit und Thätigkeit herrschen am kaiserlichen Hofe. Gleich nach dem Aufstehen, im Sommer um 6, im Winter um 7 Uhr, zieht sich der Kaiser von Kopf bis zu Fuß an; Schlafrock und Pantoffeln hat er noch nie benutzt; auch bleibt er den ganzen Tag angezogen und macht es sich nicht weiter bequem, als dass er den Überrock aufknöpft, wenn er allein im Zimmer ist, oder Personen der nächsten Umgebung empfängt. Kommt der Kaiser von Reisen, von der Truppenschau oder Kriegsübungen, so wechselt er wohl die Wäsche, zieht sich aber gleich wieder vollständig an. Das Anziehen nimmt eine halbe Stunde in Anspruch, dann tritt der Kaiser in sein Arbeitszimmer, wo ein Leibjäger den Kaffee bereits auf den Schreibtisch gestellt, und die eingegangenen Briefschaften daneben gelegt hat. Der Schreibtisch wird vom Kaiser selbst so in Ordnung gehalten, dass alle Papiere rechts und links nach Inhalt und Bestimmung in einander gelegt werden, und dass vor dem Sitze immer ein freier Raum bleibt. Im Winter steht bis zum Hellwerden eine Arbeitslampe mit grünem Schirme auf dem Tische. Das Frühstück besteht aus Kaffee, hin und wieder aus Thee mit Zwieback und einem weichen Ei, und bleibt unabänderlich unter allen Umständen dasselbe. Nach dem Frühstück wird jeder vorliegende Brief vom Kaiser selbst geöffnet und dieses Geschäft niemals andern Personen anvertraut.

Schon beim Durchlesen macht der Kaiser Zeichen und Randbemerkungen auf die Briefe; diese Zeichen haben ihre ganz bestimmte Bedeutung, und die Beamten, in deren Hände die Schriftstücke kommen, wissen darnach zu verfahren. Nach dem Durchlesen legt der Kaiser die Papiere zum Bericht in verschiedene Mappen oder Fächer. Die Unterstützungsgesuche und Einreichungen von Kunstwerken und Büchern gehen durch die Hand des Geheimrat Borck, welcher täglich morgens bei dem Kaiser erscheint und die dahin lautenden Befehle persönlich in Empfang nimmt. Sehr selten entscheidet der Kaiser in einer Angelegenheit gleich, sondern überweiset die Gesuche den zuständigen Behörden; nur wenn der Bittende oder dessen Verhältnisse ihm persönlich bekannt sind, ertheilt der Kaiser sofort seine Befehle. Jeder an den Kaiser gerichtete Brief kommt unfehlbar in die Hände des Kaisers und wird, nachdem die zuständige Behörde Vortrag über denselben gehalten, beantwortet. Jeden Morgen macht der Leibarzt Geheimrat Dr. Lauer seinen Besuch; derselbe begleitet den Kaiser auch auf Reisen. Um 9 Uhr erscheint der Flügeladjudant vom Dienst für den Tag, da täglich ein anderer in Dienst tritt; an denselben gelangen alle militärischen Meldungen, und er allein hat das Recht, unaufgefordert in das Arbeitszimmer des Kaisers einzutreten; dies geschieht stets mit dem Helm in der Hand in streng dienstlicher Haltung. Wenn der Kaiser ausfährt, steigt der dienstthuende Flügeladjudant mit in den Wagen und sitzt links neben dem Kaiser; auch empfängt er die fürstlichen Personen, welche den Kaiser besuchen und begleitet sie nach ihrem Range beim Weggehen. Der Flügeladjudant hält sich den ganzen Tag im Vorzimmer auf; oder bis ihn der Kaiser entlässt; er hat ein Tagebuch in Folio zu führen, in welches er alles dasjenige einschreibt, was während seines Diensttages geschehen, welche Vorträge der Kaiser entgegengenommen, welche Personen er empfangen, wann und wohin er gefahren oder geritten und welche wichtige Nachrichten etwa eingegangen sind. Dieses Journal liefert das zuverlässigste Material für die Geschichte. Hat der Flügeladjudant seine Meldungen gemacht, so liest der Kaiser weiter die eingegangenen Briefe oder den Zeitungsbericht, der jeden Tag von einem Ministerialbeamten aus allen europäischen Zeitungen zusammengestellt wird und zwar in Ausschnitten der wichtigsten und interessantesten Nachrichten, welche an einander gereiht eine vollständige Übersicht über die Meinungen der Presse in den verschiedenen Ländern geben; von unsern Zeitungen gelangt nur die Spenersche in das Arbeitszimmer des Kaisers. Nach dieser Lectüre erscheinen die Hofmarschälle, um die für den Hofhalt bestimmten Befehle zu empfangen. Der Kaiser ordnet hier gewissermaßen seine häuslichen und Familienangelegenheiten, so wie alles, was sich auf seine fürstlichen Gäste bezieht; auch werden diejenigen Personen bestimmt, welche zur Tafel oder zur Abendgesellschaft eingeladen oder befohlen werden sollen. Nun beginnen die eigentlichen Staats- und Regierungsgeschäfte mit den sogenannten Vorträgen, zu denen die Chefs der verschiedenen Behörden erscheinen. Die Reihenfolge in welcher diese Vorträge stattfinden, wird an jedem Tage besonders bestimmt; eine kurze Pause, in der ein kaltes Frühstück eingenommen wird, unterbricht diese Vorträge; auch fürstliche Besuche, Empfang von Deputationen und militärische Acte veranlassen eine Unterbrechung. Die angegebene Thätigkeit dauert bis 2 oder 3 Uhr. Zwischen 3 und 4 Uhr fährt der Kaiser meist spazieren; nach der Fahrt begiebt er sich zur Tafel. Hier herrscht die ungezwungenste Unterhaltung, deren Mittelpunkt natürlich immer der Kaiser bleibt. Große Delicatessen giebt es nicht, da der Kaiser in allen seinen Genüssen und Bedürfnissen die Einfachheit liebt. Kommt es aber darauf an, ein glänzendes Mahl zu geben, so wird bei solchen Gelegenheiten die ganze Pracht des kaiserlichen Hofhaltes entfaltet, nicht weil es dem Kaiser, sondern weil es seinen Gästen Freude macht.

Unmittelbar nach der Tafel begiebt sich der Kaiser wieder in sein Arbeitszimmer, um seine Geschäfte bis zur Theestunde fortzusetzen; von einem Ausruhen oder Unbeschäftigtsein ist nicht die Rede. Zuweilen pflegt der Kaiser das Theater zu besuchen, einem Concerte oder einer Vorlesung beizuwohnen. Der Thee dauert bis 11 Uhr, eine angenehme Erholungszeit, in welcher Zeitungsnachrichten vorgelesen, Erfahrenes mitgetheilt und Bilderwerke besehen werden; die daran geknüpfte Unterhaltung ist frei und zwanglos. Der Kaiser raucht wenig, fordert aber Andere oft dazu auf und raucht dann auch wohl selbst mit. Zur Gewohnheit ist bei ihm weder Rauchen noch Schnupfen geworden; er hat eine so glückliche Natur, dass er alles thun, aber auch eben so leicht alles lassen kann. Sobald der Kaiser den Zirkel verlässt ist die Theestunde beendet. In seinem Arbeitszimmer verweilt der Kaiser allein und ungestört am Schreibtisch noch bis Mitternacht. Was er in dieser späten Abendstunde noch leistet, sieht man am Morgen aus der Zahl der zur Bestellung gegebenen Briefe. Nur die Arbeit ist dem Kaiser zur Gewohnheit geworden. Der Kaiser schläft nie anders als in seinem einfachen Feldbett, ein Fuß hohes eisernes Gestell mit Matratze und Decke. Neben dem Lager hängt seine kleine Taschenuhr, die ihm der Vater schenkte, als sie zusammen 1814 eine Reise durch die Schweiz machten. Wenn sich der Kaiser in Berlin aufhält, kann man ihn in der Mittagsstunde oft am Fenster seines Palais sehen. Für die unmittelbare Bedienung des Kaisers sind 70 Personen angestellt.

Der König Wilhelm befreite 68 Jahr alt die Elbherzogthümer vom dänischen Joche; 70 Jahr alt befreite er Deutschland vom österreichischen Einflusse und 74 Jahr alt befreite er Europa vom französischen Drucke. Noch nie waren einem Herrscher in diesem Alter so viele und große Ereignisse vorbehalten, noch nie so große Unternehmungen mit solchem Erfolge gekrönt worden. Aus den genannten drei Einigungskriegen ist das neue deutsche Kaiserthum hervorgegangen, dessen Regentenreihe der König von Preußen, als Kaiser Wilhelm der Siegreiche eröffnet. — Das Kaiserthum hat von je her allen Deutschen als Sinnbild volksthümlicher Einheit gegolten, und die Lieder und Sagen hallen wieder von der Kunde der alten Herrlichkeit unter den markigen Gestalten Sächsischer, Salischer und Hohenstaufischer Kaiser, die Vorstellung davon ist in jedem Deutschen von frühester Jugend an aufgewachsen. Der Erwerb der Kaiserwürde ist die Frucht einer zweihundertjährigen ruhmreichen Arbeit des Hohenzollerngeschlechtes und der deutschen Volksstämme, die vom Geiste der Zucht und Ordnung beseelt, geschult und gekräftigt zu einem preußischen Volke groß gezogen wurden;

im großen Augenblicke der Entscheidung musste Preußen die Führerschaft in Deutschland naturgemäß zufallen.

Der *gallische Hahn* kräht fort und fort. Doch heute horstet der *deutsche Aar* auf den Vogesen: Lieb Vaterland, magst ruhig sein, fest steht und treu die Wacht am Rhein! —

Es braust ein Ruf wie Donnerschall, wie Schwertgeklirr und Wogenprall,
Zum Rhein, zum Rhein, zum deutschen Rhein: wer will des Stromes Hüter sein!
Durch Hunderttausend zuckt es schnell und aller Augen blitzen hell,
Der Deutsche, bieder, fromm und stark, beschützt die heil'ge Landesmark.
Er blickt hinauf in Himmelsau'n, da Heldenväter niederschau'n,
Und schwört mit stolzer Kampfeslust: „du Rhein bleibst deutsch wie meine Brust."
So lang ein Tropfen Blut noch glüht, und eine Faust den Degen zieht
Und noch ein Arm die Büchse spannt, betritt kein Feind den deutschen Strand.
Der Schwur erschallt, die Woge rinnt, die Fahnen flattern hoch im Wind,
Am Rhein, am Rhein, am deutschen Rhein, wir alle wollen Hüter sein.
Lieb Vaterland, magst ruhig sein! Fest steht und treu die Wacht am Rhein!